书业品牌报告　年度大势尽揽　产业数据详备
专业权威传媒　年度权威发布　市场权威观察

中国书业年度报告

（2014～2015）

孙月沐　伍旭升　主编

2015 年·北京

图书在版编目(CIP)数据

中国书业年度报告.2014～2015/孙月沐,伍旭升主编.
—北京:商务印书馆,2015
ISBN 978-7-100-11603-9

Ⅰ.①中… Ⅱ.①孙…②伍… Ⅲ.①出版工作—研究报告—中国—2014～2015 Ⅳ.①G239.2

中国版本图书馆 CIP 数据核字(2015)第 226274 号

所有权利保留。
未经许可,不得以任何方式使用。

中国书业年度报告(2014～2015)
孙月沐 伍旭升 主编

商 务 印 书 馆 出 版
(北京王府井大街 36 号 邮政编码 100710)
商 务 印 书 馆 发 行
北 京 冠 中 印 刷 厂 印 刷
ISBN 978-7-100-11603-9

2015 年 10 月第 1 版　　　　开本 787×960　1/32
2015 年 10 月北京第 1 次印刷　印张 27
定价:75.00 元

编委会成员名单

主　　　编：孙月沐　伍旭升
编委会成员：任江哲　李际平　陈　斌
　　　　　　张维特　孟　叶　郭是海
　　　　　　李　燕　金　霞　邹昱勤
执 行 编 委：金　霞

目录

导言 ·1

第一编　年度专题　出版传媒融合发展 ·5

第1章　出版传媒业融合发展创新报告 ·7
第2章　出版游戏联姻，"钱途"可期尚需冷静 ·24
第3章　音像电子出版业十年沉寂，媒体融合能否凿开坚冰？ ·29
第4章　资本驱动版权运营，促"书影合体" ·32
第5章　出版布局动漫路径出新 ·36
第6章　自出版改写出版流程？ ·41
第7章　融合微电影，出版业小试牛刀 ·46

第二编　年度大势大事 ·51

第8章　2015高端调查：把脉书业景气指数 ·53
第9章　2015出版政经利好释放 ·57
第10章　2015文化传媒板块十大猜想 ·66

第11章	2015媒体融合发展成常态 ·74
第12章	2015阅读推广趋势及展望 ·83
第13章	2015纸质馆配市场还好吗？ ·91
第14章	2014书业走势概观 ·96
第15章	实体书店扶持试点扩至12省市 ·108
第16章	数字出版"走出去"拓版贸新空间 ·113
第17章	实体书店隆装进入"3.5代" ·118
第18章	电子书包商用提速观望仍多 ·123
第19章	新产品新技术引领出版业界新视野 ·128
第20章	开辟"非书业渠道"的三种走向 ·132
第21章	新华集团三大转型三大气象 ·136
第22章	实体书店5招提速微信营销 ·141
第23章	年度书业营销热词与观察 ·146

第三编　年度焦点热点　·165

第24章	机构改革一年，哪些融合变化？ ·167
第25章	出版业如何打好"文化金融牌" ·173
第26章	新规让文化企业新一轮改革"底气十足" ·178
第27章	高考改革带来出版业首轮冲击波 ·182

第四编　年度细分行情　·187

第28章	定制出版量身服务成新趋势 ·189
第29章	主题出版如何炼成畅销品种？ ·193
第30章	"跨界整合"，电视节目又现出版热 ·198

第31章	教辅出版渐入"复合"时代	·203
第32章	政策调整促动职教出版新变	·208
第33章	七大新概念童书引领消费潮流	·214
第34章	应用新媒体预售新书如何把控	·220

第五编   **年度传媒新媒观察** ·225

第35章	移动支付战升级,移动金融时代来临	·227
第36章	门户自媒体的经营逻辑	·232
第37章	未来手机游戏主战场	·237
第38章	经典动漫引来游戏改编潮	·242
第39章	移动互联网新入口	·247
第40章	传媒巨头的互联网行动	·251
第41章	视频网站"大电影"之路	·255
第42章	期刊融合的正在进行时	·259
第43章	弹幕:UGC藏巨大社交价值	·263
第44章	期刊媒体迎接4大机遇	·266
第45章	微店:移动电商异军突起	·271
第46章	期刊业5大新风向	·275

第六编   **年度数据分析** ·281

第47章	最新产业数据昭示新闻出版发展态势	·283
第48章	中国书业格局凸显实力演变	·311
第49章	2014年全国图书零售市场分析	·326
第50章	2014世界馆藏影响力分析报告	·337

| 第51章 | 2014年中文图书馆配市场分析 ・368 |

附 编　国际出版观象 ・381

第52章	国际出版人预测2015全球出版趋势 ・383
第53章	2014全球出版业50强排行榜出炉 ・403
第54章	2014世界书业六大看点与六大趋势 ・409

后记 ・420

导　　言

2014年被称为诸多的"元年",中国书业自然不能例外。在中国政治、经济等几乎所有领域发生了前所未有的调整和转变的大背景下,大战略、大格局对出版传媒业的影响,同样前所未有地深刻。文化既可能相对敏感而超前、也可能相对独立而滞后,但无论如何,文化所镌刻下的痕迹,是直抵人心的。《中国书业年度报告》以年度为单位,所记录、遴选和观察到的年度轨迹,正力图通过现象并透过表象揭示那些令心灵和思想荡漾起波澜的焦点、趋势、事件、主题、场景、数据、行情。这也是其成为品牌出版项目的追求、使命和价值所在。

回望2014,展望2015,我们可以拣选并串联起若干的关键词。

融合。2014年堪称中国出版传媒业的"融合元年"。其标志不仅是首次以中央文件的形式明确了"传统媒体与新兴媒体的融合"战略,而且带动了此前同样由中央制定和推动的创意与设计服务的融合、文化与科技的融合、文化与金融的融合等一系列融合政策的深化实施。业界闻风而动,迅即捕捉了这一大势,不断上演着一出出"融合"的大戏。融合的大幕已经开启,因而,各种版本、各种戏路、各种桥段也就值得特别的关注。把握其中的趋势,剖析其中的情节,洞悉其中的问题,将是未来出版传媒业的核心母题。

复合。与"融合"相近,但又有所不同,"复合"产品、"复合"模式,也越来越成为中国出版传媒业的另一种趋势。传统出版形态加上数字化、互联网、移动APP、互动游戏、AR技术等,成为复合型的新产品形态。而大书城的多元复合业态、O2O的普及，更是改变着传统书业的原生面貌。复合的业态模式、商业模式、技术模式、营销模式、金融模式等，都在丰富、重构着出版传媒业新的业态结构。例如，自助出版、众筹模式的诞生与中国化应用，就有力地展现了出版传媒业"复合""跨界"的潜能。

数字化。对于中国出版传媒业来说，2014年数字化已然不是概念和乌托邦了，尽管商业赢利模式还未普遍建立起来，但各种数字化转型改造的项目、各种数字化的应用产品、各种与移动互联网相关联的APP，已经如雨后春笋般涌现。加之财政部文资办、国家新闻出版广电总局近年更是不断加大力度，从专项资金角度，资助传统出版社、报刊社进行数字化改造。一批大型出版传媒集团无一例外都规划了数字化战略，类似时代传媒的"时光流影"项目、中国图书进出口（集团）总公司的"易阅通"项目等，已经构筑了实实在在的商业模式，产生了实实在在的经济效益。而后者更是将目光投向国际，2014年年收益就达到了4.5亿美元。2015年4月该公司获得了伦敦书展评选的"市场焦点成就奖"与《出版商周刊》图书行业技术供应商奖"两项提名奖，开创了中国数字化产品获得国际主流大奖的先例。

教育改革。教育永远是最受宠、最受重视的话题。对于出版而言，教育决定了出版的走向。因此，2014年，紧随2013年教材教辅新政之后，高考制度改革方案的出台，牵动了出版人的心。此外，还有有关职高教育方面等的政策动向，也引起了业界的高度关注。除政策搅动了市场之外，各种与数字化、在线化、移动化有关的教育解决方案，更是占据了教育出版的发展前沿。在线教育已然催生了一个庞大的产品群、技术群和产业群。在线教育前景光明，但同样困扰业界的，是离大面积赢利还有很长的路要走。

童书。童书似乎是正在走下坡路的传统书业，以及不温不火的出版业最具亮色的板块。不仅童书产品不断创新、出新，而且童书市场不断掀起令人羡慕的热潮；不仅童书展会此起彼伏，而且童书版权的国际化程度不断被突破。围绕童书如绘本、图画书、玩具书、游戏书等的国际合作，以及相应的国际化营销，让童书产业走在了出版业的前列。完全有理由断言，童书依然有"第二个黄金十年"。

实体书店。对于实体书店，2014是一个有喜有忧、可圈可点的年份。以三联韬奋24小时书店为标志，实体书店获得了上自国家领导人，下到普通读者普遍的关注。财税政策进一步向实体书店倾斜。各省新华发行集团不断加大主业提升、馆配团购、多元经营的力度，大书城改造进入3.5时代，各种体验店（中心）、文化复合中心层出不穷，与电商结合的新型业态，也推进迅速。实体书店的未来命运并没有一些人认为的那样悲观。其中，在移动互联网时代，社店营销对接，不仅没有弱化，而且还在诸如《中国出版传媒商报》这样的行业权威媒体推动下，得到了强化。因为，不论移动电商如何发达，对接服务、品牌营销都是永恒的主题。

微信营销。2014年，可谓中国出版发行业微信营销大激发的一年。借助微信，出版社、书店如鱼得水，大显身手，粉丝营销、圈子营销深入人心。以其为代表，新技术带来的新营销之风，开始吹进了一向保守、滞后、迟钝的出版发行业界。相信未来新技术推动的新营销，将持续为出版发行业注入新的动力。

当然，2014年还有不少的主题词，本报告将为读者诸君一一解读。

2015已经展现在我们面前，然而它所行进的轨迹，不可能脱离它的历史。因此，循着过往的路径，把握现时的走向，我们就能理解当下，也能洞悉未来。

第一编　年度专题　出版传媒融合发展

第 1 章　出版传媒业融合发展创新报告

2014 年被称为中国新闻发展史上的"媒体融合元年"。2014 年 8 月 18 日，中央全面深化改革领导小组召开第四次会议，审议通过《关于推动传统媒体和新兴媒体融合发展的指导意见》。这无疑是一个极具分量的信号，不仅意味着中央对媒体发展与变革的深刻洞察与远见卓识，更表明中央决意下好改革"先手棋"，着手媒体战略布局，占领舆论制高点，在媒体新格局中掌握主动权。《中国出版传媒商报》通过认真调研，特别发布《2014～2015 中国出版传媒业融合发展创新报告》，从媒体融合的概念范畴、媒体融合的驱动力、媒体融合元年的表现、媒体融合的模式、媒体融合的误区、媒体融合的趋势预测和政策建议 6 个部分，力图全方位详尽阐述媒体融合前世今生及演变。

新兴媒体的崛起，已是不可逆转的大势。新兴媒体在技术革新的支撑下强势登场，拥有传统媒体不可比拟的诸多优势，同时给传统媒体带来巨大冲击。

在新媒体崛起之前，传统媒体就是主流媒体，它垄断了信息、舆论、价值观的生产与传播。传统媒体之所以主流，是因为它找到了生产方式、传播方式、市场营销方式"三合一"的结合点，同时控制了内容、渠道和市场。但是，新媒体崛起打破了由传统媒体主宰的生产、传播以及市场逻辑，渐渐掏空传统媒体的优势，鲸吞原先由传统媒体垄断的市场，原先聚集在传统媒体上的受众注意力被无处不在的新媒体广泛地稀释，特别是年轻受众注意力偏好的大面积转移，使传统媒体的"剩余价值"越来越少，造成传统媒体广告市场的严重流失、主流地位边缘化，影响力江河日下。

如果说，此前的传媒改革多是依靠媒体自身自下而上的推进，临场发挥、各自为政色彩较浓;那么,这次改革则是强调上下合力,尤其是注重上面发力,从国家改革战略大局出发进行布局,以解决挤压多年的结构性与制度性问题。因此,有学者认为,这一轮的改革虽以媒体融合名义破题,但其解决的不是技术性问题,而是结构性和宏观性问题。而这些问题仅靠媒体行业显然是无力解决的,必须借助国家力量,依靠执政党的杠杆力量,从改革的顶层设计角度盘活传媒棋局。

1.1 "媒体融合"的概念范畴

媒体融合是一场革命。传统媒体和新兴媒体的"融合"就是要一体发展。内容转型难,媒体可以用产业转型"养内容",以"转场养转型"。

1.1.1 技术和内容建设放在同重位置

"媒体融合"(Media Convergence),最早由美国马萨诸塞州理工大学教授浦尔提出,原意是指各种媒介呈现多功能一体化的趋势。其概念包括狭义和广义两种,狭义的概念是指将不同的媒介形态"融合"在一起,产生"质变",形成一种新的媒介形态,如电子杂志、博客新闻等;而广义的"媒体融合"则范围广阔,包括一切媒介及其有关要素的结合、汇聚甚至融合,不仅包括媒介形态的融合,还包括媒介功能、传播手段、所有权、组织结构等要素的融合。也就是说,"媒体融合"是信息传输通道的多元化下的新作业模式,是把报刊、电视台、电台等传统媒体,与互联网、手机、移动智能终端等新兴媒体传播通道有效结合起来,资源共享,集中处理,衍生出不同形式的信息产品,然后通过不同的平台传播给受众。

美国新闻学会媒介研究中心主任 Andrew Nachison 将"媒体融合"定义为"印刷的、音频的、视频的、互动性数字媒体组织之间的战略的、操作的、文化的联盟",他强调的"媒体融合"更多是指各个媒介之间的合作和联盟。

《关于推动传统媒体和新兴媒体融合发展的指导意见》对媒体融合的方向做了基本的概括,要将技术建设和内容建设摆在同等重要位置。要顺应互联网传播移动化、社交化、视频化的趋势，积极运用大数据、云计算等技术，发展移动客户端、手机网站等新应用新业态，不断提高技术研发水平，以新技术引领媒体融合发展、驱动媒体转型升级。同时，要适应新兴媒体传播特点，加强内容建设，创新采编流程，优化信息服务，以内容优势赢得发展优势。

□ 1.1.2 "同步"模式将成常态

中国人民大学新闻学院副院长喻国明认为，媒体融合是一场革命，改良式的量变不足以拯救传统媒体。媒体融合转型最重要的是要应用"互联网思维"。互联网最强调的是平等、对话的姿态，是强强联合的一种方式。"互联网导引下的媒介转型是一场革命。内容、技术、用户洞察成为当下传媒业运作的三大价值支撑点。"

中国人民大学新闻学院新闻学教授、传播学方向博士生导师陈力丹提出，传统媒体和新兴媒体的"融合"就是要一体发展。所谓一体发展，不是在原来传统媒体基础上叠加新媒体，也不是传统媒体业务与新媒体业务的并行，而要实现各种媒介资源、生产要素的有效整合，实现信息内容、技术应用、平台终端、人才的共享融通，形成一体化的组织结构和传播体系，做到你中有我、我中有你。媒体融合要理解为"内容生产＋产品形态＋渠道占有"的"一体"。

中山大学传播与设计学院院长、教授张志安提出，媒体融合面临三个问题：行业政策要变为国家政策；选择内容转型还是产业转型；选择内容为王还是价值为王。内容转型难，媒体可以用产业转型"养内容"，以"转场养转型"。

中宣部副部长、国新办主任、国家新闻出版广电总局党组原书记蒋建国指出，推动传统出版和新兴出版融合发展，其本质是要立足出版、发挥优势、运用先进技术、走向网络空间，做到一个内容多个创意、一个创意多次开发、一次开发多个产品、一个产品多个形态、一次销售多个渠道、一次投入多次产出、一次产出多次增值。

我们认为，在媒体融合时代，以内容生产、调整传播、反馈融合为一体的"同步"模式，将成为媒体融合时代内容生产的常态。而一旦媒体建立了这种全新的融合报道理念,就会产生大量基于媒体品牌生产、盈利、营销模式上的突破与创新。2014年的大量案例也表明,这种尝试已经取得了初步效果。

1.2 媒体融合的驱动力

媒体融合是出版传媒业创新的内在需求。受众在哪里,主流就在哪里,年轻人在哪里,新媒体的未来就一定在哪里。

1.2.1 传媒业三重危机

中国传媒业当下面临着新旧三重叠加危机:传统的体制机制束缚带来的生存危机、新媒体冲击带来的竞争危机、行业不景气带来的发展危机。

从长远来看,传统的体制机制危机是根本性的,导致传媒业在面对危机时,无法充分整合内部资源,无法高效转化优势资源为新的生产力,导致自身抗风险能力进一步下滑。新媒体的影响是决定性的,PC互联网产业直接影响和稀释了纸媒在内容生产领域的绝对地位,直接引发纸媒商业模式根基的动摇。特别是随着社交媒体微博、微信的出现,移动互联网产业颠覆媒介形式、媒介渠道和商业模式。传媒业的不景气,加上经济的不景气,带来的影响不仅仅是一时一地的,催化、加速、凸显了前两个危机。

在这种危机下,传统媒体必须通过融合创新发展摆脱自身的困境,在全新的媒体环境中建立自己的影响力和品牌价值。

1.2.2 传播者与受众融为一体

科技总是成就新媒体,总是逼着传统媒体让渡历史舞台上的追光。互联网的迅猛发展,开启了传播者与受众的全新关系,二者正在融合为一体。

人民网董事长马利指出:"受众在哪里,主流就在哪里,年轻人在哪里,新媒体的未来就一定在哪里。"年轻人在哪里?年轻人追随着科技的脚步,在向新媒体飞奔,你必须在新媒体上与他们进行有效的对话,只有在开放、平等的新媒体上,才有可能进行更为高效、认真的对话。

根据中国互联网络信息中心相关报告,截至2014年6月,中国网民规模达6.32亿,其中手机网民5.27亿,互联网普及率达到46.9%。中国新兴媒体应用移动化趋势明显,网民上网设备中,手机使用率达83.4%,手机上网比例首次超越传统PC上网比例。

广告现正快速流向网络、微信、微博、客户端,而且广告客户投放网络时几乎都选择门户网站,不大可能投放给纸媒所办的网站。纸媒最有可能拉回来的是流向微博、微信、客户端的这部分广告投放,但目前纸媒的微博、微信、APP产生效应微乎其微,都处于资源输送的状态。

1.2.3 资本资源驱动新旧媒体融合

近年来,国内包括浙报传媒、上海报业集团、华闻传媒等传媒集团都已经有了多起资本运作的手笔,也印证了媒体融合中一个不可忽视的要素——资本。2014年一批骨干级的新型传媒集团通过兼并收购等方式完成业务重构。作为体制内的媒体集团,通过资源换资本也成为媒体融合可行的通道。

对于国有媒体所属的传媒公司,积极借助上市融资方式,发挥金融、基金、股市、证券的投融资功能,通过媒体产权融合,积极打造新媒体投资平台;通过跨区域、跨所有制收购一批有潜质的新媒体项目和网络平台,实现经营方式的转型,扩大传媒业规模,提升市场影响力。

1.3 "媒体融合元年"概观

媒体融合并非纯粹新生事物。实际上,近20年的全球传媒业发展一直伴随着新旧两种媒体的互动共生。从全球范围看,媒体融合普遍经历了三个阶段:

第一阶段,早在20世纪90年代末期,包括英国BBC在内的一些媒体就开始提"数字化"概念,对自己的技术手段进行数字化改造,这个阶段可叫"数字化过程";第二阶段,网台或者网报联动的阶段,在报社或者电台、电视台旗下成立新媒体部,进行资源的适度共享,但这一阶段只是传统媒体融合发展的初级阶段;第三阶段,国际上一些大媒体像英国《卫报》、BBC和美国《纽约时报》《华尔街日报》等，主要是从组织架构调整和流程改造入手。以 BBC 为例，BBC 的新闻中心是统一的，并不按广播、电视和网站这样的媒体平台去划分。到了这个阶段，才能叫媒体融合阶段（或全媒体构建阶段）。当下的全球传媒业正处于这个阶段。

2014 年，中国传媒业进入以国家战略高度启动的全新媒体融合阶段，呈现出以下 3 个显著特点：主流媒体客户端建设成为媒体融合发展新阵地、传统出版业加速数字化转型升级、出版传媒企业发生组织结构裂变。

□ 1.3.1 主流媒体客户端建设成为媒体融合发展新阵地

2014 年 6 月 11 日，由新华社推出的"新华社发布"客户端上线，6 月 12 日，人民日报客户端发布，成为中央主流媒体探索移动互联网背景下媒体形态的典型代表。

2014 年 7 月，上海报业集团旗下《东方早报》推出新媒体项目"澎湃"新闻。2014 年 9 月，上海报业集团又联手小米科技、360、海通证券、国泰君安、联想弘毅等推出新一代财经商业新闻网站"界面"。

"澎湃"APP 没有跟风拷贝新媒体的内容生产模式，而是反其道而行之，坚持原创。同样，不同于以往任何一家网站，"界面"是一家全民参与的商业新闻网站，点击"界面"网站进入选题会，用户将和记者们一起讨论报道细节，报道哪家公司也将由用户来决定。它不仅愿意为内容的权威性和愉悦感负责，还致力于让用户深入参与到新闻生产的各个环节中，以此改变新闻生产的流程和效率。

在媒体融合方面，上海报业集团重点推的是 3 大新媒体项目：上海观察、澎湃新闻、界面。除此之外，还有立体报纸、百日千里 APP 等几个小型项目投入。

在改革战略上，上海报业改革主打媒体融合牌，目标是打造新型主流媒体。掌门人裘新对媒体融合作如下解释："融合"是此长彼长而不是此长彼消的关系。它避免了传统媒体和新媒体你死我活的关系，从彼此替代变成了彼此融合、共赢。

2014年1~9月,全国259份主流报纸在101家新闻门户网站上的新闻转载总量达到135万篇,259家报纸在新浪、腾讯、搜狐、网易四大微博粉丝累计达到13亿,全国报纸在互联网网站的新闻整体占比在40%。

在传统媒体与新兴媒体融合发展的大趋势下,传统电视台开始试水新媒体转型之路。作为有着《爸爸去哪儿》《我是歌手》等强势综艺节目的湖南卫视,开卫视网络独播之先河,2014年上半年重磅推出的《花儿与少年》开始在芒果TV上进行独播,以后将逐步把独播战略扩展到其他的综艺节目。

2014年5月28日,中国广播电视网络有限公司正式挂牌,该公司由国务院批准成立,中央财政单独出资45亿元作为注册资本金。其目的就是要加快有线数字电视网络建设和整合,实现"三网融合"。

中国视听新媒体产业迎来发展的黄金期,成为视听传媒产业主力军,其与传统广播影视的融合,深刻改变着视听传媒的发展格局。各级网络广播电视台在促进台网融合、占据新兴舆论阵地方面发挥了积极作用。中国网络电视台以重点产品为抓手,发力构建覆盖多屏的新媒体传播体系,央视网月度独立访问用户数突破5亿,"央视影音"客户端下载量突破3.3亿。央广新媒体推出《倾听中南海》《央广快新闻》等移动客户端。

□ **1.3.2　传统出版业加速数字化转型升级**

2014年,中央文资办会同国家新闻出版广电总局一起推动新闻出版业数字化转型升级,当年安排文化产业发展专项资金6.27亿元,支持了77家企业。值得一提的是,因为专业内容更适合做数字化的开发和传播且需求相对刚性,教育社的资源积累和资本积累相对雄厚且用户群庞大,目前出版领域的融合发展具体呈现出"专业社领跑,教育社跟随,大众社迷茫"的态势。

比如中央财政支持《中国大百科全书》"三版"进行全面创新,把专家编纂的权威性和大众参与的开放性紧密结合,构建云计算和大规模跨平台编纂方式以及云知识服务模式。

商务印书馆经历建设"四库三化二网一平台"、产品全面开发两个阶段，实施 EP 同步出版战略，并与亚马逊签订纸电同步战略合作。在此基础上，该馆数字出版中心不再是完全与传统编辑脱离的独立编辑部门，而是服务于编辑部门，与编辑共同策划产品，然后负责开发产品。

中国对外翻译出版公司建设智慧语联网"译云"，不仅支持图书翻译，还支持互联网视频字幕的即时翻译，实现了从纸质翻译向跨媒体即时服务的转变，成功实现跨媒体、跨行业平台建设。

北京师范大学出版社大力推进数字出版机构和制度建设，积极整合内外优质内容资源，力图借助 O2O 模式打破传统模式下出版社与读者被隔离的局面；充分利用在教育领域内的优势，打造基于互联网和移动互联网的能够提供个性化定制服务的学习解决方案。

电子工业出版社从资源数字化管理和知识网络化服务两个角度入手，依托结构化加工、开放共享协议、内容动态关联和重组等关键数字技术，开展基于云计算的知识资源服务、动态数字出版应用、开放存取共享服务等数字出版实践。

法律出版社发展思路清晰、资源配置合理、专业内容聚集度较高、数据结构性好。在此基础上注重产品的质量管理和产品营销能力建设，其开发的"法律数据库"在我国司法系统内已形成品牌并在国际上产生一定影响，为企业转型打下较好基础。

人民交通出版社以交通职业教育、技能培训为切入点，汇聚大量优质数字内容资源，成功开发了综合类"交通运输专题知识库"和主题类"U 阅通"等数据库产品，上线开通专业数字出版平台"悦通网"。

人民邮电出版社将传统出版优势转化为数字出版优势，坚持以重点项目带动的方式，在充分面向产业、行业领域及社会需求的基础上，采用国际主流的数据库技术和优质的内容资源，探索出了多种专业数字产品和持续服务的模式。

人民教育出版社的人教数字校园、人教数字教材、人教 e 学、人教数字教辅等品牌产品已崭露头角。2014 年 9 月,人教社与华中师范大学共建教育数字出版联合实验室,围绕学习资源数字出版、信息技术学科教学应用、云端一体化学习服务开展一系列关键技术研究和资源、工具开发。

2014 年 5 月,高等教育出版社旗下"爱课程"网与网易公司联合建设的中国大学 MOOC 平台开通。该平台的开通是"爱课程"网在视频公开课、资源共享课等优质课程建设和共享基础之上,不断完善系统设计和平台功能,推进开放课程建设的又一项标志性成果。

中国地图出版社在具有自主知识产权的 GISWAY 数字地图制作出版编辑系统的支撑下,通过整合国内外相关地理数据信息,实现了全球范围内中小比例尺地图的绘制,系列化、专题化在线地图产品已在百度、新浪、搜狐等新兴媒体上线。

中国少年儿童新闻出版总社以优质资源数据库和产品库为支撑的全媒体、多介质、跨终端的产品线已经形成,产品服务链利用移动终端已向 B2C 延伸,其用户阅读行为分析系统的研发,为提高服务水平提供了强有力的支撑。

知识产权出版社的文献型主营出版业务,已由传统出版模式转变为以大规模数据处理、内容深度加工、专业数据库建设和全行业信息服务为特点的全流程数字出版新模式,生产规模、利润水平得到大幅度拓展和提升。按需出版和数字印刷基地的建立则极大地推动了该社的数字化转型,该社目前 60% 以上的图书通过全流程的数字出版技术完成,数字出版收入和利润已占 70% 以上。

华东师范大学出版社有限公司通过将 ERP 管理系统与内容管理系统的组织关联,形成了信息流及业务流的互联互通,在内容资源建设方面,通过编辑主动策划,将约稿产生的内容与用户阅读过程中主动生产的内容组织关联起来,构成了互补互生型的内容组织生产新模式。

二十一世纪出版社有限责任公司积极筹划并实践推进全媒体数字出版产业基地,在业务上重构关联新型业务链,强化数字销售平台管理,优化发行模式,注重内容的一体化开发,以期提升产业的编辑价值,衍生产品的商业价值,其构建的"少儿数字阅读科技馆"全媒体体验中心,充分展示了数字出版高科技成果。

出版传媒2014年以重点项目推动战略转型,推动传统出版向数字出版多元化业态转型。公司出版数字出版产品1677种,占纸质图书的49%,数字出版项目15项,有近70%的项目开始收益。

凤凰传媒2014年上半年财报显示,旗下数字传媒公司销售收入1.06亿元,增长443.38%,利润3352.94万元,增长1163.88%。数字产业、新兴板块正越来越快地成为凤凰传媒持续快速发展的动力。

2014年,天舟文化开始步入新的发展期。在稳步发展原青少年读物出版发行业务的基础上,推动战略转型升级,并购国内优质手游企业神奇时代,实现了在移动互联网领域的突破。天舟文化2014年上半年财报中,新增了移动网游戏(手游)业务收入,实现营业总收入17471.41万元,同比增长35.68%。

□ **1.3.3 出版传媒企业发生组织结构裂变**

较之于传统银行与互联网金融、传统零售与网络电商,传统媒体在互联网变革中面临的挑战与压力更加艰巨。诸多挑战中,逐渐落后的管理体制机制如何适应新变化,成为国内外媒体管理者面临的首要问题。

2014年12月1日,广州日报报业集团中央编辑部正式运作,在崭新的全媒体平台上发出了第一批稿件。这是广州日报报业集团推动媒体融合发展的又一重大举措。中央编辑部由夜编中心、大洋网、全媒体中心、音视频部、数字新闻实验室等部门组成,搭建跨越纸媒和新媒体的新闻统筹平台,将把新闻生产带入"滚动采集、滚动发布;统一指挥、统一把关;多元呈现、多媒传播"的融合发展新时代。

2014年,财新传媒做互联网业务的人数首次超过做杂志的。

2014年10月，国内首家以"融媒体"名义出现的媒体集团大象融媒（河南大象融媒体集团有限公司）成立，是河南广电整合旗下4家传统媒体单位和8个媒体公司组建成立的新型集团公司。大象融媒公司拥有报纸、杂志、广播、电视、网站、音视频网站、IPTV（网络电视台）、手机报、手机电台、手机电视、电话广播、手机客户端、移动电视、户外大屏等14类主流媒体业态和38个媒体传播平台。大象融媒以全媒体平台为核心，对传统媒体和新兴媒体进行二次整合、深度融合、一体发展，真正实现了信息的"一次采集、多种生成、多元传播"。

2014年，《南方都市报》版面优化升级、数据化可视化新闻生产的尝试性突破，南都网新推出的移动版数字报南都iPaper和数字阅读墙、与淘宝合作的码上淘项目、汽车事业中心试驾网上线、地产运营中心虚拟平台的微运营、南都民调中心等举措齐头并进。

2014年7月1日，《萧山日报》完成机构重置，对原先按新闻板块设立的部门进行了调整，取消了时政经济部、社会民生部等，建立了以报纸、网络、手机报、微博、微信、无线APP等全媒体集群为平台，按生产流程设置全媒体管理中心、采集中心、发布中心、技术中心和经营中心。

中南出版传媒集团股份有限公司以全产业链进入数字化生存为主题，以重点项目带动转型升级为路径，致力于将企业打造成为全媒介内容运营商和现代化综合传播平台。在策略上，与华为、腾讯、日本角川集团等业外和境外资本合作，组建专业公司研究、探索和挖掘市场机会，引领传统内容单位依托自有优势资源开发数字内容产品，并与专业公司共同运营，在此过程中，打造一支战略上高度统一、战术上齐心合力的数字出版团队。

外语教学与研究出版社在业内率先推行全媒体数字内容编辑、数字产品经理和职业项目经理等复合型人才梯队建设方案。其基础资源建设投资力度大，在数据库技术和模块化架构的支撑下切实推动内容资源建设的全流程数字化再造，完成了在线协同编辑和按需出版系统及国际多语言公共服务平台等底层架构设计，摸索出了全新的在线内容创作机制和个性化数字教育产品出版模式。

浙江大学出版社有限责任公司通过内容重组、流程再造、服务支撑和产业延伸等手段，强化了内生型核心业务的数字化生产能力及产品供给能力，对外则联合出版商与运营商向数字出版服务整合商转型，初步形成跨界发展的新格局。在机制建设与人才培养方面，建立了支撑数字出版可持续发展的管控机制、人才引进机制、对外合作机制及内部工作机制，探索出"以项目驱动、产学研一体化、主导型社会化应用"的数字出版发展新模式。

1.4 媒体融合的模式

"平台型媒体"称呼始于2014年。加快大传媒产业布局，成为传统媒体和新兴媒体融合发展重要路径之一。当互联网进入中国20周年时，形势发生了惊天逆转，互联网媒体更有优势，对传统媒体"倒整合"就成为趋势。

早在2003年，美国西北大学教授戈登便归纳了美国当时存在的五种媒介融合（新闻业融合）的类型：一是所有权融合、二是策略性融合、三是结构性融合、四是信息采集融合、五是新闻表达融合。

目前在中国，媒体融合更多地表现在传统出版传媒业拓展新兴数字媒体的生产，实现"数字化"、"网络化"发展，构建全新的出版、媒体平台。同时，媒体融合也表现在传统媒体行业跳出固有的领域，向多元产业延伸，寻找新的经济增长点。

我们认为，媒体融合的模式（路径）目前可以概括为三种：

1.4.1 平台型媒体战略

"平台型媒体"称呼始于2014年。

平台型媒体，英语表达为"Platisher"，是Platform（平台商）和Publisher（出版商）两个词合成后，人为"杜撰"的一个新词。由美国新媒体创业者乔纳森·格里克（Jonathan Glick）在2014年2月提出。所谓"平台型媒体"，就是既拥有媒体的专业编辑权威性，又拥有面向用户平台所特有开放性的数字内容实体。

平台型媒体的战略源自于互联网。过去两年，是中国互联网走向开放的一个重要阶段。阿里巴巴、百度、新浪微博、360和腾讯等互联网巨头的开放平台逐渐形成，彻底改变了中国互联网的游戏规则，而新的商业模式在这个过程中被不断创造出来。

在移动互联时代，要把程序化的广告投放与手机小小的屏幕有机地结合起来，需要巨大的流量基础，需要优质的广告载体，而广告的载体只能是内容，无论是传统的旗帜广告还是原生广告，都必须附着于多姿多彩的内容。平台型媒体恰好满足了对于巨大流量和优质内容这两个方面的需求。

国务院信息化办公室副主任任贤良认为，"平台融合决定着媒体融合的高度，媒体融合的关键在于平台的融合，这种融合不是对新媒体技术的简单'嫁接'，而是构建'一体化'的开放平台，打造'一体化'的平台生态系统，共存互补、有机结合、创新发展"。

平台融合包括对内和对外两个层面的融合，在媒体内部，要强化用户意识，在采集、制作、存储、发布上实现流程再造，形成"一次采集、多种生成、多元传播"的信息工作模式；在媒体外部，要重视整合优质资源，开放平台，打造完整的生态系统。

在媒体融合的过程中，出版传媒集团要逐步打破以"图书"、"报纸"、"期刊"为核心的生产流程，建立以"互联网"为核心的全新生产机制。

中国出版集团公司近年数字化工作扎实推进，重点项目有所突破：数字资源集聚取得初步成果、重点数字平台成效显著、数字化管理能力有所增强。2014年，该集团数字化运营收入达到6.7亿元。"易阅通"签约的海外电子书达200万种、电子期刊近1万种、全文500多万篇；签约的国内出版社200多家，在国内100多家图书馆开始试用；成为国内最大、国际一流的数字资源中盘商。

中文传媒 2014 年重点构筑平台型企业，转型跨界成效显著。新媒体出版公司由销售型企业向平台型企业快速转型，数字出版主业扎实推进，整合与移动运营商接入平台，数字阅读业务稳步增长，手机动漫业务通过战略布局和构筑平台，移动互联数字出版公共服务云平台被评为江西省战略性新兴产业重大项目。

在探索融合发展方面，安徽出版集团目前正在实施"五个一战略"，即一个目标、一个平台、一批项目、一批团队和一种机制。一个目标是构建一个具有强大实力和传播力、公信力、影响力的新型出版集团。一个平台是指"时光流影"网站。一批项目是指将时光流影、教育在线、幼儿全媒体电子教材"豚宝宝系列"等项目进行公司化运作，试行股权众筹并引入战略投资者，争取 2 年内推向"新三板"最终转向创业板上市。一批团队是指建立一批既懂新媒体技术又懂文化内容创作的人才队伍。一种机制就是搞好内部经营管理机制，激发企业活力。

在国外，大平台类似的尝试也不少。谷歌收购并改造 Youtube 已经是很早以前的大故事了，相较于谷歌而言，Youtube 本身是一个较小的视频内容平台，而它本身作为一个视频内容集聚与分发平台，也早已经在向"平台型媒体"迈进。

脸书（Facebook）在 2014 年 2 月创建了一个叫 Paper 的 APP 内容聚合平台，雇用了一批编辑专职负责组织内容，接着又在 2014 年 12 月宣布与美国广播公司 ABC 合作制作一档 60 秒的新闻视频节目 Facecast。

□ 1.4.2 大传媒产业拓展战略

加快大传媒产业布局，成为传统媒体和新兴媒体融合发展重要路径之一。

跨行业发展已成为出版传媒集团规模化改革的新模式。随着社会的发展，出版传媒集团必将链接更为广泛的社会资源，以机制的创新更有效地实现跨地区、跨媒体、跨行业的优化配置和资源整合，带动产业优化升级，最终提升出版传媒集团的核心竞争力。

跨行业经营是出版传媒集团为适应战略环境的要求，通过战略性资产重组以及人、财、物等资源的再整合，将内部资源向非媒体行业渗透和扩张，同时生产和提供两种以上不同用途的产品或服务，达到以主业为主，涉足多行业的目的。

2014年开始，浙报传媒加快构建以互联网用户为基础的智慧服务产业平台，重点推进"钱报有礼"社区电商、网络医院、养老服务产业和县市区域门户集群等创新项目建设。同时，积极拓展传媒和文化产业投资，以东方星空创投公司为主要投资平台，构建有利于浙报传媒转型升级的传媒生态链。东方星空运行以来，累计对外投资6.07亿元，投资市值达19.1亿元。2012年至今，浙报传媒累计对外投资4.42亿元，先后投资华奥星空、起凡游戏和唐人影视等。

通过资本运作和产业拓展，浙报传媒主营业务结构转换，产业格局发生根本性变化，2014年公司互联网业务利润贡献首次超过传媒主业。

2014年，立足于期刊出版的时尚传媒集团全面转型升级，通过其影响力拉动在教育、投资及产业领域的拓展，带来全业务线的发展。时尚传媒集团现有投资项目包括时尚生活门户YOKA时尚网、成都移联创科技有限公司、一站式时尚百货购买应用Monogram、高端鲜花电商品牌RoseOnly、健康医疗服务与可穿戴设备的康诺云，以及TechCrunch中国官方合作伙伴的原创科技博客动点科技。教育板块从2013年开始，与清华大学等4所国际高等学院合作的高端奢侈品课程已成功开班。

从长远来看，全产业链发展将成为时尚传媒集团新的支撑点和利润增长点，从目前模式上看，时尚传媒集团将不再是一家传媒企业，而是一个以传媒为核心业务的综合性企业。

2014年9月，凤凰传媒将3.71亿元的专项资金用于投资网络视频服务商PPTV，这是视频网站与传统出版集团的一次成功跨界整合。类似的还有中文传媒并购智明星通、北京百分在线、福建思迈网络等互联网平台企业，积极推进新媒体转型与影视剧投资；时代出版重点打造的中国最大的文化生活类自出版社交平台"时光流影 Timeface"，更被媒体称为中国版 Facebook；成功收购神奇时代，使天舟文化转变为横跨不同文化业态的综合性文化企业。

同样的，新华文轩出版传媒股份有限公司在业内率先推行出版物电子商务、数字阅读产品推送、数字内容资源建设和按需出版印刷系统建设方案；推进全流程数字化再造和在线协同编辑出版；探讨了数字教育产品生产、销售的市场机制和商业模式；积极构建数字时代上下游业务相互依存的无障碍产业链。

青岛出版社有限公司改造 ERP 系统与传统出版流程，利用"数字城市社区"项目工程提升品牌效应。在"走出去"方面，与澳大利亚威尔顿国际集团、英国出版科技集团等世界一流企业合作，获得了较好的国际影响。在注重产业内生性转型的同时，该社还与海尔等名牌企业跨产业融合，为资本和技术融合、品牌效益积累、赢利模式创造条件。

☐ **1.4.3 反向融合（倒整合）**

当互联网进入中国 20 周年时，形势发生了惊天逆转，互联网媒体更有优势，对传统媒体"倒整合"就成为趋势。所谓"倒整合"，就是互联网媒体整合传统媒体，这是相对于传统媒体的"整合"概念来说的。

2013 年 8 月，美国最知名的报纸之一——《华盛顿邮报》被亚马逊 CEO 贝索斯以私人身份用 2.5 亿美元收购。可以看出传统媒体整合互联网媒体的美梦基本上已经破灭，而互联网媒体收购传统媒体的"倒整合"时代已经到来。在中国，这种"倒整合"主要表现为其他行业特别是互联网媒体对出版传媒行业的反向整合，如腾讯对报刊、文学出版资源的整合，视频网站对电视台的整合。

腾讯借助自身庞大的用户基础，积极实施区域化媒体合作战略。目前已经在重庆、广州、上海、武汉、杭州、郑州、长沙、沈阳、成都、西安和福州等地打造了很多"大"字号的媒体。尤其需要指出的是，与当地媒体合作的大渝网、大粤网、大申网、大楚网、大浙网、大渝网、大辽网都由腾讯控股,其本质是腾讯对当地传统媒体资源的延伸和整合。此外,腾讯还在积极布局与传统媒体在报纸上合办相关的栏目,由腾讯出内容,并打上腾讯的 LOGO。

阿里巴巴于 2009 年与浙江日报报业集团合办《淘宝天下》,与浙江出版联合集团合办《天下网商》,开始传统媒体的试水。实际上,自 2006 年以来,马云先后注资华谊兄弟、新浪微博、文化中国等传媒企业。除了华谊兄弟、文化中国等影视剧制作企业,马云更是对传统的财经媒体情有独钟。投资传统财经媒体方面,腾讯走在阿里之前,早在 2012 年 7 月,腾讯就入股了财新传媒。

贝索斯把《华盛顿邮报》纳入亚马逊体系,通过将《华盛顿邮报》的内容植入 Kindle Fire 拓展内容的用户,寻求突破。虽然还没有看到华丽转身,但近期从《华盛顿邮报》传来的消息,几乎全部都是正面的。

作为国内的主要几家数字出版商,北京中文在线数字出版股份有限公司 15 年来一直在探索全媒体数字出版的赢利模式,业务覆盖互联网、数字图书馆、手机阅读等多个领域,并向纸质书、听书、影视剧、游戏、动漫改编延伸。同方知网数字出版集团公司致力于深度整合挖掘出版大数据和用户行为大数据,建立了全文相似性分析系统、选题策划与协同编纂系统、内容动态重组系统,目前正在进行深度标引、全面 XML 化和大规模知识元库建设工作。北京北大方正电子有限公司目前也在进行媒体融合和数字化转型大数据实践,建立了智思大数据基础平台、畅享全媒体新闻业务系统、蒲公英新闻编采大数据支撑平台、基于大数据平台的移动 APP 矩阵。

【链接:中国出版传媒商报 2014.2.3,中国出版传媒商报·中国出版传媒业融合发展创新报告专题组《2014~2015 中国出版传媒业融合发展创新报告》】

第 2 章　出版游戏联姻,"钱途"可期尚需冷静

2014 年 8 月,中央全面深化改革领导小组审议通过了《关于推动传统媒体和新兴媒体融合发展的指导意见》,提出"着力打造一批形态多样、手段先进、具有竞争力的新型主流媒体,建成几家拥有强大实力和传播力、公信力、影响力的新型媒体集团,形成立体多样、融合发展的现代传播体系"。意见备受各方关注,出版传媒机构纷纷抓住契机,在新媒体融合上谋篇布局。与谁融合?如何融合?融合中有哪些困惑或问题?是当下寻求发展的出版传媒机构共同关心的热点话题。为此,《中国出版传媒商报》开辟"传统媒体和新兴媒体融合"系列报道,拟从出版传媒业在内容、渠道、平台、经营、管理等方面所做的融合探索进行报道。首期侧重游戏、影视、动漫等领域,探讨融合之道,梳理融合模式,分析融合趋势,为业界提供案例、思路和启发。

据 2014 年《中国游戏产业报告》显示,游戏产业占据着数字出版排头兵的地位。2014 年上半年,中国游戏(包括网络游戏、移动游戏、单机游戏市场等)用户数量 4 亿人,同比增长 9.5%,实际销售收入达到 496.2 亿元,同比增长 46.6%。中国自主研发网络游戏市场实际销售收入达到 343.9 亿元,同比增长 41.3%。近年来,转型升级中的出版传媒企业,自然将目光集中在了游戏产业这块大蛋糕上。而传统媒体和新兴媒体融合发展,游戏又是很好的介质,于是二者"联姻"频频上演。

2.1　出版业频抛合作"橄榄枝"

目前国内出版传媒企业布局游戏产业主要有三种形式:最常见的是并购游戏公司资产,第二种是成立专门做游戏业务的子公司,第三种是与游戏厂商

合作开发游戏产品。以上市公司为代表的出版传媒集团,凭借资金实力,更是向游戏产业频抛"橄榄枝"。

中文传媒作为国有出版传媒类上市公司,近年业务实力持续走强,介入游戏产业的决心也越发坚定。2014年6月,中文传媒公告称,将购买北京智明星通科技有限公司100%的股权。该公司是一家国内社交游戏公司,目前拥有约5000万月活跃用户,业务遍布约40个国家和地区。成功自主研发、独家代理、联合运营了包括《开心农场》(自主研发)、《Age of Warring Empire》(自主研发)、《Battle Alert》(自主研发)、《弹弹堂》在内的20余款网页游戏和移动网络游戏。年报显示,2013年中文传媒营收占比1.37%的新业态,同比增长高达605.99%,显示出新媒体业务巨大的增长潜力。

江西出版集团董事长赵东亮表示,"传统出版传媒业拥抱互联网才有未来"。中文传媒切入游戏产业基于三大原因:第一,智明星通是综合型互联网平台企业,已形成游戏代理、游戏发行、互联网平台业务三足鼎立的格局,具备高速成长性;第二,智明星通团队具备强力突破能力,该团队带领国内社交游戏《开心农场》走出国门,引爆海外市场并成功打破常年由境外渠道商垄断的平台业务,建立自己的游戏平台,目前该团队正突破海外安全软件市场,将境内成功的安全软件运营模式带入境外市场;第三,智明星通和中文传媒具有高度互补性,能够产生巨大的协同效应,包括线上线下互补、资本和技术的互补,以及稳健和创新的文化互补。对智明星通的收购,也将使中文传媒向"全媒体全产业链立体经营的大型文化传媒企业"的目标快速迈进。

凤凰出版传媒集团在游戏产业的布局亦连连出手。早在2012年4月,凤凰传媒就完成了对中国最早的单机游戏门户网站游侠网的控股收购。2013年,不到一个月的时间内,接连实施两笔重磅收购——控股包括上海慕和网络科技有限公司、上海都玩网络有限公司两大游戏公司。虽然凤凰传媒之后因故终止收购都玩55%的股权,但其全资子公司凤凰数字传媒拟由下属控股子公司上海慕和网络科技有限公司投资并发起专项游戏产业创投基金,基金规模约为1亿元,重点投资互动娱乐领域,包括游戏产品研发、发行、运营及周边等。凤凰传媒表示,手机游戏、网络游戏已成为公司数字出版领域的重要板块,并已进入实质性推进阶段。

同样的例子还有天舟文化股份有限公司并购神奇时代网络公司,新增了移动网游戏业务收入。2014年8月,天舟文化发布公告,通过非公开发行的方式募集收购互联网游戏企业。收购完成之后,公司业务从传统的教育传媒转向教育与互联网游戏并驾齐驱的业务协同发展模式,对公司构成利好。

一些曾经的图书公司也在向游戏公司转型。在动漫出版产业有着10年资源积累的上海童石网络科技有限公司,目前已全面进军游戏产业,自主开发游戏产品。作为手游后来者的童石在动漫游戏方向上强力布局,已与一家日本著名动漫公司携手成立动漫游戏研发平台。目前,由童石自主研发的《魔兽剑圣》、《全职高手》等游戏雏形已经形成,正在等待测试。据童石公司CEO王君表示,在线下,童石是一家基于青少年互联网平台的出版创意机构;在线上,童石是一家具有原创力量的动漫游戏公司。

2.2 传统出版资源和资金优势,让游戏业受益良多

凭借丰富的内容与资金和文化产业资源,传统出版企业对游戏行业重新打造和推动游戏行业发展起到推动作用,其自身严谨的企业管理机制,现代化的企业管理制度,让游戏产业受益良多。

据游侠网负责人吴军介绍,在被凤凰传媒收购之后,游侠网在保留原有特色的基础上,进行了深层次的管理改革,从管理架构到运作流程都统一按照上市公司标准及游戏门户网站的标准改造,游侠网从单纯的内容社区向综合型正版游戏平台转变。2014年4月,游侠网推出"游侠云盒"平台,这种平台化、一体化的特色产品,受到游戏玩家的一致好评,用户黏性大幅提升,游侠网的资本实力也快速提升。

2014年6月,美国微软公司重点合作项目第三代家用电子游戏机Xbox

One 在国内上市的消息甫一发布，凤凰传媒旗下的慕和网络就与微软正式签署了《XboxLive 全球发行商协议》，成为中国大陆首家获得此权限的 XboxLive 手机游戏发行商。慕和网络 CEO 吴波表示，此次平台发行商资质的获得，不仅可以为中国大陆的消费者提供 XboxLive 平台上开发的游戏，还为广大的游戏开发者提供了全球化的开发平台。更多的国内游戏精品，将通过此平台被推荐至全球游戏市场，进而推动中国游戏产业的国际化进程。此项目成功，离不开"东家"凤凰传媒的扶持。

2.3 热点冷思考：内容同质化、并购估值偏高、人才留用难

传统媒体和新兴媒体融合发展，就是要解决体制、机制、技术、产品、市场等方面的瓶颈，让传统媒体的强大内容生产能力，在新媒体技术、产品、市场的渠道里畅通无阻，改变传统媒体传播领域生态。但传统出版与游戏"热恋"同时，也出现了一些问题，需要冷静应对。

第一，无论是当前各类重点新闻网站，还是目前市场上火爆的端游、页游、手游开发商，在内容生产、产品拓展领域、游戏模式等方面同质化严重，各媒体网站、游戏公司大多在互相转载、互相抄袭，而不是提供具有特色的独家内容。没有优势产品，对于游戏产业来讲，就犹如"授人以鱼"还是"授人以渔"的关系。有资深业者指出，出版界投资方和游戏开发商美好的愿望与国内玩家真实需求有较大差距，一些以励志、教育题材立项的游戏产品多半以失败告终。

第二，并购背后的风险。一些游戏公司独立上市的希望渺茫，因为如果独立上市的话，至少需要两款成功的游戏，但大部分公司没有等到两款游戏成功后，业绩就开始下滑。目前国内很多游戏公司的心态是，在自己正处于上升期的最好时候卖掉。已在美国上市的第九城市、完美世界等公司的股价都非常低迷，许多公司的市盈率都是个位数，美国投资者对中国的游戏概念股兴趣大大降温，这也是大部分风险投资愿意在国内出手游戏公司的原因。去年浙报传媒斥资 32 亿元对盛大边锋进行了收购。此次收购，边锋估值高达 20 多倍，

而美国资本市场对游戏公司的估值一般为6～8倍。

第三，并购游戏公司资产后，虽然标的公司本身有一些业务骨干，但关键是如何"绑定"住这些人才。常见的方式是对赌和签订条款，但只用这种方式远远不够，还需要后续的融合，甚至直接介入游戏业务。出版业必须要判断有无适合的人才、是否具备掌控业务的能力。如果欠缺的话，可能在投资市场短期风光，但具备长期影响力的实际项目则比较渺茫。

【链接：中国出版传媒商报2014.10.10，张岱《出版游戏联姻"钱途"可期尚需冷静》】

第 3 章 音像电子出版业十年沉寂,媒体融合能否凿开坚冰?

媒体融合,能否为音像电子出版业吹来暖风?一组数字也许能说明问题——2013 年全国有音像出版单位 370 家、出版音像制品 16972 种,较 2005 年高峰时的 3.5 万种下降了 5 成多。从 2005 年至今,音像出版业可谓沉寂。相比之下,电子出版业的主要指标处于增长态势。全国现有电子出版单位 273 家。出版品种在 2009 年首次突破 1 万种,2013 年达 11708 种;出版数量在 2004 年突破 1 亿张,2013 年突破 3 亿张,达到 3.52 亿张。

科技和文化融合是趋势,音像电子企业的自身基础又最具融合条件,是传统和新兴媒体的最佳结合。经历了近十年沉寂期的音像电子出版业,如何实现出版理念、出版物内容、出版经营模式、人才和管理全方位转型?如何充分应用新技术,促进媒体融合,发展新业态?都是音像电子业紧迫待解的难题。在前不久国家新闻出版广电总局举办的 2014 年音像电子出版单位社长总编调训班上,多位负责人提出了他们的思路和应对方案。

3.1 音像业和新兴媒体并不是简单的此消彼长关系

新兴媒体给音像业带来了各种挑战,传统音像电子出版业的诸多困境,也有望在与新兴媒体的互相借鉴、融合发展中得以突破。转型成功的关键是直达用户多元需求。首要的是重新定位角色,成为一流的内容提供商;同时选择优质的投放平台和分发渠道。中信出版集团股份有限公司副总经理李楠认为,"转型是行业生存并重新焕发社会价值和市场价值的必由之路"。但如何规避北京新华音像电子出版社有限公司副总编辑许虎"不转型是等死,瞎转型是找死"的担心?

一是内容制作上,借助新媒体,发掘市场热点。浙江音像出版社社长郑伟国谈到,要持之以恒出版精品力作,告别"闭门造车",有目的、系统性地掌控业内市场信息,分析其现状及趋势,做好音像出版的投资决策和营销决策。善于使用大数据,从新兴媒体中提炼市场热点、探索市场走向、了解受众需求,搜集受众反馈,让"精品"音像电子出版物从仓库中走到消费者身边。

高等教育电子音像出版社有限公司在承担国家精品开放课程与共享系统组织实施中,构建了以课程知识产权为核心的具有中国特色的公益性+市场化的共建共享运行激励机制与模式,以及课程建设的可持续发展机制。成功打造了"爱课程"网站,以及正在江苏高校试点中的"爱课程校园端"。北京希望电子出版社从内容出版向课程规划设计提升,从"盘配书"向多出版形式、多平台发布提升,组建课程服务综合平台,提供图书、富媒体电子书、网络课程、在线学习社区、在线学习资源中心、在线考试评测系统和知识数据库等服务,为读者提供全方位、多层次的学习环境。

二是内容推送上借助新媒体平台,实现跨媒体传播。吉林音像出版社有限责任公司总编辑姜伟东认为,以技术为支撑,以媒体融合为手段,通过核心项目拉动,打造精品内容。他们正打造"尚音在线原创音乐网",意图成为中国第一个原创音乐曲谱发布、交易、互动平台;运用新媒体技术,打造"3D增强现实互动数字科普馆",使之成为数字科普教育基地;在音乐教育出版领域,通过"书刊盘网四位一体"战略布局,实现跨媒体出版。

海豚出版社总编室主任朱璐认为,有了坚实的内容基础作底气,也就有了寻求跨界合作的筹码。要与中国移动无线音乐基地、腾讯、爱奇艺、乐视等视频客户端网站洽谈渠道合作,借助其技术和通路,推广产品,进而通过点击率实现销售获得利润。《中国出版传媒商报》记者了解到,一些地方音像电子出版单位也在立足地域文化,打特色牌、走特色路。

3.2 正视问题，寻求突破

尽管市场空间可观，但不得不正视的是，音像电子出版单位目前普遍存在规模较小，产业集中度不高；人才缺乏，原创能力不足；活力不强，市场主体没有形成；音像销售终端急剧萎缩等诸多问题。对此，业内进行跨社、跨集团、跨区域的横向资源整合呼声颇高。取长补短、利益共享，共同开发高质量、适应市场需求的资源。逐步完善数字出版投入机制，积极推动数字化出版的跨地区、跨行业、跨媒体、跨所有制的合作与发展，加强与网络运营商、电信运营商、技术提供商的合作。进一步创新体制机制，引入战略资本或风险资本，扩大资本规模。股权多元化虽然有可能会带来管理和决策的复杂化，但这是现代公司治理必须面对的问题。

新兴媒体的传播平台、渠道和模式与传统媒体有着重大差别，最显著的区别是由一对多单向变成了多对多互动，媒体边界消融是重要趋势。传统出版业与新兴媒体融合发展，势必要进行媒体形态的扩展。浙江电子音像出版社有限公司社长汤弘亮认为，出版媒体形态扩展有两个层次：第一层次是出版物之间的高度融合，形成适合网络平台传播的多媒体内容；第二层次是跨媒体行业融合发展，成为真正的传媒企业。第一层次的融合是技术和流程可以解决的，第二层次的融合需要构建全媒体的企业集群和平台，涉及资本和资产的运作。深入利用和控制传播平台和渠道，是传统媒体在新形势下的迫切诉求。解决这个问题的方案目前有两个：其一要构建有相当访问流量的入口，也就是要建设平台；其二是设计优秀的应用，并加载标准的信息编码，让用户数据回流。

据统计，2013年仅数字音乐全国市场规模即达到400亿元。网络视频节目也呈快速增长态势，目前部分畅销电视剧网络音像版权每集可达10万元，远超传统音像制品版权收入，不少音像单位已在数字化转型过程中有所收益，期待媒体融合加速这一转型破冰期。

【链接：中国出版传媒商报2014.10.24，穆宏志《音像电子出版业十年沉寂期，媒体融合能否凿开坚冰？》】

第 4 章　资本驱动版权运营，促"书影合体"

出版与影视融合已不是新鲜事，影视界向来有向出版寻求好剧本的习惯。但现在二者融合更加复杂，多是由资本驱动的产业层面的融合。出版业将影视作为产业链的一环主动进军，不再满足仅仅只是影视剧本的生产后院。然而，出版业的产业规模和市场化均不及影视产业，如何与影视甜蜜拥抱，共度美好时光？

影视成为近年文化产业的热门话题。《中国广播电影电视发展报告（2014）》透露，2013 年全国广播电视行业实际收入 3242.77 亿元，同比增长 15.67%；全年电影票房收入 217.69 亿元，同比增长 27.51%。信心、关注与资金，纷纷聚焦于此。而一系列文化税收优惠政策的发布，更让人们对影视市场青睐有加。

据相关数据披露，截至 2014 年 11 月 5 日，2014 年 A 股市场共发生 50 起电影与娱乐行业并购案，涉及总价值约 224.57 亿元，其中跨界逾半。BAT 三家互联网巨头高调进军影视业更是让舆论沸沸扬扬。

4.1　出版集团谨慎腾挪

影视业的天然近邻出版业也不甘寂寞。国内 10 家上市出版集团中，除北方联合出版传媒集团外，均涉足影视业务，但介入方式不尽相同，有的收购或组建影视公司，有的投资及售卖影视改编版权，有的开发影视同期书等等。从目前在影视方面较活跃的出版集团来看，仅凤凰传媒旗下的凤凰传奇影业与新华文轩旗下的华影文轩较成规模，投资额过亿元，运营较为成熟。如新华文轩通过两次资本注入,已经100％控股了华影文轩,后者正在IPO排队准备大展手脚。但大多集团在影视方面的经验较少、能力较弱,投资也较稳健,在实际行动中仍然保持谨慎的态度。

即使借出品《历史转折中的邓小平》而火热的华影文轩,其IPO招股书显示,尽管投入巨大,2013年仍亏损924万元。从凤凰出版传媒的2014年半年报来看,影视投资收入为620万元左右,同比下降89.23％,可能与多部投资影片未计入上半年收益有关。长江传媒曾于2010年拍摄广受好评的《万历首辅张居正》,长江出版传媒集团总编辑周百义表示"回本应该没问题"。

长江传媒目前已成立影视公司,并在未来的经营计划里提出"探索并购或参股优质影视资源和网络视频",但记者并未打听到其在影视制作方面的相应动作。

时代出版大投入拍摄的电影《甲午大海战》斩获"五个一工程奖",2014年年初也成立自己的影视公司从事影视作品策划和拍摄。

据安徽出版集团影视中心主任刘正功透露,中心成立3年来,除了上述电影,仅投拍了3部电视剧,以获得固定收益为主,并不承担风险。

目前出版集团直接进入影视市场的并不多,已经落地的影视剧主要还是与专业影视制作公司合作完成,正如刘正功所说:"更多是为了了解这个市场的规律和模式。"各大出版集团目前也少有利用自身内容资源进行多次开发。时代出版在2014年年初提出了"立体出版"的概念,实际进展与成效还需观察。从目前态势来看,上市书企丰富的资本手段让其有了跨入影视领域的资本,但从年报信息看,收益并不乐观。

4.2 通过版权经营进军影视

影视业越来越意识到优秀内容的重要性,纷纷选取优秀作品进行改编,而出版业也越来越主动地向影视靠拢、囤积、售卖影视改编权或者将热点电影改编为图书,如《纸牌屋》、《冰与火之歌》及《爸爸去哪儿》等影视改编作品都进入了畅销榜单。

业内人士认为，内容资源是出版企业的优势，现在影视市场不缺人、不缺钱，但是缺好内容、好剧本，出版企业巨大的内容资源是任何一个影视企业都无法比拟的，这也不难理解出版企业缘何稳步通过版权经营将触角伸进影视业。时代出版在2014年年初的北京图书订货会上就与一批重量级作家和编剧直接签订影视图书版权，还与安徽大学联合成立"影视文学创作中心"，征集剧本故事。

长江出版传媒集团算是其中的佼佼者，比如《小时代》、《手机》、《雍正皇帝》，不仅通过售卖影视改编权获利，同名影视剧推出后又都大幅度拉动了图书销售。据了解，《致青春》电影上市后，2013年图书销量累计达到200万册，追平过去五六年的总销量，仅2013年4月26日上映后一个月，就销售了100万册。当然，并不是所有的影视同期书都会销售火爆。白马时光图书总经理李国靖认为，仅有《步步惊心》、《甄嬛传》这种具有某类引领作用的"现象级"作品才能带来较明显的收效。

4.3 民营书企"书影联动"巧抓"时代情怀"

最近，民营书企进军影视的动作颇大。如凤凰联动出品的电影《深夜前的5分钟》已经上市，但无论是市场还是口碑，反响都略为平淡；而其策划的《匆匆那年》也即将上映。另外，磨铁图书改编张嘉佳的《从你的全世界路过》同名电影预计2015年上映，今何在的《悟空传》也已获得国家新闻出版广电总局的拍摄许可。

最值得一书的电影作品是《致青春》、《老男孩》与《小时代3》，均由儒意欣欣影业策划同名图书改编制作，总票房超过了15亿元。能产生这么大的动静，当时的核心策划人之一、现白马时光图书总经理李国靖解密——对"时代情怀"的关照。韩寒、郭敬明与赵薇等能获得市场认同，正是因为抓住了80后的怀旧力量，"80后经历过文化断层、贫富悬殊，现在又丰衣足食，并且逐渐占据文化上的话语权和较强的购买力"。例如《致青春》一书能畅销多年,在故事、情感、时代价值观方面,与年轻人是相通的,这也是影视产品所需的内核,影片自然卖座。同时,这也是团队"书影联动"运营模式的成功。李国靖认为,要以全版权经营为理念,在图书开发时就要考虑影视版权的开发,其旗下90%以上的作者有影视版权项目在孵化,如《第三种爱情》、《纸婚》、《恋恋不忘》等,都正在孵化中。

民营书企的活力,除了来自"时代情怀",还在于他们丰富而极具针对性的营销经验。如沈浩波、张小波和吴又等人,都是图书行业摸爬滚打多年的营销高手,李国靖则是营销科班出身。相比于仅仅盯着销售数据榜的影视人,他们对内容有更强的判断力,又比传统出版人有更强的营销思维。

【链接:中国出版传媒商报 2014.12.5,龚牟利《资本驱动版权运营促"书影合体"》】

第 5 章　出版布局动漫路径出新

《动漫蓝皮书：中国动漫产业发展报告（2014）》发布的数据显示，我国动漫产业产值 2005 年不足 100 亿元人民币，2010 年增长到 470.84 亿元，2013 年总产值达 870.85 亿元，预计 2014 年将达到 1000 亿元。动漫已成为横跨出版、影视、演出、新媒体、玩具、服装、游戏、主题公园等衍生产品，以动漫形象和品牌串联成的一个整体产业链。在传统媒体和新兴媒体加速融合发展的当下，转型升级中的出版传媒企业，纷纷看好动漫产业的巨大市场。

5.1　三大路径促进二者融合

中国版协少读工委原主任海飞有个形象的比喻，如果把文化比作浩瀚的海洋，出版就像奔腾的波浪，动漫就像美丽的浪花。2014 年是 HelloKitty 诞生 40 周年，这个简单的卡通形象，从 1974 年诞生之日起，通过周边产品开发和形象授权，成为全世界最知名的动漫产业形象，同时为日本三丽鸥公司每年赚取超过 5 亿美元的收益。

国内出版业对于动漫产业的布局早已开始，2014 年出版与动漫的跨界融合呈现三个特点：一是由出版动漫图书、同名动画片抓帧书的"单兵作战"模式，过渡到以优势互补、资源共享的战略合作为主流发展模式；二是由出版传媒企业跨媒体、跨行业寻求合作伙伴，多元发展；三是出版企业增强动漫品牌意识，投入资本通过动漫授权构建动漫产业链。

2014 年 11 月 22 日，中国少年儿童新闻出版总社与法国著名动漫公司达高集团签约，双方就"小猪波波飞系列"达成 360 度全方位合作，计划投资拍摄波波飞的动画片,并对衍生产品进一步开发。2014年8月,中国人民大学出版社斥资百万,与俄罗斯最大的系列动画片品牌《开心球》战略合作,计划在5年内出版至少100种原版引进《开心球》绘本图书。中国人民大学出版社社长李永强表示,《开心球》品牌高度的文学价值和社会责任感,与人大出版社的出版导向和品牌形象一致,成为了二者携手合作的契合点。

除了以单个出版项目为核心的合作,还有跨媒体、跨行业的整体合作,拓展传统出版的动漫产业新空间。2014年3月,二十一世纪出版社与上海美术电影制片厂达成战略合作协议,双方将合作开发多品种多样式的图书绘本产品和动画产品,凸显动画新项目的营销、衍生品开发等产业链的打造。二十一世纪出版社拥有上海电影制片厂的动漫资源首选权并以该厂授权的相关动漫要素开发衍生出版物,并介入动画片的拍摄,与上海美影厂共同开发动画产品。

2014年9月,安徽出版集团旗下时代漫游文化传媒股份有限公司与全球立体拼图玩具的领导者乐立方成为品牌战略合作伙伴,双方将对立体拼图玩具与互动电子书、绘本图书以及乐立方各项创新玩具领域进行捆绑整合。中南传媒旗下广州天闻角川动漫有限公司与国内知名企业展开跨界合作,代理"剑侠情缘"、"秦时明月"小说、画集等策划出版及周边商品的开发生产,并与上海晨光文具股份有限公司达成文具与动漫的跨界合作。

2014年北京国际图书博览会(BIBF)期间,腾讯文学和吉林出版集团充分挖掘各自的平台功能,达成原创漫画改编、中文简体图书出版及相关的游戏、动画等一系列产业链的全方位合作。据了解,双方首轮合作为腾讯文学的两部明星作品《择天记》、《英雄联盟之谁与争锋》,纸质漫画图书和小说图书的制作已在吉林美术出版社启动。腾讯文学将发挥腾讯平台资源优势,保证纸质出版产品向网络用户的推送。

动漫品牌授权正逐渐成为动漫行业发展的核心一环,出版企业更加具有长远意识。不久前,凤凰教育出版社旗下凤凰国际出版有限公司获得包括迪士尼、孩之宝、芝麻街工作室在内的13家公司的卡通形象出版许可授权转让，涉及25个产品系列，HelloKitty、维尼小熊、海底总动员、蜘蛛侠、美国队长等100多个卡通形象，以及在美国、加拿大、英国、德国、西班牙、澳大利亚等全球217个国家和地区的出版许可。

5.2 以数字动漫切入辐射产业链

近年来，以网络动漫和手机动漫为代表的新媒体动漫表现出强劲的发展潜力和增长空间，已成为我国动漫产业的新增长点。这股潜力来自移动互联网的迅速发展，艾瑞咨询统计数据显示，移动互联网市场规模在2014年为2818.8亿元，2015年将达到4252.7亿元。

数字动漫的未来必然是跨界发展。中国移动手机动漫基地副总经理向黎生分析，随着移动互联网的飞速发展，可以预见，未来3至5年，中国动漫可基本完成全数字化或移动终端的转变，动漫所承载的文化内容将扩散到百姓生活的各个方面，动漫也因此成为中国文化传播的一个主要载体，动漫产业与传统行业的融合必将越来越紧密。

目前，各方机构的动漫业务开始在移动互联网上蓬勃发展，如搜狐、腾讯等传统互联网平台纷纷涉足动漫业务；腾讯为用户提供动漫内容及动漫数字衍生品的红钻业务已成为腾讯动漫的收入支撑点；知音漫客、漫友等传统CP以网站、客户端等形式拓展无线市场。

出版传媒企业立足内容，也在数字动漫领域试水，向产业链辐射。中国出版集团公司的中华动漫资源库项目是由出版企业与漫画人联手打造的原创漫画出版资源库，建成后主要有3方面功能：一是自主推出中华民族原创动漫产品；二是借助漫画素材与动漫技术的结合，保护优秀漫画文化遗产；三是形成民族动漫创作的资源供给平台，并将业务扩展到新媒体产品、数字出版、影视创作等领域。2014年11月14日，知音传媒的招股说明书显示，该公司将投入4.4亿元用于知音动漫产业链的建设项目，形成涵盖"动漫原创、期刊及数字出版、图书出版、动画、游戏研发与运营、动漫周边产品开发、动漫形象授权"各环节的有效的动漫产品销售及营销网络。

刚刚闭幕的第八届亚洲青年动漫与数字艺术大赛由贵州出版集团公司参与承办,以大赛为契机,贵州出版集团公司收购贵州亚青动漫科技信息有限公司,在北京成立了北京动漫科技数字传媒科技有限公司,开发搭建"(贵州)亚洲青年动漫复合型新媒体数字出版运营平台"。针对亚青赛资源、创新型的动漫数据库,实现亚青动漫内容的复合型数据库存储管理、发布、版权管理、产品销售等功能,建立面向国际的动漫版权交易平台。贵州出版集团公司党委书记、董事长彭晓勇评价,移动互联时代,阅读方式的改变向出版业发出了挑战,也催生出版业自身的变革,该集团希望通过打造亚青动漫复合型新媒体运营平台,探索构建数字出版商业模式。

5.3 欣喜背后的隐忧

国家政策向文化产业倾斜以及各级政府给予的行业优惠和补贴,使得动漫产业出现了欣欣向荣的大好局面。但欣喜的背后,仍然存有隐忧。

比如,在政策鼓励下,动漫产业园区遍地开花,全国有近百个动漫节、动画节、游戏节,难免雷同。在表面的繁荣背后,是急功近利的心态和行为。再如,扶持政策在实际执行中往往偏重于动漫的数量而非质量。有地方政府规定,本地生产的动漫只要在电视台播放就可以按长度领取补贴,导致有的动漫企业为了获得政府补贴不惜拉长动画时长,拍出上千集,哪怕是在半夜的垃圾时间播出,照样拿补贴。

动漫产业的千亿蛋糕,出版作为动漫产业链条中的一环,能在其中占有多大比例?据业内人士估计,我国动漫产业包括图书音像、动漫作品的播映和衍生产品,在这个庞大的产业链条中,图书所占的比重微乎其微。与动画制作相比,动漫图书在规模和影响力方面远远不及,且享受的政策扶持也没有那么"给力"。动漫是一个产业链条,缺少任何一环都发展不起来,无法形成庞大的市场。综观国内动漫图书,单品种孤军奋战的多,如果想成功操作一个动漫选题,成本高、投入大,单项收入较难打开局面。

从产业生命周期看,中国动漫出版目前正处于从幼稚期向发展期转变的过渡阶段,期待更多转型升级所带来的质量和效益提升。

【链接:中国出版传媒商报 2014.12.23,马莹《出版布局动漫路径出新》】

第6章　自出版改写出版流程？

当网络平台纷纷投身自出版，传统出版社在这一热潮之下也难以独善其身。2011年，豆瓣试水自出版，被公认为是国内最早的尝试。2014年3月，京东以《大卫·贝克汉姆》杀入出版界，高调宣称要做自出版，其后互联网公司纷纷跟进，标榜自己的"自出版"品牌——2014年4月，网易云阅读平台高调上线"自出版书"栏目，"100%收益归作者所有"；当当高调表示，要在未来投入逾2亿美元，3年后将数字出版收入提高到逾3亿美元，占据电子书市场的60%，其中自出版是重要开发领域，并且已经将郑渊洁等名家纳入麾下。

除了互联网企业，传统出版社也不甘落后——学林出版社和知识产权出版社也发布了自出版平台。国内如今在出版领域仍有一些政策限制，自出版概念并非完全"西化"，但对出版业的影响也不容小觑。自出版在国内是否会成为传统出版、网络文学之后的第三种力量呢？

6.1　互联网企业纷纷涉猎，目标内容各不同

自出版是一个不断变化、发展的概念。当前国内之所以跟风自出版概念，究其根源，与西方尤其是美国的自出版热潮有关。在美国，自出版已成为一种主流出版模式，对传统出版构成巨大挑战。自出版之所以对出版业造成大冲击，原因在于渠道商对于流程的再造，绕过了传统出版的"把关人"——出版社，让更多人能够快速、免费、低门槛地出版自己的书籍。此外，电子书通过网络发行，几乎没有渠道、印刷、库存和退货成本。

豆瓣被公认为是国内最早的自出版机构，2011年试水，到目前最高收入

作者丁小云凭借《7天治愈拖延症》等作品进账15万多元。"豆瓣阅读"标榜"走在印刷机之前",鼓励非虚构写作。据豆瓣读书产品总监戴钦介绍,豆瓣举办了两届征文大赛,收到4000多部投稿;2014年2月还上线了主打普通人的经验写作专栏,以鼓励写作。目前已累积4500多部独家作品,但内容主要是2万~5万字适合碎片化阅读的产品,从其品种数量、阅读种类,要对主流出版行业构成冲击还有待时日。

2014年年初,京东以《大卫·贝克汉姆》杀入出版界,高调宣称要做自出版,据京东图书音像事业部总经理杨海峰透露,8个多月销售超过1.5万册。京东的"自出版"更像是一个图书策划公司出版纸质书,其特点之一是"以大数据分析为基础,直接介入出版"。原创作者并不能自主通过其平台发布内容,其特点与其说是"自出版",还不如说是"大数据"。

至于自出版和数字出版的目标,当当网的目标可谓宏大。当当数字业务部总经理左立表示,未来3年要在数字出版领域投入2亿美元,力图占到正版电子书市场的60%,日活跃目标用户1500万。他还特别强调是严肃阅读的60%,而不是网络文学。而且将建立当当自己的出版平台,内容供应商包括传统出版社与个人作者,形式不仅有纸书的出版,还有电子书的出版。

其实,上述几家新生出版模式与真正的自出版尚有差距,因为作者缺乏自主,也缺乏够分量的严肃作品。之所以都叫"自出版",关键在于主打严肃产品,符合人们对"出版"的期待。另一方面,当前"自出版"机构的影响力有限。当当刚开始介入,豆瓣收益不得而知,而京东2013年的自出版收入是600万元,从体量上来讲,很难与网络文学、传统出版等量齐观。此外,正如杨海峰表示的,优秀的出版人才和作者都很紧缺,也限制了国内自出版发展。

6.2 传统出版投身,初尝甜头

知识产权出版社和学林出版社所代表的传统出版社的"自出版"平台一上线,就表现不俗。

知识产权出版社"来出书"平台于 2014 年 3 月上线。该项目以学术论著为主要出版方向，以数据积累和数据运营为中远期经营目标，实现图书出版和图书数据的互联网运营模式。每一种正式出版的图书，"来出书"都会同步出版纸书和电子书，在线上和线下同步销售，依靠知识产权出版社的数字出版技术实现小库存或零库存图书管理。目前，"来出书"网已开通了来出书、来买书、来＋盟、来印刷、我的账户以及玩转本站等 6 个频道。学林出版社"人文社科学术著作自出版平台"2014 年 8 月上线，最大的两个特点分别是"图书出版众筹众包系统"和"自出版按需印刷系统"。

自出版之所以有市场，对大众出版需求的满足是原因之一。自出版"以用户为中心，注重用户体验"，作者通过自出版平台可以随时监控图书的销量、成本、分成收入等。知识产权出版社"来出书"自助出版平台总监唐学贵认为，"来出书"主要产品的定位是学术出版物，但也向百姓提供服务。"来出书"刚推出的《左手刀塔右手韶华》作者"菊花神"（论坛 ID）俞波，就是游历于各大游戏平台的网络写手，在网络论坛上发表文字已超过千万字。这位 80 后感慨道，有幸在青春的尾巴遇到了自出版能够出版这本书，也是对自己青春的祭奠。2014 年"来出书"收到了 1200 多份作品，"大众出版的比例渐渐增多，作者爱惜自己的文字，非常配合与编辑的互动，出版了很多有意思的作品。"唐学贵介绍。

"来出书"平台收入已达到近千万元，唐学贵希望未来两年中能有翻番的发展。未来"来出书"稿件的处理也要用互联网思维，让更多的人参与进来。"我们有'来＋盟'的平台，当今后越来越多的稿件投进来后，也可以让其他出版社的编辑或者有看稿能力的人到这个平台上，大家一起工作，读者一样可以参与进来，这就是互联网众包的形式。"自出版能够扩大传统出版范围，为阅读产业做增量，出版业应该积极融合到自出版潮流中来，利用专业编辑优势为大众出版提供服务。

随着按需印刷技术的成熟和普及，逐渐成为纸质书自出版的标配。传统出版中，出版社往往会根据印张来定价，容易忽视作品内在的价值。自出版时，在图书定价方面可以更好地发挥作者主动性，尤其是学术著作的需求往往刚性较强，因其需求量相对较小，消费对象对价格相对不敏感，尤其是绝版书，利用自出版平台与按需出版相结合可以解决不少问题。正如业内人士所说，"一本书20块能卖100本，100块也能卖100本，那么作者为何不索性卖100块钱呢？"学林出版社社长段学俭算了一笔账："在传统出版模式下，出版社的直接成本在28%～31%，远高于畅销书和教材的百分之十几，加上退货和库存，盈利很困难。按需印刷虽然将成本提高到37%～45%，甚至是47%，但是省掉了退货、库存以及发货折扣等，盈利空间就出来了。现在的毛利为15%～20%，如果量大，利润率会更高。"

自出版模式的另一个优势在于，像知识产权社和学林社这些有互联网出版资质的出版社，还可以通过数字出版，扩展出版渠道。对于不适合纸质出版的作品，自出版平台可以制作成电子书在各大平台销售，满足作者出版需求的同时，降低风险。

6.3 战略影响还待时日

自出版模式给传统出版社带来了控制成本、扩大出版范围等新的可能，但是真正让其成为一种主流的出版模式还不太现实。国内自出版尚未形成气候，对主流出版业构成冲击还有待时日。

如段学俭所说："质量是悬在每个传统出版人头上的一把剑"。传统出版社做自出版，还是要由选题委员会来判断一种书是否适合出版，把好社会效益关，互联网企业也不能例外对内容的审查。

此外，传统出版社转型做自出版平台，其中的技术难度可想而知。段学俭表示，不能盲目地将技术完全外包。代码没有必要也没有可能由出版社去做，但是设计、创意、要求、验收仍然要由出版社主导。正如出版社不开办印刷厂，但设立出版科负责寻找印刷厂、对印刷厂进行质监或者检验、控制质量和成本等。

　　自出版在出版战术上会对出版业产生一些影响,但是战略上影响不会太大,而其成为挑战传统出版和网络文学的第三种力量尚不现实。

　　亚马逊掌门人贝索斯曾表示,自出版会让一切挡在消费者面前的专家们都消失。在图书行业里,这群专家就是图书编辑。但至少这一点在中国目前还很难实现。

【链接:中国出版传媒商报2015.1.23,龚牟利《自出版改写出版流程》】

第 7 章　融合微电影，出版业小试牛刀

伴随着微文化的大行其道,一种新型的视频模式——微电影应运而生。2010 年,一部《老男孩》风靡整个网络世界,微电影正式进入人们的视野。以小制作、短时长、小投资著称的微电影,获得了广告商、传媒、娱乐明星等多向度主体的介入,成为了集电影与广告于一身、备受关注的营销新阵地。对出版业而言,在媒体融合的新常态下,借微电影打通与新媒体融合通道不失为一种便捷新方式。

7.1　定位：产品宣传和形象塑造的新利器

在 2014 年年初的北京图书订货会上,中央编译出版社打破以往的学术讲座和图书首发等宣传形式,首创以微电影的形式进行宣传。此前,安徽出版集团就已成立微电影工作室,并且拍摄了《你是我的天使》、《坚持向上的人生》等 20 余部微电影、专题片和宣传片。浙江出版联合集团、凤凰出版传媒集团、青岛出版集团等也都曾拍过微电影。

随着三网融合的日益加深,传媒市场发生巨大变革,电脑、电视、手机各种屏幕越来越多地占用大众的时间与空间,微电影凭借其"小制作、短时长、小投资"将成为未来广告传播的有生力量。据统计,2014 年上半年,仅用于投拍微电影及网络微剧的金额总量就已高达 30 亿元,2014 年整个微电影市场占有量已破 100 亿元,预计 3 年后将达到 1000 亿元以上。央视微电影频道总编辑杨才旺认为,未来微电影产业将成为影视文化产业最强最大的生力军。

目前,微电影市场还处在初期发展阶段,利润空间大,机会多,参与者众,

商业化时机业已成熟。受访者普遍认为,微电影的投资很低,从策划到拍摄完成花费的时间短,四五个人的小团队就可以打造出一部精致的微电影,这些小制作、短时长、小投资的特点有效避免了风险。面对微电影这一新媒介形式,出版业与其联姻是大势所趋。

相较于其他行业来说,在运作微电影方面,出版业有着自身独特的优势——文化优势、自身的影响力与客户资源。一些出版企业凭借自身的内容资源,自己进行策划编剧、撰写脚本,直接投拍微电影。出版业涉足微电影,其盈利模式和前景也比较清晰。安徽出版集团 APG 微电影工作室负责人蒋乃纯分析认为,传统媒体在网络冲击下唯有了解客户诉求,创新形式,"为他们找到新渠道,才能既防止客户资源流失,还增加广告收入"。从本质上说,微电影属于数字出版的一种形式。微电影与出版的联姻既是顺时,也是顺势。

出版机构对微电影有着不同的应用定位和考量。很多出版机构将微电影当作营销新形式,在当下颇具代表性。相较以往直白强行灌输的营销方式,微电影以讲故事的方式潜移默化地营销,不仅不会引起观众的反感,还会留下深刻的印象。

据中央编译出版社总编辑助理贾宇琰介绍,与以往只是简单拍摄宣传视频不一样,该社在订货会期间发布的微电影《渡》,以男女爱情故事为载体,诠释人与书之间的关系,将思想的美丽融化于日常的一举一动,传达出了读书给人带来的变化以及"遇见一本好书、遇见一个好人、遇见一段美好生活"的理念。微电影《渡》上传到网上后,反响相当不错,无论是腾讯视频的点击率,还是微信、微博上的观看转发都非常高。"很多朋友看到这个微电影后都非常喜欢,觉得这个形式特别新颖。一些网友还将微电影《渡》中出现的书籍一一梳理出来"。借着这样的契机,中央编译社又做了一次话题营销,在微信微博公众号上举办猜图书的活动。

在 2014 年第 21 届北京国际图书博览会会场,江苏少年儿童出版社通过微电影将儿童文学作家金波创作历程直观而又全面地进行展现,现场观众对其半个多世纪的创作成就无不动容。

一些出版企业也将微电影作为企业形象塑造一种行之有效的手段。浙江出版联合集团拍摄的微电影《梦想的礼物》是以该集团多年坚持捐书助学行动为素材拍摄而成的。最初只是集团内部所用，但后来上传到互联网后，不仅好评不断，还加深了大众读者对集团的了解，对集团的主旨"书籍是梦想的开始"也有更多的认知。除了严肃的"企业宣传片"，浙江教育出版社的微电影《功夫班长苗一棵》则走幽默风趣的路线，通过小故事达到教育的目的。此类微电影在网络上广泛传播，不仅提高了出版社知名度，还扩大了影响力。贾宇琰谈到，一直以来，中央编译出版社总给人严肃的印象，而这次微电影《渡》整体风格青春活泼，一改既有的刻板印象。

在微电影的具体拍摄环节中，出版企业更是动员员工紧跟参与。在《梦想的礼物》中，浙江出版联合集团的一些员工也在影片中扮演着角色。中央编译社从社领导到员工都亲自担任群众演员，更增添了这部影片的看点。

7.2 模式：协力外界公司，组建自有团队

在运作微电影方式上，出版企业依据自身的能力，手段也不尽相同。

在目前的出版企业中，安徽出版集团在跨界微电影领域有着成熟的模式，成立了专门的工作室——APG微电影工作室，有着自己的运营模式，主要是承接定制类业务。该电影工作室隶属于市场星报，由安徽出版集团"翼基金"孵化而出，近年来发展迅速，成为安徽最具影响力的微电影工作室之一。就在不久前，APG工作室完成中国铁建国际城和华润集团定制的微电影，获得了客户一致称赞。在接受商业定制之外，APG工作室还承接政府的文化、公益类项目。该工作室还发起成立安徽微电影协会，与北京、上海等多地大型影视机构建立战略合作关系，联合省影视家协会、省影评学会，多次举办全省规模的影视衍生活动。

出版企业在拍摄微电影时，受专业能力等因素的限制，更多负责前期的策

划、剧本的撰写与后期的宣传,一般不直接参与拍摄环节,而外包给专业公司。

北京电影学院音像出版社的《我爱我的校园》百集系列儿童微电影,是授权上海和散那文化传播有限公司在上海地区招募演员。贾宇琰透露,社里主要负责微电影剧本、导演、前期的策划以及后期的宣传,具体拍摄是外包给中央编译社的子公司——夸父逐日儿童文化创意公司。

举办与微电影相关的各类活动是出版业与微电影领域融合的另一种方式。安徽出版集团2014年举办了数场微电影大赛,如安徽首届房地产界微电影大赛、校园爱情微电影评选等,都取得了不错的反响。蒋乃纯表示,"仅APG工作室发起的安徽首届房地产界微电影大赛这一项目就给安徽出版集团带来了一百多万的广告收入"。

7.3 观念模式是短板,人才更关键

目前微电影的传播渠道以网络为主,市场上很多公司拍摄微电影只是单纯注重商业利益。2014年1月2日,国家新闻出版广电总局印发《关于进一步完善网络剧、微电影等网络视听节目管理的补充通知》,对网络视听节目在节目内容、制作资质等方面存在的问题进行严格把控。对于出版企业来说,参与微电影拍摄应着重发挥其文化内涵,传达"读书"理念,尽量避免恶俗的情节与台词,有自己的高度与情怀。

微电影自身也有着无法避免的缺陷。比如微时长,作为微电影的重要优势,也是其无法避免的弊端。现在当用户点击观看视频时,大多需要在片头观看广告。微电影也不过几分钟的长度,在观看前还需要看一分钟左右的广告,很容易让网友失去耐心。

目前只有少部分出版企业涉足微电影领域,大多数尚未意识到微电影市场的巨大前景,也没有认识到这一领域的优势。这里面既有传统出版企业的思维定式,也有人才紧缺和人力成本等层面考量。出版企业在微电影领域的运作模式同样并不成熟,如何与微电影有效融合,依旧值得探讨。

【链接:中国出版传媒商报 2015.2.27,王婷《融合微电影,出版业小试牛刀》】

第二编　年度大势大事

第 8 章　2015 高端调查：把脉书业景气指数

每到岁末年初,《中国出版传媒商报》都会利用北京图书订货会等业内盛会,邀请业界高端人士共同总结上年书业表现、预测来年书业可能,至今已进行了第八次。2015 年 1 月北京图书订货会期间,该报再次发出问卷 150 份,共收回有效问卷 123 份。与以往不同的是,此次高端调查不仅邀请了大陆书业高层参与回复,还请到了我国港台书业代表;回复不仅涵盖了出版企业,也包括发行企业,层次从部门主任到集团老总,受访对象覆盖面之广为历年之最。

值得一提的是,此次高端调查问卷摒弃了此前有关宏观政策方面的问题,重点征询了受访对象对 2015 年图书市场的销售预期,并结合 2014 年市场表现突出并有望在 2015 年热销的细分领域给予辅证;同时了解了在销售渠道此消彼长的现状下,各家如何进行渠道拓展;目前新进入和有望投入的领域包括哪些方面,以及各家当务之急要做哪些事情。

此次调查结果显示,尽管国内经济增速整体放缓、实体书店销售下滑,但在国家对文化产业、全民阅读的大力扶持,以及电商销售推动等多方协力下,受访对象对 2015 年书业普遍乐观,有 73.68% 的受访对象表示看涨,其中 57.89% 认为"稳中有升,增长 5% 以内",15.79% 认为将"快速增长,涨幅超过 10%";相反地,认为 2015 年图书市场销售"略有下降,降幅 5% 以内"的为 10.53%,"与 2014 年基本持平"的为 15.79%。有受访者表示"传统出版跟新媒体的结合越来越好,会有更多机会让想看书的人看到并了解他们感兴趣的书"。

显然,超七成看涨 2015 年书业的信心除了国家政策的扶持和电商推动,也得益于各家2014年销售回款同比增长幅度。此次高端调查结果显示，超过八成的受访者透露自家回款同比增长，其中表示"大幅上升，10%以上"的有37.14%，而"明显上升，5%～10%"占11.43%、"略有上升，5%以内"的也有34.29%，累计高达82.86%，相比上次调查的78.78%增长了4.08个百分点。表示同比持平的受访对象则为11.43%，表示同比下降的则累计仅为5.72%。

8.1 渠道"此消彼长"，招数频出

调查结果显示，回款的大幅增长，有一大部分来源于网络渠道，网络渠道的销售收入与总销售收入的占比可谓是逐年上升，目前以10%为界已经差不多是各占一半，其中网络销售占比5%以内的占33.34%，"5%～10%"的占22.22%，累计为55.56%；而占比超10%的累计为44.44%，30%以上的占到了25%即四分之一，当中还有的出版社，网络销售占比已经超过了70%。不过，数字化产品收入与总出版收入的占比还不明显，占比5%以内的高达77.14%，占比5%～10%的仅有20%，占比10%～20%的更是低至2.86%。

面对销售渠道的此消彼长，不少出版社在渠道拓展上也着实下了一番功夫，82.05%的出版社"加大馆配、团购及定制渠道"，略高于2013年的81.82%，56.41%的出版社进行了"发行部门分工重组"，41.03%的出版社"在京东、当当、亚马逊电商平台开品牌专营店"，还有53.85%的出版社"开设天猫、淘宝店"，"组建自营实体渠道"、"新辟机场母婴商超影院等其他渠道"的则分别占到20.51%、17.95%。同时，为了扩大市场影响，各家也开始不断加大阅读推广力度，过半的出版社"组织名家名师进校园、社区"、"举办各种阅读比赛活动"、"组织各种图书捐赠活动"，分别为71.79%、53.85%、56.41%，并有35.90%的"成立阅读推广小组"、23.08%的"设立阅读推广基地"，而像与政府部门共同开展阅读推广活动，举办"诗词中国"之类的赛事也占到一定的比例。

8.2 市场热点"婚育少儿"依旧

那么,究竟哪些细分领域在 2014 年表现突出并有望在 2015 年持续热销呢?调查发现,大家普遍看好的热点领域已连续 3 年没有发生根本性改变。如 2014 年的调查结果显示前三名分别是少儿读物类、生活健康类、名人著作类,关注度分别为 75.76%、51.52%、45.45%,而 2013 年的调查结果是生活健康类、少儿读物类、时政类,2012 年的调查结果是少儿读物类、生活健康类、职场生存类。而今年的调查结果显示,婚育指导类、少儿读物类、时政类分别位列前三,关注度分别为 76.92%、74.36%、43.59%。而关注度超过两成的依次是文史类尤其是二战史等、名人著作类、生活健康类,关注度分别为 43.59%、35.90%、30.77%。教材教辅类与核心价值观等主题出版均以 28.21% 的关注度并列第 7,其后是心理励志类、投资理财类和财经话题类,分别有 25.64%、23.08%、20.51% 的受访者关注。而受依法治国等政策出台影响,法治类也有 17.95% 的受访者表示看好。此外,影视同期类、游戏动漫类、城镇化及环保等热点产品也跟往年一致,有两位数的关注度。

8.3 成本涨声一片,唯"纸"持平

与此同时,书业面临的挑战也不少,比如成本的增长就非常明显。体现在人员工资、稿费和版税、纸张印刷费、物流运输费、营销推广费等主要支出,除纸张印刷费相比 2014 年 54.55% 的选择上涨,此次仅有 41.38% 的选择上涨外,减少了 13.17 个百分点,其他选择上涨的均高达七成以上,分别为 89.19%、71.43%、74.29%、70.59%。这既印证了成本上升势不可当,而 55.17% 的人选择纸张印刷费"持平",因纸价和印制单价是上涨的,则预示用纸量和印刷量实际是下滑的。这从某种意义上来说,销售回款的增长,既有可能是之前的老账回收,也可能是其他产品收入给予补充。当然,对 2015 年图书市场的研判,三方力量看似势均力敌,但在用纸量下滑的大背景下,多少也会给乐观减分。

8.4 "人才培养"成当务之急

既在意料之外,也在意料之中的是,书业当下的吸引力下降加剧了人才流失,加大了人才引进的难度,同时新技术的应用及市场变化,编辑市场发行与营销人员队伍建设及培养就显得迫在眉睫,这使得"人力资源培养"成为书业的当务之急,此次调查中有 71.79% 的受访者选择了这个选项。紧随其后的是"强化营销特别是网络营销",占到 69.23%,;选择"延伸主业产品线"的也超过六成,达 61.54%。这当中既有传统主业业绩摇摆不定的因素,也有变规模品种经营为挖掘潜力品种的考虑,让主业分支更为细化。与此同时,还有超过半数的受访者选择了"跨界多元发展",达 56.41%。而像"新技术应用"、"编辑流程再造"、"走出去"、"资本运作"等几个选项,结果显示都未能过半,这样的选择结果,无不说明受访者更为务实的眼界。

8.5 数字、创意成拓展主方向

从调查结果可以看出,为应对传统媒体与新兴媒体融合带来的契机和挑战,不少出版企业也在不断拓展发展领域,进行产业链延伸,但与之前主要向外拓展的情况有所不同,主要是对内的扩张,一是书业公司,二是数字公司。在 2014 年,有 48.72% 的受访出版社"设立书业新公司新部门开辟新门类",41.03% 的"设立数字新媒体部门或公司",而"控投或参股其他书业公司"占到 17.95%,"新设创意公司开发创意产品"的有 12.82%,但"兴办新报新刊"、"新设或收购影视公司投拍影视剧"、"收购游戏公司开发网游手游"、"成立投资公司开展投融资业务"则相对较少。调查结果还显示,在 2015 年,"设立书业新公司新部门开辟新门类"、"控投或参股其他书业公司"、和"设立数字新媒体部门或公司"、"新设创意公司开发创意产品"依然受到重视,是最有可能投入的四个领域,分别占比 20.51%、12.82%、12.82%、15.39%。

【链接:中国出版传媒商报 2015.1.16,蓝有林《2015 商报书业高端调查:"十问"书业景气指数》】

第 9 章　2015 出版政经利好释放

　　2014 年是文化及出版产业深入改革及发展的攻关年,2015 年则是新闻出版业"十二五"规划的收官之年。2014 年 4 月,国家新闻出版广电总局发布"2014 年新闻出版改革发展八项工作要点"专门就新闻出版领域的任务进行了部署。2014 年 10 月,《新闻出版业"十二五"时期发展规划中期评估报告》发布,报告认为受国民经济整体增速放缓的影响,实现文化产业成为国民经济支柱性产业、新闻出版业在整个文化产业中继续保持主力军地位的时间由 2015 年延期为 2020 年。报告还建议"十三五"规划作相应调整,总产出终期目标由 2.94 万亿元调整为 2.2 万亿元,年均增长速度由 19.2% 调整为 13.0% 左右;增加值的终期目标由 8400 亿元调整为 6000 亿元,年均增长速度由 19.2% 调整为 11.5% 左右,这从侧面可见接下来改革任务任重而道远。为"十二五"规划的顺利完成,接下来的一年中以改革来激发市场活力、推动出版与科技融合、加速行业转型升级等将是出版领域的改革发展重点。

　　站在这个交汇点上,让我们回顾 2014 年的政策发布与落实,展望 2015 年出版政经产业前景。

9.1　财税政策持续利好

　　依据十七届六中全会《中共中央关于深化文化体制改革推动社会主义文化大发展大繁荣若干重大问题的决定》"继续执行文化体制改革配套政策,对转企改制国有文化单位扶持政策执行期限再延长五年"的精神,相应财税政策利好依然被延续。

* 《关于印发文化体制改革中经营性文化事业单位转制为企业和进一步支持文化企业发展两个规定的通知》(国办发[2014]15号,以下简称《两个通知》)。

《两个通知》将相关政策延续了5年,涵盖财政税收、投资融资、资产管理、土地处置、收入分配、社会保障、人员安置、工商管理等多方面的政策。为相关财税政策的配套以及改革的深入奠定了基础。

* 《关于继续实施文化体制改革中经营性文化事业单位转制为企业若干税收政策的通知》(财税[2014]84号)。

财政部、国税总局根据《两个通知》的精神联合发布,主要内容集中于转制企业免所得税、减免土地使用税及房产税等。虽然国内绝大部分出版社已改制为企业法人,但通知规定"本通知下发之前已经审核认定享受《关于文化体制改革中经营性文化事业单位转制为企业的若干税收优惠政策问题的通知》(财税[2009]34号)税收政策的转制文化企业,可继续享受本通知所规定的税收政策"。即在2009年年初到2013年年末之间转企改制享受上述税收优惠政策的出版企业将继续享受其后续政策。

* 《关于继续实施支持文化企业发展若干税收政策的通知》(财税[2014]85号)。

财政部、国税总局根据《两个通知》的精神联合发布,亮点在第四条和第五条。第四条"按规定认定为高新技术企业的,减按15%的税率征收企业所得税;开发新技术、新产品、新工艺发生的研究开发费用,允许按照税收法律法规的规定,在计算应纳税所得额时加计扣除",可能使数字出版产品研发和创意设计的企业受益;第五条"出版、发行企业处置库存呆滞出版物形成的损失,允许按照税收法律法规的规定在企业所得税前扣除"则缓解了出版企业普遍存在的库存问题。

而《进一步支持文化企业发展的规定》要求的"对国家重点鼓励的文化产品出口实行增值税零税率"事项中的"文化产品"应该由国家税务总局相应通知具体单列。

* 《关于延续宣传文化增值税和营业税优惠政策的通知》(财税[2013]87号)。

财政部、国税总局根据《两个通知》的精神联合发布，相对于以往版本，本版最大亮点在于，以前对于新华书店的增值税与营业税优惠政策扩展到所有批发商和书店，此举意味着批发商和书店5年内不需要缴纳13%的增值税。

财政补贴不完全统计

2014年1月6日，根据《关于开展实体书店扶持试点工作的通知》，全国12个试点城市56家实体书店的9000万元中央文化产业发展专项扶持资金落地。

2014年4月11日，国家新闻出版广电总局将实体书店扶持试点从12个城市扩至12省份，下拨资金达到11850万元。其中江西、四川的1050万元已于当年年底落地。

2014年8月，2013年刚开始实施的农村文化建设专项资金也已由中央财政下拨，总计45亿元；中央财政还下拨中央补助地方文化体育与传媒事业发展专项资金23.6亿元。

2014年9月，武汉市政府出台《武汉市实体书店扶持暂行办法》，据悉2014年武汉市将拿出300万元资金扶助实体书店，并承诺年底到位。除此之外，实体书店的水、电、气价格，参照公共文化单位收费标准执行，同时推动开展无形资产质押贷款，为实体书店提供金融服务。

2014年11月13日，财政部下拨2014年度文化产业发展专项资金50亿元，同比增加4.2%。

2014年12月1日，成都市印发《成都市实体书店扶持奖励办法(试行)》，年度专项扶持奖励资金达700万元。

上海于2012年即已发布《上海市出版物发行网点建设扶持资金管理办法》和《上海市出版物发行网点建设引导目录》。每年将从新闻出版专项资金中划拨1500万元支持出版物发行网点建设，其中500万元用于定向支持各类实体书店。

· 专家点评 ·

中央财经大学文化与传媒学院副院长莫林虎：现有财税政策对文化企业都有促进作用,让文化企业更有活力。但是文化产业真正发展需要靠市场机制的完善。法国对出版有多种税收和资助政策,图书5.5%增值税率远低于一般商品18.6%的水平,其出口书报刊出版物不仅不征税,而且实行出口补贴。美国联邦政府对营利性出版机构没有任何特殊的优惠政策,但法国图书出口远少于美国。欧洲对出版业的高福利政策出发点在于保护其内部的文化多样性,但是也抑制了市场数字化升级。图书产业属于创意产业,促进其自主发展更重要,而不应去设定太多禁锢。中国的政策与欧洲类似,如何提高本土出版企业竞争水平又避免欧洲的"高福利陷阱",值得更加深入地探讨。

9.2 行政审批放开释放企业活力

随着文化体制改革进入深水区,行政审批事项"负面清单"管理制度最终要取代传统的行政审批制度,审批清单之外的事项都由市场主体依法自行决定。自从2002年以来,国务院已发文十数次取消或下放各级政府行政审批事项,而新一届领导集体上台以来更甚。2014年以来就已分3批取消或下放行政审批事项,并因此修改相应位阶更高的行政法规。其中涉及新闻出版的不在少数。以下回溯了取消或下放的新闻出版审批项目及整体改革的方向。

* 《国务院关于取消和下放一批行政审批项目的决定》(国发[2014]5号)。

2014年1月28日发布,取消了2项国家新闻出版广电总局管理的审批事项,包括出版物总发行单位设立审批,从事出版物总发行业务的单位变更《出版物经营许可证》登记事项,或者兼并、合并、分立审批。

* 国务院各部门行政审批事项汇总清单。

2014年3月17日,国务院审改办公布了国务院各部门行政审批事项汇总清单。国家新闻出版广电总局共53项,其中行政许可48项、非行政许可审批5项;与新闻出版相关的23项、与广播电影电视相关的30项。

对比2014年出台的《国家新闻出版广电总局行政审批事项清单》与2004年《新闻出版总署实施的行政许可事项目录》可以看到，主要变化在于报纸或期刊增刊、变更刊期或变更登记地的审批取消或下放，涉及总发行、全国连锁经营及"设立中外合资、合作和外商独资出版物分销企业"等的审批取消，而总发行、全国连锁经营过去一直由国有企业独占。同时电子出版物与音像制品的复制单位设立审批下放到省级行政部门。

* 《关于取消和调整一批行政审批项目等事项的决定》(国发[2014]27号)。

2014年8月12日发布，国家新闻出版广电总局管理的"电子出版物出版单位与境外机构合作出版电子出版物审批"、"电影制片单位设立、变更、终止审批"取消；由县级人民政府广播电影电视行政主管部门管理的"电影放映单位设立、变更业务范围或者兼并、合并、分立审批"的工商登记前置审批事项改为后置审批。

* 《国务院关于修改部分行政法规的决定》(国令第653号)。

2014年8月15日发布，删除《出版管理条例》第三十五条第一款"从事出版物总发行业务的单位，经所在地省、自治区、直辖市人民政府出版行政主管部门审核后，报国务院出版行政主管部门批准。国务院出版行政主管部门应当自受理申请之日起60日内，作出批准或者不批准的决定"。第四十条中的"印刷或者复制单位、发行单位"修改为"印刷或者复制单位、发行单位或者个体工商户"。第六十五条增加一项，作为第六项："印刷或者复制单位、发行单位或者个体工商户印刷或者复制、发行伪造、假冒出版单位名称或者报纸、期刊名称的出版物的"。此次法规修改是为了适应刚取消、修改的行政审批事项，为其提供法律依据。

* 《国务院关于取消和调整一批行政审批项目等事项的决定》(国发[2014]50号)。

2014年11月24日发布，国家新闻出版广电总局管理的评比达标表彰项目"全国广播影视系统法制宣传教育先进集体和先进个人"取消；行政审批"广播电视播出机构赴境外租买频道、办台审批"取消;由省级人民政府新闻出版行政主管部门管理的"从事出版物批发业务许可"、"音像制作单位设立审批"、"电子出版物制作单位设立审批"、"音像复制单位设立审批"、"电子出版物复制单位设立审批"和"设立可录光盘生产企业审批",由设区的市级人民政府新闻出版行政主管部门"设立从事包装装潢印刷品和其他印刷品印刷经营活动的企业审批"县级政府出版行政部门管理"从事出版物零售业务许可"改为后置审批。

·记者观察·

从总趋势上看,政府由管"印刷、出版、复制、批发、零售及出租"逐渐过渡到主要管"出版"及涉外相关业务。如存在多年的"出版物总发行单位"说法将走进历史,今后任一出版物批发单位均可与出版单位合作,从事某一出版物的总发行,即统一包销业务。但是中小学教材发行除外,还需通过审批取得总局核发的相关资质。新闻出版领域的行政审批和监管逐渐从发行、生产与经营等领域退出,正在履行其简政放权、由市场主导的承诺,而关乎国家文化与意识形态安全的出版及涉外相关项目仍需审批。而评比达标表彰项目基本取消并且工商登记都改为后置审批。

依目前改革的成果来看,审批项目的数量已经大减,目前主要的问题是非行政许可审批。"非行政许可"没有法定概念和设定权限规定,其监督、监管和救济手段不充分,这就为各部委及地方行政机构开了方便之门,使大量行政审批游离于《行政许可法》外。如何实现行政审批的公开透明,减少边减边增、明减暗增等问题,将是下一步工作的要点,这也是2014年行政审批制度改革及列出"负面清单"的要点所在。

9.3 体改新政激活金融资本市场

2014年是文创产业的"政策年",自从十八届三中全会之后,文创产业相关政策频出,以落实十八届三中全会关于"鼓励金融资本、社会资本、文化资源相结合"、"推动中华文化走向世界"的要求,"逐步打造一个多层次、多渠道、多元化的文化产业投融资体系","推动文化企业跨地区、跨行业、跨所有制兼并重组",建立"现代文化市场体系,推动社会主义文化大发展大繁荣"等。

* 《关于深入推进文化金融合作的意见》(文产发[2014]14号)。

亮点在于首次提到把小微企业和大中型企业的需求分开,第八条更是提出了具体的措施:鼓励大中型企业采用票据、上市等方式融资,中小企业采用集合债券、新三板(全国中小企业股份转让系统)等方式融资。《意见》第二条中首次提出"支持发展文化类小额贷款公司",莫林虎曾认为这是最大的亮点之一:"最近几年金融界最大创新在小额贷款公司,这等于把金融界的创新延伸到文化产业。"小额贷款公司的发展已经比较成熟,据相关资料披露,自央行与银监会2008年5月联合发布《关于小额贷款公司试点的指导意见》使其合法化以来,其信贷规模已经超过5000亿元。将其用于文化产业是一种较稳妥的方式。

* 《深化新闻出版体制改革实施方案》。

2014年10月11日出台。《方案》中没有太多的新内容,但是"经批准允许有条件的国有控股上市出版企业开展股权激励试点"、"开展实行特殊管理股制度试点"、"促进出版资源与金融资本、社会资本有效对接"、"吸纳社会资本从事除出版以外的图书期刊前期制作和经营发行业务"等条目还是吸引了行业的关注。

上述条目大部分还需要具体政策的落地。而在"促进出版资源与金融资本、社会资本有效对接"方面各大出版集团正在踊跃争取IPO,中国证监会2014年IPO预披露名单中有6家出版发行企业:读者出版传媒、新华文轩出版传媒、江苏可一文化产业集团、南方出版传媒、北京中文在线、中国科技出版传媒公司。而中国出版集团公司、中国教育出版传媒集团、河北出版传媒集团也正在材料准备阶段,而时代华语图书有限公司在2014年4月被终止审查。

·专家点评·

中国新闻出版研究院市场研究所所长兼调查统计中心主任张晓斌：IPO新政对上市还是产生了一些影响，以前许多出版企业因为"借壳"的门槛比IPO低，上市较为便捷，青睐"借壳"方式，但在新规下"借壳"的门槛提高，再加上风险较高，而且不能像IPO那样带来资金流入，有些企业已经觉得有些划不来了。特别是2013年11月30日，证监会发布《关于进一步推进新股发行体制改革的意见》，明确提出"禁止创业板借壳上市"，准备从创业板借壳上市的传媒企业将不得不重新考虑上市路径。虽然注册制的提出给了一些欲上市企业一定的想象空间，但是从目前情况看，注册制的出台最快也要到2015年下半年。况且目前排队等待过会的企业还有不少，其中我们做过项目可行性论证并完成信息预披露的出版企业就有三家，存量问题至少在短期内仍会存在。

至于IPO放闸能对出版行业产生什么影响，我觉得资本市场环境宽松对企业和行业应该有好处，有助于促进传统出版与新兴出版的相互融合、共同发展。在放闸之后，会有一定数量的大型出版企业实现上市目标。从以前情况看，出版企业上市后，大多会依托上市公司的身份和资金优势，拓展传统出版以外的新业务领域，积极探索新兴业务，逐渐由出版企业向文化企业转型。如果越来越多的大型出版企业在上市后走上这一发展路径，那么整个出版行业的面貌无疑也会随之慢慢改观。对于企业上市对传统出版的影响，我持审慎态度。至于上市中的数字出版主题元素，在我看来是出版业今后实现融合发展的必有内容，但目前还更多的是抛给资本市场的一个想象题材，数字网络产品和服务市场前景广阔、潜力巨大，人们比较容易接受，预期也往往很高，好讲故事。

莫林虎：现在十几家上市出版发行企业就已经算很多了，全世界上市的出版公司也不多。中国出版业整体的盘子不大，市场的容纳空间有限。上市的目的很重要的就是募集资金兼并扩张。但兼并扩张在目前条块分割的环境下较为困难。从运营和投资表现来看,目前上市出版企业在总共十几个行业里面属于中等水平,不温不火。

新元文智咨询服务有限公司总经理刘德良:出版企业进入资本市场对提高其经营规模和实力自然有好处,新闻出版"十二五"规划以及配套的《关于加快出版传媒集团改革发展的指导意见》提出要打造"跨媒体、跨地区、跨行业、跨所有制"的出版传媒集团。这个趋势很明显,然而行业内兼并收购难度依然较大,难以实现优势资源的聚集,提升产业竞争力。但是来自出版业外的企业在不同业态、媒体上的融合做得非常好,例如腾讯,它刚刚收购盛大文学,也是华谊兄弟的大股东,又有自己的视频频道和游戏,打造了一个以IP为核心的娱乐产业。

【链接:中国出版传媒商报 2015.1.2,龚牟利《2015出版政经利好释放》】

第 10 章　2015 文化传媒板块十大猜想

近年来,无论盘点过去还是预测未来,"互联网"这个词都会泛滥,但不可否认的是,互联网行业确实对传统行业带来巨大的颠覆,尤其是对于国内文化传媒业而言表现更为明显。在文化传媒业,2015 年的主题也将会是传统行业与互联网行业的深入融合。

10.1 十大猜想

猜想一大象起舞——传统媒体通过改革实现产业的跨越式发展迫在眉睫,且国企改革已拉开序幕,2015 年各地方的国有文化资产改革将会拉开序幕,文化资产的划拨、整合、资产注入大潮即将来临。

猜想二并购盛宴——2015 年,产业资本强烈的业务转型和市值管理需求,仍然会催生并购盛宴,与 2014 年不同的是,除了民营企业之外,手握大量现金的国有企业将会成为 2015 年并购交易的主角。

猜想三转型教育——长期的政策保护,成就了各省市的出版发行集团,也为它们围上了一圈透明的篱笆,转型教育将成为不少出版发行集团最后的突围方向,预计 2015 年会有越来越多的出版发行集团加入到转型教育的大军中。

猜想四电影盛宴——2014 年,国产影片的全面崛起,加上史上最强的海外大片年,2015 年全年票房突破 400 亿元应该只是时间问题。

猜想五网络入侵——2015 年,互联网公司将会从简单的布局、入股影视公司走向正面交锋,影视剧公司成为互联网公司重要战场,各大网站将会集中火力为自己阵营的影片叫好,明年的影视行业会好不热闹。

猜想六技术驱动——新技术的出现将会持续推动广告实现方式的变革,未来会有越来越多的广告营销公司,通过并购布局数字营销领域,由购买时间转向购买用户。

猜想七寒冰融化——尽管诸多业内人士怀疑银行和银联的业务拓展能力,但在利益博弈推动下,手机支付将破局,ApplePay在诸多资源的支持下在国内的发展速度可能会超过大多数人的预期,进而带动整个移动支付产业破局。

猜想八争夺线下——未来的内容和增值服务将会是盈利的重点,尤其是结合线下培训辅导业务的增值服务有可能成为率先的突破口,线下培训教育机构有可能成为2015年争夺的热点。

猜想九海外拓展——国内传媒互联网公司频繁收购海外资产。除了互联网公司通过海外收购实现战略布局之外,越来越多的文化企业将会扬帆出海频繁收购海外资产。

猜想十智能进化——在后互联网时代和物联网时代,互联网以颠覆者的姿态冲击了现代社会的产业结构,被各行各业视为洪水猛兽,在大众的眼里似乎已经无所不能,但互联网将被智能化取代。

10.2 专家视点

"国家队"将是传媒投资主线

■ 高辉、尹为醇(国泰君安证券)

一直以来,政策红利与旺盛需求是传媒板块上涨的主要驱动力。中国政府对文化产业的支持力度持续加大,而消费升级与技术进步带来的文化需求将迎来5年以上的行业景气周期。可以预见的是,国有传媒股是贯穿2015年全年的投资主线,因为国家文化发展战略方向明确,即实现文化大发展的同时确保政府对媒体的把控力,比如北京、上海、湖南等文化产业发达地区、市场化程度高的国有传媒股将从中受益。

主线之外,热点事件将触发影视、游戏等热门板块的阶段性机会,重点可关注三个主题:一是体育产业,中国体育产业作为文化产业的重要组成部分,目前仍处于市场化发展的初级阶段,具备市场规模基数低和政府重视程度高的两大看点。二是教育产业,政府加大教育投入是大势所趋,而居民对教育产品的需求也进入高增长期。三是数字营销。2013年我国网络广告规模突破千亿元,未来垂直搜索广告将推动数字营销继续增长。

□ 全力拥抱垂直互联2.0新时代

■ 张洁、顾佳(招商证券)

互联网经济深刻地改变着我们生活中的点点滴滴,而垂直互联网的兴起以及盈利模式的不断进化,使得垂直互联网将引领新一轮互联网浪潮。相较综合性平台,垂直网站/应用天然具备专业化、纵深化优势,能针对性地解决用户痛点,并精准传递商业价值,特别是在移动互联网去中心化趋势下,即使是微信这类超级APP也很难替代渗透率高的垂直应用。

因此,在基础流量资源基本被BAT垄断的网络时代,垂直化是非巨头互联网企业突围的有效利器。2015年,垂直网站/应用盈利模式将由纯广告模式向电商化进化,以纾解单一盈利模式之困。其中标准商品的电商化(传统电商)进度领先于非标准化产品/服务(O2O),但后者因能良好协调供应体系中线上线下渠道间的关系,发展阻力更小。

对于标准商品的电商化,淘宝、京东等电商巨擘已充分占据服装、3C、家电等成熟品类,市场新晋者可通过找寻综合电商暂时无暇顾及的利基品类,或通过专业性转化流量存在一定的市场,但总体机会不大。而大宗消费品和商品市场的电商化缓慢起步,主要面临产业环境不成熟和利益链博弈两大挑战,前者需要垂直网站/应用主导,至少参与生态系统的建设,而后者的协调则是电商化成功与否的关键突破口。

对于非标准商品/服务,垂直网站/应用具备更显著的优势,商业模式可向

"重"发展塑造长期竞争壁垒。而从商业模式的角度,"纯平台化"的轻模式和"平台＋服务"的重模式各有受众,但线下资源的整合更利于孵化差异化优势和较高的经营壁垒树立长期竞争力。

□ **文化与科技跨界融合**
■ **张涛、胡卉(上海证券)**

从行业本身而言,传媒行业自身面临的体制改革需求刺激了行业发展。具体表现为传媒行业并购案例频出,市场活跃。如上海大小文广合并,大平台下的资源配置和优化正在进行,其他国有传媒集团也在庞大体系下纷纷开始整合和结构调整。传媒体制改革大刀阔斧,开始逐步推进多渠道、多层面的传媒机会,整合与跨界加速,以上均表明传媒集团迎来前所未有的全新发展机遇。

不过,尽管传统媒体、出版行业均在加速数字化进程,但国内传统媒体集团转型目前尚无成功路径,均在摸索阶段。如何发挥现有内容优势和资源优势,利用新技术合理布局平台仍将是传统媒体集团获得持续盈利与否的课题。2015年,国资传媒改革有望在以下方面带来可见的预期:一是传统媒体加大数字业务比重;二是内容生产更贴近市场和年轻一代主力消费人群需求;三是通过并购重组进一步扩大外延和公司规模;四是更接近西方传播集团的多内容、多渠道、多领域、多种传播方式和营销手段的整合营销传播集团。值得注意的是,对于文化产业而言,步伐远远落后于技术驱动的互联网产业,文化产业目前尚在寻找互联网机会,把互联网基因注入已有传统业务的阶段最直接的表现是传统内容的数字化。正因如此,文化产业顺应互联网发展需求未来在移动化、社交化领域开发适合的产品才是对数字业务市场的深度挖掘。

□ **把握政策红利拥抱产业互联网化**
■ **肖乐乐(平安证券)**

2014年前三季度,传媒行业营业收入同比增加25.5%,净利润同比增长29.1%,行业排名靠前。这说明文化传媒业依然是朝阳行业,且随着互联网对行业渗透的深入，增速还有望继续提升。

当然，在互联网的冲击下，转型新媒体大势所趋，这一重任必然会落在中央及各地的文化传媒企业中。随着各地文化资产管理机构陆续成立，及实质性支持政策陆续出台、国企改革政策的出台和各省的诉求，国有文化传媒企业会出现大量的资产注入、重组、并购案例；国务院取消和下放各项行政审批事项释放出更多的市场真空，体育、教育等行业将会迎来高速发展期。

传媒行业内部的其他细分子行业也会加快向互联网转型，互联网行业内部则会从粗放式的发展进入到细分行业、垂直领域的改造，比如数字营销推动广告投放的方式由购买时间向购买用户转变；互联网教育依然是市场热点，结合线下培训辅导业务的增值服务有可能成为互联网教育率先盈利的突破口，同样，线下教育也值得重点关注。因此在2015年，投资主线一是政策红利，这可从可注入资产质量和地域的角度来寻找国企改革标的，建议优先选择拥有优质文化企业的、改革诉求较强地区的企业；二是体育、教育等行业进入快速发展期，预计未来会有大量资产通过并购重组的方式进入二级市场；三是行业的全面互联网化关注数字营销、互联网教育等领域。

□ 文化跨界与"走出去"
■ 贺华成、施妍（申银万国证券）

随着90后逐步进入社会、95后逐步上大学、00后逐步进入青春期，中国青少年亚文化正逐步被日韩与欧美文化填充，而这种亚文化所代表的文化消费风格将逐步渗入主流文化，并在商业变现上异军突起；与此同时，计划生育以来出生率最高的80后亦将逐步组建家庭并带来下一轮婴儿潮，高度互联网化的新中产家庭崛起将带来文化领域的消费机会；另一方面，国内文化内容制作公司将通过IP跨界货币化、娱乐产业链互联网化等方式，介入亚文化消费领域并接轨，看好跨界影视内容制作公司以及ACG产业链相关标的。

但在文化全球化格局下，积极进行文化产业链战略布局的文化传媒企业终将胜出。整体层面上，习近平总书记在中央全面深化改革领导小组会议上强调要推动传统媒体和新兴媒体融合发展;业务层面上,国家新闻出版广电总局对于文化的规范化管理都将文化"走出去"上升至国家高度;具体到企业战略布局,如华谊兄弟与腾讯、阿里合作拓展其电影的互联网衍生业务,且与腾讯 IP 共享;百视通与东方明珠合并打造互联网化的综合型传媒集团等,都彰显企业与国际接轨和"走出去"道路上的战略布局。

□ 传统媒体转型加速

■ 张广荣、孔令峰(国海证券)

移动互联网是人身体的延伸搜索引擎和社交聊天工具,就像"千里眼"和"顺风耳"极大地拓展人类认知的边界,市场的话语权真正回归到了消费者手中。消费者对一件商品或服务品质的判断能力达到了前所未有的高度。粉丝作为一个特殊的消费者群体已经全面参与到产品的研发、生产与营销的各个环节。

为此,2014 年 8 月,习近平总书记提出了"推动传统媒体和新兴媒体融合发展,要遵循新闻传播规律和新兴媒体发展规律,强化互联网思维,坚持传统媒体和新兴媒体优势互补、一体发展,坚持先进技术为支撑、内容建设为根本,推动传统媒体和新兴媒体在内容、渠道、平台、经营、管理等方面的深度融合,着力打造一批形态多样、手段先进、具有竞争力的新型主流媒体,建成几家拥有强大实力和传播力、公信力、影响力的新型媒体集团,形成立体多样、融合发展的现代传播体系"的要求,A 股传统媒体上市公司包括中文传媒、皖新传媒、长江传媒、粤传媒等,都在通过并购重组手段积极推进业务转型进军新媒体领域,而百事通、东方明珠合并上海文广集团实现整体上市也是重要范例。

□ 改革、并购持续为行业注入活力

■ 邹翠利(国元证券)

2013 年,在大并购浪潮的推动下、在移动互联技术快速发展环境下、新媒体高速成长等多因素推动下,文化传媒业中游戏、影视子媒体出现了井喷式增长;2014 年,文化传媒并购的投资主线依然没变,但跨界并购传媒成为了 2014

年的并购主潮流,未来将面临优质并购标的越来越少、并购价格越来越高、并购效应递减等变化。对于传统媒体来说,转型与国企改革成为2014年传统媒体突围的方向,国家对文化产业繁荣发展的支持方向并没有改变,文化产业的大发展必将需要掌握优质内容的传统媒体登上更高的发展平台。因此2015的传媒行业将继续改革,转型优质并购依然是2015年行业值得关注的方向。

当然,在经历2013年的爆发和2014年的调整后,2015年文化传媒行业将继续走向成熟:一是国企改革将给目前估值较低的传统媒体带来较大的发展机遇,跃跃欲试的传统媒体有望在国企改革背景下于2015年大放异彩;二是并购将成为行业未来三五年成长的常态,并购步伐的不断加快,传媒巨头可能超预期来到,分散的行业格局将成为历史;三是主题投资愈演愈烈,成为优质标的布局的新方向。

□ **产业格局悄然重塑**

■ **刘疆(长江证券)**

2014年传媒板块走势相对温和,根本原因在于经历了2013年的强劲上涨后,进入逻辑检验和消化估值阶段,市场情绪有所降温。但市场温和间产业格局悄然重塑,将重新孕育投资机会:一是高层发布了诸多推动文化产业发展及支持国资企业整合转型的政策,国有传媒企业迎来了腾飞契机,实质性的案例也已密集出现。二是互联网巨头纷纷深度布局文化娱乐产业,在新媒体时代流量与内容的融合趋势开始加速显现。三是并购呈现跨界转型的特性,来自于企业转型需要及并购双方利益诉求的双重驱动,同时IPO开闸,从而导致2013年以来的并购逻辑逐渐被消解,资本平台化的情况下协同性将回归本位。

2015年,影响产业变局与发展态势的关键资源体现如下:一是政策支持将惠及产业发展税收优惠、财政补贴等直接经济扶持,以及推动体制改革等软性支持都对企业有实质帮助;二是国有传媒集团在政策及牌照等方面都拥有先天优势,在政策驱动的产业演进中最为受益;三是互联网对于文化娱乐产业愈发具备决定性影响，二者融合成为大趋势，因而对于文化传媒企业特别是以内容为核心的企业而言，与互联网渠道/流量的结合程度将影响长期成长性。

□ 中小学在线教育大有机会

■ 张瑞（世纪证券）

相比2013年同期，2014年前三季度传媒板块的盈利情况相对稳定。其中电影动画板块的净利润增速降幅较大，随着四季度部分电视剧和电影收入的确认完成预计净利润增速有望回升；整合营销板块盈利较2013年同期明显增长，主要是因为整合营销龙头借助数字转型和海外拓展，使得内生和外延增长均保持良好的态势。

2015年，随着适龄儿童规模不断扩大，但就市场上主要做中小学在线教育的几家企业来看，即便是做单一产品的其覆盖率也仅仅为10%左右，这一方面说明在线教育产品稀缺，供需反差巨大；另一方面，随着互联网普及率及平板电脑销量持续提升，以及在线教育实时跟踪教学质量等优势，说明中小学在线教育机会明显。而自2012年开始，教育信息化实际投入明显提升，规模开始超过《教育信息化十年发展规划征求意见稿》中8%的衡量标准，2013年更是突破2000亿元，更将助力中小学在线教育的发展。

此外，目前我国RTB（实时竞价系统）市场规模为0.6亿美元，占总展示广告比例4%，美国则为34亿美元，占展示广告比例19%，预计未来几年中国RTB市场将以100%以上的增速发展，到2017年占比或达到23%。

【链接：中国出版传媒商报2015.1.2，每周传播股评专题组《2015文化传媒板块10大猜想》】

第 11 章　2015 媒体融合发展成常态

面对 2015 年媒体变革的可能性，我们希望自己是章鱼保罗，得以预见谁会在新一年里胜出，谁会摘取更多的媒体光环。在刚刚过去的 2014 年，我们领教了互联网三大巨头 BAT 在产业撬动方面的排山倒海之势，也领教了微信、自媒体、移动电商、在线教育等新媒体产品对传统领域的冲击……2015 年，我们可以肯定的是，新兴媒体力量将继续扩大其版图，同时也将继续驱动传统媒体的转型、融合发展之路。

纸媒竞争全方位化

■ 黎争（《IT 经理世界》杂志总编辑）

媒体融合是你中有我我中有你的关系，内容生产方式、商业模式、用人、管理文化、机制等都需要一系列根本性变革，是重生，不是共生。传统纸媒面对互联网冲击，目前没有完全成功的媒体融合案例。2015 年大的方向表现为：传统媒体所谓资源优势在互联网时代会越来越弱化，另外，广告客户在平媒上的广告预算减少也是大势所趋，平面媒体营收还会持续走低，甚至电视领域也会继续转低。广告客户投放在新传播形态上的广告预算会越来越多。

对于计算机世界传媒集团（简称"计世传媒"）而言，2014 年实现了两个基本层面的转变：首先是收入结构，非平媒收入已经占到 70%，主要来源于互联网和会展业务的增长，包括发行、广告在内的平面收入约占 30%。从收入结构来看，我们已经不是传统意义上的平媒公司；其次是人才结构转变较大，从事平媒内容生产的人员只占到20%,从事互联网研发、运营的人员已经达到1/4以上,超越平媒。这意味着我们向彻底的互联网转型迈出了关键一步。

2015年,我们将重新定义在以互联网为核心的新的业务架构里纸媒的地位。会对旗下两大媒体进行再造:《计算机世界》报不再以资讯类内容为主,而是会以研究内容为主,计算机世界研究院的研究成果、报告将主要发布在该报上,其内容会越来越有深度和权威性,并重新建立新的盈利模式。此外,会将《IT经理世界》杂志变成商业杂志里的精致、高品位奢侈杂志,实现纸媒的逆生长。当大家在互联网上以快速阅读为主的时候,我们认为用纸媒来拼阅读品质感,更能吸引高端广告客户。

2015年,计世传媒的整体运营会以产品为主,新的平台会跟随一系列互联网产品相伴而生,基于产品来承载杂志的定位,将一改曾经基于平媒内容的拼图式互联网平台。

2014年计世传媒的移动互联网核心产品还是以内容为主,2015年会以功能性产品为主。此前,传统媒体做互联网一般都会从内容切入,技术层面的资源、经验较少,下一步我们只有在技术上突破,才有可能打造独特的核心竞争力。

受宏观经济环境影响,2014年,包括纸媒和网络媒体在内的IT产业服务类媒体都遇到了挑战。此前,纸媒在传统网站为主的格局中处于劣势地位,现在这种局面已不复存在,移动互联时代的到来,大家又重新回到了起跑线上,面对的机遇是平等的。但从大的竞争环境来说,对手将更多更强,BAT、创业者都会是我们的对手,当世界彻底互联网化的时候,竞争的激烈程度和对手的强大程度前所未有,考验是全方位的。

寄语2015 当竞争对手变成了整个互联网领域,传统媒体首先要面对的基本问题是竞争量级和竞争规则的变化。当竞争对手、竞争业务变成互联网形态的时候,彻底的互联网化将是最大课题。

数据、内容和互动三位一体

■ 沈阳（清华大学新闻与传播学院教授，博士生导师）

2014年新媒体的演化大势掩映于网络变幻中，传统媒体的崩解和坚守，在融合发展中重塑再生。新媒体则以破竹之势在政务、经济、媒体、社交领域掀起革命性的浪潮，各平台在政策导向、格局塑造、舆论生态上都发生了巨大的变化。

传统媒体在与新媒体的碰撞和尝试中，超级编辑部初露端倪，以新媒体为本位，形成两微一端、视频、户外屏等多态化发展模式，若以新融旧，则必定大成。"今日头条"的个性推荐，澎湃新闻的内容微创新，可以管窥出定制化、可视化、数据化、移动化已成为媒体发展的大方向。

社交媒体的富饶土壤滋养了一批自媒体。新浪微博自媒体计划让不少大V获取了原创红利。微信自媒体也有爆炸性茁壮成长，幽默类微信账号在各类型微信账号中保持传播优势，阅读量位居第一。此外，2014年微视频社交风起云涌，美拍等APP领跑短视频社交的新格局，分享、互动、交友构成视频应用的三大综合社交模式，微视频也将逐渐成为社交媒体发展的一种主流形式。

展望2015年，自媒体将会以更为紧密、协调的联盟形式"抱团"发展，尤其垂直领域的自媒体将转化为群媒体，以获取更强大的联动、营销效益。政务媒体趋向服务导向，线下服务转向线上服务，以网络服务贴近群众，实现在新媒体平台的政府与民众互联互通。传统媒体、网络媒体转型走向移动化道路，与新技术结合更快更紧密，优质深度内容导向产品亟需找寻新传播形态的突破口。

国家在网络管理、网络应用方面将会更为自信，在管理规范上细致完善，在操作层面主动出击。而中西方网络交流在首届互联网大会召开后将趋向更加积极。政策、技术、需求、竞争、思维等全方位的升级驱动新媒体生态圈的进一步裂变和重构，服务化、垂直化、专业化、智能化、个性化将成为新媒体生态圈的主流旋律。展望未来,人即媒体,媒体即人,数据、内容和互动必将三位一体。

寄语 2015 新媒体生态发展朝向主流价值导向,在国家和政府的服务和管理下,多元主体茁壮发展,实现良性循环的商业模式是下一阶段的共同命题。

微信依然是传统媒体发力重点

■ 刘琼雄(《城市画报》杂志执行主编)

2015 年,微信还将会是传统媒体向新媒体发力的重点。目前还没有出现一个能够替代微信的更好的产品,即使微信公众号现在已达到一定饱和度,对于传统媒体来讲,也依然是值得去发力的方向。腾讯对微信本身也正在作一些政策上的调整,包括最近推出"微信号名称可以修改"等功能更新,我认为一个合适、好用的产品大家还是会继续做下去。

2015 年,微信公众号会有更多更随时、更细分的服务推出。现在,媒体公众号多数为综合服务,同时大家也意识到更随时化的划分更容易得到用户,以后新的微信产品可能就不再是以某某报纸、杂志的名义出现,媒体会将自己擅长的领域做得更细分。有一个新的概念叫"微信号矩阵",今后,一个媒体将会出现十几个甚至几十个微信号,从不同方向聚集用户,此种趋势在 2014 年已有一定发展,2015 年还会获得更充足的发展。

即便是目前,微信的价值依然没有被用尽。某种意义上,微信是传统媒体转型新媒体的门槛,是一个很好的起步工具。微信这样一种容易实现产量的产品,用得好则充满市场机遇。如同过去几年一样,2015 年还会有其他一些新媒体产品或平台出现,但它们的出现更是一种个别现象,构不成大趋势。基于阅读习惯的变化,读者更加青睐于动态的产品,视频产品在 2015 年会更加受到重视。

对于传统媒体而言,机遇一直存在,但挑战和瓶颈也一直存在,对于国有企业性质的传统媒体而言,很难在资本市场立足,在融资方向、资源关系特别是资金上存在先天缺陷,这是最致命的问题。即使有很多资源能量,对吸收资金的作用也不大。

《城市画报》的微信产品一直在按照自己的节奏和规律推进。现今成功的互联网公司都是几方面兼备:第一产品好,第二融资通道顺畅,第三各方面都符合大趋势,如此才能做出一个受市场关注的产品来。《城市画报》新媒体一直在策划一款带有《城市画报》特点的终极新媒体产品,目前还在内部准备中,是一款关于会员管理体系的产品。

寄语 2015　《城市画报》新媒体新的发展规划集中在会员制度上,会朝着聚集用户和粉丝经济方向上去探索更多。

自媒体向专业化演进

■ 青龙老贼(朱晓鸣)(WeMedia 创始人兼 CEO)

经过 2014 年的发展,2015 年自媒体行业将呈现几个特点:首先是垂直行业自媒体增多,早期自媒体以科技领域为主,2015 年汽车、房产、白酒、运动、快消等各行业自媒体都会大量出现。第二个特点是,在社会认知上对自媒体行业、职业更加肯定。《人民日报》、新华社如今也开始拥有自媒体传播形态,社会对自媒体价值更加肯定。第三将表现在自媒体的形态越来越丰富,自媒体最早以文字为主,现在音频类 APP 如喜马拉雅、考拉 FM 等电台类应用纷纷推出自媒体平台,而三表龙门阵等以视频为特色的自媒体也出现了,这已然成为趋势。第四个特点是多平台化。最早的自媒体驻扎在微信公众平台上,从搜狐新闻客户端推出第一个新闻客户端类自媒体平台之后,腾讯、网易等都紧随其后,如今包括 Zaker、今日头条等新媒体平台也推出自媒体平台,从此,自媒体人不再局限于只在微信、微博上开通账号,而是选择更加适合自己,以及粉丝驻扎较多的平台去开通账号。

2015 年面临着自媒体人越来越多、同质化日趋严重的问题,优秀自媒体人很难脱颖而出,不易形成马太效应。另外,在商业化上,客户对自媒体人的商业价值还停留在媒体传播，没有意识到其背后的商业模式、粉丝经济等价值，造成自媒体商业化方式相对单一，80%的自媒体人还是以广告营收这种单一的模式生存，少有其他商业化变现方式。再者，政策对自媒体的管控也是一种挑战。最后则是来自传播能力更强的专业媒体的挑战。

但内容为王不会变，好内容永远是有价值和市场的，汽车、房产、生活、旅游等垂直细分领域机会还是很大的，还有地方类自媒体。而跨界也将成为2015年自媒体发展的重要机遇，如科技类自媒体跨界去写汽车行业内容，对汽车行业来说就是自媒体颠覆性内容，用本行业专业知识触及其他行业，衍生出新的机会。

2015年，自媒体专业化是大趋势，自媒体将更多由单打独斗变成团队化、公司化运作。此外，专业团队进入到自媒体越来越多、企业类自媒体越来越多。

寄语2015 新的一年，WeMedia自媒体联盟将努力去打造以品牌为主的专业类媒体，如汽车头条、科技头条、体育头条、互联网头条等自有的"头条系"自媒体产品。

互联网站队文化更趋明显

■ 刘兴亮（DCCI互联网研究院院长）

2014年，陌陌上市，小米崛起成为新巨头，其势迅猛。然而目前来看，几家后起之秀企业的体量还不足以影响中国互联网上的BAT巨头格局，且发力方向不一样，不会成为BAT巨头的直接对手。2015年的互联网市场上，大的格局还是会以BAT三家巨头的竞争和布局为主旋律，形成"斗地主"的局势，其他人上不了桌，参与方式只有买马站队，站队文化将更加明显。

2015年的发展趋势到目前还不明显，但美团、滴滴打车、快的打车等在新的一年里很有发展潜力。美团如今的体量已经达到一定规模，而其将线上电子商务与线下结合非常紧密，通过O2O从中受益可能性非常大。而滴滴打车和快的也是O2O重要一环,线下触角非常深,经过2014年补贴大战,打车领域只剩它们,且向专车领域延伸,它们已经不再只是租车公司,而是将成为一个平台,很有可能会变成交通领域的淘宝。

在2014年,版权、知识产权得到前所未有的重视,快播、人人影视等网站被关闭,正版内容环境越来越好,从这个角度看,2015年内容产业一定会迎来大的爆发,盗版渠道将越来越不通畅。与此同时,2015年,O2O行业、互联网金融、大数据、云计算等领域也会迎来行业的大爆发,在互联网上将成为新的投资方向。

寄语2015　互联网各项业务在2015年向移动端转移的比例将越来越大,2015年移动互联网将在整个互联网环境中占据前所未有的主导地位。

在线教育发展出现分化

■ 徐华(沪江网副总裁)

从2013年开始,在线教育的浪潮便已出现,第三方互联网企业大量涌入在线教育行业。2014年在线教育热潮高涨,巨头企业也竞相进入互联网教育,且推广力度非常大。2015年会出现分化的趋势,有实力的互联网教育企业将会不断提高行业话语权和影响力,小的企业将更多被并购、控股,市场会进入一个更加理性的阶段。必须强调的一点是,2015年会出现更多技术型、专注于移动互联网的互联网教育产品。

2015年,在线教育的机遇首先表现在移动互联网上。由于商业模式较为清晰,发展空间非常大。当拥有足够多的用户量的时候,可以考虑完善产品商业模式。第二,在线教育产品将更加精细化,直播模式将满足用户更精细的需求,更多用户愿意通过直播模式享受老师一对一或者多对多的教学。

2015年,在线教育行业所面临的挑战主要还是在行业本身,互联网行业是一个长周期、长线的服务性行业,只有用户无论在手机端还是PC端上,都能进行有效、高效的学习,他们才会愿意停留在网站上。只有得到用户认可,才能慢慢发展出商业规模以及影响力。

非常重要的一点是,用户对于在线教育的接受程度在2015年会出现较大增长。2013年、2014年用户更多是听说过在线教育,到了2015年,用户会慢慢开始使用,体验效果好的话用户对在线教育的接触面会更加扩大。

在线教育行业对技术性应用平台较为依赖。沪江网现在应用的OCS3.0系统,历时3年倾力打造,该系统利用云同步、BI大数据等全球领先的互联网技术,发挥网络优势,突破了互联网教学的3大技术难题:同步、智能加载以及个性化学习。

寄语2015 沪江网要做得更多的还是练好内功,服务好用户,在用户体验上不断优化。沪江网能走到今天,离不开不断了解、深挖用户需求,2015年,用户需要什么,沪江网就去做什么,以不变应万变。

移动电商"去中心化"

■ 黄相如(福建漳州电商协会会长)

2014年是移动电商元年。2015年各大电商平台必将齐力血拼移动端,抢占移动端市场份额。同时,各大电商平台必将进军三农市场。

随着移动电商的去"中心化",品牌由消费品时代进入粉丝时代,全民电商和营销人人化的时代到来。2015年,做好品牌和渠道经营对电商来说势在必行。

纵观互联网领域发展的趋势,整个互联网都在向移动端转移。移动电商可在产业链里实现上中下游的打通和连接,让消费者在潜移默化中形成品牌黏性、发展移动支付、提升移动电商安全性、完善移动终端的服务等是移动电商发展的首要问题。细分市场后,中小企业有机会异军突起,但要比谁能熬到最后,小电商的机会仍然不大。

随着移动互联的崛起,线上线下的无缝对接,带来了真正的融合。从行业的生态来看,垂直电商正在大量死去,但O2O的线下优势和地域属性让它有更大的存在空间和价值,在电商巨头垄断的现状下,O2O仍然可以小而美地活着。未来,二手车交易、房屋交易这样的大额订单在线上都有可能实现。从单纯的信息中介向交易化平台发展,O2O未来的发展蓝海是本地化、社交化和跨界、无界经营。

随着扶持政策的不断出台、科技的发展及移动互联网的普及,我国跨境电子商务正呈现出如火如荼的发展趋势。据悉,我国跨境电子商务的年均复合增长率惊人,达到40%左右。中小卖家的蓬勃发展将推动整体产业的多样化和丰富性,许多大卖家正不断加大投资扩张业务和提升服务水平。同时,跨境电商相比传统外贸有明显优势:快、客户多,且供应链灵活。越来越多拥有资金、规模和行业经验的传统外贸企业正将跨境零售出口作为转型的必由之路。

寄语2015　2015年将成为跨境电商零售出口多元化快速发展的一年。我国跨境电商零售出口将会有更多品类、更多机会,跨境零售经济将继续保持快速增长,经济总量持续扩大,推进经济增长方式转变和结构调整的力度继续加大。

【链接:中国出版传媒商报2015.1.2,王晓妍、晓雪《2015媒体融合发展成常态》】

第 12 章　2015 阅读推广趋势及展望

国民阅读是近些年来出现频率日益增多的一个文化关键词。在此之前经常强调的是"大众阅读"。与大众阅读相同的是两者都表示民众的主体阅读，读者在阅读活动中具有主观能动性；不同的是大众阅读仅仅是见诸报端及各种市场调查报告中的单纯意义上的民众阅读，而国民阅读除涵括上述意义外，还涉及国家对国民在阅读方面的导向性问题。时下，社会多有抱怨数字化时代的中国人，不读书、不买书，由此，如何更好地引导阅读、进一步做好阅读推广就显得尤为迫切和关键。2015 年及未来，国内阅读推广趋势如何？阅读推广会向哪个方向发展？本章将做一概要展望。

12.1　书业展会：从"推广书"到"推广阅读"

最近几年，无论国际性的书业展会，如法兰克福书展、伦敦书展、纽约书展、博洛尼亚书展等，还是国内全国性的书业展会，如北京图书订货会、全国图书交易博览会、北京国际图书博览会等，还是地区性的书业展会，如台北书展、香港书展等，抑或是中国大陆地方性的书业展会，如上海书展、广州书展、南京书展、杭州书展、长沙书展等，林林总总书业展会的性质和作用，也都在慢慢地发生变化。即从之前的书业展会更多的是"推广书"，发展到现在更多的是"推广阅读"。由此，书业展会在阅读推广中的作用不可忽视。

香港书展充分体现了大众参与性，北京图书订货会既是出版社和市场的对接，也是业内老朋友们的见面会。那么全国书博会主打什么？答曰：公共展示与推广。

其实，书业展会从"推广书"到"推广阅读"方向流变，在国内最为典型的当属上海书展了。从一开始，上海书展就给自己提出了很高的"技术难度"——"首发"、"大家"、"独家"……这些雷打不动的主题词，铸造了上海书展的品牌形象。另外，每年的上海书展，还通过推荐好书、讲座、论坛活动……强化对阅读的引导，有利于做好阅读推广工作。

● 社会价值

其实，订货也好，展示也罢，书业展会带给业内看客的，除了出版体制改革大潮下，中国出版业因袭的厚重传统与勃勃生机，更有技术革新时代带给传统出版的强劲冲击。资本化、数字化、多元化，原创与革新、规模与经典、市场与文化，层层危机、层层突破，交汇成一幅当下中国出版业的突破与创新、思索与蜕变的绚丽图景。当然，书业展会也是搭建全民阅读示范的一个个重要平台。换言之，所有一切，都是以书业展会之名，行分享阅读之事，书业展会由此不只是本生意经，更是成为指导广大读者阅读的重要抓手，助推城市风尚不断向上。

12.2 好书推介评选：形式多元，丰富阅读推广

"好书推介评选"并非是中国独有的，每当年底逼近，圣诞节到来之际，海外各大图书媒体也纷纷开始评选"年度好书"。比如，《纽约时报》每年年终都会评选出年度10大好书，这些年来，它不仅成为英语读书界的风向标，它对于好书的衡量和定义标准，也一直在纠正和引导着大众对于好书的认识。国内不少的"好书推介评选"活动也不断借鉴海外经验，慢慢走向成熟。

国内好书推介评选可谓是"形式多元"：2015年1月《中国出版传媒商报》和腾讯网合办的"华文好书"评选，《中国出版传媒商报》和新华网合办的"2014年度中国影响力图书"评选，这两项好书推介评选算是"跨媒式"的。而类似深圳读书月"年度十大好书"、"新京报年度好书"、"新浪十大好书"项目等则是单一机构的年度好书评选形式。值得一提的是，在2014年，出版机构自评年度

好书成为新的亮点和趋势,从之前的少数几家尝试,发展到现在已有几十家加入到自评年度好书行列。2015年,出版机构自评年度好书的范围还将会有所扩大。诚如商务印书馆策划部主管王永康指出的那样:"出版社自评年度好书显然有着积极的作用。其一,推动全民阅读需要各界共同努力,多一个榜单,会让读者多一个选择权,多一个判断的依据,为读者提供阅读指引;其二,每个出版社出书品种也比较多,书单评选可以给信赖出版品牌的读者有明显的指引作用,可谓是引领社会阅读风尚,搭建出版者、学术界及大众读者之间思想交流的平台。"

● 社会价值

抛弃差书的最好方式是选出好书,在好书朴素、自然、悠远的书香之下,差书自然会拙形自现,不会在出版史和读者的阅读经历中留下任何踪迹。虽然各个媒体或机构的"好书推介评选"的推荐标准和侧重方向有所差别,但有一点是相同的——那就是都是为读者、大众、国民推荐值得阅读的新书和好书。无论是哪一本书入选哪一种"好书推介评选",其实都是对某一本书的作者、编辑乃至出版社(图书策划公司)的支持和肯定。而不少年度"好书推介评选"在运作机制上不断创新:一方面评委每年都有新面孔,一方面奖项设置也在不断完善,这都难能可贵。

12.3 图书馆阅读推广机制:形式创新提升阅读风气

阅读推广是涉及政府、图书组织、媒体、家庭及其他相关社会组织围绕推广阅读而形成的宏大的系统工程。其中,图书馆居于核心地位并发挥主导作用。

近年来,我国各地图书馆不断创新阅读推广形式,正逐渐形成阅读推广体系,主要有这样的几种形式:其一,讲座。其主要通过各类学科专家学者主讲的形式进行推广宣传。其二,竞赛、集会。竞赛推广主要是通过征文比赛、演讲比赛、阅读比赛等形式推广阅读;集会推广主要通过阅读心得交流、座谈会等形式开展阅读推广。其三,图书导读。在重大阅读推广活动日,有针对性地为不同层次、不同类别的读者推荐书目。其四,文娱活动。这是早期阅读推广的主要形式之一。主要是通过歌唱、朗诵、演讲、猜谜等形式进行推广。其五,流动图书车、社区图书室。近年来,各地图书馆纷纷利用流动图书车、家庭、社区、乡村图书室进行阅读推广,以点带面,收效甚大。其六,影视、网站。通过图书馆的多媒体设备循环展播推广活动、宣传相关图书,或在图书馆网站全方位介绍阅读推广活动。

● **社会价值**

阅读推广是图书馆服务发展的必然结果,也是图书馆的根本性任务。从图书馆自身价值的角度,促进社会公众的阅读是图书馆的核心价值。图书馆尤其是公共图书馆因其公益性、专业性和独有的丰富阅读资源决定了它是读书活动的一个主要阵地,是联系群体阅读和个体阅读的桥梁,在倡导和推动全民阅读中发挥倡导者、组织者和实施者的角色和作用。公共图书馆广泛开展阅读推广活动,有利于推动高素质人才队伍的建设、推动图书馆立法、推进图书馆资源共享体系的建设等和提升社会阅读风气,是创建学习型社会的客观需要。

12.4 门户网站读书频道:价值取向"好恶"会影响阅读导向

早在从2002年起,新浪网领风气之先,在门户网站中率先开办读书频道,并在很短的时间内突破了日均百万的点击率,在其网站的点击排行中位居前列。此后,新华网、腾讯网、搜狐网、网易、凤凰网等各大门户网站纷纷效仿,竞相推出各自的读书频道,使读书频道成为门户网站一个必不可少的频道。

最近几年,不少地方门户网站也纷纷开设读书频道。尽管为数众多,但细观各家门户网站的读书频道,各自差异却不大,在栏目设置与排名上,呈现出很强的趋同性,各家都设有新书推荐、书业动态、藏书库、书摘、排行榜等主要栏目。门户网站读书频道的特点是以新书推介为主线,同时提供书业动态。

在推广运营方面,近年来以活动带动影响力的推介方式颇为流行。

这些门户网站的读书频道,不实行读者注册制,所有的人都可以来看,页面陈列众多新书信息,点开任意一个链接,就是一本新书介绍。这种方式像一个网络图书馆,读者与频道的关系就是取书看书,首页面中陈列的,是最新的图书,到书库中,就可以看到以前的存书,只是不需要登记,来去更自由,唯一多出来的地方,是可以在每本书后面任意加几句评论。

● 社会价值

门户网站读书频道如何才能更好地发挥阅读推广的作用,是摆在门户网站面前的一个现实而尖锐的话题,躲闪不得。读书频道毕竟占据着新兴的网络资源,以独有的互动、即时、大容量、快速更新等特点,形成了在读者心中日益强大的影响力,在未来,它们价值取向的"好恶",自然会对整个社会的阅读导向有重要的影响。

12.5 传统纸媒阅读版:校正社会的阅读趣味

传统纸媒"阅读周刊"、"读书版"、"书评周刊"可谓新书与出版社的窗口,是联系读者与新书、作者及出版社的纽带。虽这块读者的园地一般每周或每月才露面一次,但仍深受广大书刊爱好者的欢迎。尽管中央及地方级的不少电视台的读书节目或栏目已陆续销声匿迹,但传统纸媒领域却能历经数年坚持下来,究其重要原因之一在于传统纸媒的读书专刊、专版注重了新闻性,才得以使其"永葆青春"。换言之,读书版作为传统纸媒的一部分,读者在读新闻的同时,最关切的是从读书版中所见到与重大新闻相关的新书介绍。由此,作为"新闻纸"工作人员的专刊编辑理应在编阅读版时多注意一些新闻性,才能使阅读版与时俱进,不至于被读者所冷漠而最后被淘汰出局。

进一步来说,这些传统纸媒阅读版所刊发的书评,似乎具有无限的可能性。如果把好书比作一粒种子,那么,书评是播撒它的微风;如果把好书比作鹏鸟,那么,书评是它飞向天空的翅膀。当书评写在新闻纸上,无论编者还是读者,都会不自觉地发问:这是一篇评论,还是装扮成评论的广告?究其原因,还是立意上的倾斜。相对于网络、博客中的评论,新闻纸上的书评园地肩负着坚守精致的使命,有限的版面、中众的传播都使它有别于"喧哗的大多数"。

● 社会价值

传统纸媒阅读版借助各种大众传媒,产生社会效应,影响读者阅读习惯的形成。很多读者是在读了书评、新书推介等后才去找书来读的。其不仅能够诱发读者的阅读兴趣,激发读者的阅读愿望,使读者在阅读版的影响下产生阅读行为,而且能够为读者提供正确的阅读指导,形成良好的阅读倾向。知名作家、翻译家萧乾曾说:"书评(传统纸媒阅读版)的积极使命是在从坏书旁走开,甚至远离坏书,这就是书评对读者购买或阅读行为的控制。"传统纸媒阅读版的这种控制功能具有广泛的社会效果,对读者清醒地认识社会上的各种"阅读热",校正社会的阅读趣味,形成良好的阅读习惯和倾向,提高整个社会的阅读水平具有十分重要的影响。

12.6 读书会:阅读推广意义宛如"进化"的应酬

当全民阅读的观念越来越被官方和主流媒体所倡导、践行之时,在民间,一种自发的、以个体本位和兴趣为基础、除了阅读与求知还广泛具有社群交往功能的读书会,渐渐浮出水面。比如,北欧、美国、日本、新加坡、中国香港的居民活动中心等都有大量社区读书会在运行。中国台湾全岛的大小读书会超过3000个,中国大陆的阅读需求也正在蓬勃兴起。

据了解,在北京这座庞大而繁忙的都市里,众多以社区、商圈等为"据点",甚至以"人与人的连接"为纽带的读书会,正积极活动着。2006年以来,北京的民间读书会新增数量呈逐年递增趋势,特别是2010年以后,民间读书会的新增数量迅猛增长。这些读书会的参与者与组织者深信阅读的力量,也深信"阅读需要分享"。

● 社会价值

一个人读书得到的只是个人的观点，但一群人一起读书，则可以从每个人的不同角度、不同见解中获得更多启示。其实，读书会在国外颇为常见，亲朋好友或志趣相投的人们每每聚在一起举办沙龙聚会，相互探讨某个话题或某部著作。当然，中国也存在着许多形形色色的读书会：有的完全是民间社会人士组织，有的是学生组织，有的是网友组织，还有的则是专业团体（出版社或图书策划公司）组织……读书会遍布各行各业，参加人员的年龄也各不相同，但他们都是热爱读书、享受阅读的人。更有甚者，用"读书＋聚会＝读书会"这样的公式来概括或描述当下中国各种读书会的存在形式也不为过。

12.7 阅读类 APP 兴起："移动书房"为阅读推广提供新可能

虽然移动媒体阅读和传统纸质媒体阅读仍旧凭借其特点，在不同的时间和场合吸引着特定的读者群体，但移动媒体阅读已经成为用户媒体阅读时代发展的必然趋势。

特别是随着智能手机和 iPad 等移动终端设备的普及，人们逐渐习惯了使用手机 APP 浏览的上网方式。其中，手机作为携带最为方便且普及率最广的移动终端，满足了大众随时随地进行阅读的需求，也即基于手机的各种阅读 APP 层出不穷，涉足者络绎不绝，发展势头强劲，一派繁荣景象。这种阅读行为的内容既包括书籍、文章、报纸、杂志、博客、微博、电影电视、图像照片等，也包括手机运营商定制的手机报、手机杂志、动漫、音乐等各类互动资讯等内容。这无疑也为阅读推广提供了一种新的形式和可能。

● 产业价值

移动互联网时代，很多传统的生活方式都被改变了。以阅读为例，一本书一杯茶，悠闲地坐在窗前藤椅上慢慢品读，已经成为一种奢侈的享受。快节奏的生活、碎片化的时间，驱使人们逐渐适应新的生活方式，所以现在人们经常会在等人或等车的间隙，忙里偷闲地掏出手机浏览新闻或看小说，而阅读类

APP的兴起俨然变成了"移动书房"。这也使得阅读推广体验更加丰富和立体,在未来,还有可能进一步加强APP产品与用户之间的互动性,并将推动阅读类APP在产品设计、内容制作、传播方式上的创新,催生产品种类的多元化发展。

【链接:中国出版传媒商报2015.1.6,潘启雯《2015年度国内阅读推广趋势及展望》】

第13章　2015纸质馆配市场还好吗？

2015年1月初,以"数字出版与图书馆文献资源建设"为主题的第四届图书馆资源建设学术交流论坛在北京师范大学举办。以中国出版协会常务副理事长兼秘书长刘建国、中国书刊发行业协会图书馆馆配工作委员会主任、北京发行集团有限责任公司副总经理郑岩,社会科学文献出版社社长谢寿光、总编辑杨群等为代表的出版界人士,以北京师范大学图书馆馆长张奇伟、BALIS管理中心常务副主任、中国人民大学图书馆副馆长刘春鸿,首都图书馆副馆长陈坚,首都师范大学图书馆副馆长熊丽等为代表的图书馆人,以及以湖北三新文化传媒有限公司董事长宋旅黄为首的馆配商到会并发言,这些业界大腕就当前市场发言,为看清市场拨云见日。论坛吸引了300家图书馆人参会。虽说论坛主题是数字出版,但困扰当下馆配市场的痼疾顽症以及基本建设问题,仍被关注和讨论。

13.1　馆工委发布2014年馆配市场调研结果

2014年5月,经国家新闻出版广电总局批准,中国书刊发行委员会图书馆馆配工作委员会(以下简称馆工委)成立。馆工委主任郑岩借论坛举办契机,介绍了馆工委成立的缘起、宗旨和具体任务,并公布了馆工委对全国图书市场和馆配市场深入调研的结果。

结果显示,我国图书市场仍然保持增长态势,虽然实体书店以2/3的市场规模占据主要地位,但其增长主要来自网络渠道的拉动。调研同时发现我国馆配产业存在四大现象和问题。

第一,馆配市场总体规模不断增大,但上游和渠道的盈利空间逐年下降,甚至有新华书店退出馆配市场。由于近几年馆配市场竞争日趋加剧,销售折扣一降再降,许多图书发行企业已经逼近盈亏平衡边缘,不少地区的中标折扣在70折甚至更低。

在图书零售市场持续受电商冲击的大环境下,馆配市场对图书发行企业来说仍是一个非常重要的领地。部分馆配商为了保证企业的利润,在以相当低的折扣中标后,采取两种措施应对。一是找品质稍差价低的图书,甚至非正式出版物供给图书馆;或向上游出版社伸手,挤压发货折扣。这就导致一方面大量价格低廉、质量难以保证的书进入图书馆,极大影响馆藏建设质量,一方面严重影响出版社的出版质量和积极性。

第二,缺少全国性的馆配商,大部分馆配商以服务区域市场为主,这大体与全国新华书店的布局类似。在这样的产业格局下,市场的区域保护和区域分割不利于全国性市场的形成,同时也不利于打造出一批全国规模的、具有国际竞争力的大型馆配企业。

第三,馆配会名目繁多,鱼龙混杂。据不完全统计,2014年全国各地的馆配会达70场。大部分图书馆通过招标采购,因此,会虽然多,但很多馆配会的交易规模并没有同步增长,许多出版社疲于奔波在各个展会,如果没有获得预期的订单,便怨声载道。

第四,馆配商和发行企业图书信息标准不一,且资源不能共享。现阶段各发行企业和馆配商制作的图书编目数据格式并不完全统一,质量参差不齐,而且重复制作编目数据,无形中极大增加了企业的经营成本,造成了社会人财物的极大浪费。这些问题如果不能尽快采取措施予以遏制,势必影响馆配市场产业链的良性循环,进而影响馆藏建设。

针对这些问题,郑岩对馆配渠道建设提出三点建议。首先是倡导集约办会,高效办会。如根据图书馆采购规律和出版社的出版规律,每年固定几个时间举办全国固定馆配会,办会地点可以根据出版社、图书馆、馆配商进行协商,在全国不同地区举办,或者轮流举办。

第二,逐步统一和规范图书馆编目数据的标准,图书馆、出版社、馆配商应在反复研究和论证的基础上,共同制订出相对规范统一的图书馆编目数据标准。出于数据制作成本的考虑,建议数据由产业链上游的出版社制作,并统一标准,全国图书馆和馆配商共享,解决规范化问题。

第三,保障馆配图书价格,促进馆配产业良性循环。与国际市场相比,我国图书定价一直处于较低水平。如果一再压低折扣,从出版社到馆配商,应有的利益也很难保障,长此以往会极大地损害相关企业家的积极性,也将直接影响图书馆馆藏质量。因此他建议产业链达成共识,共同维护馆配价格,维护馆配商和出版社的盈利空间,并希望馆配商更多地在可供图书质量和服务上进行正当的竞争。他同时提出,馆工委将进一步发挥行业指导和服务作用,携手全国馆配商,共同促进我国图书馆馆配业的良性发展。

13.2 与数字出版同步发展,纸质馆配市场前景仍被看好

对于当前的馆配市场,谢寿光判断目前正处于调整和转型期。一方面图书馆对纸质图书总需求尤其是复本量在明显下降,但电子资源的供给渠道还不十分畅通,电子资源供求还没有完全衔接好,电子资源市场还有待于培育。另一方面馆配市场存在的各种问题仍然纷扰着市场各方,市场在发生大的分化和变化。

不过,与会者公认馆配图书业务已经成为出版发行行业新的增长点,未来几年,政策性的拉动将为馆配市场提供很大的增量空间,市场仍然在扩大。谢寿光提出市场规模有望从现在的 40 亿元规模,在 3 到 5 年内,达到 100 亿元左右。他同时认为,未来纸质图书不仅作为文献资源而存在,其版本意义会越来越凸显,图书馆对纸质图书的收藏会越来越个性化,范围会越来越宽泛。他认为无论是图书馆、出版商或馆配商,都将在数字时代和大数据时代生产方式巨大变化的基础上有更准确和更专业的合作。

刘建国提出，馆配行业属于朝阳行业，各方要加强自律，谋划长期发展，并特别提出行业迫切要搭建几大平台。在馆工委这样的全国性行业联盟组织之外，还要逐步建立和打造馆配业服务供应链平台，以及建立跨区域的、具有权威性的第三方书目平台和跨产品形态的集中交易平台。相对于大物流平台，可供书目平台在业界和馆界已经呼喊多年，刘建国在此次论坛上，再提书目和数据平台的重要性。如果出版社与经销商在书目平台上能进行可供品种和新出版品种数据的交换与共享，这样一个跨产品形态的交易平台，既有利于解决出版社与图书馆供需之间的信息不对称问题等行业发展瓶颈，也能让实体馆配模式向网络采购供应模式升级，最大限度降低采购成本，提高采购速度和配送速度。

图书馆人对当下的电子出版也提出了诸多实用意见。北京大学图书馆张美萍在以《移动互联网时代纸质图书与电子图书的协调采访》为题的报告中提出，用户对电子图书的需求已经超前于电子图书的出版发行，加快进行电子图书的出版发行是图书馆资源建设的迫切需求，也理应成为未来出版社发展的当务之急。另一方面，图书馆在进行纸质图书和电子图书的协调采访时，既要看到其发展的趋势，也要依据图书馆的发展定位，根据用户的需求，客观地审视纸质图书与电子图书各自的特点，合理地切合实际地构建纸质图书与电子图书的结构比例，科学规划，统筹采购，为用户提供更丰富的资源。首都师范大学副馆长熊丽在发言中提出高校图书馆缺少学术性的中文电子书，以及数据库是否应该暴利等问题。对于电子书的销售模式，她认为无论是图书馆还是出版社，都不能以传统的纸本书的理念来对待。

宋旅黄在2014年进行了全国调研，在走访了18个省的200个图书馆和多家当地的出版社后，他在发言中提出，电子书市场还很遥远，目前出版社大多回避电子书的建设，选择建设数据库。他认为，电子书最大的挑战，首先是平台对版权的控制，无法取得作者和出版社的信任。同时缺少盈利模式，新版电子书价格过于便宜,也制约了电子书市场的发展。宋旅黄同时介绍了该公司在 2014 年建成的数字平台,与其他平台不同,该平台将版权控制前移,同时将销售、定价权都交给出版社,他希望通过电子书平台的建立改善采访模式,并希望用三年、五年,乃至十年来期待电子书市场的形成。

【链接:中国出版传媒商报 2015.1.27,夜雨《2015 纸质馆配市场还好吗?》】

第 14 章　2014 书业走势概观

2014 中国出版传媒业,产业政策利好不断,媒体融合路径明晰,资本并购持续发酵,市场平静却不平淡,格局继续发生着广泛而深刻的变化。

14.1　分销视野走势大要

民营书业面临发展机遇

"书不好做"虽然是民营书商一致的感受,但大家少了抱怨,添了理性务实和希望。2014 上半年,稳中求发展成为民营公司的发展基调,他们不盲目地扩大产品线。一些民营小公司为了压缩成本,开始实行渠道单一化。数字出版和衍生产品开发也成为民营公司的选择。有的民营公司正在由教育出版商向教育内容与教育服务提供商转型。有的民营公司则以上市为方向。互联网、移动互联网带给民营教辅商的影响正在加剧。2014 年,他们尤为重视在教育信息化、数字化上的突破,一批酝酿多年的数字出版产品即将投入市场,接受检验。诸多民营教辅商都将 2014 年看作其自身谋求信息化、数字化转型的关键一年。上半年,在网络书店冲击、租金居高不下等不利因素仍在持续的情况下,民营书店坚定了向阅读服务提供商转变的决心,并以此来构建独特的书店魅力。

对民营书企来说,2014 年是政策的春天,民营书业发展面临的机遇前所未有。机会包括:参与国有文化企业、国有出版传媒企业的改制;抓住网络出版和对外出版特许经营权;抓住要素市场建设机遇。

发行集团追"新"　县级书店向"外"

2014 年上半年,部分新华发行集团掀起了一波电子商务网站的搭建热潮。这批网站围绕生鲜、大教育、海外图书销售等做垂直电商,不再一味求大求快,而是有意识地将精力先放在区域性电商的打造上。同时,大部分新华发行集团还积极尝试微信营销。迫使书店从传统营销、服务甚至交易、支付等方式向更利于与读者沟通、交互的方向上转变。微信用户年轻人居多,这些人正是书店的主力客户群体,微信拥有的优势资源成为书店迫切想拥有的客户财富。但新华发行集团的微信应用中,粉丝不多,信息发散面不广,响应力还不够。

上半年,县级新华书店立足4个方面创收增效,包括拓宽教辅发行范围、开辟农村图书发行市场、提升店外销售实效、打造营销活动文化内核。一个显著的特征是,在门店销售增量有限、外部不利因素增多的情况下,他们走出门店寻增量、主动出击谋发展的思路更加明确,举措更加切实可行。

□ 协会作用日益显现

随着政府职能的逐步转变,行业协会的作用日益显现。2014年上半年,中国书刊发行业协会图书馆馆配工作委员会、中国出版协会民营工作委员会相继成立。中发协馆工委致力于在全行业内贯彻落实国家出版物发行政策;发挥桥梁纽带作用,向政府主管部门提供行业信息、发展需求和政策建言;搭建规范发展平台;完善行业自律,畅通信息共享;开展专业培训,举办行业展会;增进国际间合作交流,从而带动全行业健康有序发展。中发协馆工委成立当天就发布了《全国出版物发行行业图书馆馆配公约》。中国版协民营工委以适应出版业的发展需要服务会员为宗旨,将积极发挥中国出版协会的桥梁和纽带作用,通过中国出版协会,向政府反映行业诉求,维护会员权益和利益,与政府进行交流沟通,服务于民营出版业发展的需求。

□ 社店强对接顺时而为

社店关系已从让利互惠向共生共荣转型,开始向全方位、多形态、大纵深的方向发展,渠道、物流、营销合作之外,在内容生产、品牌经营、资本运营上,社店双方也在加大合作力度。全媒体时代背景下,合作融合已成趋势,社店多方面、多角度强对接,是大势所趋,也是顺时而为,如中国出版集团公司与广东新华发行集团联合举办的2014年营销恳谈会,中国出版传媒商报社主办的"首届全媒时代社店营销实务对接会",二十一世纪出版社的首届"新华书店卖场营销经验交流会"以及多元渠道的合作开拓等,都取得了较好反响,对推动社店双方未来发展、强化合作具有积极的意义。

□ 打造O2O智慧书城 升级到3.5代

2014年下半年,新华发行集团O2O建设步伐加快,从传统的围绕图书、教育产品线上销售的电商平台到跨界拓展的食品电商,从单纯的售书网站打造成新一代体验式"智慧书城",从微信宣传到微信售书……发行集团对电商平台的关注力度空前加强,从主打特定人群文化消费、满足某一领域用户需要的垂直电商模式向综合电商转型,并通过文化营销增强吸引力。而结合微信、线下体验等形式的"智慧书城"概念的提出与打造,以及互动、体验元素的引入,则是传统发行企业进行数字化转型的新尝试。

1995年,国内第一家大书城广州购书中心开业。在即将进入大书城建设20周年之际,多家发行集团旗下的大书城开启了新一轮重装改造开业潮,减少图书品种,引进更多文化创意产品,成为集阅读、体验、休闲为一体的综合文化中心,全面进入实体书店的"3.5代"。24小时书店以及一批个性小书店也陆续开业,显示了发行集团对线下渠道的细分深拓和创新经营。

□ 民营策划商开启数字出版新模式

2014年诸多文化产业政策利好,让民营书业面临着前所未有的发展机遇。一些民营策划商抓住了"网络出版和对外出版特许经营权"的机遇,基于大数据时代的发展趋势,推出了诸如数字出版1.5模式,与科技企业联合推出数字课堂和电子书包应用平台等新产品,并开拓电商平台、微书城等新渠道,为民营策划商的发展添活力。

数字出版1.5模式,是利用APP学习软件和通过计算机编程实现的互动式问题解决方案。这种模式在安徽经纶文化传媒集团实现了成功尝试,并找到了清晰的赢利路径。在书业企业普遍面临发展瓶颈的今天，民营策划商正利用自身内容资源优势，或自力更生、或合力拓展等，多形态、多途径进行内容传播，实现传统资源的保值、增值和企业多元发展。

14.2　教育出版走势大要

□ 高考变革冲击出版业

2014年年初《中共中央关于全面深化改革若干重大问题的决定》发布后，新一轮高考改革思路浮出水面，如探索全国统考减少科目、不分文理科、外语等科目社会化考试一年多考，其中语文和英语的相关调整尤其成为各方关注焦点。改革引发出版业应急反应，考辅市场仍然是第一反应区。相关出版、策划机构迅速调整出版方向、选题方向，为2014年高考备考针对性地设计推出一批新产品。与考辅市场相对，高考变革也对机构发展总体思路带来一定影响，甚至被视为"中长期挑战"。高考改革引发的评价标准、选拔模式的变化必然会对义务教育评价体系和模式产生影响，这无疑给出版未来发展带来了更多答案和机会。相关出版企业需要从教育服务产业定位出发，进行渐进式的调整和布局。

□ 出版社学术期刊新变化

在出版转型升级的背景下，出版社也对学术期刊的发展有了新定位，正在从体制机制、运营管理、平台搭建、内容建设等多个角度入手，以集群拉动的方式推动学术期刊的发展，如2014年年初，浙江大学出版社在发展规划中明确提出了"精品期刊群建设"。清华大学出版社期刊中心依托国内外知名高校的学术积淀，整合学术资源，通过自办刊与合作办刊的方式，稳步拓展期刊种类，将学术期刊的集群化发展作为长远目标。此外，上海交大出版社、广西师大出版社等在学术期刊群建设方面也在逐步推进。与一般的杂志编辑部相比，学术期刊的集群化管理能够统一调配资源，在经营手段上更为灵活，市场适应性更强，对于期刊发展的国际化、专业化等都不无裨益。

□ **教辅探寻深度出版之路**

近年来,特别是教辅新政出台后的这两三年间,一度受困于品种高度饱和、内容高度同质等市场弊端的教辅出版和策划机构,越来越清晰地呈现出向"深度出版"求发展的趋向,而这种"深度出版"说到底还是要以优质的内容和服务满足目标群体的学习需求乃至体验需求。在新技术一路深入的大出版环境之下,在新生代学生群体成为互联网、移动终端的骨灰级粉丝的当下,教辅出版在被动与主动中顺应媒介融合的大势,越来越多的相关机构以"多媒介复合出版"作为深度出版的切入口。华东师大出版社、外语教学与研究出版社、江苏教育出版社、世纪金榜、曲一线等都以多媒介复合产品进行初步试水。教辅书的复合出版在细节上也涉及方方面面。

□ **大学社新媒体营销盛行**

眼下把新媒体作为营销窗口的做法正在大学社中盛行开来,并且在新媒体工具不断出新的情况下,各社逐步形成了多管齐下、复合运作的状态。微博、微信、豆瓣小站在大学出版社中最为流行,多数大学出版社都有相关官方账号,这也成为营销部门的基本职能之一。但其中还存在很多有待改善的问题,如在维持稳定的信息更新基础上,如何扩大粉丝关注度、如何与市场销售挂钩等。

□ **大学出版社推动多层面改变**

在媒体大融合、出版大探索的背景下,大学出版社群体逐步进入了融合发展的新阶段。诸多大学出版社正在从思维到实践上推动多层面的改变:如以互联网思维,推进传统媒体与新兴媒体的融合;树立用户至上思维,做强出版主业,实现内容融合;树立开放共享思维,充分利用和开发信息平台,实现技术融合;冲破"专业"人才壁垒,打造全媒体领军人物,提升编辑整体素质等。在融合发展的过程中,大学出版社尤其注重通过联合协作实现突围。一些大学社还积极通过国际合作实现跨界发展。

□ 出版社品牌活动升级促转型

近两三年,很多教育类出版社都在尝试以品牌活动推动营销转型,试图在更深层次上为发展提供新动能。持续推进、主题鲜明、与终端密切对接是这些出版社培育品牌活动体现出来的三大特点。外语教学与研究出版社的"阅读季"、中国人民大学出版社的"人文咖啡馆"、北京大学出版社的"阅读经典·收获正能量——打造一生的读书计划"、"阅读越快乐·创造美好生活"以及广西师范大学出版社的"新民说"、"理想国"系列活动都体现了以上特点。这些品牌活动的核心特色还表现在复合型运作及其带来的复合型功能。很多以阅读为中心的文化活动已经实现了跨界、跨领域的合作,借助媒体资源,或通过合作的方式扩散影响力。这类品牌活动甚至可以拉动企业发展转型升级,如外研社将"阅读季"定位为向"综合性教育服务提供商转型"的启动阀和拉动器。

14.3 专业出版走势大要

□ 非书渠道拓宽市场价值

随着出版社纷纷拓宽出版领域,尤其是专业出版社和教育出版社的选题日渐贴近大众出版领域,有必要开辟新的营销渠道;加上诸如民营书店和实体书店的式微,电商平台力量的兴起,渠道本身的格局也发生重大变化。出版社不仅对客户分级管理、供货品种等有所区分和侧重,还专设部门在特色渠道、自营渠道等方面发力,比如开辟加油站、超市、户外用品店、机场、高铁、母婴和玩具店等非书渠道,同时还与行业部门、高档会所、拍卖会、艺术机构,以及异界企业等厂商探索合作模式拓宽渠道。

□ "全版权"运营时代来临

近些年,越来越多的畅销图书被改编为热门电影、电视剧和网络游戏,影响力不容小觑。同时,一条围绕图书的版权而构建的产业链亦初现脉络。业内不少有识之士意识到"全版权时代"的来临,希望在"全版权"的运营上展开部署和规划。2014年伊始,这样的信号就接连不断:唐家三少与盛大文学携手成立国内首个网络作家全版权运营工作室。随后在北京图书订货会上，人民文学出版社、天天出版社宣布"曹文轩儿童文学艺术中心"的成立，开启全版权运营的大门。对于众多专业出版社、教育出版社而言，拥有大量的贴近市场的中医、养生、职考等作者资源，其中"培训"、"讲座"等都是全版权运作中不容忽视的环节。

□ 定制出版成新趋势

"定制出版"对于客户而言，是宣传手段、营销手段，对于出版单位来说，也是一种值得探索的经营方式。近年来，逐渐有出版社意识到这一商机，为文化单位、企事业单位等"客户"提供"定制出版"的服务，出版相关图书。而"定制出版"除纸质图书外，还可以是数字、网络出版物，包括企业宣传册、内刊、主题出版物、企业杂志、商业指南，此类定制出版物可以帮助企业为加强与目标客户的关系、提高品牌知名度和影响力、增进客户忠诚度，对企业而言颇具营销价值，应该不乏市场需求。

□ 电视节目又现出版热潮

以电视节目的内容为基础，丰富剧情结构，对特定的题材进行深度开发和二次创作，运用书面语言的独特魅力对电视图像进行新的诠释，再对相关信息进行平衡与调整，出版单位近两年频频针对电视资源的二度开发和利用，俨然成为一股潮流。

□ 出版业"基地"多样化生长

近年来，出版机构纷纷建立实体的出版产业基地，其中有促进青少年读书习惯的阅读基地，有触及业外打通产业链的文创基地，有以培育出版后劲为目的的人才基地，有立足教学和研究的培训基地，形成多元化的生长势态。不难发现，这些主题各异、形态多样的基地，均以"出版"二字为核心向外辐射，不仅有助于产业链延伸，同时反哺"出版"，不断为出版业提供科技、智力、文化、艺术等多方面的支撑。

□ **出版机构布局幼教产业**

新世纪以来,借北京、上海等地对学前教育立法的契机,加上妇联系统的支持,亲子园大量兴办,数量虽多但良莠不齐。与此同时,关于早期教育的图书、音像制品、玩具大量涌现,加上网络的推广和普及,不少家长特别是新一代家长十分关注早期教育。在这一背景下,一些嗅觉敏锐的出版机构近些年在幼教市场逐步展开布局,意欲深挖"学龄前儿童"这一消费富矿。其运作模式,一方面是开发幼教图书品牌,特别是电子化产品成为一大主流;另一方面则是创办幼教机构,或与幼教机构合作,深化幼教品牌,直接介入幼教市场。

□ **出版业掘金旅游文化**

随着旅游文化的升温,旅游出版也得到进一步扩容,旅游图书的品种、数量大幅攀升,尽管销量还在增加,但增长率却已在放缓。加上网络上大量免费、丰富的旅游资讯、地图信息,更在蚕食这一消费市场。面对现状,一些出版机构开始深度挖掘旅游出版的文化内涵,既有向外的延伸和尝试,譬如挖潜旅游项目;也有向内的开发和再造,譬如发掘创意产品。同时,在传统旅游图书的策划上,也追求不同于网络提供的旅游信息,强调差异化和特色化。

□ **出版青睐商业文化地产**

"商业文化地产"日渐成为出版界的高频词汇,一些先行者以服务出版主业为目的,纷纷试水商业文化地产的发展。以凤凰传媒旗下的江苏凤凰置业投资股份有限公司为例,其每一个项目从拿地、设计、配套、服务以及环境营造等各个方面,都在围绕"文化核心"展开,深植于城市历史发展及区域人文内涵。如安徽出版集团与安徽省投资集团"战略牵手",其中就包括共同开展文化置业、地产营销等业务。

在出版传媒企业圈地之时,房地产大佬们也对"商业文化地产"的定位颇感兴趣,主动寻求出版传媒企业入驻、合作,从而实现商业地产的"文化味"。2014年9月,海航地产"城市慧馆"首家模范店在北京揭幕。2014年3月,万科和中信出版社签订了合作协议,宣布将在万科的大、中、小三级商业中全部引进中信书店,以丰富万科商业的形态。

14.4 大众出版走势大要

□ 首个以作家名为主导的全版权中心启动

曹文轩儿童文学艺术中心2014年1月10日在京成立后,动作频频,介入影视、培训、手游、书刊互动等全版权运营工作,六大项目陆续铺开。其中曹文轩经典儿童文学作品《青铜葵花》电影的筹备工作已开始,前期投资预算约3000万元。此外,曹文轩作品《我的儿子皮卡》改编电视剧以及签约曹文轩作品《大王书》的手游开发等项目也具有相当的先锋效应。该中心从成立到投入运营,以单体出版社为依托,为结束儿童文学名家经营上的混乱以及改善作品重复出版,向精品化、优质化发展提供了极大可能。

□ 美术社产业链拓展初见成效

2014年,不少专业美术出版社开始着手实现从传统的美术图书产品提供商向艺术传媒综合服务商转变,比如湖南美术出版社旗下的三个美术馆相继完成了硬件上的升级。也有出版机构在不断探索"出版＋展览＋艺术品＋衍生品"这一全新的商业模式。此外,也有诸如山东美术出版社的"数字艺术资源库"正在建设中等等。整体来说,尽管美术出版社的发展极为不平衡,彼此间的资源掌控能力和运营能力也有较大差距,但美术社的产业链拓展已初见成效。其通路包括切入从少儿动漫出版延伸至相关幼教文化产业,切入图书衍生品开发、艺术品收藏、再造、经营、展览等领域。数字技术则为美术出版社的转型升级提供着有力辅助和支撑。

□ 微信卖书

2014年3月6日,腾讯微信首度卖书,主打余秋雨的新版《文化苦旅》(由北京时代华语股份有限公司出品)。5天时间,销售4000册。此后,读库、华文天下等公司陆续在微信上开店。此后,大量出版商更新了微信版本,即使没有申请开店系统,也都陆续开通了"找书——我要买书"的板块功能,引导读者转到当当、亚马逊、豆瓣小站等，搜寻书目或直接下单购买。与现有的网络售书平台相比，微店的确有更多明显优势，它本身具有很强的社交属性，拥有非常扎实的用户基础，不再充当出版商与消费者之间的经销角色，而是将作家、出版商、读者，从源头到最终消费者全面打通。时代华语表示，将打算以店家的身份入驻微信平台，跳过渠道商，直接接轨线上销售。

□ 二十一世纪出版社成立集团

2014年12月1日，二十一世纪出版社集团公司正式挂牌成立。该社计划2016年实现销售收入9亿元，利润1亿元，年复合增长率接近40%。"作为单体出版社实现这么高的目标难度相当大。但如果是以集团化的方式来运作，融合发展，转型升级，就可能实现。"中文天地出版传媒股份有限公司副总经理、二十一世纪出版社社长张秋林说。

与2013年年底成立的长江少儿出版集团以法人联合体形式组建不同的是，此次的二十一世纪出版社集团是中国第一家由单体社内生裂变而来的法人实体少儿出版集团。二十一世纪出版社集团公司下属7家子公司，不排除上市可能。一方面提升一般图书的市场占有率和单品码洋效率，张秋林所预言的"童书大畅销书时代"将在成立集团后一一兑现。另一方面，打造少儿创意文化的核心增长极，聚焦少儿创意文化产业，拉长产品的价值链。集团成立后，资本会成为最强大的推手，相关产业的并购重组将陆续展开。

□ 网络文学市场风云变幻

2014年，盛大文学一家独大的网络文学版图已然改变。互联网巨头的介入让网文行业重新"洗牌"，但也在制造一场"鲶鱼效应"，激发出更大的行业发展动力。

2014年11月，百度文学在京成立，提出全产业链发展战略。移动互联网的快速发展，使得文学网站纷纷由PC平台向移动互联网迅速升级转型。除盛大文学众多子品牌外，三大电信公司移动阅读基地、亚马逊、京东、当当、多看、91熊猫看书等都加入战团；豆瓣阅读、亿部书城、鲜果读书等应用也在圈定自己的读者群。腾讯微信与腾讯文学的嫁接让外界充满想象，目前腾讯文学已完成移动产品布局。

□ 移动客户端品牌涌现

随着移动阅读客户端品牌的崛起，腾讯、百度、盛大文学、中国移动手机阅读基地——四大拥有强大用户基础的巨头在2014年完成了针对移动阅读领域的内部资源和业务方向调整。

目前中国移动"手机阅读"已汇聚40多万册优质正版图书，形成涵盖原创图书、出版图书、杂志、漫画、图片、听书、专业书籍等产品体系。"和阅读客户端"目前已成为用户规模最大的阅读类APP客户端，每月访问用户超4000万，成为移动互联网阅读第一平台。2014年中国移动手机阅读基地创新推出2014飞悦版客户端系列，又推出"和阅读"iPhone版客户端，"和阅读"安卓版客户端3.0版本8月也崭新上线。新版本在富媒体化阅读体验、社交化互动等方面持续优化创新。

一个有趣的现象是，在巨大资源和资本急速涌入的同时，移动阅读领域并没有出现寡头化趋势。在移动阅读客户端市场占有率方面，前6位的品牌合计占有率刚刚超过6成。显示移动阅读市场维持着一种"百家争鸣"的局面，形成了一种不同于其他互联网细分领域的独特生态环境。

□ 多方合力加大版权保护力度

政府、企业对版权保护，从未像现在这样重视。由国家版权局等多部门联合开展的打击网络侵权盗版专项治理"剑网"行动，持续近5个月，成效显著；中国版权保护中心推出作品保管的新型版权服务业务，首创了新型高效的全线上版权服务模式；以全数字保护模式，第一时间为设计作品进行网上公证的设计版权服务网站系统"设计盾"推出；北京、广州等地陆续成立的知识产权法院等等，政府部门、行业主管部门正在利用行政、科技等手段，全方位保护著作权人的合法权益。

企业、个人也加大了对版权的保护力度，通过不同的渠道、途径打击盗版，维护合法权益。企业间的联合版权保护尤其是互联网平台与传统出版企业有关版权的合作、保护正在深入。通过线上授权、联合开发等举措,发挥双方全方位资源优势,实现版权资源的全媒体运作。

【链接:中国出版传媒商报 2014.7.8,郭虹、蓝有林、刘海颖、孙珏《2014 中国书业大势大事》;2014.12.30,倪成、蓝有林、刘志伟、刘海颖、张岱《2014 中国书业大势大事下半年》】

第 15 章　实体书店扶持试点扩至 12 省市

继 2013 年国家先后出台实体书店扶持资金试点和税收减免两大政策后,实体书店再迎发展利好。2014 年 4 月 10 日,国家新闻出版广电总局和财政部在上海联合召开实体书店发展推进会,进一步研究推动实体书店长期健康发展的政策措施。《中国出版传媒商报》记者从会上获悉,2014 年实体书店扶持申报工作即将开始,扶持试点将从此前的 12 个城市扩大至北京、上海、江苏、浙江、安徽、江西、湖北、湖南、广东、四川、云南、陕西 12 个省市,专项扶持资金可每年重复申请,并重点支持小微和民营文化企业。

15.1　政策推动大环境转暖

2013 年 7 月 12 日,财政部文资办与国家新闻出版广电总局印刷发行管理司共同开展实体书店扶持试点工作,首批试点包括北京、上海、南京、杭州、广州、武汉、长沙、合肥、南昌、成都、西安、昆明 12 个城市,每个城市不超过 5 家实体书店。中央财政对试点城市符合条件的优秀实体书店给予奖励,用于帮助其购置软硬件设备、支付房租、弥补流动资金不足等,各试点城市所获得的专项资金数额大都在千万元左右。

《中国出版传媒商报》记者了解到,目前,上海市财政局研究制定了上海关于执行税收减免政策的具体办法,上海市新闻出版局在扶持实体书店发展方面走出了新路。此前,上海市新闻出版局已先行先试,创新出台扶持发展实体书店"新政":2012 年 2 月在国内出台首个配套扶持实体书店发展地方政策,2012 年、2013 年共划拨 2350 万元新闻出版专项资金,通过资助和补贴、贷款贴息、奖励等方式，对近百家各类实体书店予以资助扶持，取得了立竿见影的效果，到 2013 年上海全市出版物发行网点数量止跌企稳。

上海市新闻出版局还推出配套举措，探索建立实体书店良性发展的新机制——强化规划布局，为实体书店提供政策导向，如 2012 年和 2013 年分别对优秀中小微民营书店和惠民服务特色项目等给予资金倾斜，2014 年拟对学区、社区、商区书店建设发展项目等作重点支持；以重大文化活动为依托，为实体书店搭建宣传平台；推出公共文化服务产品，为实体书店"量身定制"文化信息传播载体；创新活动手段，为实体书店拓展丰富、多元、常态化的阅读服务空间。从 2014 年 2 月起，推出思南书集和思南读书会，每周六定期定点组织上海 7 家品牌专业书店举办以文学、艺术类图书和童书、原版书为主的露天书市，同期举办与其联动的高水准的文学阅读活动。上海市局还提出，目前还没有政府对房地产设置书店用地的税收减免政策先例，上海市可以先行探索。

在利好政策落地和提倡全民阅读的背景下，书店经营者信心指数上升，纷纷表示"给力、及时、温暖"。时任生活·读书·新知三联书店总经理、三联韬奋书店有限公司董事长樊希安谈到，近两年实体书店生存环境有所好转，政策扶持是背景，但最后经营是否成功还要靠自己，要创新经营、拓展经营，三联韬奋书店变身 24 小时书店就是创新。

15.2 转型升级培育竞争新优势

新华书店、民营书店如何培育竞争新优势？"转型升级是关键"成为业界共识。

浙江省新华书店集团有限公司董事长王忠义提出，新华的转型升级表现在：一是以书业为核心，以文化为基点，打造融图书销售、电子商务、数字出版、文化产品、文化创意、教育培训等于一体的"大文化"集聚平台；二是大型文化消费综合体建设，浙江省店目前正在加快建设以嘉兴文化传媒广场为代表的文化消费综合体，该项目因其文化与科技的高度融合获得了中央文化资金补助；三是数字化移动多媒体电子商务平台，线上线下融合发展。

上海新华书店静安店先后获得近1000万元上海市新闻出版专项资金及250万元市委宣传部文化活动资金。时任上海新华发行集团有限公司董事长哈九如认为，实体书店转型发展第一要打造专精特书店，打造品牌，扩大影响力；第二要探索线上线下互动，以体验、便捷、诚信等优势另辟电子商务新领域；第三要探索店内店外延伸的营销空间，如售书机进社区、楼宇、校园，扩大售书空间；第四要探索纸媒数媒协同发展的方式，开拓新领域。

创意产业也为一些书店转型升级创立了示范效应。南京先锋图书文化传播有限责任公司董事长钱小华介绍，南京先锋自2008年开始走文化创意产业的发展之路，由原来单纯贩售式的传统书店模式，转换为以文化企业自身的创新提升、生产高附加值文化产品和创意产业升级的新型书业模式，实现了创意产品销售年近100%的增长，创意产品销售占书店总销售额的40%，利润则达总利润的50%。预计两年创意产品销售将占到总销售额的50%，利润达到总利润的60%。未来先锋将着力构建自主品牌创意产品，打造文化创意产业链，形成新的产业集群。

上海钟书实业有限公司董事长金浩认为，"实体书店不能仅仅局限于书籍的销售、阅读和附加的咖啡服务，而是要以实体书店为载体，结合读书会、新书发布、写作研讨、艺术品展示、生活沙龙、创意集市、电子阅读、试听影音以及精致餐饮等，成为体验经济模式下代表最新理念的精品文化综合体"。

15.3 连锁、特色、精准定位是出路

获得扶持的民营书店因其定位准确、体验感强烈，迅速发展，而跨区域连锁成为它们共同的追求，并一直在积极准备。

坚守书店19年的金浩认为，开实体书店需要较长培育期。上海钟书松江店是不足300平方米的书店，2013年实现零售800多万元，还在金山、青浦、

奉贤等区开设了18家分店，目前计划在上海再开一些社区店。"最美书店"钟书阁开业不到一年客流达96.8万人次，成为海派文化的一张名片，还将扩建二期工程，2014年10月1日对外营业。金浩表示，今后将继续拓展满足一般大众需求的钟书书店连锁和逐步走向"专、精、特"的钟书阁的连锁。

昆明新知集团有限公司董事长李勇谈到，要"敢把危机变商机"。2008年金融危机以后，不少企业都放慢了发展速度，新知的国内连锁书城却由之前的26家发展到了62家，平均每年新建7家，还在东南亚国家开设了5家华文书局。"低谷时期卖场租金是最低的，我要求尽量把卖场租赁合同期签长一些，谈判时尽量争取租期内不递增或少递增房租。把这些卖场的租期全部用完，以后来市场回升、房租上涨之间的差价，可节约的资金就有上亿元，就等于创造了利润。"2013年新知获得了实体书店扶持和走出去的资金扶持。目前，新知在国内的62个书城，除14个开业时间相对较短尚未持平外，其余48个都实现了盈利。新知将继续推进全国和国际连锁，到2020年在中国10省建设100个连锁书城，在澳、荷、法、英、德等国开设20个华文书局。

北京字里行间文化发展有限公司目前已开办13家分店，其中北京10家、江苏省3家，有效会员已过万，2013年销售1300万元，其中7家店属于未满一年的新开店，2014年销售有望突破3000万元。"所有的创新与特色都离不开精准的定位，字里行间的客群定位始终非常清晰，就是现代都市有知阶层，愿意追求优雅阅读体验和乐于交流分享的读书人群"。据总经理陈绍敏介绍，与网络差异化竞争是字里行间定位的基础，为此进行了店面形式、经营模式、品牌理念和信息系统创新。独创年费制会员模式，为会员提供包括私人订制、私人阅读顾问、私人图书漂流馆等九大服务项目。2014年发展目标为店面数量达20家，新开店5～8家，力争会员规模达到1.8万名，并拓展字里行间子品牌，购买房车建立流动书房，深入服务各类社区、学区、景点、展会的爱书人群，其会员服务平台的APP平台及手机终端预计2014上半年上线。

2009年7月苏州开业的猫的天空之城概念书店，只经营艺术、绘本、旅行、轻文学四类图书。总经理徐涛认为,"小型书店不可能做全门类图书,那么优选就成为微型书店的核心。"该书店定位在15~35岁年轻客层,并瞄准纸品开发,力争做国内最专业的纸品研发与销售公司。书店一直在为连锁做准备,2011年成立了培训学院,对员工、店长等进行分类进阶培训;2013年设立家具工厂,为门店装修个性化提供技术支援。未来三年,计划将书店运营门店拓展到100家,其中60%开设在古镇、度假区,并继续加强原创研发能力,在未来三年内有能力为第三方设计产品,加强书店抗风险能力和获利能力。

【链接:中国出版传媒商报2014.4.11,穆宏志《实体书店扶持试点扩至12省市》】

第 16 章　数字出版"走出去"拓版贸新空间

中国出版"走出去"一路突破前行,突破热点也在选题类型、输出目标区域、运营模式等多个方面不断拓展。而在数字出版成为全球出版产业发展大势所趋之下,跨媒介的版权输出成为"走出去"的新发力点。原新闻出版总署2012年1月出台的首个新闻出版业"走出去"专门文件——《关于加快我国新闻出版业走出去的若干意见》中对数字出版走出去提出了量化目标:到"十二五"末,数字出版产品和服务出口金额要突破 10 亿美元,年均增长 30% 以上。在政策导向和企业主导之下,数字出版"走出去"逐步向活跃态势挺进,这也为更多走在转型升级路上的传统出版机构提供了新的拓展方向。

16.1　数字版权和纸质版权齐飞

输出项目由常规纸质书版权向数字版权跨越,以数字版权和纸质版权齐力打通版贸市场,正在成为各类型出版机构的关注重点。

"跨媒体是我社拓展'走出去'的一个重要方向,在数字出版方面,以我社多媒体互动阅读平台为核心,搭建数字化'走出去'平台。"安徽少年儿童出版社社长助理王利介绍。安少社打造的"优乐互动"少儿主题阅读平台 2013 年投入运营,在此基础上与黎巴嫩数字未来公司达成了共同建设"全球儿童汉语互动阅读推广运营平台"的战略合作协议,并入选 2013 年度新闻出版改革发展项目库。该社还对国际汉语学习资源进行重点运作,2013 年年底与国家汉办/孔子学院总部达成"孔子学院数字书苑"电子书采购协议,共提供 367 种电子图书产品。王利透露,该社计划围绕文化部提出的建设"丝绸之路文化产业带"战略构想,通过全局规划、资源梳理、统一运作平台和资本介入来整合资源,开辟文化"走出去E丝路",利用数字出版平台推动中国文化走向世界。

数字版权输出是大势所趋,很多国外出版机构针对一些产品已经明确表示"只要数字版权"。在坚持传统版权输出的同时,出版企业需要逐步将版权输出的重点转移到数字版权上,赢得市场先机。

16.2 合作或自建平台推动"走出去"

与国外大型数字出版运营平台对接成为学术类产品数字版权输出的主流选择。

据上海交通大学出版社社长助理李广良介绍,该社已向圣智盖尔数字图书馆输出"中国服务外包报告系列"、"东京审判研究系列"等多种图书中文电子版权,向爱思唯尔出版集团输出的"大飞机出版工程系列"图书英文版全6种,悉数被爱思唯尔ScienceDirect数据库收录;向施普林格出版集团输出的十多种学术著作英文版也将全球数字版权同时授予外方,用户可以在SpringerLink等平台购买、阅读。该社还探索把多年来出版的大量学术图书(中文版)批量放到国际主流出版集团的数据库产品中,并期待收获丰厚利润。江苏人民出版社与美国圣智学习集团多次沟通,将该社《南京大屠杀史料集》78卷和《中国近代通史》10卷的电子出版权输出圣智盖尔数字图书馆,该项目已成功上线。2013年,安徽教育出版社全资控股的安徽教育网络出版有限公司与圣智出版集团也就数字版权输出达成合作,针对《李鸿章全集》、《胡适全集》等图书进行数字版权输出。经过大量探讨和书目交接后,《胡适全集》、《宗白华全集》的数字授权合同已经签署,同时该公司全媒体数字出版运营平台项目——时代e博与圣智盖尔数字图书馆、数据库尝试对接,借此延伸时代e博产业链,加强其在海外出版商、数字信息集成商及图书馆中的认知度。

江苏人民出版社版权部门负责人彭晓路表示,与圣智盖尔数字图书馆等国外大型数字平台紧密对接可以大大提升相关出版物"走出去"的成功率。以

4000万字的《南京大屠杀史料集》为例,该出版物如果要进行传统意义上的纸质版权输出,难度非常大,从翻译上来说就是个很大的难题。但是对于圣智盖尔数字图书馆而言,中文版就可以。出版机构也要立足于开发学术含金量高、具备独创特色的产品,这样可以不断推进合作深入进行下去。圣智公司目前已经就《中国佛教通史》等图书的电子版权提出合作意向。

江西科技出版社近两年来在数字版权输出方面取得了突破,每年达成数字版权合作的数量在10项左右,图书品种涉及多个方面,如《如何鼓励孩子才有效:最有效的赏识教育》、《中国彩印二千年》以及《图解头部按摩》等多种生活健康类书。该社版贸负责人梅兰认为,要加强对图书数字版权的占有率,争取拿下每种书的数字版权,避免"无权可输"。在数字版权输出过程中也更倾向于选择在数字出版领域具有专业优势的合作伙伴,以便更好地借助对方平台进行数字资源的开发和传播。

值得一提的是,国内相关机构正在以专业平台推动数字产品"走出去"。由中国图书进出口(集团)总公司打造的国际数字资源交易与服务平台——"易阅通"自运营以来,逐步与国内出版机构展开合作,已上线6万多种中文电子书,为国内数字产品"走出去"提供了便捷渠道。与数量庞大的海外电子书相比,面向海外机构客户的中文电子书数量还很有限,"易阅通"希望能与更多国内出版机构达成合作,配合推动数字产品的海外销售。同方知网(北京)技术有限公司等也与多家国外出版机构和图书馆,就数字资源的输出达成合作。

很多出版物品种都在数字出版"走出去"中获得佳绩。如华语教学出版社"博古通今"的电子版权已实现多次输出,且在美国苹果公司的软件应用商店成功上线。中国少年儿童新闻出版总社在2014年博洛尼亚国际童书展上,一举与美国电子书公司Over Drive公司就《漫画三国》、《漫画西游》等13册简体中文版电子图书签订海外销售合同。商务印书馆2013年则将《中国专利案例精选》以纸介质与数字本两种形式输出。

16.3 多层次挖掘版贸商机

相关数据显示,"十一五"期间,上百款我国自主研发的网络游戏进入海外市场,2010年出口额突破2亿美元,期刊数据库的海外付费下载收入近千万美元,电子书海外销售收入超过5000万元人民币。但是传统纸质图书版权贸易仍是目前版贸重头,数字版权交易仍处于初级阶段,出版企业还需要多角度提升相关运作能力,多层次挖掘版贸商机。

王利认为,输出项目由传统的纸质书版权向数字版权跨越,基础和本质不会变,都需要优质的内容资源才能实现版权输出。区别在于,数字版权输出还需要有"跨媒体"、"跨平台"的能力,把一种内容比如故事拆分到多种媒体上的呈现艺术,最终为读者创造出一种多层次、互动性、沉浸式的体验。区别于一般电子书的版权授权,更高级的数字版权输出需要相关机构在数字出版方面有足够的储备和实力。安徽少儿出版社在2013年与联想集团签署战略合作协议,围绕联想新一代数字智能电视平台,开发一系列符合家庭阅读、教育和娱乐需求的精品儿童电子出版物,双方合作的多媒体产品《开满兔儿花伞的地方HD》的全新智能电视版本一度登顶AppStore畅销榜首。目前,该社新媒体互动阅读平台一期建设已经完成,已经制作互动图书模板20余册、iOS客户端1个、互动电子图书游戏100余种,并正在制作全系列幼儿教育电子课程。在有声图书方面,该社与国内最大的点读笔方案公司合作,推出系列产品,语音图书销售码洋已超过300万,计划推出品牌硬件产品。而这些也正是该社与黎巴嫩数字未来公司签订数字版权战略合作协议的基础。

针对数字出版"走出去",各类选题都呈现了试水的姿态。有资深版权经理人表示,学术类、文学类、童书类、生活烹饪类等相对而言更适合进行数字授权,而针对于大型画册或者高档图文书,就国际范围来看进行数字出版及版权交易的不多,至少成功案例不多。据了解,京东海外网站自2012年10月上线以来,文学小说品类销量最高,占图书整体销量的37%左右。该网站相关负责人表示,海外的数字阅读市场环境相较国内成熟很多,读者对电子书的接受程度也很高,这里面有几方面原因:海外对版权保护非常重视,用户为数字版权付费的习惯早已成熟;海外版权商相对集中,版权比较好管理;由于环境好,所以市场空间和利润空间较大,有资金可以持续投入到软硬件开发,更深度地满足用户的阅读需求,从而吸引更多用户接受电子书。

业者认为,数字出版业务主体复杂、版权权力主体不明确,在签署数字版权时,既要兼顾合同各方利益,又要防止侵权行为发生,特别是要规范合同用语,要对数字版权的内涵和外延解释清楚,以免留下版权争议的隐患。数字出版盈利模式不明确,还需要探索更有效的传播模式和商业模式。

【链接:中国出版传媒商报2014.5.16,刘海颖《数字出版"走出去"拓版贸新空间》】

第17章 实体书店隆装进入"3.5代"

在《国家"十二五"时期文化发展规划纲要》、《推进文化创意和设计服务与相关产业融合发展的若干意见》及实体书店扶持政策等的促推下,实体书店开业步伐加快,而且出现了新一轮重装改造热潮,进入"3.5代"。从最初的柜台销售至开架售书,到多元业态共同发展,再到如今的综合文化中心概念,实体书店的重装改造升级之路走得并不平坦。可以说,很多门店的升级改造,都是在市场竞争环境下的被动之举。在数字阅读、电商平台等多重冲击下,"文化中心"概念或许已成为实体书店转型升级的发展新趋势。而2013年德国实体书店销售额增长率首次超越了在线书店,其经验或可借鉴。

17.1 何谓"3.5代"书城?

一批2014年三四月份停业重装的书店,在7月以全新的文化休闲体验中心的面貌,获得"新生"。2014年7月6日,北京图书大厦改造升级后的儿童阅读空间——2000平方米的"童趣园"开启,5万余种少儿读物及音像制品,上千种儿童益智玩具等,集阅读、互动、体验于一体。7月12日,深圳书城南山城重装开业,将书与非书、阅读与生活无缝融合,环境更舒适、时尚,配套项目更丰富多彩,打造了一个优雅闲适、颇具创意、很有主张的文化休闲生活中心。7月27日,全新升级的哈尔滨中央书店将与读者见面,将成为国际一流集休闲、阅读、交友为一体的文化产业中心。7月下旬,以"博爱文化"为主题升级改造的南京新街口新华书店将开始试营业,希望通过"人、空间、活动"的互动,营造不同文化主题,营造文化和商业相结合的体验空间,为读者带来新的体验感受。

　　此前,2014年4月22日,中国图书进出口(集团)总公司打造的从装修设计到布局功能都彰显"文化空间"理念的中图外文书店重装开业。6月20日,集书店、咖啡厅、酒吧、艺术画廊等为一体的城市创新生活店——言几又北京门店开业。

　　同时,多家书店也在制订重装改造计划。5月28日,酝酿新一轮转型升级的广州购书中心,启动了2014年转型升级启动暨合作伙伴征集发布会,欲打造"城市文化生活中心",目前装修计划正在制订中。安徽图书城重装计划也将在年底启动。江西上饶市新华书店的重装改造正在招标进行中,2015年2月完工后,该门店将变混业经营为综合性的文化广场。

　　2014年的7月也可谓"开店月",多家门店扎堆开办。7月16日,西西弗书店深圳万象城店开业,这是西西弗在深圳的第二家门店,特别开设了"7～12阅听课"儿童阅读体验馆。7月20日,山东首家24小时书店青岛市新华书店"明阅岛"书店营业,在出售近万种图书的同时,还提供咖啡、甜点以及免费WiFi服务等,并定期举行文化沙龙和各种讲座。同一天,继在北京爱琴海购物中心、朝阳大悦城后,获得近千万美元投资的单向街书店在望京开设了第三家门店。

　　新一轮的实体书店重装改造升级浪潮,由以前单纯书与非书的多元业态、混业经营的模式,正在向以书为媒,集多种文化体验、休闲、经营的综合文化中心转变。"如果说深圳书城中心城是3代的实体书店,那么新开业的南山书城就是3.5代的实体书店。"深圳出版发行集团相关负责人对南山书城如此定位与总结。

　　实际上,这种或可称之为"3.5代"书城的改造之路在2009年就已初步显现。新华文轩成都购书中心2009年重装开业,形成以图书经营为主,相关文化业态为辅,集全新业态组合和客户服务为一体的大型综合文化商城。2013年6月,合肥市店三孝口科教书店华丽转型,成为一个新兴的文化综合体。南京新华书店率先在旗下中山北路店、外文书店、江东中路店 3 家门店实施以"强化购书体验及阅读功能、引入多元文化消费项目"为主要内容的门店结构调整、业态转型升级工程,2013 年 6 月 21 日 3 家门店同时开业。2013 年 9 月 25 日,江西新华发行集团投资兴建的一站式文化消费综合体——南昌红谷滩文化综合体投入试运行。2012 年,成都购书中心着重对联营业态进行了全面升级,引进了与文化相关联的国际知名陶瓷艺术品、西南地区首家 3D 拼图、国内一流红木工艺品、品质生活的香薰体验等业态,增加书城的文化氛围。在 2009~2013 年间,内蒙古图书大厦、石家庄图书大厦、唐山书城、郑州购书中心、上海书城静安寺店等一大批新华门店,都已进行了重装打造,完成了升级之路。

17.2 如何找寻书与非书经营的平衡？

众多实体书店经营者的共识是,无论如何升级改造,图书作为主业的地位不能动摇。在此前提下,无论是教育培训、租赁经营(联营、自营),还是电影院、创意产业等多元业态经营或调整,都是配合主业经营发展的需要,促进主业、多元协调发展之举。

2013 年 8 月 31 日,南京大众书局南京书城歇业,搬家至国药大厦,大众书局国药店经理唐景明认为:"虽然大众书局国药店引入多种多元产品,图书肯定是整个卖场的灵魂,也是影响读者印象、影响卖场人流量的主要因素,这是全店最重要的工作,2014 年书局从多方面加强了图书建设,以精品引导阅读消费。"大众书局国药店通过做好主题和专柜建设、优化品种结构、扩大重点品种、关注新书品种、做好品种陈列、提升内部管理等,销售额逐步提高。

2006 年开业的深圳书城中心城从规划伊始,就突破传统书城运行模式,以人为本安排空间,呈现全新的阅读生活,构建休闲、怡情、雅兴的休闲生活方式,主力书店、音乐时空、尚书吧、益文书局、创意小店、餐饮咖啡等一应俱全,尚书但不唯书,倡导轻松休闲的书生活。同样,重装开业的隶属于深圳出版发行集团公司的深圳书城南山城也设置了优阅书吧、音像音乐书店、生活旅游书店等23个主题特色书店,陈列图书约15万种,比之前有所增加,南山书城副经理张丽雅介绍,"图书作为主业,是南山书城经营的核心"。但又不唯书——围绕书与生活进行延展,根据不同区域读者群的需求,打造了"书城+创意城"、"书城+影城"的全新模式。

南昌红谷滩文化综合体是江西新华发行集团探索传统图书卖场创新发展的尝试。正如江西新华发行集团总经理涂华在开业致辞中表示的那样:文化综合体的核心是图书,重点是营造良好的消费体验和提供优质的服务,建立以读者需求为导向的经营理念,以此来建立区别于网络书店和数字出版的差异化优势。广州购书中心重装招商时说明,希望有更多具有高品质的文创品牌进入,提升体验环境;同时强调不会减少图书的种类数量,将利用垂直空间,提供更多舒适的阅读环境。

17.3 "3.5代"的未来?

这些"3.5代"书城的重装门店,开业后普遍取得了较好的效益。如成都购书中心新装开业第一年销售同比增幅超过60%,其中出版物零售和多业态销售各占50%。合肥市店三孝口店副经理阚磊介绍,该店围绕文化加入生活优品、创意品、精美饰品等时尚多元业态,经营提升成效明显。"三孝口以书为媒,多业态文化经营,实现了商业价值的最大化。"三孝口书店被确定为安徽全省新华书店提升转型的示范店、样板店。

南京新街口新华书店是南京新华书店实体书店转型升级的第4家门店,此前南京新华书店推出的首批3家实体书店转型升级都得到了市场认可,也取得了不错的销售。据南京新华书店营销策划部副经理谢光锋介绍,改造后的外文书店没有离开原址,2013年各项销售数据指标、任务指标在市店门店中领先,销售不错,多元互动势头良好;以精品书店立足的江东中路店,经过1年多的运营,通过英语角、家教、健康、亲子助学类等公益活动的拉动,对周边的消费人群已形成了影响力；定位社区书店的中山北路店，通过跟周边学校、社区联动，增加了大量读者，人流量相对稳定。

以文化活动为主的营销方式，将成为这些书店的主要发展方向。据张丽雅介绍，未来南山书城将推出名家签售、名人论坛等一系列文化活动，通过服务家庭、儿童等读者对象，以书为平台、以顾客为导向进行营销，带动图书与其他业态的相互促进发展。江西上饶市新华书店营销策划部张欣认为，很多书店都在走"图书＋人文公园＋文化沙龙"的经营模式，想要做出特点，只能在人文活动的形式上进行创新。

改造后的哈尔滨中央书店一楼将力图体现欧陆风情、复古怀旧、书香文化的设计思想，与中央大街的欧式建筑风格融为一体，通过视觉效果，吸引游客、读者驻足并产生进店阅读的欲望，配以优雅的西洋音乐为背景，为读者营造高雅的购书环境。"未来的中央书店不仅仅要在图书品类上做到独一无二，更要打破传统的经营格局，从传统的实体书店转型成为融合学术交流、交友、会友为一体的城市文化地标场所。"哈尔滨中央书店相关负责人介绍。

山东京广传媒股份有限公司全新推出的漫悦美书吧，想要表达的其实是一种"爱自己"的生活方式，而山东省首家以儿童定位的电影院线——京广少儿院线，又是一种全新的商业模式。

"就中山北路店而言，未来营销策划部将针对社区做一些规划，做一些养生、保健图书的市场推广工作，为书店提供更多资源支持。"谢光锋介绍。但他同时强调，3家书城的发展也还面临着一些方面的不足，如业态多元化组合经验不足，平台、资源还有所欠缺等。"目前书店的业态调整还不是最好的状态，仍处在摸索转型中，如何保持主业与多元的强劲互动发展，如何实现资源共享、营销配合等，还需要书店人更多的思考与实践。"

数字阅读、电商平台冲击下的实体书店，正在经历着市场带来的阵痛和生存的危机。谁能找到危机中孕育着的新商机，谁将赢得未来。

【链接：中国出版传媒商报 2014.7.25，倪成《实体书店隆装进入"3.5代"》】

第 18 章　电子书包商用提速观望仍多

在硬件商、软件商、互联网企业、运营商大举进入电子书包的潮流中,对电子书包的前景已没有多少争议。以天闻数媒科技(北京)有限公司等为代表的直接向教育部门或学校销售电子书包(B2B)的企业,2013年至今收获颇丰。同时,随着上海市闵行区罗阳小学试行电子书包 BYOD 模式,也让电子书包 B2C 进入业界视野。种种迹象表明电子书包模式悄然改变,商用进程正不断提速。而统一行业标准的缺失以及众多握有内容资源的出版商仍顾虑重重,让快速成长的电子书包尚有一丝阴影。

18.1　电子书包 B2B 向 B2C 转变?

中南出版传媒集团董事长龚曙光并不掩饰他们在电子书包上的野心。他算过一笔账,哪怕进入10万所学校,每个学校配备一个班,假设配备班级和学校管理系统的费用是100万元,由此带来的产值便已十分庞大。

河北大学出版研究所副所长、教授杜恩龙也算过类似的账。他表示,电子书包牵涉许多方面,硬件商、软件商、服务商、运营商都可以找到各自的商业追求,而单就现在市场释放的产值而言,已足够让这些企业"狂喜"。

天闻数媒2013年拿到了上海、厦门等地209所学校电子书包试点的订单,这个数据在2012年仅为18单。诺亚舟"优学派"的电子书包也在成都、青岛、深圳等地渐次开花。

试点学校数量激增,与国家相关政策进一步明确、各地教育部门的重视及"真金白银"地投入有直接关系。

而随着上海市闵行区罗阳小学从今年3月起推行电子书包BYOD(即Bring Your Own Device,携带自己的办公设备)模式,更是让电子书包提供商看到除了将电子书包卖给教育部门或学校(B2B)外,还可向家长和学生收费(B2C)的可能。

罗阳小学目前已实现人手一台学习终端(Pad)的目标。与一般情况下,试点往往针对有限课程,在固定时间段使用的做法不同,罗阳小学将电子书包完全应用到学校教学和日常管理。除了教学和管理,他们还可以在Pad上选举班干部,甚至举办数字化运动会。闵行区教育局对此寄望颇高,表示一旦实验成熟后,会将BYOD模式推行至该区所有学校。

就电子书包B2C的可行性,《中国出版传媒商报》记者询问了多位电子书包业内人士。他们一致强调,义务教育阶段,B2C并非是直接就电子书包向家长、学生收费,而是先由教育部门或学校埋单(B2B),然后这些电子书包可与社会性资源挂钩,给家长和学生提供教辅材料等内容和服务(B2C)。华东师范大学出版社数字出版部主任孙婷进一步补充道,电子书包可以提供比纸质教材多得多的资源,B2C的机会更多地在于增值和个性化的服务。

对照美国数字化教育的发展历程,在数字教育渗透到一定程度、有校内大数据积累的基础后,培生教育集团等教育服务商可精准地提供课外家长愿意付费的业务。同时,利用网络的开放性,第三方辅导机构有机会借助产品将用户从校外衍生到校内。

这点在国家新闻出版广电总局、财政部前不久出台的《关于推动新闻出版业数字化转型升级的指导意见》中也有所指涉。针对电子书包,《意见》鼓励基于用户数据分析技术,建设个性化定向投送平台(B2C)以及基于集团化学习建设出版资源投送平台(B2B)。

虽然天闻数媒等数字教育服务商计划在B2C上开展尝试,不过鉴于目前国内教育数字化仍处于硬件和观念普及阶段的状况,多数受访者对此还是持保留态度。龚曙光在谈到天闻数媒这一年的发展时也指出,中国目前还没有实行整个教育体系的数字化，主要是一些条件成熟的学校购买全套或部分装备来培训教师，对学生进行试验，并没有完全实际应用到教学实践中，同时刚性的管理需求要大于教学需求。

18.2 统一的行业标准何时出台？

如何争取那些条件成熟的学校？孙婷向《中国出版传媒商报》记者介绍，上海地区的电子书包进入学校的途径主要有两种：一是由当地教委下面的相关部门来给学校提供备选的数字教育产品；二是学校自己寻找相关产品，两种方式的备选方案可能很多，最终决定权都掌握在学校手中。而在电子书包提供商越来越多，市场鱼龙混杂、产品良莠不齐、价格较为混乱的情况下，最让学校头疼的是行业缺乏统一标准，让他们面对不同设计理念、具体功能的电子书包时面临选择难题。

出版商也十分关注电子书包统一的行业标准何时出台。在诸多出版商的眼中，电子书包的内容应该可被多种终端设备访问。譬如华东师范大学出版社不会将内容特别限定在某一个或一类平台。孙婷称，由此可有效减少硬件对他们的限制。这也随即凸显出标准的重要，如若不对输入、输出格式、制式等问题作出明确规定，在各类终端设备层出不穷的情况下，最终难免出现内容跟终端不匹配的情况。

对此，不少企业都在主动参与各类标准的制定，或是积极树立企业标准。譬如诺亚舟"优学派"的电子书包成功申报全国"十二五"教育技术重点课题。2013年，他们作为四川省地方标准——《中小学电子书包应用系统建设规范》的起草人参与制定工作。目前，他们的电子书包企业标准成为很多地区电子书包推广的官方标准，对自身产品的推广助益颇大。

新华文轩出版传媒股份有限公司认为其电子书包产品天然具备了行业标准的特性，与四川省教育科学院研究所共同承办了全国唯一一个由教育部批准的"中小学数字教学资源开发与应用"重大课题。该课题由教育部基础教育课程教材发展中心发起,承办双方将根据国家《课程标准》,以小学三年级信息技术和英语两个学科为试点,研发电子教材,并为全国的中小学生研发一个电子书包。

18.3 出版社的顾虑与纠结

在硬件商、软件商、互联网企业、运营商大举进入电子书包的潮流中,出版商的态度却十分微妙。除了中南出版传媒集团、新华文轩出版传媒股份有限公司等出版发行集团外,更多的出版社对于电子书包仍持观望态度。一方面,他们认可电子书包代表未来教育的发展方向,理解其对自身数字转型的重要性,但又有电子书包大规模普及会影响现阶段纸质教材销售的顾虑,难以全身心投入电子书包开发。而统一行业标准的缺位,更让顾虑加剧。

出版社的态度对电子书包的发展非常重要。杜恩龙认为,掌握内容资源的出版社的态度,对电子书包接下来的发展至关重要。因为现在电子书包提供商开发电子教材时都要基于纸质教材,获得相应出版社的授权。

中文在线与多家教育出版社、民营策划机构合作,从后者取得优质内容资源,通过开发后再投放到各个平台和终端,最终获得双赢。对于出版商的顾虑,中文在线总裁童之磊称,从盈利角度分析,电子书包对出版商的影响其实并没有那么大,因为内容资源必须从出版商手中获得。为此,他曾在多个场合呼吁出版商以更加积极的态度看待电子书包。

电子书包现有规模与全国4万所大中城市学校及全国40万所中小学校的总量相比,无疑才冰山一角。就现阶段而言,纸质图书仍将与数字教育产品长期共存。与电子书包相关的各类型企业正积极拓展市场、累积用户。他们的目的很明确,即是先行切入并确立规模优势,从而在产业制高点和行业龙头的争夺中占据有利地位。华东师范大学出版社的做法则值得出版商借鉴——坚持运营但不盲目发展,电子书包与纸质资源同时开发而不人为割裂。

孙婷表示,因为他们认可电子书包的发展前景,所以坚持在做这一块,并及时了解市场的需求。但她也坦承,电子书包的投入相对巨大,在看不到有效盈利模式的情况下,他们也不会乱投入,现有的包括电子书包在内的所有数字教育产品均是基于现有纸质教材来开发,跟实际业务有关联,可重复使用资源和人才。该社社长王焰有精彩表述,"对暂时不能转化为实际效益的数字教育产品,开发它们可反过来推动纸质教材的销售"。

【链接:中国出版传媒商报 2014.6.6,张攀《电子书包商用提速观望仍多》】

第 19 章　新产品新技术引领出版业界新视野

消费者对个人化的产品需求日益增长，而政策对文化创意产业也是大力扶持，随着 90 后年轻人迅速成长为时尚消费主力，创意产品越来越受到消费者青睐，而创意产品与 B2B、B2C 电子商务的结合，更是突破了成本的瓶颈，对于那些希望被认可的创意品牌，春天已经到来。而在出版传媒业内，类似的创意产品、衍生产品等新鲜业务同样层出不穷，甚至成为一些传统出版发行企业重要布局的方向所在，《中国出版传媒商报》记者观察 2015 北京图书订货会，对上述风向感受颇深。

19.1　现象 1　茶文化兴起契合书文化

茶叶消费，既是物质消费，也是一种文化消费。随着国家拉开"丝绸之路经济带"和 21 世纪"海上丝绸之路"建设的大幕，许多出版传媒企业也开始打造"一带一路"的"茶香通道"，有望成为一股潮流。

以曲一线的子公司芬吉茶业有限公司为例，尽管其成立于 2012 年 3 月，此次却是其在北京图书订货会上的第一次正式亮相，并主推"清新茶"、"年份茶"、"又一壶"等品牌，展区还可以看到曲一线的代表教辅产品。谈及芬吉缘何选择在 2015 年参展，现场负责人解释说，近两年"年份茶"的理念开始在茶行业异军突起，提出这一概念的芬吉越发引人关注。该公司布局核心原材料，申请几十个国家商标保护，并从市场角度引领消费，进而希冀推进茶叶品牌和教辅品牌的融合互动。

跨界茶文化的还有荣宝斋，前不久其新开了一家专门经营茶文化的新公司"荣宝斋茶文化(北京)有限责任公司"。该公司自筹备创立之始,即着力寻找将茶文化与书画艺术紧密结合的契合点,其代表产品如近现代书画名家的荣宝斋百年茗品系列珍藏款普洱茶、针对当代书画名家的荣宝斋名家茗赏系列珍藏款普洱茶,像齐白石《双寿图》珍藏款普洱茶、徐悲鸿《奔马图》珍藏款普洱茶在制艺和装帧上更堪称典范。

值得一提的是,许多茶爱好者对"老鹰茶"这一品类并不陌生。其遍及四川山区,采其嫩枝嫩叶晒干后,可当茶泡饮,先涩后甘、提神助兴,在民间有消暑和开胃健脾的说法。而今年的重庆出版集团展区,就摆着一盒盒的精装老鹰茶。据透露,这也是他们同当地企业合作,将川茶和川版书共同推出展示,将两种消费组合到一起形成互补。

19.2 现象2 典藏文房、文创工艺聚集人气

紫禁城出版社的展区以独特的定位始终吸引着参会者的瞩目。其展出故宫高仿书画、紫砂壶、经典陶瓷、文房四宝等产品。例如,"天府永藏"高仿真书画,仿自故宫所藏书画珍品,曾多次作为国礼馈赠外国元首。又如,"宫廷紫砂"产品原料选自宜兴上等紫砂泥,由国家级美术大师主持、二十年以上工艺经验的国家级工艺美术师团队制作而成,极具收藏价值。此外,其展台上还有仿照故宫陶瓷珍品制作的"经典陶瓷"、依循清宫旧藏文房中的精品样式仿制的"御用文房"等多种创意产品。

再如,作为以出版美术图书为专长的浙江人民美术出版社,利用既有美术出版资源成立了"艺文类聚"文化创意中心。2015年图书订货会上,其带来了一批描绘着典雅的艺术笔记本、镌刻着雍容的木质书签、散发着书香墨韵的精美图书。以其出版的《时代漫画》为例,原本创刊于20世纪30年代的上海滩,"艺文类聚"为了让尘封已久的民国老漫画复活,其团队去北京大学图书馆、国家图书馆、浙江图书馆等地寻找品相最佳的底本,采用高清还原技术复制出版,原汁原味地呈现在读者面前。此外,该社的花梨酸枝木U盘也时常被人

询问，甚至一位来自山东的经销商，一口气订了600套U盘礼盒。

又如，由全国多家省级新华集团及市级新华书店投资成立的新华盛章文化发展有限公司此次展会推出"京云堂"这一品牌，集中展示了陶瓷茶具、手工铜壶，以及陶艺、竹艺、盆景、挂件、灯饰等。不仅如此，记者还观察到，开瓶器、钥匙链、旅行锁、手电筒、指南针、快挂小刀、求生口哨等旅游用品一应俱全，据了解这些产品则是京云堂联合上海路客户外用品有限公司共同开发销售。此外，山西人民出版社的展柜里，有一整面墙的铁壶，形状图案都有山西当地民俗特色，询问甚至当场要购买的读者也不少；广西师范大学出版社全资子公司广西状元红艺术馆带来鸡血玉、鸡血石现场展示和销售，令在场的观众爱不释手。

19.3 现象3 新技术活学活用

在2015北京图书订货会上，不少观众都有感触，许多出版社的新产品纷纷采用了数字媒体现代技术，集语言、图像、音乐、动漫等艺术表现手段为一体，将现代教育理念和最新科技出版手段相融合。譬如天地出版社，便在自己的展区带领着一个个大小读者体验着自身的互动图书《拍拍乐创意童书》、《阿特米斯全集》——工作人员先是负责指导体验者进行操作，进行剪纸、涂色，再下载APP应用软件实现听书、玩智力游戏的功能。不仅如此，其还为体验者与书中3D动画人物进行拍照，并在现场直接将体验者与动画人物的合照打印出来赠送给体验者，引来阵阵围观。

相似地，在沈阳出版社展区，则有工作人员用巨型图书演示《库拉噜噜魔法书》的使用方法。这是一套面向学前儿童的集故事、填色以及AR技术为一体的"魔幻"图书，不少小读者争先为书中的恐龙填色。辽宁美术出版社带来的重点产品《大耳娃智趣学习宝典》同样利用了相似的技术手段，其负责人认为，此类新技术的使用可以解决学前教育产品中普遍存在的互动性体验不足、教育理念缺乏先进性和系统性等共性不足，特别有助于充分发挥对儿童智力开发、知识掌握、人际互动等人格体系的整体培养,有望对幼儿潜能开发、情感塑造形成新的突破。

除却上述 AR 技术,自 2014 年的"可穿戴设备年"开始,从眼镜、衣服到手环、袜子、鞋子,可穿戴设备已经从一时的流行,逐渐转型成了现实的商机。重庆天下图书有限责任公司此次参会特别带来了"在那儿"儿童安全手环,可以进行实时定位、电子围栏、轨迹查询、一键导航,家长手机端只需安装相应软件实现与手环的绑定,便可实时"掌握"孩子行踪,做到心中有数。该公司市场图书部经理龙翼告诉《中国出版传媒商报》记者,"目前,拐卖儿童的问题已经普遍到了人人自危的地步,关注儿童安全是我们全社会共同的责任。我们希望为我们的孩子创造一个安全、和谐、健康的生活环境"。据介绍,类似产品多由技术公司开发,而这一产品则是书业企业牵手制图公司而进行的为数不多的尝试,并已经在当地的书店和学校进行推广。

【链接:中国出版传媒商报 2015.1.13,刘志伟《新产品新技术引领出版业界新视野》】

第 20 章　开辟"非书业渠道"的三种走向

"渠道"对于出版单位而言，本来是一个再熟悉不过的定义。可是近年来，业态趋势的升级、渠道格局的变迁，一再逼迫出版单位保持警觉，重新审视、厘清书业渠道的脉络、现状和走势。另一方面，出版单位的经营视野日益开阔，纷纷寻求书业渠道之外的多种可能性。其不断调整渠道策略，推进渠道多元化，通过借鉴经验或市场调查，成立专门机构由专人负责，寻找并建立能更好地控制服务零售终端的新渠道，并取得了一定的成果和收效。《中国出版传媒商报》记者特此联系到多家出版单位，共同分享了对这些"非书业渠道"遴选、挖掘、构建的看法和思考，希望可以为更多的有识之士带来启发。

从商超百货到机场高铁，"非书业渠道"的概念对业内而言并不陌生。但是，出版单位中，围绕"非书业渠道"大做文章并收效显著的却不多见，安徽少年儿童出版社算是一个成功案例。其专门组建特种渠道销售中心，与实体书店、网络销售三足鼎立。据该社社长张克文透露，特种渠道销售中心为股份制公司，面向超市、机场、高铁、母婴渠道和玩具渠道等"非书业渠道"，虽然到 2013 年 10 月份才开始运营，但至 2013 年年底已经发货 900 万码洋。

相似地，北京阅读纪文化有限责任公司在电商渠道和新兴渠道的人力与资本投入的基础上，成立了特殊渠道运营部，以电商为主体，兼顾馆配、机场、团购、海外和自营店，其团队运营成员也有专业化的分工。不过，像这样的重点部署，还有赖于出版单位的资金、人力和实战经验，并非一蹴而就。

而且，"非书业渠道"的概念远不止商超百货、机场高铁，不同的出版单位围绕不同的受众读者，都能够挖掘出各具特色的"渠道"。《中国出版传媒商报》记者通过采访交流,特别为"非书业渠道"归纳出了三种形式。

20.1 资源嫁接开辟混合经营

这里面包括了"地产＋书业"、"影视＋书业"、"能源＋书业",通过资源的嫁接、互补,深耕"非书业渠道",意欲有所作为。

2014年3月底,万科和中信出版社签订合作协议,万科的大、中、小三级商业项目中全部引进中信书店及书店衍生服务。万科社区中的中信书店会采取"混合"经营形式,不仅仅只是卖书,可能会融合书店、咖啡、上网、银行、4∶30学校、图书循环等多种功能,充当万科业主临时会客厅的角色。事实上,中信书店嫁接在万科社区上,不仅仅是"非书业渠道"的一次有力拓展,甚至有望以此为原点形成文化价值的品牌,把业务扩展到画廊、展演活动、艺文空间和课程、文创商品等,这些业务并不是进行简单的多元化,而是紧密联系,可以满足顾客多元化需求。

又如,在2014年4月份,外文出版社与中国人民解放军八一电影制片厂签署外宣战略合作协议,意欲在剧本翻译、影片译制、对外合作出版、外宣影视制作和海外宣传推广等层面进行开发与合作。通过资源嫁接、优势互补,该社在传统出版单位并不熟悉的影视领域另辟了一条"非书业渠道",甚至有望逐步建立跨行业、跨平台、跨媒介的对外传播产业联合体。

相似的案例还有,中国石油大连销售公司和大连市新华书店在文化建设方面初步达成共识,就出版物销售、出版物展示等方面展开全面试运营合作。双方先后对中石油大连销售公司三源店、老虎滩店等加油站进行了合作尝试,大连市新华书店投资制作了统一标识、统一规格的陈列书架,建立配套管理方式,实行专人分片管理。这一文化战略合作预计覆盖中石油在大连的全部300余座加油站。

20.2 出版特色决定独占渠道

特别是对于一些专业类出版社而言,其依据自身的产品特色,应该尽可能寻找独占的"非书业渠道",避免在一般书业渠道和大众图书短兵接战,淹没在市场中。

科学普及出版社作为中国科协直属的唯一一家企业,两年来在整合资源、拓展"非书业渠道"方面也做出一些探索。据该社副总编辑张金介绍,其全面抓住科协系统的优势,整合包括科技场馆、科普大篷车、各类科普教育基地、高校科学营等各种平台和资源,努力拓展科普图书的覆盖渠道。

再如,河南科学技术出版社为销售《缝纫超活用技巧1000+》与兄弟缝纫机展开合作,拓宽渠道。谈及合作模式,该社发行部负责人张青表示,"缝纫机厂提供一张与图书尺寸规格相当的广告页,出版社负责印制在图书中作为推广。缝纫机厂特此购入了几千册的图书赠送客户"。此外,北京科学技术出版社出版的《我爱面包机》、《跟着君之学烘焙》也与烤箱、面包机厂商合作。据了解,在其30万~40万册销量中厂商采购的部分约占1/4。

又如,中国地图出版社根据自身产品的特点,积极拓宽户外用品店销售渠道,目前合作的户外店有图途户外用品有限公司。发行部负责人刘秋珊在接受采访时谈到,其具体的办法是建立中国地图出版集团体验区,实行产品互补式销售,将图书与户外产品打包销售。此外,该社还将旅游图书上架到711等超市、少儿图书和地球仪上架到家乐福等,其今年主打的"Lonely Planet旅行指南"系列丛书上架到太平洋咖啡店等。

中国纺织出版社于2012年正式启动"纺织服装企业图书馆(室)建设工程",为期五年。该社图书营销中心副主任杨旭告诉记者,"这一项目已经得到不少企业的热烈响应,初见成效。到目前为止,工程已经在近20家企业落地。"她表示,作为整个行业文化建设的一个长远工程,其上级部门中国纺织行业联合会对此也倍加重视,"2014年,中国纺织出版社计划专门设立部门推进此项目"。

湖南美术出版社也在"非书业渠道"作出有关部署,据该社社长李小山提到,其依托旗下的美仑美术馆、圣之空间艺术中心、深圳观澜版画艺术馆三家美术馆,以及其他有战略合作关系的艺术机构,一同拓展渠道。此外,为了推销高端图书,其还在积极寻求和高档会所、拍卖会、艺术机构等渠道合作,拓宽销售网络。

20.3 网络渠道重视用户黏度

网络上的一些特色网站与论坛着实不容小觑,此类平台以兴趣点为圆心,集合了大批对某一领域极为忠诚的粉丝,这本身即是一个值得深挖的渠道。

譬如,译林出版社为加强对我国台湾导演吴念真作品《台湾念真情》的营销力度,其尝试与大陆新锐旅游网站"蚂蜂窝"进行合作,设置了"台湾双飞机票抽奖"活动,并通过随书附赠书签的方式,让读者了解抽奖信息,收效显著。"蚂蜂窝"网站自2006年上线运营以来,注册用户量持续攀高,日均流量在目前国内各旅游网站中排名前三,这种用户黏度较高的特点也是出版单位在开辟新渠道时需要关注的。

又如,从河南科技出版社负责的编织人生论坛来看,该社在2014年通过全年预订的方式,就"颇见成效"。"'编织人生'有40万的会员,他们也曾组织编写图书,在中国纺织出版社和辽宁科学技术出版社出版。特别是这种论坛可以向会员进行直销。我们在2013年开始与其合作,包括组织线下的编织活动,但尚未上升到选题层面。诸如广告资源的互换,对我们也有很大帮助。"张青如是说。

不得不承认,大多数的业内同仁在遴选、挖掘、构建"非书业渠道"上还处于起步阶段。

【链接:中国出版传媒商报2014.5.16,刘志伟《开辟"非书业渠道"的三种走向》】

第 21 章　新华集团三大转型三大气象

如今,新华发行集团既要稳定教材教辅市场,又要在门店改造、校园书店布局、一般书销售、多元产品经营上下功夫,还要兼顾网销、数字教育、文化消费等新业务领域。虽头绪众多,各新华发行集团在 2014 年的前三个季度依然交出出色的成绩单。进入第四季度,他们在已有成绩的基础上,以持续抢抓三方市场热点为发展契机,在出版物供应商向综合文化服务商的转型上更趋深入。

21.1　从图书卖场到快消品集中地

2014 年第四季度,各新华发行集团的门店改造工作继续推进,仍以文化 Mall、文化消费为关键词。江西新华发行集团 2014 年要完成南昌红角洲文化城、老福山门市、时代图书广场以及旗下 30 家县级中心门店的改造。慕佳咖啡屋正式在江西新华文化广场图书城开业,书香咖啡香融为一体的消费体验受到当地读者好评。

同时,新华发行集团也在第四季度抢抓校园书店建设进度。湖南省新华书店有限责任公司年初确定到年底要建成 200 家校园书店,目前已完成大半。河北省新华书店集团则朝着新建 50 家校园书店的目标持续迈进。广东新华发行集团股份有限公司正有条不紊地在省内建立更多富于个性书店范儿的校园书店。

借助门店改造和校园书店布局,新华发行集团意欲紧抓区域市场,服务区域读者,提供更好的文化消费体验。这也为他们正积极开展的 O2O 业务提供了便利，尤其校园书店直面师生的特性使得它们更易成为O2O的突破口。

众多新华发行集团第四季度的工作均强调了这一点。广东新华继续深化2014年重新改版上线的"拓博网"与校园书店的互通，并通过微信公共平台定期向学校推荐好书，收效颇佳。通过校园书店的建设，积极探索教材教辅、一般图书征订和文化用品销售的线上平台建设，新华发行集团希望能形成实体书店与线上门店互动、无限抵近终极受众的经营模式，建立连通线上线下、覆盖省内各城乡的市场网络。

在网点升级的基础上，新华发行集团在第四季度继续做好营销创新，普遍在"十一黄金周"收获颇丰。值得一提的是社店合作不断走向深入，这成为新华发行集团抵抗网络销售冲击的一大法宝。上海新华传媒股份有限公司2014年已与多家出版社围绕大部头图书开展有针对性的合作，双方共同制定专项奖励政策，充分挖掘主渠道优势，收效颇佳。

图书之外，新华发行集团第四季度都在积极推进多元产品经营再创新高。在各集团2014年的半年业绩中，多元产品是一大亮点。与往年有所不同的是，他们2014年多侧重引进、打造快消特性突出的多元产品。湖北省新华书店（集团）有限公司欲在接下来的三个月大力推进"新华名酒汇"、"晨光生活馆"建设，同时积极发展"新华崇文"办公用纸业务。湖南新华的数码产品销售则以近3倍的速度增长，首涉进口酒类产品的华章国际贸易公司，业务量也在稳步增长。

通过多年门店改造和网点布局，新华发行集团在快消品上更具销售优势。具体来看，新华书店作为主渠道在区域市场具有不可代替的地位，拥有较好口碑，长期促销图书积累了丰富的经验。在此基础上，通过有意识地引进契合文化消费的多元产品（多为同类产品中的品牌产品），打造辨识度较高的传播体系（江西新华统一标识、辟专门区域打造"晨光生活馆"），往往收获不错效果。

21.2 从图书电商向综合电商转变

从新华文轩出版传媒股份有限公司、浙江省新华书店集团公司等在网络销售上的实践和效果来看，新华发行集团在网络售书上大有可为。为此，浙江新华延续前三个季度的做法，继续完善博库网平台建设和联运机制，提升博库网品牌效应。

为扎实推进图书电商转型，不少新华发行集团选择重新出发，成果正逐渐体现。广东新华"拓博网"在2014年世界阅读日全新改版上线，以"最全教育产品线"为经营特色，全力打造成为教育图书品种最全的网上新华书店，建设涵盖教辅、教材、考试、培训和教学等全方位的教育产品线，服务幼教、义务教育、大学教育、成人教育、职业教育等教育领域。河南省新华书店发行集团酝酿已久的"云书网"也终于上线，并在2014年的全国图书交易博览会等展会上成为焦点，得到多方关注。安徽新华发行集团所属的新龙图公司与新加坡友联书局合作成立新龙图（新加坡）贸易发展有限公司，并搭建"来买网"这一海外电子商务平台，现已有15万种现货、80万种在线图书供应。

如今，新华发行集团尝试从单纯的图书电商转向更加多元的综合文化电商。2014年年初，上海新华传媒电子商务有限公司与当地某金融机构达成协议，定期为后者举办形式多样的文化服务。2014年下半年，该公司不断推出具有金融企业文化特色的精准营销服务，在单纯的卡片销售外，有针对性地提供海外游学咨询、教育培训、演出票务、旅游等业务，丰富了金融与文化融合发展的新模式和新途径。

各集团视所在区域市场的不同，瞄准不同方向转型电商。河北新华给自己贴上了一个生鲜电商的标签。他们与北青传媒股份有限公司合资搭建了农产品电商平台——采采网，旨在为京津冀地区的城市中高端人群提供石榴、菊花茶、红枣、核桃等高养生价值的特色农副产品。河南新华"云书网"专注提供专业化、差异化、个性化的出版物网购和创意文化服务；安徽新华"来买网"迈出了安徽新华意图打造国内最大的海外图书销售平台的第一步；广东新华"拓博网"借助服务"大教育"与其他电商展开差异竞争。

他们表示,这些网站目前发展状况良好,未来将专注已有定位不断推进发展,不过道路仍然漫长。对此,他们保持耐心,围绕生鲜电商、大教育、海外图书销售等概念做垂直电商,不是一味求大求快,而是有意识地将精力先放在区域性电商的打造:利用长期从事图书发行的经验和省内为数众多的网点,新华发行集团有意找准定位、明确特点,挖掘一种"人无我有、人有我优"的优势。

21.3 从数字产品销售到全产业链参与

数字化是新华发行集团转型发展的必然趋势和重要支撑。过去的三个季度,各集团的数字产品销售均有不错收获。湖南新华大力抢抓国家推进"三通两平台"建设的契机,积极参与相关项目竞标,中标率同比大幅提升,仅上半年就中标近70个项目;对"天闻"点读学习笔和教师笔进行产品升级,已于秋季投放市场,前景看涨。河北新华将数字化视为集网络化信息体系建设、服务和内容推送平台建设、数字化教育产品推广营销、本地化电子商务、数字化人才队伍培养等为一体的系统化工程。在已有成绩的基础上,他们第四季度继续以"E周云学习平台"等重点数字化产品推广为抓手,积极拓展渠道,狠抓客户资源,加速实现从传统产品供应商向数字化产品运营商的转变。

新华文轩、安徽新华、江西新华等亲身投入数字产品打造,积极构建数字教育生态圈。从他们上半年业绩和下半年工作重点来看,数字教育业务占据相当分量。新华文轩的"优课"教室现已进入全国6000所学校的10万间教室。安徽新华旗下的皖新金智则已完成了数字教育服务平台的搭建,并不断深挖安徽省内中小学校的购买潜力,以学习多媒体设备采购为主,辅以少部分软件开发,在推广校园信息化和多媒体教学上的前景为不少投资机构看好。江西新华的业态调整重点转向互联网和移动互联网领域,以"师生人人通"项目为基础,与IBM、江西移动等公司合作打造"智慧教育云平台"。

利用旗下类型多样、数量众多的网点,以及与各级教育部门和众多学校长期建立的良好合作关系，新华发行集团构建起一张直面学校和师生的销售网络，可以迅速地将数字教育产品推到第一线。为此，河北新华、安徽新华、山东新华等实行全面责任制，按照各地学生数量将销售任务层层分解，落实到各市、各部门和各个业务员身上，再辅以明晰的奖惩措施，最终很好地调动了传统书店推进新业务的积极性。

陕西新华发行集团在年初将数字化产品销售作为年度重点经营领域。迄今，该集团举办多场专题研讨和业务培训。同时，下属市级公司和部分县级公司成立了"数字化业务部"等相关部门，并将数字化产品销售业务纳入经营考核体系。多种举措下，该集团目前数字化产品销售取得稳步增长。

从数字产品销售到全产业链参与，新华发行集团数字转型的步伐正在加快且不断趋向深入。他们意识到，基于互联网和移动互联网的数字教育或将颠覆传统教育模式，这将极大地挑战纸质教材教辅的地位。在此背景下，单纯地做数字产品代理销售显然不利于新华发行集团在数字教育产业链中掌握主动权，融合行业理解和技术基础的数字教育产品开发及运营，才更有助于他们在更大的范围赢得占位。

【链接：中国出版传媒商报 2014.10.10，张攀《新华集团三大转型三大气象》】

第 22 章　实体书店 5 招提速微信营销

"上半年的图书微信营销给了不少惊喜,下半年将继续耕耘微信营销。""下半年我们将多方'炒作',一方面多举措扩大粉丝队伍,另一方面设计微信活动吸引更多读者参与,如抢书抽奖、购书优惠等。"诸如此类的话语还有很多,这是《中国出版传媒商报》记者在采访 2014 年上半年门店一线营销报告时得到的反馈——很多书店在 2014 年上半年尝到了微信营销的甜头。

与 2013 年相比,很多书店的微信营销已从一个初学者的姿态向结合自身特色探索营销方式的转变。据广州购书中心(以下简称广购)策划部总监李静研介绍,"广购微信内容偏向精品阅读分享,以推崇有态度的阅读体验,近距离分享观点为目的。在 2014 年还增加了互动环节,如投票、抽奖等。"青岛出版集团的微信营销则考虑"把线下书店的客流量更有效地转化到线上"。对于沈阳市新华书店来说,"2014 年在微信营销上更看重读者对信息的反馈"。开通于 2014 年 4 月中旬的大连市新华书店微信公众平台,目前主要聚焦在微信信息的推送功能,并将推送板块逐渐完善。浙江慈溪市新华书店在下半年也将继续发力微信营销。

如何将惊喜变成持续的营销优势?在微信营销中,有哪些技巧和细节值得关注?《中国出版传媒商报》记者采访了多家书店新媒体负责人发现,无论是微信营销功能的完善,还是服务的精细,微信要做的,是回归沟通本质,通过优化用户体验,提供有价值的服务。总之,一切都是为了读者。

22.1 服务号、订阅号并举,线上线下打通

对于广购来说,2014年微信平台的应用和服务已进入提速阶段。目前广购微信运营了一个服务号和一个订阅号,通过不同的平台提供差异化服务。"之所以采用双号搭配的方式,主要是基于服务号和订阅号不同的特点,通过差异化运营来最大限度弥补和丰富书城的服务。"李静研介绍道。服务号以解决客户需求为向导,订阅号以提供文化资讯为主要工作,两者之间互相引导和转介用户。

订阅号积累用户,服务号提供购书服务。在青岛出版集团的微信运营中,也出现了同样的举措,实现"多号联动"与"双号并举"。"多号联动"指青岛出版集团拥有多个订阅号,其中青岛出版集团官方微信作为官方微信平台发布、分享有价值、有意思的信息,集团下属还有10多个微信账号,各司其职服务读者;"双号并举"是指除了订阅号外,青岛出版集团还拥有一个服务号——"青岛微书城",其具有支付功能和更多的接口权限,不但可以帮助书店进行更直接的图书营销,还可以进行会员卡管理、客户服务等,把线下书店的客流量更有效地转化到线上。

"通过'青岛微书城'我们在尝试解决一个问题,就是如何把书店每年上千万的客流逐步聚集到线上来,通过地面店和线上服务相结合,来更好地为城市读者提供服务,我们把这称为'城市图书服务O2O解决方案'。"青岛出版集团移动新媒体中心总经理贾晓阳介绍道。其认为,"与大部分微信平台相比,书店微信还是有些优势的,毕竟有实体作支撑,书店图书信息、文化活动方面的实用信息资源,可以吸引读者关注。"这一点,也是线上线下得以打通的关键点。

沈阳市新华书店营销策划部张旺也指出:"我个人理解,书店在运用订阅号和服务号时应该搭配着组合来做。"但如何运用好这两个大号,利用订阅号实现广而告之,增加读者黏合度,再通过方便快捷的服务号实现网上销售,是沈阳市新华书店下一步不断学习和重点研究的方向。

22.2　结合社会时事热点，专注读者需求

要根据市场的文化、出版、活动信息动态第一时间向读者发布和传播，能吸引读者常关注和浏览、参与。虽然涉足微信营销不久，但大连市新华书店在微信营销上已经取得不错的成绩。谈到上半年的营销成果，大连市新华书店营销策划中心经理唐宏以三个节点和一个活动形式来阐释，即读书月、感恩节（母亲节和父亲节）、世界杯三个时间点和名家签售活动。以巴西世界杯期间微信营销为例，通过微信发布世界杯系列微信息"【特别推荐】——世界杯开战，圆你足球梦"、"【生活禅】——狂欢世界杯·健康看球全攻略"、"【每日荐书】——《内马尔：无畏质疑》：世界杯前瞄准战机"，信息适时推出取得了较好的效果，期间大连市店世界杯图书销售同比有较高增长。

在读者服务方面，青岛出版集团微信要求编辑尽量第一时间给咨询图书的读者做回复，有时甚至为了帮助一个家长找一本孩子需要的教材花上一上午的时间；也会给读者提供阅读书单。贾晓阳指出，"这种服务很容易让读者在我们平台下订单，读者对书城的工作态度也很认同"。

张旺认为，微信营销要成功首先找准诉求人群，未来大数据平台越来越丰富，如果能通过微信将客户细分成群，那么微信一对一营销效果十分显著。另外在推广内容上，一定是以图书为主，在这个基础上，进行创意，寻求故事点，读者会很容易接受。2014 沈阳市新华书店在微信营销上更看重读者对信息的反馈，提前信息告知以对话口吻通过微信告知读者，使读者不反感且乐于接受。

22.3　内容精练，图文并茂吸引关注

"因为手机的屏幕比较小，所以在营销上要尽可能地为读者着想，尽可能帮助读者轻松地了解我们的意图并参与我们的活动。"贾晓阳介绍道。据了解，青岛微书城有时候为了文案段落的先后顺序都要进行多次讨论。今年暑假期间，沈阳市新华书店在微信上虚拟了一个卡通人物，起名叫"书姗"，并开

通"'书姗'陪你过暑假"系列微信营销推广,这样拟人化形象的出现,与文字的感召力,深受读者喜欢。

唐宏谈到,微信中文字不宜过长,语言要与网络流行语相结合,贴近大众,易于接受。"从细节上说,图文并茂、美图的吸引力比文字要重要。同时,重点活动做好系统宣传,有来龙去脉;内容少而精,形成独特的板块,富有感召力,每天发布最多4条,少则1条,杜绝刷屏。"

22.4 做好大型活动与专项活动微营销的时间差

众所周知,大型文化活动通常开展各类主题的系列活动,在系列活动中有突出的重点,为此在活动预热期要将活动内容全方位向读者进行发布,让读者知道新华书店即将启动什么活动,其内容是什么。在具体实施时,书城就要关注活动具体的参与度以及活动时间、细节,提供更加细微的提示服务。

唐宏向记者介绍了大连市新华书店的经验。如暑假期间的讲座,微信在整体发布讲座信息后,将按照讲座日期内容提前2天再进行微信提示发布,做好活动时间差提示服务,不失掉每位需求的读者,收到了较好的效果。

同时,在微信营销的连续性上,大连市新华书店也有一定心得。以2014年7月启动的第九期"远离网吧,走进书店,明德修身"中小学生假期道德实践活动为例,前期通过微信已经让更多的学生家长关注了账号,在此基础上,利用微信平台读者可以报名参加实践活动、公益讲座等,也可将"心中最美的书城"照片发送到微信平台上参与活动。从关注到参与再到关注信息再参与,形成良性循环互动,广受好评。

22.5 完善微信平台功能

"读者为了奖品关注,之后就取消关注",面对微信营销存在的"领奖党",书店微信营销相关负责人一致认为,应以微信的品质和读书人的挚友身份面对微信粉丝。李静研谈到,"不断提供微信产品的使用价值,才是留住客户、扩展客户的根本,以奖品为刺激只能是短期的刺激行为。"所以,完善微信平台功能成为一个重要方向。

"我们现在的重心是做微信功能的开发。"郑州市新华书店营销策划部经理路毅介绍道。"青岛微书城"对于"城市图书服务 O2O 解决方案"的探索也是一种尝试。

有别于一般单纯的信息推送,广购着眼于以解决客户需求为运营思想,不断提供微信查书、微信支付、微信小店、微信会员等功能,使微信产品化、服务化和人性化。一方面,开通微信查书功能,大大提高粉丝的黏合度,微信粉丝稳步快速增长。另一方面,开通微信小店,主打销售名家签名书。通过将每一个来广购做活动的名家都在书店留一些签名本在微店售卖,作为微店经营的特色。

【链接:中国出版传媒商报 2014.8.15,王双双《实体书店 5 招提速微信营销》】

第 23 章　年度书业营销热词与观察

现在很多读者都不到实体店买书？有电子书看，很多读者都不买书了？书业经历的这些困境是很多传统行业在互联网大潮中共同面临的问题。而这一切都源于习惯的改变。电商的发展改变了人们购物的习惯，新媒体的崛起改变了人们获取信息的习惯，网络金融的出现改变了人们理财的习惯。这种改变带来的阵痛，伴随着茫然和困惑。

但我们欣喜地看到，2014 年，书业人没有沉浸在无休止的抱怨中。"有条件要上，没有条件创造条件也要上。"读者习惯改变了，我们也可以改变；读者在哪里，我们的图书就在哪里。抱着这样的理念，书业营销人员 2014 年与习惯抢跑，让"图书"无处不在。其中，值得一提的是，全媒体营销的概念已深入渗透，成为常态。

全媒体营销，顾名思义，即打通线上线下平台，全方位、多维度营销。书店和出版社像跑车一样，将"自身特色微信＋官网维护＋第三方电商平台"的网络服务平台融入到目前的供应链，与市场需求、实体产品（图书和店面）、采购实现四轮驱动，全速运转，从而支撑线下、线上、移动＋其他社会化渠道的全渠道快速发展。它需要出版社从图书策划阶段开始，建构系列营销规划，以市场需求为出发点，全程跟踪。而期间，出版社和书店的对接显得尤为重要，由《中国出版传媒商报》举办的"首届全媒时代社店营销实务对接会"取得成功就是一个很好的证明，对接什么、何时对接、对接谁等一系列具体问题得到探讨与解决，让出版社更了解读者需求，书店与出版社营销活动融合，从而扫清营销中的障碍。此外，"中国读友读品节"构建出媒体、出版社与书店之间稳定的

"铁三角"关系,营造全面阅读氛围。

当然,作为全媒体营销的另一条主线,营销手段的更新同样值得关注。当新媒体营销成为常态,书业营销还可以为读者做些什么?方便读者、提升服务。无论是书店的微信售书,还是出版社的"微书城",都让读者足不出户即可买到心仪作品。生活·读书·新知三联书店 24 小时书店的出现,则如一剂强心针,服务夜间读者。

对于出版社某本书或单个书店的营销来说,全媒体营销大概念也是必备利器。文轩网提升购物体验,从读者需求做起;常州新华书店在店面升级之时,其天猫店用专业特色抢滩网店销售。再如上海译文出版社针对《哈扎尔辞典》的立体化营销,从多项网店包销业务、一系列的线下活动、各方营销的联动等多方出发,通过数据分析来监控和推动销售网络、渠道与媒体的有机结合。

2014 年的书业营销,无论是线下购书环境的提升,还是线上页面营销的"眼球经济",抑或是以读者为中心的服务创新的开发,种种变化都让我们看到书业营销人的努力。面对习惯的改变,他们更多的是实施而不是抱怨,随势而动、随习惯而变,"变的是平台,不变的是粉丝圈"。在未来,以读者为中心,以打造特色、从细节提升服务为聚焦点的营销,全方位"攻陷"读者,或许会成为一种必然的趋势。

23.1 社店对接 抓准读者需求

2014 年 10 月 16 日、17 日,由《中国出版传媒商报》社(以下简称商报)主办的"首届全媒时代社店营销实务对接会"取得了巨大反响,180 位社店代表与会,共话全媒时代社店对接。2014 年 4 月,由商报推出,500 多家出版社、1000 余家书店参与的"首届中国读友读品节"开启,并推出了活动 108 种指定读品和 100 种推荐读品,在全国百家大书城专柜同时展销。在 2014 年社店对接融合已成为趋势的大势下,作为书业最重要传媒的《中国出版传媒商报》正在利用自己的影响力,持续推进社店对接融合的深入。

在阅读习惯不断改变、电商平台销量不断扩大的情况下，正如中国出版集团公司党组成员、中国出版传媒股份有限公司副总经理樊希安针对商报对接会总结的那样："出版社和实体店双方，面对面围绕产品推介和营销推广的实务层面进行对接、交流，洽谈商务、促进合作，共谋传统书业的创新、融合发展，十分必要且值得称道。"2014年，社店对接融合已成为趋势。中国出版传媒集团2014年在珠海召开的有13家省市发行集团参加的专题营销合作座谈会表示，将持续推出中版好书榜、在各地大书城设立中版品牌图书专柜等举措，目的是要将自身一流的品牌影响，转化为优势的营销资源，与社店共谋合作。在商报召开的首届对接会上，测绘出版社参会代表介绍了在北京图书大厦特设专题卖场效果显著的案例，内蒙古新华发行集团代表当即表示此种模式可以移植到呼和浩特书城；线装书局推介了相关产品，江西新华发行集团有意将其引至旗下的文化广场图书城；中华书局和宁波书城在会议期间达成有着"百年文脉"系列图书的合作协议等，对接成果丰硕，不胜枚举。

除了对接会直接成果外，像人民教育出版社2014年8月2日推出了全国第一家人教社全系列产品展示体验店"人教书苑贵州书城体验店"，商务印书馆首次在大学校园内开办阅读体验店，海豚传媒连开4家海豚儿童书店，中国少年儿童新闻出版总社连续成功举办的四届"暑期童书创意营销大赛"，海豚传媒举办的"第三届海豚杯百店营销风采大赛"，外语教学与研究出版社开展有120人参与、遍及320个县市地区的驻店巡店进校园活动，二十一世纪出版社今年在南昌举办了首届"新华书店卖场营销经验交流会"，山东友谊出版社与济南合作共塑品牌、联合发行图书，以及像高等教育出版社等高校出版社深入营销院校渠道，中国地图出版社将旅游图书上架到7·11店等、少儿图书和地球仪上架到家乐福等超市加大专业渠道营销开拓力度，人民邮电出版社与山东省邮政公司合作搭建异业合作平台等，都是社店渠道对接、开拓的有效举措，成效显著。

23.2 微营销 服务读者新径

地铁上、公交上,甚至逛商场休息时,低头看手机似乎已经成为一种习惯,而刷微信、刷存在感更是成为潮流。如何笼络"低头族"的关注度,书店微信营销已经找到了"门道"。在经历一段时间的摸索之后,2014 年实体书店微信营销可以用"千树万树梨花开"来形容,仿佛摸着石头过河后的顿悟,呈现爆发态势。

店面活动的网上聚集地。"与大部分微信平台相比,书店微信还是有些优势的,毕竟有实体作支撑,书店图书信息、文化活动方面的实用信息资源,可以吸引读者关注。"这一点,也是书店线上线下得以打通的关键点。因此,对于店面营销来说,微信已经成为一个不容忽视的阵地。

据一线营销人员反映,微信预告成为越来越多参与活动读者的信息渠道和店面活动的信息聚集地。在《只有时间不会撒谎》图书营销中,营销人员重视新媒体的宣传力量。在新书临近上市时,主要做网络的新书转发,让读者了解该书的大概内容。此外,做好大型活动与专项活动微营销的时间差。以大连市店暑假期间的讲座为例,微信平台在整体发布讲座信息后,按照讲座日期内容提前 2 天再进行微信提示发布,做好活动时间差提示服务,不失掉每位有需求的读者,收到了较好的效果。

服务读者是关键。有别于一般单纯的信息推送,广州购书中心着眼于以解决客户需求为运营思想,不断提供微信查书、微信支付、微信小店、微信会员等功能,使微信产品化、服务化和人性化。而这一现象,正在被书店"复制"。

2014 年 5 月 1 日,郑州市新华书店进行了一项重要的服务升级,即让广大市民足不出户能搜索旗下郑州购书中心 35 万种在售图书。山西图书大厦的微信书城让读者可以实现在线购书。南京新华书店借助微信搭建的互动营销平台,实现会员管理、交易管理、群发消息、促销活动、优惠券投放、会员特权预定、自定义回复、多客服等相关管理功能。深圳书城云书城 & 微商城上线同样是解决室内网络空间服务需求,让读者在办公室、家里就可以享受深圳书城提供的各种服务。目前,云书城具有超100万图书品种信息并提供30万种图书在线销售、预定和速递功能。同时,云书城将充分发挥其信息功能和媒体功能,提供深圳知名文化活动品牌的信息指引,让市民第一时间了解相关的文化活动信息和深圳书城实体店公共文化服务资讯。

"以用户的使用需求为导向"是留住微信粉丝的原则。未来,打破实体书店地域限制,增加读者数量与广度,微信将是实体书店的有效支撑。纵向深挖服务,横向黏住更多读者粉丝,微营销的路才刚刚开始。

23.3 多元改造 吸引读者进店

1995年,中国大陆第一家大书城广州购书中心盛装开业;2014年年底,广州购书中心进入重装升级改造。在中国大书城渐入20周年之际,实体书店开始了新一轮重装改造热潮,进入"3.5代"。在数字阅读、电商平台等多重冲击下,"文化中心"概念或许已成为实体书店转型升级的发展新趋势。

大书城重装成文化休闲体验中心获"新生"。一批在2014年三四月份开始停业重装的书店,在七八月份都以全新的文化休闲体验中心的面貌,获得"新生"。除北京图书大厦改造升级后的儿童阅读空间——2000平方米的"童趣园"开启外,还有深圳书城南山城重装开业,将书与非书、阅读与生活无缝融合,打造了一个幽雅闲适、颇具创意、很有主张的文化休闲生活中心。而2014年9月28日以"博爱文化"为主题升级改造的南京新街口新华书店正式营业,通过"人、空间、活动"的互动,营造不同文化主题,为读者带来新的体验感受。初步统计,重装的还有博库书城杭州文二店、哈尔滨中央书店、江西上饶市新华书店,以及正在重装的唐山书城、安徽图书城、广州购书中心、青岛书城等。

个性小书店主导创意。2014年大书城升级的同时,新华书店对个性化小书店的探索也在不断尝试,试图打造一种全新的有别于传统新华书店的经营模式、阅读体验,尝试开拓新华书店有关文化创意的全新子品牌。4月22日,中国图书进出口(集团)总公司打造的从装修设计到布局功能都彰显"文化空间"理念的中图外文书店重装开业。6月20日,集书店、咖啡厅、酒吧、艺术画廊等为一体的城市创新生活店言几又北京门店开业。7月16日,西西弗书店深圳万象城店开业;单向街书店在北京望京开设了第三家门店;山东京广传媒股份有限公司全新推出漫悦美书吧;9月10日,沈阳市新华书店的爱·味道书屋开业;9月5日,深圳首家高校书吧麒麟书吧进驻南方科技大学。此外,还有以杭州悦览树、青岛明阅岛为代表的24小时书店,合肥市新华书店的前言后记书店,江苏海口市新华书店推出的麦穗书房,湖南新华书店集团推出的阅读花园以及新华文轩推出的轩客会等。

"3.5代"书城后的挑战。书城升级,带来了经营环境、读者群、消费方式的改造,效果在多家改造后的书城可以说是立竿见影。但在升级改造的过程中,不少书店减少图书品种、增加多元产品的做法,也引起一些业内人士的担忧,认为这会削弱书店的文化属性。书店的品牌影响力让书店与政府、社区、商场等方面的合作变得容易,也能通过经营积累选择适销的多元、创意产品。但作为专业发行机构,在类似简餐、咖啡制作等自营业态的营运水平以及联营业态的精心搭配、融合营销上,远没有达到专业水准,需要不断积累与尝试,这也是多元升级改造后时代面临的全新挑战。

23.4 单品营销 稳定卖场销售利器

营销是图书销售的灵魂,抓住常销书、畅销书,对书店营销来说,是一个有利的保障。其中,单品营销更是营销策划中的一种重点推销法则,即用一个品种的营销来带动整个书店卖场其他品种的销售。

"2013年,中华书局的发货码洋达4.2亿,其中70%是常销书,所以,书店如果抓住我们最长销的产品线,在效益方面,是一个很好的保障。"中华书局市场部产品经理史晓莹认为。

市场变化、图书品种多,客户选择困难,为给客户提供精选图书,同时利用20%产品创造80%销售,所以四川新华文轩从2011年开始调整营销策略,重点进行单品上量营销。2014年单品营销通过充足的货源保证、精准的选品和严格执行，使得单品营销效果有了明显的增长。2014年所立项的单品品种量比2013年减少60%，比2012年减少了90%，产生的销售码洋，比2013年却达5%，比2012年增长更是达到30%。单品平均销售册数比2013年增长2.5倍，比2012年增长超过10倍，销量规模化已经凸显。

与之类似，2014年，江西新华发行集团上饶县分公司课外读物单品图书系列营销销售码洋180万，列江西省新华书店系统课外读物系列销售第一名，其营销主要表现在四个方面：重视专家团队推荐、选择单品的图书内容要新颖、设计特别的阅读方式和及时接收家长反馈意见。

23.5 "双11"回馈读者狂欢

2014年11月11日的"双11"天猫成交571亿元之后，为备战"双12"大战，12月9日阿里巴巴宣布，线下的近100个品牌、约2万家门店将参与"双12"活动，在12月12日当天使用支付宝钱包付款即可打5折，范围覆盖餐馆、甜品、面包店、超市、便利店等多个日常消费场所。这场线下全民盛宴，全国成交400余万单，虽然没有"双11"线上销售的火爆，但线下销售之战已蔓延至线下。

2014年11月12日零点，经过24小时疯狂扫货，天猫"双11"交易额突破571亿元，又一个新的网上零售交易纪录诞生。对于这场始于网络，不断被刷新销售纪录的活动，每个行业都没法去回避，实体门店也都不可避免地受到了冲击。图书行业的线下实体书店反应平平，少有参与；而线上书店，面对这场"全民狂欢"，或不得已或兴高采烈地涉足其中，同时也取得了销售码洋的大幅增长。

以青岛微书城、南京市店微信平台、深圳书城微商城主导的微信商城，以文轩网、博库网为代表的书业自营网站，以中图深圳公司、长春联合书城等为代表的天猫店、京东店等第三方平台门店，通过一系列线上营销，抵御电商对实体门店销售的影响。

青岛微书城提供了包邮、买赠、特价等多种优惠特价活动回馈读者,11月10日开始进行微信推送,推送不到半小时销售就超过1万元。11月6日刚刚上线的深圳书城云书城、微商城也推出了一系列促销活动,登录深圳书城云书城网站(www.szbookmall.com)一次性购买联展图书每满100元送30元智慧卡1张。南京市新华书店微信书城精品图书5折销售、天猫店全场对折且包邮。文轩网销售再创新高,达到了日销5000万码洋的骄人成绩,连续三年蝉联天猫"双11"图书类销售第一名。2014年是文轩网5周年,文轩网通过与800多家供应商深度合作,共同参与选品和备货,保证商品充足供应等系列准备工作,为活动的成功奠定了基础。针对"双11",浙江省新华书店集团博库网早早筹备,精心策划,在官网上发布了当年总销售排行以及分类排行榜,并针对"双11"推出了"50万图书5折封顶"、"9.9元疯抢"等活动,通过微博、微信、EDM、DM、精准推广投放等进行全方位部署,11月11日,订单40余万单,总码洋突破5000万,其中近期刚上线的文化用品也实现了200万元的销售,较2013年"双11"销售净增近2000万码洋,再创单日销售业绩新高。

23.6 店外营销 挖掘潜在读者

店外营销突破地域限制,固然可以提高销量,但其并不是万能的,成功的前提是适销对路,在合适的时机,选择合适的图书,瞄准合适的群体,才可以让店外营销取得事半功倍的效果。

"在山西,门店有自己的销售任务,每个店都开始开展店外营销。走出书店,可以挖掘潜在的读者。"在"首届全媒时代社店营销实务对接会"上,山西新华现代连锁公司营销部业务员赵成兴的一番话引起共鸣。从等客上门到出门迎客,2014年,书店营销人员的思维转变,走出去、走下去,并实现销售上涨。

出版社联手书店,积极探索店外预热营销。生活·读书·新知三联书店在这方面有较多的经验。以《直面大转型时代》联手基层新华书店为例,通过演讲前周密的预热型店外营销,5场活动共销售吴敬琏的著作近2万册,码洋高达80万。图书上市半年多时间累计发行突破6万册,取得了社会、经济效益的双丰收。同样是吴敬琏的书,上海远东出版社则与省店及当地政府合作,以培训讲座的方式,同样效果显著。外语教学与研究出版社则以"助学·筑梦"为主题,在2014年开展了一场120人参与、遍及320个县市地区的驻店巡店进校园活动,取得了完美的效果。由此可以看出,出版社联手书店,在方便读者的同时,也要更进一步了解读者需求,从而深度抓住已有读者、寻求潜在读者。

书店利用当地媒体与政府资源,拓展读者。当书店与媒体结合,其影响力实现双重叠加效果。利用当地资源,带动图书销售,很多书店已经在探索。外图厦门书城专题读书月店外活动占据全年活动的三分之一,且比例不断提高。济南市新华书店与山东卫视的"秀才来了"节目的荐书栏目合作,并由出版社提供样书,提升图书影响力,从而拉动销量。天津图书大厦与天津《今晚报》合作发起的"今晚贺岁书"项目,每年都卖300册以上。

与政府合作,是拓展营销渠道的重要选择。沈阳市店每年寒暑假都与沈阳市教委、沈阳市文明办一起,针对学生群体推出"做一个有道德的人"活动,每年寒暑假两季的增长都在30%~40%,对全年的拉动效果很明显。再如大连市店第二届大连市青少年"我是大连人,我文明,我读书"主题读书讲学大会的举行,不仅让大连市店品牌影响力提升,其营销方式的多元化,也取得显著成效,实现了社会效益和经济效益的双丰收。

弥补乡镇图书发行网点不足。对于县级店来说,店外营销更是发挥出其优势。"汽车书店"、"科技大篷车"等送书下乡活动,收效显著。浙江新华萧山市店、黑龙江新华肇东县店等,深入学校、集市、乡村,尤其是为乡镇读者送去农业、科技、体育、文化等种类的图书,很好地弥补了当地乡镇图书发行网点不足的现状,经济与社会效益获双丰收。

23.7 24小时书店 为读者点盏不灭的灯

在 2014 年 4 月 23 日的世界阅读日，北京三联韬奋书店 24 小时书店正式挂牌营业，随之而红的还有"当城市进入午夜，书店就是灯火"这句温暖的营销话语。让喜欢读书的人在夜晚能够坐下来看书，让不喜欢读书的人进入后，也想拿一本书阅读，24 小时书店，在不断成长中。

抓住读书人的情怀。"眼前直下三千字，胸次全无一点尘"，相信许多爱书人有这样的情感共鸣。与普通店铺不一样，书店在购买商品的价值之外，还承载了关于一些文化、知识和品位的社会价值，也承载了一些关于故事、人生和回忆的情感价值。而 24 小时书店，正是抓住了读者这一心态，为夜间读者营造一方场所。杭州 24 小时书房"悦览树"、深圳中心书城 24 小时书吧、青岛市新华书店打造的"明阅岛"书吧、北京 24 小时博书屋、合肥三孝口 24 小时书店、太原书城"夜读时光"、武汉市汉阳中心书城的物外 APM 等纷纷揭开了面纱，在不同地区为夜读者提供良好的读书氛围。

探索创新模式、培育新型文化生态是生存关键。目前，夜间邀请不同领域的专家或者以某个热门话题为引子进行探讨，并举办系列讲座与夜读活动，使书店成为一个交流和慢生活的空间，是 24 小时普遍实行的一种模式。当然，图书是第一要素，读者要"进得来"、"留得住"并产生买书的欲望，因此图书的选择与摆放，应该按照做优、新、特的思路来开展。

三联韬奋 24 小时书店始终坚持 95% 为图书的经营结构。此外，配合咖啡、餐饮等配套衍生产品的引进，也是 24 小时书店多元化、复合式经营的选择。其中，不乏创意性的营销活动。在 2014 年世界杯期间，"悦览树"店内安装了投影，希望吸引球迷并和球迷一起看球。深圳书城中心城 24 小时书吧在开业第 6 年成功实现了"扭亏为盈"，建设成为一个以公益性为主、经营性相补充的事业产业融合平台。在此基础上，又推出了社区书吧的理念，通过"做平台，提供复合服务，搭建公共空间，培育艺文空间"，建立全新的商业模式，给书吧创造更多的盈利点。

24小时书店,作为城市夜间的一个文化标志和符号,承载着文化价值。但24小时书店的开启,需要扶持更需要理性,要因地制宜。

23.8 异业合作 为读者奉献文化盛宴

转型、升级、多元化经营一直以来都是书店在激烈市场竞争中最关注,也是最头痛的难题之一。就多元经营而言,如何更好地实现异业合作已经成为书业关注的重点,一些市场嗅觉灵敏的出版发行机构早已抢滩布局教育培训市场,投石问路;而一些个性书店,通过组织中外交流合作活动,成为异域文化聚集地。

书店发力培训与主业融合发展。目前开在书店里的培训机构的属性主要有3种:一是书店自主成立的专门培训公司和品牌,独立设置培训课程、自主招生、自负盈亏。二是书店引进当地或全国连锁培训机构入驻书店,提供场地给培训机构经营,书店收取一定的租金。三是以北京亚运村图书大厦等为代表的开设在购物广场中心的书店,由于其文化属性,吸引了一大批培训机构在购物广场中心租赁物业,开点授课。此外,在一些没有引入培训机构的书店里,也会有一些培训机构的招生点或报名点存在,像设立在北京图书大厦的EF英语教育培训的专柜等。成立于1999年的书城培训(BCT)是深圳出版发行集团旗下的国有全资综合性培训机构,是国内较早涉足培训业务的书店之一,已成为深圳本土著名教育培训品牌。2014年暑期,沈阳市新华书店教育培训品牌——学习力教育开办了沈阳市新华书店假期托管班(第二季),反响强烈。北方图书城自营北方图书城科学实验培训机构,分别在北方图书城诚大店、北方图书城太原店和北方图书城地王店3家门店进行授课。大连市新华书店于2010年成立了"大连市新华书店培训学校",开展名校名师面对面等各类公益讲座。而像北京中关村图书大厦、大连新华、广州购书中心、新华文轩等书店也引入了一些培训机构,为读者提供更为全面的服务。

个性书店举行中外交流合作活动,成为异域文化聚集地。不少个性书店通过打造异域文化的聚集地,带来了人气的聚集和合作的增多,形成了良性循环。如北京三联韬奋书店、广州方所书店、字里行间书店、西西弗书店、老书虫书店等,已经在作者和读者群中拥有了较高的人气。

2014年7月20日,法国新生代畅销书作家大卫·冯金诺斯携创下百万销量奇迹的《微妙》,出现在广州太古汇的方所书店,四天后又出现在北京字里行间德胜门店的活动现场,广受关注。3月方所书店借力中法建交50周年举办的"法国文化月"以及一年一度的"老书虫国际文学节"。2012年和2013年,字里行间和孔子学院合作,分别邀请法国驻华大使和德国驻华大使到德胜门店开展交流活动,效果非常好。此外,由字里行间书店联合法国大使馆文化交流处于2012年在字里行间德胜门店成立的"傅雷译者小站",倡议法译中专业译者及法国文学迷们定期聚会于此,交流翻译经验,切磋翻译问题。2014年4月21日西西弗成都举办的"香颂女王Keren Ann西西弗书店法国音乐与文化分享沙龙",也吸引了很多听众。

23.9 出版众筹 找到读者再出书

怕图书销量不好?担心图书关注度低?来众筹吧!如果评选2014年出版行业的热词,众筹必然占据一席之地。仔细观察,所有的众筹式成功都集合了这些经典元素:一个听上去颇具吸引力或是创意的项目、一群狂热的支持者直接向这个项目发起捐赠赞助。而出版众筹是一种让读者选择、分类特别强的方式,可以让出版社很清楚地知道这本书的受众群在哪里。

众筹出书平台不断涌现,营销预热效果突出。在2014年的北京文博会上,知识产权出版社"来出书"展台异常火爆,虽然首次参与,但其创新形式受到关注。该社"来出书"自主出版平台2014年3月1日上线,发起中国知识产权界首次出版众筹项目:周延鹏《智慧财产:全球营销获利圣经》一书在现场分成不同档次的众筹金额并取得成功。京东在众筹领域也有不少成功案例,其众筹平台"凑份子"于2014年7月1日上线,出版众筹项目之一象扑君新书

《咦,被发现了呢》2天募集超过11万元。中信出版社联合奇虎360公司和京东的《周鸿祎自述》众筹,一个月内筹资超过160万元,刷新京东众筹多项纪录,成为出版第一大众筹项目。不得不说,出版众筹可以作为一种营销预热方式,在出版前就已经寻找到部分目标读者,并形成一定的社会影响力,为图书正式出版造势。

多元创新,拓展众筹营销维度。随着出版众筹项目的增加,如何从众多项目中脱颖而出,成为营销考虑的重点,也从而引发众筹出版中的创意营销方式。《黄金时代》上线前夕,京东商城与人民文学出版社联手合作,借势电影推出了众筹项目——《与国民女神的第一次遇见》,这也是人民文学出版社与京东众筹的第一次"亲密接触"。京东图书、京东众筹联手《黄金时代》电影片方、人民文学出版社,推出《黄金时代》电影纪念版《漂泊者萧红》无疑成为萧红图书出版的一大亮点。

但出版众筹是否会替代传统的出版?业界有着多角度的看法。一方面,众筹出版更多的是促进内容生产的形式,传统出版社仍有不可替代的作用,好的图书依然需要专业的图书策划人员、好的销售渠道,因此传统出版社有自己的优势。另一方面,不得不说,在一个环节之内让群众的智慧参与进来,甚至是最后的收益分成环节,对于未来图书的出版有促进作用。但前提是有可信任度的内容来源平台,有被认可的内容。总之,出版众筹作为一种营销方式在寻找目标读者与预热方面,效果显著,但取代传统出版,恐怕还有很长的路要走。

23.10 微店卖书 为读者打造随身书店

2014年3月6日,16:53,北京时代华语股份有限公司副总编辑郎世溟在微信朋友圈公布了一则消息:腾讯微信首度卖书,在"精选商品"栏目"聚惠"中主打余秋雨的新版《文化苦旅》。17:30左右,该书的微信通路正式开启。短短5天时间内,该书4000册销售一空。

这一行为在 2014 年的出版圈内,打开了微信卖书的窗口,具有里程碑意义。

淘宝就像商场,大而全,但杂而乱;微店就像你喜欢的路边小店,胜在方便、风格调调,各有市场。正是这样的特色,各出版社对微信营销进行试水——开微店卖书。

根据不同定位开展特色营销。 出版社根据自身特色,在内容分类的形式上也有不同。北京华文天下图书有限公司开设"微店",除了卖书,还有"新书连载"、"出版资讯"、"我们的封面你来定"等众多内容推送与活动。读库在微信公众号中设立微店专区,将其细分为"新鲜出炉"、"长销不衰"、"亲子共读"等几个板块,线上销售其品牌的图书及衍生品。

此外,微信更强调体验和分享,不再走高大全产品路线,而是要精挑细选重点优质产品,以详细呈现的形式,充分展示出来,满足大家的视觉需求,以引发读者购买欲。

私人定制,方便读者随时买书。 业界内存在这样一种说法:微店购书的读者最大特点是晚上睡前下订单,这也显示出微店卖书的便捷性。微店卖书已经成为读者的随身书店,而其带来的营销效果也逐渐显现。

"青岛微书城"可以说是微店卖书的典型案例,其整合青岛出版传媒股份有限公司旗下青岛出版社、青岛新华书店以及合作出版机构的优质图书期刊、音像制品及文化衍生产品资源,通过微信便捷选购支付和数据挖掘优化,为青岛和全国读者提供最为便捷实惠的文化阅读新服务,同时通过微信优秀的互动性为青岛打造"阅读之都"增加全新的阅读交流平台。运营截至 5 月 8 日已成功交易 1980 单,成交额接近 20 万元、码洋超过 30 万。

在微店如火如荼之时,笔者也要泼几盆冷水。对于已经开设微店的出版社来说,未来微店仍需要不断细化与创新,更好地服务读者、吸引读者的持续关注。对于打算开设微店的出版社来说,则应该做出综合判断。因为微店并不适合所有的出版社,小而美、用户忠诚度高的品牌,在用户体验方面,更有优势。

23.11 跨界多维服务读者

在2014年的"双11"、"双12"接连两场营销盛宴中,各行各业使出浑身解数纷争杯羹。大大小小的品牌掀起了一股"跨界营销"热,如远洋地产联手京东卖房,发起"11元筹1.1折房,圆安家梦"的活动,就是一次互联网金融与房地产的跨界合作;再如国美联手微信、滴滴打车的跨界营销,同样达到消费者、企业、手机APP软件三家共赢的效果。

2014年,出版行业同样流行起"跨界营销"的热潮。出版社通过对跨界营销这种新商业模式的探索,一方面扩大品牌影响力,在消费者中扩大关注度、树立好口碑;另一方面从多维度提供服务,增强消费者的体验感,并为之带来切实的福利。

双线打造品牌,增强不同消费群体的认知度。 传统的营销模式往往只是单线营销,在单一读者群体中造成影响。而跨界营销的新商业模式,则能够实现从不同路径打动不同消费群体的效果,无论从影响力还是盈利上都事半功倍。如青岛出版集团跨界打造的原创儿童剧《海豚小哆菲》,就是其与山东舜谊文化传播有限公司、青岛保利大剧院管理有限公司联手进行的一次版权资源跨界合作。该剧改编自青岛出版社的海洋绘本图书,于2014年6月7日至8日在青岛大剧院首演,并先期推出由小朋友演出的数字虚拟场景儿童剧,首次实现虚拟动画与舞台人物的互动式表演。

中航出版传媒有限责任公司自2014年起开始承办"2014(第五届)中国无人机大会暨展览",就是从书业到展会行业的跨界营销经典案例。自2006年起,中国航空学会联合有关单位创立"尖兵之翼——中国无人机大会暨展览会",已成功举办四届,聚集了一批该领域的专业观众,这些潜在读者既能为中航出版提高口碑,又能被发展成为消费者。类似的还有时代出版传媒股份有限公司,其联手安徽江淮汽车股份有限公司,在品牌、新媒体平台、重大项目等领域开展一系列深度合作,加快推动文化与汽车产业互动融合发展及营销,成立"汽车文化俱乐部"并定期举办车友会和读者会,联合举办全国性的汽车与文化产业方面的高层论坛等,以此不断提升品牌影响力。

多维服务读者,增强原有读者的消费黏度。近年来,出版社不断开发衍生产品,一方面是受到出版行业"蛋糕"瓜分愈加困难的影响,一方面是由于读者的要求不断提高,出版社提供的服务已远远不能满足当下读者的需求。在此基础上,2014年的出版行业显现出通过跨界营销的模式从多个维度为读者提供更为全面的服务的现象。如时代出版传媒跨界搭建社交平台。"时光流影"是时代出版重点打造的中国最大的文化生活类自出版社交平台,2014年2月15日测试版上线,分为国内版和海外版。"时光流影"定位为中国文化生活类的社交平台,它采用"话题社交+内容聚合"形式;还引入"自出版(一键成书)"概念,用户上传图片和文字后,经过一定数量的积累,便可通过"一键成书"系统实现自出版并打印成书。

跨界营销也为出版社走进校园提供了更多新的模式。如商务印书馆山西大学阅读体验店在山西大学内开业,就是商务印书馆开设校园书店的新尝试。再如海燕出版社与河南省实验幼儿园合作建立的 MPR 阅读实验基地,2014年5月29日,该实验基地举行了揭牌仪式。MPR 是"多媒体印刷读物"的英文缩写,是一种将传统纸质书与现代多媒体数字技术相结合的新型可看可听的图书。

23.12　"选秀"营销　增强读者互动

十年前,当"超级女声"声名鹊起之时,很少有人想到"选秀"热潮将持续至今。近年来,随着"中国达人秀"、"中国好声音"等节目的火爆,"选秀"也从台上走向台下,走进生活,无数的平民选秀、高校选秀出现在你我身边。

书业可谓后知后觉,搭上了"选秀"热潮的末班车,不少出版单位纷纷大打"选秀"营销牌,注重实现读者的参与度和体验度,吸引了来自业内和社会上的广泛关注，不但打响了品牌，也带动了销售。

立足传统文化，"选秀"活动凸显出版行业优势。出版单位经营文化多年，往往手握丰富的内容资源和人脉资源，发挥自身资源优势，顺应当下传统文化的热潮和"选秀"的热潮，举办主题营销活动，可谓是"近水楼台先得月"。

如由中国出版集团、光明日报、中央电视台、中华书局、中华诗词研究会、中华诗词学会共同主办的第二届"诗词中国"传统诗词创作大赛，以"龙腾梦圆"为主题，从2014年10月1日起，用户可通过客户端、短信、邮箱等方式参赛。而首届"诗词中国"传统诗词创作大赛共收获了3.8万首参赛作品，2160万的参与人数和1.29亿人次的覆盖总量。接力出版社为推广其打造的"中国梦之歌校园朗诵诗"系列丛书，承办了"中国梦之歌校园朗诵诗"诗歌朗诵会暨"百社千校书香童年"校园诗歌朗诵大赛，作为"北京阅读季"重要活动之一，该活动受到瞩目，全国10多个地区的50多所学校的10万名师生报送了百余个节目。

聚焦业内实务，集体"选秀"带来品牌、销售双丰收。以书店为"选手"进行集体"选秀"，一方面可以在业内推广品牌，带来更丰厚的经济收益，另一方面还可以提高书店营销业务水平和营销人员自身业务能力。如中国少年儿童新闻出版总社在连续成功举办三届"暑期童书创意营销大赛"的基础上，2014年暑期再次与《中国出版传媒商报》联手，举办"2014中少畅销童书创意联展"活动，与更多基层实体书店深度合作，继续大力配合和推进全国书店的销售和增长。并同步举行"中少榜样"明星店员评选，由书店选报，依据员工在联展中的贡献度以及创新营销表现综合评比出20位"中少榜样"明星店员，有效拉动了基层店员的营销积极性。此外，海豚传媒举办的"第三届海豚杯百店营销风采大赛"在中国出版传媒商报的宣传推广下，通过整合资源充分利用线上和自媒体优势，助力实体店销售，共创共赢。

23.13 圈子营销 聚集同质读者

风靡一时的"冰桶挑战"可谓是"圈子效应"的巅峰之作。一个原本只是小范围传播的公益活动,通过圈子内部成员之间的迅速传播、圈子与圈子之间的联动,最终演变成为了全球范围内人尽皆知的事情。

由此可见圈子营销的巨大威力。圈子营销能够针对拥有某种相同或相近爱好、兴趣或特质的人群,通过深挖他们的需求,以此为基础进行定位并整合各类资源进行定制式的营销活动,效果往往令人满意。实际上,网上的各大论坛、各类社区网站专题论坛也是一个个的圈子,在做营销时可根据这些圈子所呈现出来的特性进行营销策略的制定。

例如明天出版社,就非常重视圈子营销。2014年暑期,明天社的营销对微信等新兴媒体加强了应用,并通过微信和经销商、中盘商建立起快捷的联系。在此基础上,该社推出新书后立即将图书的信息发给每个片区的业务员,业务员则根据情况发给相应的客户圈子。针对顾客特质的不同,明天社还设定了家长圈、老师圈等"圈子",扩大了产品的影响力和读者的忠诚度。可见,通过"圈子",出版社可以对自身图书产品进行精准定位,将优势产品分年龄层归类,方便书店进行挑选与采购。

与之相似的还有新世界出版社,针对足球类新书的面市展开圈子营销:线上,该社通过论坛、贴吧、微博、微信等形式向球迷群体推送相关的产品信息;线下,和多个球迷协会取得联系,进行形式多样的互动活动,效果斐然。

现在的读者已今非昔比,远比书企想象的要见多识广,他们热衷于一个个的社区,可以很轻易从网上搜罗到他们想要的图书信息,权威营销的作用正日渐式微,因为"草根"们正在获得与意见领袖一样的民主权力,而这部分人才是品牌或产品的真正拥护者和消费者。因此,圈子营销的威力才刚刚显现。

【链接:中国出版传媒商报2014.12.19,王双双、倪成、王少波《2014年书业营销盘点:与习惯抢跑 全方位"攻陷"读者》】

第三编　年度焦点热点

第 24 章　机构改革一年,哪些融合变化?

随着中央"大部门制"改革告一段落,地方政府机构改革相继启动。国家新闻出版广电总局于 2013 年 3 月 22 日挂牌近 4 个月后,国务院办公厅发布了《关于国家新闻出版广电总局主要职责内设机构和人员编制规定的通知》,该通知在新闻出版广电业界简称为"新版总局三定方案"。如今方案发布已有一年,各省级新闻出版局和广播电影电视局两局整合组建工作已渐入佳境,各省级新闻出版广电局陆续挂上新匾。据不完全统计,目前已有湖北、吉林、广东、辽宁、河北等近 20 个省(自治区、市)级新闻出版广电局成立,工作步入正轨,地方机构改革有序进行。从物理变化到化学反应,如何以机构改革和职能转变为契机,实现"一加一大于二"的改革效能,成为省级新闻出版广电系统管理部门面临的共同课题。

24.1　人事变化帅位对接

2014 年 5 月 10 日,湖北省新闻出版广电局正式成立,成为新一轮机构改革后的第一个省级新闻出版广电局。当年,广东、辽宁、河北、江西、浙江等地的新闻出版局和广播电影电视局摘下"旧牌匾",挂上省新闻出版广电局的"新牌匾",并加挂省版权局牌子,地方机构改革序幕渐次拉开。2014 年,甘肃、福建、山西、山东、北京、贵州、四川、安徽、广西等地的新闻出版广电局完成组建工作,正式运行。截至目前,全国已有近 2/3 的省级新闻出版广电局成立。

所谓政府机构改革中的"三定"方案,意即定职能、定机构、定编制。其中,定编制因涉及相对敏感的人事问题,是机构改革的焦点之一。新部门挂牌,负责人随之公布。

新成立的省级新闻出版广电局的掌门人有四种情况。一是原省新闻出版局领导担任新组建的新闻出版广电局党组书记、局长。比如,湖北省新闻出版广电局党组书记、局长张良成为原新闻出版局党组书记、局长;甘肃省新闻出版广电局党组书记、局长管钰年为原新闻出版局局长。

二是原省广播电影电视局领导担任新组建的新闻出版广电局党组书记、局长。比如,浙江省新闻出版广电局党组书记、局长寿剑刚为原省广电局党组书记、局长;山西省新闻出版广电局党组书记、局长齐峰为原省广电局党组书记、局长;山东局局长司安民、北京局局长李春良、广西局局长彭钢、江西局局长杨六华、贵州局局长徐圻、陕西局局长刘斌、内蒙古局局长艾丽华也同属此种情况。

三是原省新闻出版局和广电局领导分别担任新组建的新闻出版广电局党组书记、局长。比如,河北省新闻出版广电局党组书记李晓明为原省新闻出版局党组书记、局长,局长王景武为原省广电局党组书记、局长;福建省新闻出版广电局党组书记李闽榕为原省新闻出版局党组书记、局长,局长陈必滔为原省广电局党组书记、局长;四川省新闻出版广电局党组书记周国良为原省新闻出版局党组书记、局长,局长赵勇为原省广电局党组书记、局长;安徽省新闻出版广电局党组书记郭永年为原省新闻出版局党组书记、局长,局长车敦安为原省广电局党组书记、局长。

四是非新闻出版或广电局领导入主新机构,如广东省新闻出版广电局党组书记白洁为原省文联党组书记;辽宁省新闻出版广电局党组书记、局长刘向阳为原辽宁党刊集团总经理、总编辑、党委副书记;河南省新闻出版广电局局长朱夏炎为原河南日报报业集团党委书记、董事长、社长。

从行政格局来看,各地的新闻出版广电局多数均为"一正四副",即一名局长、四名副局长的组合,如湖北、广东、山西、北京、贵州、四川、广西等地;有的为"一正三副"的组合,如浙江、江西、吉林、陕西等地;有的为"一正五副"的组合,如山东、福建、河南、河北等地。

从行政编制数量来看,多数新闻出版广电局均超过了百人编制,如北京市新闻出版广电局行政编制155名,河南省新闻出版广电局行政编制147名,河北省新闻出版广电局行政编制128名。据统计,目前只有浙江、贵州、陕西省局的行政编制为百人以下。本轮机构改革精兵简政幅度较小,因此大部分新闻出版广电局的行政编制与双局合体前相当,个别有小幅减少,如原广东省新闻出版局编制59个,原省广电局编制63个,分别有1正4副5个厅级干部,合并后的新闻出版广电局则拥有行政编制120个,编制缩减2个,其中局长1名、副局长4名、省版权局专职副局长1名(副厅级),即厅级干部职位有6个。

24.2 职能转变简政放权

在"新版总局三定方案"中,第一部分"职能转变"中,取消的职责20项,涉及出版领域13项、广电领域7项,将7项职责下放给省级新闻出版广电行政部门,明确提出要加强7个方面的职责。地方版"三定"方案的职能转变亦进一步体现简政放权的主旨:下放和压缩行政审批项目,减少、弱化政府在文化产业发展中的作用,让作为市场主体的企业自主根据发展需要开展业务活动,让企业具有生产经营自主权。

据统计,河南省新闻出版广电局取消职责24项,下放职责4项,承接职责8项,加强职责5项;广东省新闻出版广电局取消职责20项,下放职责13项,增加职责10项,加强职责6项;贵州省新闻出版广电局取消职责9项,下放职责7项,承接职责5项,加强职责7项。

部分机构在运行后仍在提升简政放权的"含金量"。如江西省新闻出版广电局的"三定"方案取消、下放行政审批事项24项,该局成立后又拟定再取消、下放21项行政审批职权。此外,为支持赣州吉安国家印刷包装产业基地建设,今年3月,该局还对12项行政审批事项实行委托审批。

显而易见,地方新闻出版广电局取消部分职责后,出版发行监管环节减少,一批审批、审核项目或取消或下放。如广西壮族自治区新闻出版广电局取消设立出版物全国连锁经营单位审核,取消设立出版物总发行单位的审核;湖北省新闻出版广电局取消设立出版物全国连锁经营单位的审核,取消从事出版物全国连锁经营业务的单位变更《出版物经营许可证》登记事项或者兼并、合并、分立的审批;河南省新闻出版广电局取消组建出版物交易市场审批,取消进口出版物经营发行审批,取消外商投资图书、报纸、期刊分销企业设立审批;浙江省新闻出版广电局取消举办全国性出版物订货、展销活动审核,取消在境外展示、展销国内出版物审核;陕西省新闻出版广电局将设立从事包装装潢印刷品和其他印刷品印刷经营活动的企业审批职责下放至市级新闻出版广电行政部门,将印刷业经营者兼营包装装潢和其他印刷品印刷经营活动审批职责下放至市级新闻出版广电行政部门。

此外,职责的变化加强了行业组织及市场在相关事项的协调、自律能力。如吉林、山东等新闻出版广电局均取消图书出版单位等级评估职责,由省出版协会承担;取消报纸、期刊综合质量评估职责,分别由省报业协会和省期刊协会承担。此外,河南省新闻出版广电局明确,取消出版物发行员职业资格考核鉴定职责,工作由相关协会、学会承担。江西省在以上三项基础上明确,取消涉外著作权登记服务职责,工作由省版权保护中心承担。

正如上海交通大学经济学院教授、执行院长陈宪所提倡的,大部门制改革的核心是政府职能转变。要通过转变政府职能,达到简政放权的目的,减少政府对市场、对社会的干预,尤其是直接干预;达到削减乃至取消不规范的部门利益的目的,以改变公共利益部门化的格局。这些是大部门制改革的内涵。这些目的的逐步实现,将产生难以估量的促进经济增长的效应。

24.3 机构调整数字融合

在内设机构数量上,各地新闻出版广电局的机构为14~20个。其中浙江、福建省局的机构为14个,广西、河南等地的内设机构较多,为20个。

据了解，两局合并后的机构，既有加法，也有减法。减法体现在两局类同机构的合并，如办公室、政策法规处、人事处、财务处等。加法体现在新设机构，如规划发展处、公共服务处。各省局根据自身情况设置职责。比如，河南省局规划发展处加挂改革办公室牌，浙江省局发展规划处加挂对外交流合作处牌，江西省局发展改革处加挂政策法制处牌，湖北省局公共服务处加挂省全民阅读活动领导小组办公室牌，陕西省局公共服务处加挂省广播电视村村通办公室牌，北京市局公共服务处加挂安全监管办公室牌等。

此外，有的机构因各自行业特点而保留，同时加入了部分与另一方有关的管理事项，比如原新闻出版局的出版管理处、印刷发行处、新闻报刊处、反非法和违禁出版物处、版权管理处等，原广电局的电影处、电视剧处、传媒机构管理处、网络视听节目管理处等。

值得一提的是，不少省局着重加强产业融合、新兴业态的管理力度，推动数字出版、三网融合、新媒体、文化与科技融合等方面的发展。几乎所有省局均设置了科技处或数字出版处，不少地区则同时设置了这两个部门，如山西、吉林、湖北、贵州、北京、广西等地。北京市局设置的数字出版处，承担北京市数字出版内容和活动的监督管理工作，对网络文学、网络书刊、网络游戏、动漫内容和开办手机书刊、手机文学业务进行监督管理；设置的科技处加挂三网融合协调处牌，拟订市新闻出版广播影视科技发展规划、政策、行业技术标准并组织实施；拟订广播影视传输覆盖网和监测监管网的规划，推进三网融合。

新机构挂牌、领导层调整、职能机构转变，某种程度上会形成一段时间的管理"真空"，为了缩短这一时期，不少省局做了努力，如江西省局在大批审批事项的取消和调整后，研究出台了《关于做好2014年全省印刷复制发行监管工作的通知》《关于取消省内出版物连锁经营企业审批后续管理问题的通知》等一系列配套文件，逐一制定了监管办法；甘肃省局前不久制定了《甘肃省新闻出版广电局深化行政审批改革实施方案》，2014年6月底前，全部审批项目实现在甘肃省政府政务大厅进行集中受理、集中答复，从而实现"一个窗口对外";广东省局7月进行调研、座谈研究,推进行政审批事项集中受理工作。

　　组建新闻出版广电局,不是两局的简单合并,而是要以机构改革和职能转变为契机,推动新闻出版广播影视事业融合发展,真正实现"一加一大于二"的改革效能。挂牌之后,大家更关注的是,如何将新闻出版广电事业"合"起来、"和"起来、"活"起来、"火"起来。

【链接:中国出版传媒商报2014.8.8,马莹《机构改革一年,哪些融合变化?》】

第 25 章 出版业如何打好"文化金融牌"

2014年4月发布的《关于深入推进文化金融合作的意见》(以下简称《意见》)备受各方关注,与之形成呼应的,是一些实力出版传媒企业先行布局文化金融领域的试水之举。

据了解,几大上市出版集团2014年都计划在文化金融领域施展拳脚,如凤凰出版传媒集团计划依托上海金融事业部,在文化贸易艺术金融等领域进一步开放,形成"1+3"文化金融新格局(即上海金融资金池、财务公司、总部结算中心、上市公司结算中心互为补充);时代出版将利用"优先股"等新型融资工具进行融资,将所属企业投放到新三板市场、区域性股权转让市场,丰富融资渠道,以及择机实施"非公开发行股票"或发行可转债,实现资本与资源、市场、产业的嫁接;中文天地围绕文化与金融的融合,2013年并购控股了一家民营金融服务企业,并成立华章汉辰担保集团股份有限公司,当年实现利润4000万元,目前正在筹备2015年上市;中南出版传媒集团拟以财务公司组建运营为契机,促进金融资本与文化产业的有效结合,组建私募基金,申报公募基金,并购证券公司,构建金融控股集团等。"文化金融"俨然成了热门话题。

25.1 此"文化金融"非彼"文化金融"

值得注意的是,《意见》中所指"文化金融",与上述出版传媒企业所热衷的"文化金融",并不能画等号。

《意见》中的文化金融政策,旨在"打造一个多层次、多渠道、多元化的文化产业投融资体系",即解决金融机构为文化企业融资的风险问题与文化企业融资渠道问题，主要解决方式是创新金融产品及机构，丰富融资模式，打造文化金融对接平台等。一言蔽之，即解决文化企业"钱从哪儿来"的问题。

而上市出版传媒企业的"文化金融"，不仅仅是"钱从哪儿来"的问题，更是"钱怎么花出去"的问题，主要关注点在于投资金融领域、组建金融企业、开拓新融资渠道等，除了开拓新融资渠道，其他都主要涉及怎样在金融领域花钱的问题。从各大上市公司2013年半年报可以看出，他们在金融领域的作为甚至都超过了这些，所有的上市出版传媒企业都投资资本市场，如长期持有银行或证券公司的股份，几乎都投资短期货币市场，如理财产品、委托贷款、委托理财等，还有公司组建或收购信托或担保公司等。

所有上市出版公司IPO资金都存在盈余也说明了这一点。据北方联合出版传媒2013年半年报披露，其IPO实际募集资金61790.55万元，截至报告期末已累计使用20526.47万元，仅占实际募集资金总额的33.22%；凤凰出版传媒IPO实际募集资金447920万元，截至报告期末已累计使用243159万元。所有的上市出版传媒企业都拥有比较充裕的现金流，部分拟规划的募集资金使用项目暂时停止，包括一些大项目——电子商务平台、物流中心、大型书城、连锁经营网点等。

可见，《意见》里的"文化金融"与出版人理解的"文化金融"是不同的，差异在于：前者希望把"金融"领进"文化"里来，后者要着力从"文化"走进"金融"里去；前者希望解决文化企业融资难的问题，后者希望解决资本收益问题。说到底，都是文化与金融的融合。但需要清醒地看到，出版传媒产业的现状，决定了二者要实现真正的对接，还有很长的路要走。

25.2 出版业涉足"文化金融"，"钱景"几何

出版传媒企业涉足金融业务，是外部环境使然，更是内生动力所需。

一是图书市场及内容资源的特性，决定了不可能依靠资本"一口吃成个胖子"。正如安徽出版集团董事长王亚非所说："文化产业不像盖房子、修地铁，

一次性要投入多少钱，文化产业是慢慢产出的，没有必要一次投几个亿用于策划图书，那也不是一两年能用得完的。"也有声音认为，可以利用募集资金大规模投入到产业的数字化转型上，目前来看各大上市公司的募集资金拟使用项目上，数字转型占了很大一部分，但多数还停留在尝试性布局阶段。业内人士指出，以出版传媒企业几十亿的资金规模，与树大根深的互联网企业竞争大数据、电商市场，是否太过冒险？而数字出版领域盈利模式尚不清晰，一般企业也不敢贸然投资。因此，从资本市场获得资金必然会投入到其他产业。

二是上市企业必然有资本增值、向股东分红的压力，选取进入利润较高的金融市场也是必然。正如中国新闻出版研究院经济出版研究室主任张晓斌所说："资金要保值升值，找到很好的投资渠道又并非易事，毕竟出版领域项目有限，金融领域收益比出版业高。"同时，图书出版的季节性也使得有必要将其投入到短期金融市场使其增值，如理财产品、委托贷款及委托理财等，王亚非认为这对于现金流来说也是比较安全的。

积极融入资本市场，以资本化思维进行企业重组和改造，无疑是前瞻之举。如中南传媒成立财务公司、中文天地并购民营财务公司等，在自身组织建设上下功夫，不仅可以促进资本的使用效率，还能促进出版单位了解市场化、资本化的运作法则。北京新元文智咨询服务有限公司总经理刘德良解释说："上市公司利用募集资金去理财，出版集团设立小额贷款公司或担保公司等，这些方式对文化产业确实有很好的促进作用，有助于文化与金融的合作。"

寻找"钱景"的不只是上市出版企业。中国财经出版传媒集团主动发挥特长，以旗下两家投资公司为平台，将财经出版文化产业资源及优势与投资公司的优质资产和投资管理经验整合重组，促进集团发展；寻求和引导社会资本，以多种形式投资其他财经文化产业。目前正联合中投证券发起设立中国创新文化产业基金。

虽然出版企业投资金融领域看起来"不务正业"，但中共十八届三中全会强调要"发挥市场在配置资源中的决定性作用",出版界投资回报率较高金融领域符合市场规律,也是市场转型的一个方向,无可厚非。中央财经大学文化与传媒学院副院长莫林虎强调:"传统出版传媒企业已受到了互联网深刻的冲击,再不赶紧转型,会面临萎缩甚至死掉的风险。有前瞻眼光的传媒企业,如浙报集团就已经开始在数字化、大数据方面发力了,这需要巨额投资,要靠多种渠道解决。加入到金融领域分一杯羹,当然是渠道之一。"

此外,在《关于加快出版传媒集团改革发展的指导意见》中,明确指出"鼓励有实力的文化企业跨地区、跨行业、跨所有制兼并重组,培育文化产业领域战略投资者",使其成长为真正的"文化航母";在新闻出版业"十二五"规划中,提出"推动新闻出版业走出去",彰显国家文化软实力和国际竞争力,这些都离不开金融市场的支持。

北京中传文化金融产业研究院院长王德恭认为:"大型出版传媒集团也不能安于现状,目前传统出版业的数字化转型需求越发迫切。"这些产业领域的升级改造,当然也需要金融领域的支持。

25.3 文化"对冲"金融,风险值得警惕

面对上市出版传媒企业的文化金融"重金融,轻文化"的质疑之声,多位业内人士表示,一方面,这是由多重因素造成的;另一方面,目前的金融化操作都是促进文化产业发展的"手段"而非"目的"。数字出版转型、电子商务、大数据处理等需要大规模投入的领域,由于盈利模式尚不清晰、技术门槛较高、资本投入较多、风险较大等问题,让出版企业望而却步,如何逐步解决这些问题才是重点,也才能让出版企业从金融领域获得的收益真正"反哺"到文化领域。

出版业跨界做金融,其面对的风险也值得警惕。目前中国金融市场还未完全开放,股权投资大型金融机构还不会有太大的风险,但是短期资本投资,如委托贷款、委托理财等仍存在着明显的风险。王亚非表示,现在经济形势趋紧,金融趋向和资本趋向会产生问题。一旦委托投资与委托贷款收不回来,后

果非常严重。对于风险控制,安全最重要,要有控制方法。"比如别人用信托理财,我们每笔委托理财与委托贷款都要担保,全部要以国有担保公司(中国投资担保有限公司)进行担保,房地产抵押、土地抵押、所有资产抵押都不做。"在银行的良好信誉、资金量较大、流动性较强是其能够获得担保公司信任及降低风险的良好条件。

【链接:中国出版传媒商报 2014.4.29,金霞、龚牟利《出版业如何打好"文化金融牌"》】

第 26 章　新规让文化企业新一轮改革"底气十足"

2014年4月中旬,国务院办公厅发布《关于印发文化体制改革中经营性文化事业单位转制为企业和进一步支持文化企业发展两个规定的通知》(国办发[2014]15号,以下简称"两个规定"),包括《文化体制改革中经营性文化事业单位转制为企业的规定》和《进一步支持文化企业发展的规定》,涵盖财政税收、投资融资、资产管理、土地处置、收入分配、社会保障、人员安置、工商管理等多方面的政策。

《中国出版传媒商报》记者注意到,政策中有一部分本身能直接指导改革工作,如人员分流与社会保障部分的具体条文;还有一部分是从已有法律政策(如《公司法》与《关于企业事业单位改制重组契税政策的通知》)梳理出,但适用于文化企业改革与发展,如文化企业改制中资产转让及资产划转涉及的契税优惠;最后一部分为文化体制改革专门配套政策。

"两个规定"发端于2003年文化体制改革之初,之后配套财税优惠政策相继出台,如《关于文化体制改革中经营性文化事业单位转制后企业的若干税收政策问题的通知》(财税[2005]1号)、《关于文化体制改革试点中支持文化产业发展若干税收政策问题的通知》(财税[2005]2号)与《关于宣传文化增值税和营业税优惠政策的通知》(财税[2006]153号)。由于"两个规定"为"规范性文件"而非法律,其有效期一般为五年,每五年到期后国务院会针对文化改革发展状况继续发布完善后的新版本。目前的"两个规定"已经为"第三版",其有效期为2014年1月1日至2018年12月31日,记者特别对其中最为业界关注的亮点进行了梳理。

26.1　亮点政策1

《文化体制改革中经营性文化事业单位转制为企业的规定》第五条"经省级以上人民政府批准,经营性文化事业单位转制为授权经营或国有控股企业的,原生产经营性划拨用地,经批准可采用国家出资(入股)方式配置;经营性文化事业单位转制为一般竞争性企业的,原生产经营性划拨用地可采用协议出让或租赁方式进行土地资产处置。"(《进一步支持文化企业发展的规定》第二十三、二十四条与之类似,不赘述。)

点评:按照《划拨用地目录》,转企改制后能继续以划拨土地使用的文化企业主要适用于"非营利性公共文化设施用地",包括图书馆、博物馆、文化馆及青少年宫、青少年科技馆、青少年(儿童)活动中心等。也就是说,文化单位转企改制中大部分的划拨土地都要变为有偿使用。

在2008年版"两个规定"中只明确"划拨土地的有偿使用"可采用国家出资(入股)方式配置,而按照《土地管理法实施条例》的规定,有偿使用还包括"土地使用权出让"及"土地租赁"等,在此版文件中被明确可以采用。

26.2　亮点政策2

《文化体制改革中经营性文化事业单位转制为企业的规定》第二十条"经营性文化事业单位转制为企业后,免征企业所得税";第二十一条"由财政部门拨付事业经费的经营性文化事业单位转制为企业,对其自用房产免征房产税";第二十二条"对经营性文化事业单位转制中资产评估增值、资产转让或划转涉及的企业所得税、增值税、营业税、城市维护建设税、契税等,符合现行规定的享受相应税收优惠政策"。

点评:按照惯例,"两个规定"发布后财税相关部门会配套发布文化企业的企业所得税、增值税与营业税优惠政策,与以往不同的是此次增值税与营业税优惠文件《关于延续宣传文化增值税和营业税优惠政策的通知》(财税[2013]87号)在"两个规定"前发布,而关于文化体制改革企业的所得税、房产税等减免的政策《关于文化体制改革中经营性文化事业单位转制为企业的若干税收优惠政策的通知》(财税[2009]34号)与《关于支持文化企业发展若干税收政策问题的通知》(财税[2009]31号)已经于2013年12月31日到期,新版本还没有发布,但是"两个规定"中已经公布了相关内容。

依据十七届六中全会《中共中央关于深化文化体制改革推动社会主义文化大发展大繁荣若干重大问题的决定》"继续执行文化体制改革配套政策,对转企改制国有文化单位扶持政策执行期限再延长五年"的精神,涉及文化企业的企业所得税、房产税及土地使用税、出口免退税等内容的财税优惠条款及实施细则的通知或将配套发布。

有关电影与有线电视的税收优惠在"财税[2009]31号"文中均有涉及,此次在"两个规定"中被延续,并且新增对农村有线电视、城市电影放映等增值税优惠。

另外,改制单位如果希望通过支付出让金协议转让或国家出资(入股)来获得土地使用权,对资产增值部分缴纳营业税、增值税、所得税,同时办理资产过户手续,会产生大量契税、手续费等。那么,《文化体制改革中经营性文化事业单位转制为企业的规定》第二十二条就是一个不错的配套政策。

26.3 亮点政策3

《进一步支持文化企业发展的规定》第六条"在国务院批准的中国服务外包示范城市从事服务外包业务的文化企业,符合现行税收优惠政策规定的技术先进型服务企业相关条件的,经认定后,可享受有关税收优惠政策"。

点评:同"高新技术企业"类似,入列"技术先进型服务企业"可以减按15%的税率征收企业所得税,而未纳入的只能按25%缴纳企业所得税。除此之外,职工教育费列支比例大幅提高,"经认定的技术先进型服务企业发生的职工教育经费支出,不超过工资薪金总额8%的部分,准予在计算应纳税所得额时扣除",《中华人民共和国企业所得税法实施条例》第四十二条所规定普通企业的比例是 2.5%。

不过要享受两款财税优惠条件，不仅企业要处在国务院批准的服务外包城市内，还要符合一系列的硬性标准，如高学历人才、外包收入比例等都要超过 50%，具体事项由《关于技术先进型服务企业有关企业所得税政策问题的通知》所规定。

另外，在体制建设方面，"两个规定"还明确提出建立党委和政府监管国有文化资产的管理机构、建立并完善国企负责人薪酬管理机制和职工工资形成机制及探索实行特殊管理股试点和股权激励试点等。

"两个规定"还提到支持中小文化企业特别是小微文化企业发展、有条件应扩大文化产业发展专项资金规模、促进文化与金融对接、加大对文化科技创新的支持及鼓励政府购买文化服务等。基本上十八大及十八届三中全会对文化体制改革和文化发展的要求在此文件中都涉及到了，相应的政策有的也已经落地，这些政策红利会收获什么样的成果，让我们拭目以待。

【链接：中国出版传媒商报 2014.5.13，龚牟利《国办"两个规定"延续多项扶持政策，文化企业新一轮改革"底气十足"》】

第 27 章　高考改革带来出版业首轮冲击波

　　探索全国统考减少科目、不分文理科、外语等科目社会化考试一年多考……随着《中共中央关于全面深化改革若干重大问题的决定》的发布，新一轮高考改革思路浮出水面，引发各方热议。毫无悬念，这次考试政策调整势必也牵动着出版业的视角——高考作为"巨无霸"型的考试，催生了一个刚性需求旺盛的考辅细分市场。作为一个对全学段教育都有深刻影响力的"指挥棒"型考试，高考改革对于在"大教育"概念下通过多元业务、多媒介资源实现升级发展的出版机构而言，或将意味更多。高考改革带来新一轮的政策风险，但对于富有创新和挑战精神的企业而言，则意味着更大的机遇和市场。

27.1　改革引发出版业应急反应

　　按照改革时间表，教育部 2014 年上半年发布总体方案及高考改革等改革实施意见，各省（区、市）最迟需在 2014 年年底前出台本地区具体实施办法，2017 年总结成效和经验后推广实施，到 2020 年基本形成新的考试招生制度。对于高考等重大教育改革，"三年早知道"不可或缺，但是相关书企并不能因此暂获"喘息之机"。

　　北京曲一线图书策划有限公司执行总经理李东表示，此次改革虽然是从 2016 年起始年级实施新制度，但一些改革思路在 2014、2015 年两年的高考中就将开始渗透、调整，所以一些策划、出版要快速生成"应急"举措。据了解，按照往年常规模式，曲一线在年前基本完成来年《5 年高考 3 年模拟》A 版的出片工作，但是鉴于 2014 年春节前发现课标区英语科目的高考考纲发生了变化,曲一线一改一两位作者编一本书的做法,一次性集结十几位作者迅速编写了一本新题型的书,跟进 A 版的上市速度。而据外语教学与研究出版社教辅分社副社长张志纯介绍,他们在深入了解考纲变化之后,果断加快相关选题运作节奏,针对新考纲的《高考考点练透·英语(语言知识运用)》已进入发货阶段。忽视政策就相当于被淘汰,所以在接下来的时间里要密切关注政策变化和导向,迅速进入状态,以在未来的竞争中把握市场主动权。

从目前可获知的改革内容来看,语文和英语调整成为各方关注焦点。调整方向是,英语退出统一高考,实行社会化考试,一年多考;高考语文命题体现语文作为母语学科的重要地位,发挥语文学习促进学生逻辑思维能力发展的重要作用。这种导向在各地陆续调整的高考政策中已经有所体现,并与分值直接挂钩。北京市教委新公布的《2014~2016 年高考高招改革框架方案》(征求意见稿)就强调,2016 年高考语文由 150 分增至 180 分,注重传统文化的考查;英语由 150 分减少到 100 分,听力增至 50 分,一年可考两次。从最新发布的《2014 年普通高等学校招生全国统一考试大纲》来看,样题试卷难度与往年试题保持相对稳定,但 2014 年高考考纲英语科是自从 2007 年国家实施新课标高考以来变化最大的一次。坊间热议,改革先拿英语"开刀",无论是 2014 年全国统考还是分省命题都对英语有所动作,如山东 2014 年高考就不考听力。

李东表示,针对形势变化,曲一线英语类产品的优先度会有所降低,并且正在通过近期召开的英语学科研讨会来研究相应对策。但是,英语类产品的总体盈利情况从目前来看并不会出现令人"担心"的状况。华东师范大学出版社教辅分社社长倪明也表示,考试权重对农村地区、欠发达地区的英语学习可能会产生部分影响,但是对于一线城市、相对发达地区而言,这种影响比较小,而一年多考也延长了此类产品的销售使用周期,所以短期看英语类产品的市场需求总体而言不会受到太大冲击。

之前为很多教育者所担忧的"语文边缘化"面临新的转机,这对出版界而言自会起到"兴奋剂"的作用。张志纯表示,外研社教辅分社已成立第四策划室,专门做语文教辅,目前还在"招兵买马",持续扩充团队力量,力求通过已掌握的优势资源以及与语文专业阅读期刊的合作为市场提供引领性产品。此外,不少出版企业正在跟教研室等相关机构紧密接洽,以求在语文学科上有所突进。商务印书馆深圳分馆总经理苑容宏表示,语文教学要和历史传承、文化脉络结合起来,这也是课程改革的一个导向。商务印书馆立足课程改革开发的"成长的岁月"等系列语文读物正是从这个角度切入,培育学生综合文化素养,让学科回归教育本义。今年也有计划进一步加强此类产品的开发。业者不能因为语文考试分值的提高简单进行"应景"出版,高考改革的新走向对于语文传统"同步"产品的需求会有压缩变化,而适用于新课程学习要求的配合读物,包括"第二课堂"、体现学科本质的阅读读物将会明显上升。值得一提的是,近年来传统文化热将与语文学科考试导向发生化学反应,将催生大批新选题。

27.2 深层次广范围的变化还在渐进发生

目前,高考改革虽然还蒙着面纱,但是大方向、大思路依稀可辨。除了目前部分相对清晰的考纲和部分具体学科的明显调整,一些更深层次、更广范围的变化还在渐进发生中,这种影响的长远性不可回避,业者在应急之后还需以更长远和广阔的视角进行发展考量。

考辅市场仍然是第一反应区。结合目前改革传递出来的相关信号和十几年在高考考辅领域的一线体验,四川教育出版社北京编辑中心主任贾洪君总结了三大趋向:一是政策的地域性引导产品的差异化,地方定制成常态。以2016年考试不分文理科而可能出现的"走班制"为例,语文、数学、英语学科学习在原行政班里进行,选修科目要到相关综合班去学习,这就要求要有相关学科的专用教辅产品配套。考试模式的不同、教材版本使用的不同、选修选考内容的不同、题型赋分的不同,都决定出版商要学会量体裁衣,甚至是"私人定制"。这类产品每年修订幅度较大,加上配套的教师用书和相关的电子产品配送,研发成本较高,在市场多为民营直销。

二是高中学业水平考试类专有产品升温,需求量会大幅增加。高考改革的总体目标是完善高中学业水平考试＋综合能力评价＋统一高考(一年多考)的多元录取机制,改变过去一考定终身的局面。2016年后,高考不分文理科将全面试行。高中学业水平考试及综合能力评价等级成为学校录取学生的重要依据,这就决定了这类产品的重要性。以前的此类用书夹在同步类用书和总复习类用书之间,地位相当尴尬,考试改革使此类用书的地位上升,需求量会大幅增加,定能成为今后一个时期教辅产品中美丽绽放的奇葩。因此要加大学业水平考试类产品的研发力度,实现此类产品与原有同步类产品的分离与改造,形成丰富而实用的产品链。

三是总复习类综合电子工具书有望迎来发展机遇。这类电子产品使用方便,图书馆、电教室、家庭、课上课下都能用,其内容可以海量收集,不分版本,不分高考模式,可以充分满足多种个性化选择。另外,这类产品还有一大优势,就是修订量小,可以控制成本,甚至是一劳永逸。如果再加上网上互动和专家面对面就更有优势了。但这类产品的产品形态、市场推广模式、赢利平台搭建等问题尚在探索中。

27.3　中长期挑战呼唤布局意识

与考辅市场相对,高考变革还将对机构发展总体思路带来一定影响。江苏教育出版社社长顾华明表示,高考招生改革的大方向是明确的,那就是强化学校的自主招生,并且高考由考试的专门机构来组织实施,政府加强监管,社会加强监督。此项政策的出台将对现在的教学模式产生重大的影响。作为专业教育出版机构,为教育提供全方位的服务,如何有效地聚集资源,贴近一线教学,对出版机构是一个全方位的挑战。苏教社目前除在教辅等产品上持续发力外,还将在多元数字产品开发、打造专业出版团队等方面不断拓展教育出版内涵。

曲一线将此次高考改革视为"中长期挑战"。李东坦言,这次改革对于其出版导向和策划思想会有较大影响,未来开发理念将从功能型、应试型、配套型转向素质型、基础型、独立型。这种转变在近两年已在推进中,但今后将持续加大力度,并建立在对教育改革深入研究的基础上。因此,曲一线教育研究院的工作将提升到长期化、常态化的运作中,为产品开发、渠道推广提供决策基础。

江苏春雨教育集团董事长严军认为,长远来看,高考改革引发的评价标准、选拔模式的变化必然会对义务教育评价体系和模式产生影响,这无疑给出版未来发展带来了更多答案和机会。政策调整意味着市场和利益的重新分割,而考试改革的渐进性决定了它对出版的影响也是渐进性的。相关出版企业需要从教育服务产业定位出发,进行渐进式的调整和布局。江苏春雨正在推出的"春雨经典·中外文学名著精品廊"等就是指向学生阅读能力和综合素质的提升,这是调整自身产品结构的一个表现。未来两年内,如果是大的品牌调整,则会指向2016年的考试变化。

高考改革因其深远的社会影响而备受关注,与之相关的还有各种考试的变革。教育部副部长刘利民曾表示,《中共中央关于全面深化改革若干重大问题的决定》明确考试招生制度改革的顶层设计,是我国教育考试招生制度系统性综合性最强的一次改革,将显著扭转应试教育倾向,为亿万学生提供多样化的学习选择和成长途径,构建衔接沟通各级各类教育、认可多种学习成果的人才成长"立交桥"。而这也有望引导教育出版的"立交桥",成就新型的市场竞争格局。

【链接:中国出版传媒商报2014.3.7,刘海颖《高考改革带来出版业首轮冲击波》】

第四编　年度细分行情

第 28 章　定制出版量身服务成新趋势

从1997年的《甲方乙方》到2013年的《私人订制》，十多年来，导演冯小刚一直在用"一腔俗血"的自嘲以博来观众的发笑。一前一后两部贺岁电影，都贯穿着"圆梦"、"定制"这样的字眼。对照出版业内来看，如果抛开艺评的苛刻，记者相信，电影中展现的"定制服务"应当引起出版单位的足够重视，甚至激发在经营模式上的新思考和新探索。近些年，业内的有识之士纷纷提出"大出版"、"出版服务商"的出版理念，在这一背景之下，"定制出版"这样的个性化服务，显然也需要被再次梳理和重新审视。特此，《中国出版传媒商报》记者联系到多家出版单位，就"定制出版"的现状和前景展开了相关的讨论。

28.1　转型服务重审定制趋势

"定制出版"对于客户而言，是宣传手段、营销手段，对于出版单位来说，也是一种值得探索的经营方式。尽管出版的定制服务，在国内陆续显现，但真正关注这一概念，厘清有关模式，将其作为重点项目加以部署的单位还少之又少。《中国出版传媒商报》记者在采访交流中，着实能感受到"定制出版"的发展潜力之广。

现任安徽人民出版社副总编辑的李旭以个人的职业经历为例，向记者介绍说，地方人民社有的许多出版物或出版项目，是为地方政府、大型企业提供的定制服务，"例如我在河南人民出版社时，为洛阳龙门石窟策划了5000册的《龙门石窟》；在上海大学出版社时，为安阳殷墟策划了《中国殷墟》、为淮阳县策划了《伏羲文化》，都属于这种情况，前者每隔两年都会加印一次，后者则是

2000套的礼品书。以现在为例，安徽省的刘铭传研究会就联系到我们定制了'刘铭传历史文化'丛书"。

江苏美术出版社总编室主任王林军表示，该社在2013年为南京博物院提供了定制出版物"南京博物院珍藏大系"，这也是其进军文博出版的一套重点产品。与之同时，文物出版社推出了"南京博物院学人文集"中的《罗宗真文集》、《梁白泉文集》等。谈及两家出版单位为南京博物院提供定制服务的合作背景，在于后者意欲提升学术地位、营造学术氛围，进而启动了"南京博物院学人文集"、"南京博物院珍藏大系"的出版工作。王林军透露，江苏美术出版社还与江苏省国画院合作，定制出版了近千套的"江苏省国画院精品画库"，"这些书都被国画院全部买走，给各位艺术家留用"。

类似的"定制出版"案例还有安徽美术出版社，据该社社长武忠平介绍，其与故宫博物院、国家美术馆、中国艺术研究院等高端艺术研究机构合作了多部巨著，"故宫博物院藏品大系·玉器编"(10卷)不但荣获第四届中华优秀出版物奖图书奖，该书系还成功输出美国全球按需出版社，拓宽了版权输出的渠道建设。

上述案例还多呈现在为文化单位提供"定制出版"的服务。而商业领域，也不乏相关的合作与策划。中信出版社的一位知情人透露，中信证券就与其保持密切联系，时常有"定制出版"的需求，此类定制出版物与一般的市场书在内容上没有差别，只是在装帧上加以区分。类似的案例，还有清华大学出版社为SAP公司定制出版的"SAP企业信息化与最佳实践"丛书等。

近两年，红旗出版社的浙江出版中心重点部署了一系列的浙版财经图书，意欲深耕"定制出版"，据编辑室主任丁鋆介绍，其为阿里巴巴集团定制了《马云内部讲话》、《马云内部讲话2》、《Q&A：马云语与员工内部对话》、《马云和他的朋友们》，该系列在2014年销量突破百万册。此外，其还连续为海尔集团定制了《张瑞敏的时代·海尔之路：中国民族工业的思路和出路》，为吉利集团定制了《风云纪：吉利收购沃尔沃全记录》，为杭州大厦董事长楼金炎定制了

《梦想者的商厦:楼金炎 40 年商海风云录》,为正泰集团董事长南存辉定制了《南存辉讲故事:打开创富的人生锦囊》,并逐渐形成一支品牌。

28.2 主动出击寻找需求客户

围绕"客户"而提出的"定制出版",在国内的发展尚处于萌芽阶段,专门从事这一服务的出版单位还很少,而在英美等国,甚至有专业的定制出版行业协会,开展定制出版数据调查,并定期举办相关会议,接受咨询等。

其实,"定制出版"的形式未必需要以单纯的纸质图书的形式呈现,还可以是数字、网络出版物,包括企业宣传册、内刊、主题出版物、企业杂志、商业指南,此类定制出版物可以帮助企业为加强与目标客户的关系、提高品牌知名度和影响力、增进客户忠诚度,对企业而言颇具营销价值,应该不乏市场需求。以《食品与家庭》的定制出版项目为例,这是美国梅里迪斯出版集团和卡夫食品公司两家公司跨界合作的成功典范,进行了十年之久。该项目从单一的纸质杂志起步,最终做成了一个包含杂志的纸质版和数字版在内的全媒体定制出版项目,无论在美国出版界还是营销服务界都树立了良好的标杆作用。其他的案例,还有一些国际航空公司与出版公司的合作,为乘客定制报刊、图书等。

需要注意的是,国内的许多企业并没有独立的内刊编辑部或者内刊质量水平不高,企业定制出版的归属部门大部分都在其营销策划部门,由于企业重心都放在产品或者是销售的开发上,必然不会有足够的精力投入到内刊的制作上去,因而企业本身必然缺乏一个专业的制作水平。但是这些企业寻找出版单位参与定制出版物制作的尚不多见。基于这样的现实,出版单位是否可以主动出击,上门寻找"定制出版"的商机呢?

不仅如此,出版单位还应该自主拟定选题,邀请相关的企业、机构或个人参与到定制出版中。例如经济日报出版社在 2014 年 3 月接连贴出了"中国城市经济观察"、"中国百强县高端访谈"、"中国企业与企业家文库"的出版计划的公告。例如"中国城市经济观察",其"希望特色城市的领导者们能够积极配合,接受采访,并资助出版";又如"中国企业与企业家文库",其意欲在全国范围内,每5年选取100位优秀企业或企业家为写作对象;针对"中国百强县高端访谈",其呼吁"优秀的百强县代表与我们一道,并配合我们完成这一巨大的文化工程"。这样的"逆向"出版理念,可谓别开新境,避免出现"等客户上门"的情况,而是通过策划有吸引力的选题主动寻求客户的定制,这一理念值得更多的有识之士探索尝试。

在交流过程中,经济科学出版社编辑室主任张力笑称,以前曾出现过,给作者定制了1000册,他们还特地要求改写为3000册,"印数写少了,他们觉得没面子"。看似是一句玩笑,其实也折射出个别定制出版物在"私人需求"和"市场需求"之间的冲突。如何将"私人需求"转换为"市场需求",使得定制出版物成为畅销书、常销书,应该成为另一值得思考的课题。

李旭谈到,当初德胜(苏州)洋楼有限公司向安徽人民出版社定制《德胜员工手册》,其员工培训仅需要2万册,但是目前却已经销售十几万册了。据该书的主编周志友讲,在出版该书之前,这本小册子已经被很多人辗转复印,甚至在跨国公司的总裁手中互相流传。与"马云内部讲话"类似,二者分别凭借企业影响和个人魅力,图书也因而突破了个性化定制出版的形态,进而满足大众化的市场需求。定制化服务已经在各个服务行业崭露头角,其发展前景不容小觑。当前的出版单位纷纷提出转型为内容服务和增值服务的口号。因而,围绕"定制出版"模式的探索和发展,将成为出版单位华丽转身的题中应有之义,值得更多有识之士共同关注。

【链接:中国出版传媒商报2014.4.29,蓝有林《定制出版量身服务成新趋势》】

第29章 主题出版如何炼成畅销品种？

2012~2013年两年，全国出版单位围绕"雷锋"主题出版、十八大主题出版、"中国梦"主题出版等集中推出了一批理论研究、宣传普及和实践认知的读本，满足不同层次读者的学习需要，呈现出"井喷"式的出版现象。《中国出版传媒商报》记者在近期的采访中获悉，不少出版单位在2014年将持续部署主题出版工作，并将其视为重要的板块加以经营。需要指出的是，当前的一些主题出版物，还存在诸如选题难以出新、写作风格单调、读者定位模糊、市场销售遇冷等现象。"主题出版物如何畅销？"中国青年出版社新青年编辑室主任庄庸在交流中提出这样的思考。特此，记者联系到多位出版负责人，就策划角度、立意角度以及营销角度等，探讨主题出版物的畅销途径。

29.1 如何赢得"选题战"？

选题稀缺。 浙江人民出版社副总编虞文军在接受采访时说，该社2014年出版的重点图书习近平同志著作《之江新语》，迄今已发行100多万册，各地还在不断要求加货，供不应求。

虞文军分析说，该书选题的唯一性、重要性，是该书热销的一个先决条件。特别是随着党员领导干部深入学习领会十八届三中全会精神、开展群众路线教育实践活动的深入推进，该书被列为必读书目，许多企事业单位中层以上管理人员人手一册，其得天独厚的优势得以展示。据他介绍，接下来浙江人民出版社还将部署《学习习近平总书记系列讲话精神干部读本》《习近平主政浙江思想研究》等图书的编辑、发行工作。

相似的案例，还有 2013 年 10 月中央党校出版社再版发行的习近平署名的《干在实处 走在前列——推进浙江新发展的思考与实践》，该书曾于 2006 年 12 月首次出版。目前，其累计发行量也接近 40 万册。此外，人民出版社出版的由中共中央党校常务副校长何毅亭所著的《学习习近平总书记重要讲话》自 2013 年 8 月出版以来，社会反响强烈，目前发行已突破 100 万册。为配合第二批党的群众路线教育实践活动的开展，日前人民出版社在第一版的基础上，增加了习总书记最近发表的相关文章推出增订本。

立意出新。然而，此类珍贵的图书选题可遇不可求，主题出版物如何在千人一面的市场中脱颖而出，还可以着眼于策划的立意和创新，尤其是在"通俗读物"中或将大有可为。

关于马克思的著作浩如烟海，大都深奥难懂，以致读者不得门径。红旗出版社在 2013 年 10 月出版的《青年们，读马克思吧》。内田树、石川康宏两位作者就《共产党宣言》、《论犹太人问题》、《黑格尔法哲学批判导读》、《经济学哲学手稿》、《德意志意识形态》等著作中的经典问题进行了讨论。据策划编辑董良敏介绍，该书体裁别具一格，以来往书信的形式对马克思经典理论进行阐释。两人文风不同、观点不一，颇具阅读趣味性。其日文版 2010 年在日本问世以来，屡创销售佳绩。在未做特别宣传的情况，中文版也有了 3 万册的销量。

其他一些出新的选题，譬如人民出版社的《脱稿讲话》，为党政领导干部、企业高管、职场精英提高脱稿讲话水平提供实用参考；中国方正出版社的《从政提醒：党员干部不能做的 150 件事》、《从政再提醒：不犯错误的智慧》涉及法律法规、党内制度，通过典型案例揭示错误风险；人民日报出版社的《指尖上的政能量：如何运营政务微博与微信》，则由人民网舆情监测室透视舆论生态，着眼政务微博、微信的运营。

放开思维。庄庸分析说，2013 年"主题出版"呈现三种"变化"的趋势：从"主题出版年"的专项化，变成常年组织的常规化；从部分出版社"被适应"，变成全行业"自组织"；从出版业自下而上报批选题的"基层探索"为主，逐渐强化为以国家管理层自上而下总体策划的"顶层设计"为核心,如2013年全国新闻出版工作会议提出:"坚持正确出版方向和舆论导向,做好重大主题出版,扎实推进新闻出版精品战略。"这标志着主题出版从"顶层设计"到"基层探索"的思路、机制、体制渐成雏形。

因此,他认为要关注"主题出版"的核变力。"主题出版"不仅局限像十八大等重大主题的组织和出版,事实上,"主题出版"所带来的顶层设计思路,不仅影响和改变党建读物、时政读物和大众通俗理论读物,还有可能进一步影响诸如青少年读物等出版类型和类型出版,甚至改变整体出版格局。

29.2 如何打好"营销战"?

抓渠道,讲营销,可以说是实现主题出版物畅销的重要手段。从一般图书渠道、专业馆配渠道到政府采购工程,并对市场受众群体做细分,发掘潜在客户,都考量着出版单位的决策经营能力。

及早部署,落实对点营销。安徽人民出版社副总编辑李旭谈到,该社在党的十八大文件出版发行工作中,及早布置、精心组织、狠抓落实、加大宣传,实现303万册的总发行量,由于成绩突出,荣获中国版协人民出版社工作委员会颁发的"党的十八大文件出版发行一等奖"。李旭称,此次发行工作的要点在于:"提前准备,有备无患",在党的十八大召开前两个月,该社多次组织营销部门召开工作会议,确定发行方向和步骤,进行人员的组织与分配,制定发行计划和方案;"周密部署,统一发行",采取省新华书店统一征订发行和出版社营销人员点对点宣传、营销的方式。即出版社营销人员深入到省内各机关单位、企业做宣传推广,使得各单位第一时间对文件的出版发行情况有了更深的了解,征订数字由当地新华书店收订。

馆配差异,衍生多种版本。"中国红"系列是黄山书社销售量最高的主打产品之一,截至目前,该系列图书累计销售量已经达到67万册。该社总编办副主任马磊如是说。作为国家出版基金资助项目,以及国家新闻出版广电总局"向全国青少年推荐百种优秀图书",黄山书社非常注重全国各省市的图书馆馆配工作,特别根据公共馆、大学馆和中小学馆等馆配渠道的特点,推出多版本产品,例如在价格亲民的"中国红馆配版本"。并依托电商平台开展分类组套促销的活动,销售方式上也采取单册和盒装同步发售。得益于此类重点部署,"中国红"系列的市场销量和馆配销量大致也达到二八开。马磊透露,其将陆续开发"中国红"系列的衍生产品,如"中国红格调笔记"和"中国红传承笔记",以不同呈现方式满足青少年以及各层面的读者需求。

主动上门,发掘潜力客户。值得注意的是,主题出版物,很多是用书单位定制出版、主动采购。但是,同类图书若要向其他用书单位等"潜力客户"推介,则需要出版社营销部门主动上门联系。李旭举例说,为推广"廉政文化'六进'系列读本"。出版社通过多渠道联系各单位、各地市纪委负责人,营销部人员上门赠送样书,讲解廉政文化在现阶段的必要性,争取订数,推动图书的销售。借助B2C的销售模式,该社在2013年10月推出的《锦绣江淮好家园:安徽省美好乡村建设50例》发行量也达到3.6万册。又如,红旗出版社围绕《中国能赢:中国的制度模式何以优于西方》主动与阳光保险集团合作,对方购书1万册用于员工学习、赠送客户,销售现已突破10万册。

借力发售,适时培训演讲。主题出版物的发售还应看准时机,与社会焦点、新闻热点相呼应,也会产生较大的社会影响力和关注度。例如,2014年2月27日,全国人大常委会通过决议,分别设立中国人民抗日战争胜利纪念日、南京大屠杀死难者国家公祭日,近段时间中日两国的政治摩擦不断,在这一背景下,线装书局推出395册"日本涉华密档"、163册《伪满洲国政府公报全编》、124册《中国海疆文献续编》等文件影印本和新版图文版《南京大屠杀》、《红樱花——安东丰子和她的战友们》等图书。又如,南京大学出版社在侵华日军南京大屠杀遇难同胞75周年祭前夕,特别来京首发《南京大屠杀全史》。

此外，作者在企事业单位进行演讲、培训，或许也能收获奇效。浙江人民出版社在推出《实干精神》时，多次与作者路大虎组织、策划、参与政府机关和大型企业的培训活动。仅仅在浙江四地演讲之后，便接到超过1万册图书订单。

【链接：中国出版传媒商报2014.5.16，刘志伟《主题出版如何炼成畅销品种》】

第 30 章 "跨界整合",电视节目又现出版热

以电视节目的内容为基础,丰富剧情结构,对特定的题材进行深度开发和二次创作,运用书面语言的独特魅力对电视图像进行新的诠释,再对相关信息进行平衡与调整,出版单位,近两年频频针对电视资源的二度开发和利用,俨然成为一股潮流。特别是有了电视台这个强势媒体做宣传后台,节目出书的前景也是潜力看涨。《中国出版传媒商报》记者特此联系到了多家出版单位围绕电视节目与图书出版、与跨界合作等话题展开交流,希望给予更多业内同仁以启发。

30.1 借势抢占先机

电视节目的流行没有规则、定律,比如《非诚勿扰》、《中国好声音》、《舌尖上的中国》、《爸爸去哪儿》等等,风格迥异,颠覆荧屏,甚至从"黑马"成长为"品牌"引领业界潮流。细心的人或许会发现,尽管很难对当红的电视节目描摹出一条清晰的流行趋势,但它或许可以成为其他行业,例如出版行业、电影行业的风向标。

2013年下半年,亲子节目《爸爸去哪儿》横空出世,成为年度收视冠军。第一季的节目刚刚结束不久,节目组趁热打铁2014年年初推出电影版,并与中南博集天卷联手出版了同名图书。天猫商城图书音像总监李波介绍,2014年1月份该书在天猫预售时,半个月内就成交3万多册,市场热度可见一斑。

谈到制胜关键,博集天卷市场部总监欢莹认为,在于出版的时间、节奏把控得当,借了节目的强势,"从策划到上市,我们用20天就'抢'出来了,非常快"。

与其相仿,在《爸爸去哪儿》节目组的授权下,漓江出版社在 2014 年 1 月份推出了"明星亲子"系列,《爸爸去哪儿之郭涛亲子之道》、《爸爸去哪儿之田亮亲子之道》、《爸爸去哪儿之张亮亲子之道》、《爸爸去哪儿之林志颖亲子之道》同时面世。不仅如此,《爸爸去哪儿》节目中一直颇为严厉的郭涛还"单飞"出书,他将自己参加节目的心得以及经验集结为《父亲的力量》(江苏文艺出版社版),并于 2014 年 4 月份正式出版。据介绍,书里不仅有郭涛和小石头之间的"父子谈心",还有节目的幕后故事,继郭涛之后,其他的明星老爸的出版事宜或许也将得到相应的关注。

《最强大脑》作为另一档新近热播的节目,自然少不了受到出版单位的瞩目。北京大学出版社在 2014 年 4 月份接连推出的《姿势对了,你就美了》、《最强大脑——陈俊生快速记忆训练手册》,正是由《最强大脑》节目的参赛选手写作,可谓成功抢占先机。

"前者首印 3 万册,上市即脱销,半个月后加印 1 万册;后者首印 2 万册,正式上市不到 10 天,目前走势不错",策划人杨水秀告诉记者,北大社在看到节目后,迅速和参赛选手如张富源、陈俊生、蛋叔父子(李勇、李云龙)、王峰、吴天胜等人签约,洽谈出书事宜,为每位选手策划彰显个性的产品。例如,张富源擅长徒手塑形,《姿势对了,你就美了》即传授瘦身和健身动作。再如,陈俊生在台北从事记忆力培训十五年,他的《最强大脑:陈俊生快速记忆训练手册》则重点在讲述"扫描式记忆"技巧。又如,"'蛋叔'的书主要由其口述,畅谈对李云龙的后天培养;王峰的书则偏向分享其自创的记忆方法;吴天胜因为在国外攻读研究生,出版思路尚在碰撞中"。她还透露,《最强大脑》节目组的图书也将由北大社出版,以科普的形式介绍核心挑战者的大脑状况。

30.2 精准群体需求

上述图书的策划,主要着眼于面对短期内迅速走红的节目,把握时机、先机的重要。而针对一些持续时间较久或者拥有固定观众群体的节目,则应厘清市场需求,找准读者定位。

青岛出版社在2014年力捧的《美丽俏佳人:不美不活》即是黑龙江卫视《美丽俏佳人》节目开播7周年之际的第二本书,现已销售4万册。二者去年合作的《美丽俏佳人:最享瘦》上市后更是一度"卖断货",并也达成6万册的成绩。该社总编室负责人王誉霖告诉记者。

《美丽俏佳人》节目以及旗下"静家族"各位主播、达人一向在美容、化妆、时尚等领域颇具影响。节目内容以图书形式展现,显然是针对了众多爱美人士。据其介绍,青岛出版社和节目制片人达成共识,意欲充分利用彼此优势资源,继续开拓时尚类图书板块,预计还将推出6本新书。而且,两书均实现了手机拍拍看视频、购物的功能,接下来其将继续探索立体化阅读的可能性,让读者体验多媒体阅读的乐趣。

《职来职往》节目中,求职者需要面对企业、行业面试官的种种考验,贴切反映了新型求职现场的原生态,拥有一批忠实观众。人民邮电出版社为此推出了《职来职往——这样求职进百强》,"节目是图书的现场展现,图书是节目的精华延展,希望从节目到图书都可以给求职者答疑解惑",该社副社长、总编辑王晓丹如是说。无独有偶,天津卫视的金牌求职节目《非你莫属》的同名书籍,也由湛庐文化策划、中国人民大学出版社出版。职场类图书作为近年来的热门题材竞争惨烈,但恰逢2013年这一"史上最难就业季",两本图书凭借节目的实操案例均有较好的市场表现。

相似地,适逢北京电视台《光荣绽放》节目正式开播五周年,为了与影迷、歌迷、戏迷分享这一纪念,北京时代华文书局携手田歌在2014年北京图书订货会上推出"田歌访谈"丛书。除却此类全国性的节目,也不乏地方电视台节目出书的案例。中原农民出版社的《咱嘞河南话》,正是脱胎自河南电视台9频道开播一年多的"咱嘞河南话"节目内容辑录,读者市场却并不限于当地,还延伸到了对河南话感兴趣的外省人士和新生代人群。

30.3 着眼个人魅力

除却对电视节目整体影响力的关注,一些图书的策划更加凸显主持、嘉宾的个人魅力。

以人民文学出版社的《许子东讲稿》为例,作为公众人物的许子东,于2000年年底与梁文道一起担任凤凰卫视中文台高收视节目"锵锵三人行"的嘉宾主持。讲稿第三卷《越界言论》更是一字不漏地收录了每期半小时"锵锵三人行"的全部谈话内容。他还逐段加上事后的注解、诠释和窦文涛、梁文道即兴谈话的现场气氛、潜台词及事后反省。

近年来,多家省级电视台开办《老梁观世界》、《老梁说天下》、《老梁故事汇》等栏目。著名节目主持人梁宏达点评涉及时事、人物、体育、文化等多个领域,以独到观点和犀利幽默的语言著称。中国工人出版社在2014年3月打造的《老梁说天下》,即梁宏达的最新评论合集,也是此类凭借个人魅力寻求卖点的策划。

高晓松从自我的角度解读历史事件,风格轻松幽默,富含不少个人见解和趣闻,深受观众青睐。他个人的两档节目均已出书面市,北京联合出版公司的"晓说"系列来源于优酷网的脱口秀节目《晓说》,湖南文艺出版社的"鱼羊野史"系列脱胎于东方卫视的脱口秀节目《晓松说——历史上的今天》,特别是后者在2014年4月新近上榜,销售数据名列前茅,影响不容小觑。

又如《非诚勿扰》,尽管节目组并没有图书出版,但主持和嘉宾却多有成果。孟非在南京大学出版社推出《非说不可》、在浙江文艺出版社推出《随遇而安》,乐嘉更是著有《FPA性格色彩入门——跟乐嘉色眼识人》、《色眼再识人》、《人之初,性本"色"》、《让你的爱非诚勿扰》、《跟乐嘉学性格色彩》、《微勃症》、《本色》、《谈笑间》等。不仅如此,《非诚勿扰》节目中的人气女嘉宾、被戏称为"旗袍女神"的朱晓,其在2013年也推出情感类图书《爱情解药》(重庆出版社版),精选了作者多年的情感咨询手记和部分曾在报刊媒体中发表过的情感短篇。

此外,"央视名嘴"以个人身份出书的也有不少,白岩松与长江文艺出版社合作出版《幸福了吗?》、《痛并快乐着》,并在 2013 年 12 月与上海交通大学出版社合作出版《一个人与这个时代:白岩松二十年央视成长记录》;水均益在 2014 年 4 月份推出《益往直前:水均益亲历的世界变迁》(长江文艺出版社版),并附水均益对话普京完整视频;柴静的《看见》(广西师范大学出版社版)见证中国社会十年变迁。

【链接:中国出版传媒商报 2014.5.13,刘志伟《走进"跨界整合"时代:电视节目又现出版热潮》】

第 31 章　教辅出版渐入"复合"时代

　　近年来,特别是教辅新政出台后的这两三年间,一度受困于品种高度饱和、内容高度同质等市场弊端的教辅出版和策划机构,越来越清晰地呈现出向"深度出版"要发展的趋向,而这种"深度出版"说到底还是要以优质的内容和服务满足目标群体的学习需求乃至体验需求。在新技术一路深入的大出版环境之下,在新生代学生群体成为互联网、移动终端的骨灰级粉丝的当下,教辅出版在被动与主动中顺应媒介融合的大势,越来越多的相关机构以"多媒介复合出版"作为深度出版的切入口。

31.1　多媒介复合产品初步试水

　　在纸质教辅产品资源的基础上,利用新媒介进行叠加、增值生产,成为目前各相关参与力量的一致选择。在 2014 年年初由中国出版传媒商报、法兰克福书展、法兰克福学院联合主办的"首届中国创意工业创新奖"评选结果中,华东师范大学出版社于 2013 年推出的《解题高手(微视频版)》获得新产品金奖提名奖,其获奖理由在于——通过二维码将微视频与纸质图书相结合,使用者只要通过移动终端扫描图书中的二维码,即可免费观看与之相应的名师微视频讲解,成为开创"移动学习"新模式的领先力量之一。山东世纪金榜书业有限公司则在初中数学、物理、化学图书习题中引入二维码视频讲解,遇到难题,用手机视频扫描软件扫描题目二维码,相关习题名师讲解立即可见。2014 年 6 月由北京曲一线图书策划有限公司推出的 53B 版北京版理数、文数、物理、化学、生物 5 本图书,利用二维码技术,对书中收录的 2014 年最新高考题进行视频植入，实现文本讲解与视频讲解的无缝结合，帮助学生更好地吃透高考题。

"二维码+微视频"正在成为流行选择，而各机构正在探索的教辅复合出版明显不止于此，产品类型初步呈现出多样化。据外语教学与研究出版社教辅分社副社长张志纯介绍，该社积极推动多种媒介在教辅出版中的应用，相关做法已纳入2014年的产品规划之中，如《600分考点 700分考法》等一部分仍定位以纸质书为主的产品将选择通过二维码链接微课堂、微视频，而类似《高中教材知识·考试资源库》等系列则有望依托相关纸版资源开发资源库型的APP产品，比如针对语文中的多音字等与章节配合设计互动闯关游戏等。

"网络错题本"则是曲一线为正版用户解决手抄错题费时、低效、页面零乱、不方便整理等问题提供的创新型增值服务：对5.3B、3.2一轮、5.3中考和初、高中同步图书配备了网络错题本，通过web、手机应用实现快速的错题整理、变式题推送等功能，实现了图书、网络的结合。目前，曲一线正积极研究包括教学视频等在内的多媒体资源的整合、推送，将打造以图书为前锋，云端资源为解决系统的个性化复习备考解决方案。

世纪金榜在英语图书中引入了"快乐学英语"APP题库工具，学生遇到难题，用手机快乐学扫描软件进行扫描，可以在手机上查到习题讲解，并形成学生大数据分析，系统可根据学生习题扫描情况给出针对性学习解决方案。据该公司常务总经理李祥安介绍，该公司2014年计划开发小学讲解类富媒体产品，将各种媒体与图书结合起来。

江苏教育出版社中学分社社长单婷告诉记者，针对于教辅复合出版，苏教社还处于研究探索、尝试出版阶段。去年，该分社的重点教辅品种《凤凰新学案》已经开始在网上提供数字版本，每个学科还专门建立了自己的学科论坛，供编辑、读者交流讨论。2014年，该社还在积极加大复合出版的力度和深度：2014年秋季版《凤凰新学案》的复合出版资源正在紧张的设计制作之中；寒暑假作业作为学生没有教师指导、以自学自测为主要学习方式的一类助学读物，其复合出版资源的设计和规划,也在进一步调研部署。

31.2 具体环节运作各有设计

复合出版从表面来看是教辅产品的新动向,实则是企业转型发展的一种体现,后者决定了复合出版必定是深层次的整合、盘活。"由于较早提出了由教育出版向教育内容与教育服务提供商转型的战略规划,江苏春雨教育集团自2010年起即致力于教育内容的一次研发、适度加工、多元发布的全媒体出版的梳理与探索,'春雨教育'旗下的品牌教辅绝大部分都进入了复合出版时期"。春雨集团董事长严军对企业战略性转型和产品的生产特征进行了这样的阐述。据他介绍,该集团旗下的《1课3练》《单元双测》《课时训练》《提优名卷》等同步练习、测试类套系,同时还是"学科王"教育考试网 www.xuekewang.com 的核心原创资源,《教材全析》成为"学科王"考点深度讲解、即时梯度训练与视频类教学资源的脚本,《奥赛课本》《中国华罗庚学校课本》等将是各学科竞赛类"微课堂"的生动教案,"春雨教育"旗下以每季30%的速度持续增长的《实验班提优训练》则是中国小学生第一款网上游学平台和才艺展示社区的"梦幻城堡试验班"的基础性资源。早在2011年,春雨集团就研制出"教育内容的生产、加工、存储与发布流程",系统、细致梳理了从选题策划、编撰写作、版式设计到编校、印制的各个生产环节,按照复合出版的规划要求,重新制定标准、流程,基本告别了纸质编校,并尝试实施在线协同编撰。目前,春雨集团由纸质图书出版商向教育内容与教育服务提供商转型已进入倒计时阶段,品牌教辅的持续修订、改进,进入中学学生经典阅读资源的复合开发,"春雨中外文学经典"青少年美绘版120种、彩绘注音版60种即将在暑期推出,"学科王""梦幻城堡"的二期开发已经启动。

对于优先选择哪些既有资源进行"复合式再造",单婷表示,苏教社一般首先会选择两类教辅:一类是市场占有率高、在师生中具有较好口碑的主流教辅品种;另一类是主要靠学生自学的教辅品种。2014年秋季版的《凤凰新学案》

将进一步扩大复合出版范围，具体方式是约请有丰富教学经验的老师，结合教辅内容，在课题引入、教学设计、题目讲解、知识归纳、课后拓展等环节开发、制作 PPT、重难点讲解视频、生动有趣的实验 Flash、题组推送等数字化资源，以二维码的形式放在书中相应位置，供师生通过手机、平板扫描使用。同时，将教师用书的电子版及所有数字化增值资源放在出版社网站上，方便老师、学生随时浏览。针对于《解题高手（微视频版）》以及在暑期上市的《题根》、《奥数教程》、《一课一练·数学·周末增强版》三个系列产品的微视频版，华东师大社教辅分社社长倪明表示，这些产品都是从读者角度出发，这些产品被认为"更需要视频辅助"，通常是内容难度较高的产品。以《解题高手》为例，该书里的内容都是精选的典型题目，通常每个题目都设计了常规解法、巧妙解法以及举一反三式的训练题，这种题目往往存在"仅看文字有难度"的情况，增加复合资源的意义更大。据了解，《解题高手》全系列新增 600 个微视频，每个视频时长约 5~8 分钟，每本书需要找 3~5 位专家资源进行视频录制，所以对作者、专家资源的整合与再开发也提出了相应要求。同时，鉴于二维码扫描的需要，纸质书也重新选择了更好的纸张。鉴于新成本的产生，原有产品在定价上进行了微调。

从这些运作来看，教辅书的复合出版在细节上涉及方方面面，所以对出版、策划机构而言也提出了更多挑战，相关机构要思路清晰地逐步推进。李祥安介绍说，世纪金榜针对复合出版设计了三步走的开发方式：第一步定义复合出版物的市场定位，梳理客户的使用需求；第二步根据市场需求、客户使用习惯制定体例和样张，确定图书和各种富媒体的结合方式和实现方式；第三步综合分析各种富媒体制作思路和技术实现路线，形成标准开发模式，并要求编委在编稿时系统考虑，并写出脚本或者选择合适的富媒体与图书稿件进行匹配。

总体来看，教辅出版正在多媒体的作用下进行"复合"开发，这成为业者的新期盼点。但是，这种期盼仍处于"孵化期"。接下来，如何让产品具备让用户心甘情愿地埋单，突破目前大多数产品的"免单"境地，新的市场增长点才会变成现实。

31.3 多媒介复合教辅营销贴士

● 通过二维码技术与微信平台,为学生、家长、教师打造春雨高效学习辅导专家的全方位贴身服务体系,各学科资深编辑、名师挂牌主持"学科王"网站与春雨教育微信的相关频道;在春雨图书的显要位置,发布官网与学科频道信息,通过纸质图书 3000 万读者的影响力,推广春雨的数字出版产品与教育服务,实现转化;与教育类的专业网站、有影响的城市网站、实体店、网店合作,经销商实体店与网店扫描,推广品牌,扫一扫,进入"春雨教育书城"、"学科王"、"梦幻城堡实验班"。目前,相激相荡态势明显,纸质图书增速平稳,"学科王"注册用户急剧攀升,已达 50 万人,"梦幻城堡"也有 2 万个在线用户。

● 除了结合图书通过常规方式一起宣传外,苏教社结合图书内容纠错、数字化资源征集两项活动,吸引市场的关注度,提升读者的参与性,进而达到推而广之的目标。

● 华东师大出版社通过视频短片在视频网站上对新产品进行推广,同时也利用书展等各种业内外平台举办研讨会等活动,并且充分利用了微信的便捷传播力。

【链接:中国出版传媒商报 2014.5.20,刘海颖《教辅出版渐入"复合"时代》】

第 32 章 政策调整促动职教出版新变

2014 年 3 月 22 日,教育部副部长鲁昕在中国发展高层论坛上透露,教育部将推进全国 600 多所高校实现转型,即 1999 年以后的"专升本"院校将向应用技术型、职业教育类型转变。3 月 25 日,她在 2014 年度职业教育与成人教育工作会议上,就加快构建以就业为导向的现代职业教育体系进行新的工作部署,其中涉及探索开展本科层次职业教育。2014 年 6 月 23~24 日,全国职业教育工作会议召开,会前国务院印发《关于加快发展现代职业教育的决定》,明确加快发展现代职业教育的指导思想、基本原则、目标任务和政策措施。教育部等六部门也印发《现代职业教育体系建设规划(2014~2020 年)》。同时,外媒也关注到相关改革,称我国重视职业教育"前所未有"。

对于对教育政策向来保有敏感度的出版业而言,这一系列信息被相关业者迅速捕捉并作出反应,而这些反应或对未来职教出版这一细分板块中大到发展趋势、小到运作模式带来系列影响。为此,《中国出版传媒商报》特采访了 10 家以分社或事业部等专有机构发力职教出版的出版社,就其调整方案和发展思路、改革面临的机遇与挑战、自身特色产品的评估等进行呈现,以资业者互鉴。

32.1 应对篇:政策调整引发出版路径新探索

记者了解到,相关出版社高度关注此次政策变动,纷纷从多方面探索新路径。如据华中科技大学出版社职教分社社长曾光介绍,该社已有系列应对举措:一是及时学习最新政策,组织各层次教育职能部门、转型院校和科研院所开展讨论,并结合院校特色达成共识;二是加强对相关转型院校和有代表性院校的走访和调研,了解院校真实需求;三是分析已有产品线,找出结合点,通过改版保持现有产品的生命力;四是针对政策的变化优化专业方向和品种结构,结合自身的专业优势和重点方向,系统化、集约化地进行新系列教材的开发,以满足转型院校的庞大市场需求。虽然也有少数出版社表示,因目前前景尚不明朗,并未制定特别措施,但多数出版社已有重点发展方向和规划,综合看首要表现在两大方面。

□ 32.1.1 政策解读与"一线"结对双管齐下

积极关注政策调整,加强学习成为出版社发力的第一步。对此,北京师范大学出版社、人民邮电出版社、大连理工大学出版社等都表示在密切关注政策走向。大连理工大学社副社长张剑宇表示,该社早就对职教教材改革、高等教育转型等问题进行了深入思考,并及时在社内网站更新相关政策信息和研究文章,迅速部署新的发展计划。人邮社为深入了解新政策,定期组织研讨会。华东师范大学出版社高等教育分社社长翁春敏分析称,此次政策调整重点引导和支持一批有意愿、有条件的本科高校向应用技术型高校转型,是职业教育一贯制的要求。这意味着,现代职业教育立交桥式的上升通道走向现实,形成定位清晰、科学合理的职业教育层次结构;职业教育不再"断头",而是可从中职到高职再到应用型本科。课程是调整的关键,教材则是课程的物化,是体现变化的核心载体。顶层设计已经公布,虽目前转型路径尚不明确,一旦相应的转型路径和实施细节出台,会直击课程层面,继而引发职教的变革。因而,政策的调整必将对职教出版乃至更广范围内的教育出版带来相应的变化,并将进一步加速职教出版自身的内涵发展。

目前,不少出版社选择与"一线"力量迅速结对子,加强与相关教育部门、转型院校的调研、合作。北师大社副总编辑、职业教育分社社长栾学东称,目前很多高校已开始为转型做准备。2014年4月,"应用技术大学(学院)联盟"在河南驻马店市成立,并通过"驻马店宣言"。该社积极跟进,同教育主管部门及部分应用技术型高校密切联系,从内部机构与人员调配、作者资源挖掘等方面做足准备。张剑宇表示,大连理工大学社除加强与教育部高等院校教学指导委员会的联系之外,更重视与院校的合作。该社采用由出版社主导、高职院校集体加盟的形式,组建"新世纪高职教材编委会",目前正联合多所学校构建会计专业的实践体系,争取完成本科层面的课程体系设计。该社还联合南京信息职业技术学院等10家职业院校一同研发电子专业教材的规划。人邮社职业教育出版分社社长曾斌表示,该社将会密切联系转型院校,跟踪学校转型过程中教材需求的变化,同时将成立专家顾问团队,研究本次转型中与未来教材建设相关的关键问题。该社还会成立专门项目小组,具体负责转型院校的教材开发,如及时收集相关院校信息、对现有适合转型的教材进行改版升级、通过调研为全面开发新教材做好准备。

32.1.2 新产品开发因时而动

根据政策动向针对性地优化产品结构、开发新产品线已成为各社发展的重头设计。南京大学出版社高校教材中心主任蔡文彬称,该社调整高校教材板块结构,将按本科、高职高专分层教材建设调整为按研究型和技术技能型分类教材建设,重点抓好后一类建设。该社还会积极培养专业编辑,按专业板块重点配备人力物力,对特色板块加以更新升级,并根据需要拓展新专业方向。华南理工大学出版社2013年12月成立了职业教育编辑部,正好乘政策调整的利好时机,以更专业的人力资源配备谋求突破。该社新开发的"21世纪高职高专计算机类立体化精品教材"涵盖基础课系列、多媒体技术系列和网络技术系列,总计37种,配备网络资源库,2014年9月前将全部上市。该社职业教育编辑部常务副主任何丽云表示,其还计划推出土建类、艺术类、电子商务类、旅游管理等系列教材。大连理工大学社将重点推动应用型本科教材的研发。张剑宇说:"以实践课程体系为基础,改造理论课程体系,是高等教育改革最终要面对和解决的首要问题。不如此,高等教育改革目标就不能彻底实现。也就是说,要首先构造专业实践课程体系,由此界定专业理论课程体系所剩余的学时及内容。这样完成的课程体系构建才科学、合理。"该社 2014 年拜访在应用型本科方面卓有建树的合肥学院，共同探讨了应用型本科的改革方向，并就专业课程体系与专业教材体系建设的对接问题进行了交流。

清华大学出版社则更加注重职业教育理论研究。据其高职高专事业部主任刘士平介绍，该社一贯秉承"职业教育，研究先导"的理念，曾组织多所院校的学科带头人对高职高专各专业进行系统化课题研究，目标是为职业教育各领域提供整体化解决方案，在此基础上进行教材出版。这种思想在以往的高职高专课程群建设研究、课程标准开发上已取得成功经验，如"当代职业教育理论与实践探索丛书"就是清华社与职业教育理论专家合作出版的理论专著。该社还组织多所院校联合开展职业教育课程标准研究，使职业教育理论在国内职业院校落地，如由中国商业会计学会牵头、国内十所院校联合开发的《工学结合模式下高职高专会计专业建设指导方案》。在新政策背景下，该社将按这一思路开展培养体系课题研究，在研究成果的基础上进行教材建设。

北师大出版社将趁此次高校转型时机，推出反映应用技术类高校最新课程改革成果的系列教材。浙江大学出版社教材分社社长黄娟琴表示，该社一直为新信息技术条件下的教材策划出版做大量的研究与准备工作，在这次改革条件下，将深入高校做好针对教育改革教材需求转向的市场调查，与转型院校教师联系，探索新的教材产品形态与教学服务模式。

32.2　机遇篇：三重利好催生出版升级

□ 32.2.1　选题空间扩大

600 多所院校转型，对相关教材的需求量将大幅增长。华南理工大学社近 10 年在汽车、机电、IT 等领域拥有一系列品牌教材，今后将在此基础上对产品进一步修订更新。刘士平表示，此政策导向利于清华社拓展出版领域、挖掘专业特色。就教育层次而言，高等院校转型后，应用型本科院校纳入职教体系，系统构建职教教材将成为新业务开拓点。北师大出版社职业教育教材可供品种约1500种，涵盖了中高职公共素质和大类专业核心课程，而本科职业教育教材将成为其开发的新增长点。该社会趁此时机组织行业专家、企业专家、职教专家和学科专家开发适应本科职业教育需求的系列教材。

32.2.2 教材开发特色和市场格局双重变化

业者认为，部分高等院校转型办职业教育，重点在于人才培养目标与培养模式的转型，基本落脚点在课程改革。课程体系重新规划，作为其载体的教材也必须做出相应变化，原有本科教材的市场必将重新洗牌，这对有丰富职教教材出版经验的出版社而言是一次难得的发展机遇。教材可借此实现理论型到应用型的转变，出版社可着力出版数字化配套教材，增强其实践性和操作性。此次改革将深入提高业界对教材质量的关注，有效推动职教市场由无序竞争趋向理性发展。

32.2.3 构建整合资源平台迎来新契机

曾斌表示，人邮社在信息技术、工业技术等方面有深厚的资源积累，尤其是技术应用类图书已获得广泛的市场认可。随着转型院校办学侧重点向技术应用的转变，出版与其适应的教材可发挥人邮社科技技术类出版强社的优势。机械工业出版社在制造业领域与企业联系密切，该社高职教育分社营销部主任胡延斌称，职业教育在培养目标、教学标准、实训实验、上岗操作等各环节都需企业参与，机工社可凭借自身在院校资源和企业资源方面的有利条件，成为整合职业院校、转型本科院校、企业三方资源的平台。一直承担中职德育课和文化课国家规划教材出版工作的北师大社，整合行政、学术、宣传、营销等资源，同时借鉴国外职业教育的先进理念和教材出版经验，推出了"京师职教"、"京师幼教"系列规划教材，以后还将依托母体大学的影响力，整合更多作者资源。

32.3 挑战篇：切入空白领域仍具难度

尽管职教教材市场发展前景广阔，但更大的挑战也随之而来。

职教教材出版空间增长将引发竞争力量"大爆发"。据栾学东分析，现今越来越多的出版社意识到职教教材出版大有可为，为此多成立职业教育分社或单独部门，出版相关教材。近几年很多民营公司也通过合作出版等方式介入，致使市场竞争更加激烈。高校转型后的相关教材目前属于空白，各社都在积极关注，预计后期竞争会更激烈，市场竞争重心也会有所转移。黄娟琴认为，高校转型后，对本科类教材的需求量势必减少，这对以本科教材为主的出版社来说是个不小的冲击。胡延斌表示，转型后的院校在招生、就业方面可能会对高职院校造成影响。若因此高职生源缩小，原有高职教材的市场势必也随之变小。这就要求出版社需随时根据市场发展变化做出调整。

高品质教材对作者、出版社等提出更高要求。职业教育所需教材应强化实践性，对作者要求更高，但很多本科院校教师没有企业工作经历，要编写出高质量、应用性强的教材并非易事。同时，较大面积的本科转向职业教育，怎样从教材角度让教师适应职业型教学，是出版者面临的重大问题。新的办学水平与教学条件下的教材策划出版，尚无可借鉴的成熟经验。

多位业者还表示，如何把握整个职教体系的人才培养定位，如何根据改革和市场变化及时调整，难度不小。也有受访者关心出版社如何改进与院校的合作方式，从而发挥其资源整合作用。

【链接：中国出版传媒商报 2014.8.15，王舒《政策调整促动职教出版新变》】

第 33 章　七大新概念童书引领消费潮流

本章关注的新概念童书，实际上包含了近年流行并且刚涌现的一些新的童书形式，比如点读笔读物、AR 图书、影音多媒体童书、多维立体发声书、立体活动书、定制童书等各种样式的儿童读物。它们不同于传统的纸质图书，拥有更多讲故事的空间和能力。我们通过盘点国内此类图书的制作，来探讨非传统意义的新概念童书的发展趋势。实际上，新概念童书多以声光电面貌出现，满足孩子与充满科技元素的新生活环境之间的交融。此次调查对象多为专业少儿出版社，他们在新概念童书上的先锋行为以及某些理念、开发技巧等都有借鉴之处。

33.1　新概念一：3D 立体玩具书

立体书，在国外被称为 POP-UPBOOK，它拥有书的内容和形式，同时兼具玩具的趣味和功能。这个类别的新概念童书可以说是国内出版社近年涉足较多的一个领域。除了专业少儿出版社，比如二十一世纪出版社、安徽少年儿童出版社、未来出版社等是这方面的代表性出版机构外，某些非专业少儿社，如科学普及出版社、机械工业出版社等在这个门类都有不错的开拓。

个案点击：作为国内最早涉足玩具书的出版社，二十一世纪社曾被誉为"中国玩具书出版的大本营"，早在 2000 年就出版上百个品种的玩具书，目前已拥有颇具规模的图书产品。该社"噼里啪啦"品牌玩具书在当当网上持续热销，陆续推出了《趣味转转书》《立体纸工大图鉴》《很好玩立体拼图书》等一系列产品。而作为中国第一家提出"图书玩具化、玩具图书化"出版理念的出版社,安徽少年儿童出版社在深度开发"好好玩玩具书系列"的基础上,陆续推出音乐书、木头书、布艺书、毛绒书等新品种。此外,该社2013年继"变形金刚"、"小鸟3号"、"赛尔号"之后又打造了"愤怒的小鸟"品牌拼插手工书。通过使用安全环保材料EVA进行拼插,制作成可爱有趣的模型,同时还附加了多功能相框,体现出了玩具书的趣味和功能。

33.2 新概念二：点读笔

点读笔读物在业界的存续时间不算短。这种出版物是采用光学图像识别技术和数码语音技术开发而成的智能阅读和学习工具。由于外观小巧、携带方便、发音清晰,并且能同时实现点读、复读、跟读、录音、娱乐等诸多功能,深受家长和学生的喜爱,市场需求很大。目前市场上的点读笔品牌众多,主流品牌点读笔主要来源于两类生产商：一是长年从事研发工作,在技术上拥有雄厚实力的硬件生产商；二是从事图书出版工作,拥有丰富内容资源的专业出版社。正如点读功能的实现需要点读笔和点读书配套使用一样,点读笔的生产、销售也必须实现硬件(笔身)和软件(内容资源)的结合,除了合格的硬件生产,能够提供配套使用的内容资源至关重要。

个案点击：中国少年儿童新闻出版总社2011年开始推出点读有声刊物和点读笔,点读笔的使用范畴覆盖了低幼类的报纸期刊,随后,借由《中国少年英语报》和《我们爱科学》在中小学生的口碑,也推出了点读有声刊物。同样是在2011年,二十一世纪社积极推进出版行业与点读笔生产厂商的异业结盟,实现了在加盟范围内,任何一支点读笔都能点读二十一世纪社的有声读物。目前,该社已与国内大型的电子教育科技企业如步步高、读书郎、万利达、诺亚舟、快译典、万虹等结成点读笔联盟。上述品牌的点读笔能点读二十一世纪社出版的200余种有声图书。湖南少年儿童出版社近年开发的"我的快乐启蒙有声书"也是此类典型。该套系同时配备有点读笔和纸质有声书。该系列包括学前认知、故事阅读、数学逻辑、基础英语、古典启蒙、益智游戏六大类别

15 个系列，共计 69 本。

33.3 新概念三：AR 图书

AR 图书是现在比较前卫的多媒体图书，也是未来发展的潮流。AR——是利用计算机生成一种逼真的视、听、触和动等感觉的虚拟环境，通过各种传感设备使用户"沉浸"到该环境中，实现用户和环境直接自然交互。在童书领域，近年的浙江少年儿童出版社、中国少年儿童新闻出版总社、接力出版社等少数出版机构都尝试在图书中嵌入 AR 技术（以单本图书为主）。接力社前不久发布的新书"香蕉火箭科学图画书"系列则是 10 册连发，可以说是 AR 技术首次在图书上的规模化应用。

个案点击：中少总社近年精选了很受小读者欢迎的"红袋鼠安全自护故事"和"嘟嘟熊典藏故事集"做成 AR 图书库，从纸质图书到增强现实图书，故事变得更立体可感，与小读者互动性更强。从前期的市场调研来看，在小读者中的反响不错，该类图书将于今年上市。接力社的"香蕉火箭科学图画书"系列，内容涉及人体、动植物、太空、建筑和交通工具等多个主题。通过手机或平板电脑下载"香蕉火箭 AR"免费软件，读者即可体验到从平面到立体动画的神奇效果。浙少社于 2013 年 6 月出版的《孩子的科学》，内容资源来自西班牙派拉蒙的儿童科普类图书——《孩子的科学》，为西班牙文化部支持项目。图书内容涉及太空、信息、工业等 11 个学科。原书只有纸质内容，并没有 AR 技术的支持。编辑在制作过程中，出于对 AR 技术的热爱，和杭州蓝斯特技术公司以及杭州职业技术学院普达海动漫艺术学院三方合作，进行了原创。浙少社统筹策划，普达海动漫艺术学院完成模型制作，蓝斯特则负责完成程序合成。

33.4 新概念四：交互电子童书

实际上，交互式童书外延很广，它区别于其他类型新概念童书的地方在于，用户可以通过手触或者其他方式亲自参与到图书的情境中去，并享有一定的掌控权。最初出版社开发的交互童书版本多为互动电子书,此后逐渐发展扩充到以应用软件为媒介,通过手机或者平板电脑等进行观看的交互读物。

个案点击:2014年,新蕾出版社引进了美国学者集团最新出版的青少年科普著作"发现之旅"丛书。同时,依托于数字技术,社里做出了比原书更好的互动功能和视觉呈现效果:为每一本书开发基于多个平台的APP应用,内容上既和纸书相关,又具备独立的内容与功能。如《恐龙》一册,纸书内容是系统讲述地球上恐龙的年代、分类特征和发掘过程等知识,而APP应用则是"恐龙大对决",小读者可以选取恐龙世界几位"老冤家",让它们在虚拟场景捉对厮杀。对于中国的纸书读者,APP将成为赠品,而基于这套书的国外读者,社里还将开发英文版APP,实现内容的反向输出。该套书第一辑预计2014年年底与读者见面。

33.5 新概念五:二维码影音童书

这个类型的图书多需要对图书上的二维码进行扫描,借助手机和平板电脑等设备进行观看或收听影音信息。除了美食、养生类图书,少儿图书中的科普等门类也很适合插入视频音频信息,比如故事、朗诵类图书。接力社除了在"中国梦之歌校园朗诵诗"套系中采用了二维码插入朗诵示范音频之外,2014年9月出版的《没想到婴儿创意图画书》也利用二维码插入了讲故事的音频文件。中国大百科全书出版社则在《中国儿童动物百科》中嵌入了视频效果。此外,安徽少年儿童出版社在故事类产品也嵌入了影音效果。当然,光盘等介质也是影音多媒体童书的常规出版形式。

个案点击:北京出版集团北京少年儿童出版社《神奇科学》在书中每个小实验后面附有二维码,不须登录任何网页,直接通过手机微信"扫一扫"即可观看该集视频节目。据悉,这种二维码图书将是北少社尝试发展的新产品线。福建少年儿童出版社2013年推出手机扫描二维码同步伴读有声故事书——"蜗牛故事绘"系列图书(首辑10册),该系列同样只需借助手机扫描二维码,即可免费下载安装同步伴读语音软件,实现高品质的绘本有声阅读。该社后续又推出了"365夜好故事"系列有声图书。此外,比较特别的是,接力社的"我听见的世界"是一套为"听"而设计的绘本。它的有趣之处在于,随书附赠的动画光盘采集来了世间有趣的、真实的声音,包括交通工具、动物、恐龙等,把它呈现在小读者耳畔。

33.6 新概念六:数字化游戏植入式童书

在某种意义上说,数字化的游戏植入已经跨越了书的概念,成为另外一种形态的儿童阅读产品。该模式的游戏植入式童书在国内还比较少见,但在国外有不少出版机构有此类尝试。比如,经典童话《小红帽》,有国外出版机构以此为蓝本制作了互动性APP。在这款应用里,小红帽在面临走哪条岔路的选择时,用户要帮她做决定,所做的决定会影响到故事的结局。不同的路径都可以通向目的地,只是途中的经历大不一样。纸质版的游戏导入式童书在国内倒是有不少出版机构有尝试。

个案点击:简·奥斯汀的经典作品《傲慢与偏见》被她的忠实粉丝莉齐·贝纳特改编成了一款游戏《奔跑与偏见》,其形式很像《超级玛丽》。游戏玩家可以控制游戏主人公伊丽莎白·贝纳特,在由原著文字组成的字里行间穿梭。它可以自动按照阅读顺序奔跑,玩家只需在章节衔接处按空格键,让她跳跃到下一章节即可。如果在规定时间内没有阅读完书籍,游戏会自动结束。事实上,这款游戏只是一种自动卷轴的电子书,设计目的是增加玩家们对书籍阅读的乐趣。可能孩子并不一定喜欢读有两百年历史的《傲慢与偏见》,但通过游戏改编的话,就会让孩子有欣赏的兴趣。

33.7 新概念七:MPR读物

MPR读物即多媒体印刷读物,它以MPR码将音视频等信息文件与印刷图文关联,借助于播放器,使读者能够在阅读的同时,同步聆听和观看相关信息文件。在一定程度上，MPR读物大大缩短了孩子由亲子阅读转向独立阅读的过渡过程，甚至于两岁以下的孩子，都可以在家长的简单指导后，与图书进行互动操作。在以往的传统亲子阅读中，由于多数家长并不懂得专业的阅读语气，使精彩的故事达不到应有的表达效果。MPR的脚本和配音，都是由专业人士完成，从而体验到另一种阅读乐趣。

个案点击：湖南少儿社"全国幼儿学前教育音视频动漫系列读本"即为MPR读物。在内容的编写上突出"生活化、趣味化、游戏化"。通过阅读笔可以听故事、唱儿歌、看动漫、玩游戏，既可以在幼儿园集体阅读，亦可由家长与孩子共同学习。海燕出版社近年也在MPR图书上有不少开发，已推出100多种相关图书，其中包括少儿类绘本、学前读物、教辅等各类图书。

【链接：中国出版传媒商报2014.9.19，孙珏《七大新概念童书引领消费潮流》】

第 34 章　应用新媒体预售新书如何把控

预售是指在产品还没正式进入市场前进行的销售行为。近年来，新书预售渐渐成为出版社一种常见的图书营销方式。预售为图书提前寻找感兴趣的读者，通过预售扩大新书影响，进而拉动图书销售，是一种规避批量化出版造成浪费以及进行市场调研的很好方法。新书预售也已在越来越多的网店甚至地面店被使用。但某种程度上，目前主流预售形式仍是网络书店唱主角，通过预售抢占了更多的市场份额，对目前实体店可谓雪上加霜。新书预售在图书营销中发挥的功能、作用以及目前面临的问题及未来趋势到底怎样呢？对渠道而言，这种模式是否给图书销售带来一种新的刺激？

34.1　预售要做到真正"有料"

有出版人认为，新书预售既是提前对图书做市场检验，又是对书店的后续添订依据的提供，避免开机印数确定及书店订购的盲目和主观，是一种良好的营销手段。电子工业出版社社科人文分社张腾告诉记者，该社经管及科技人文品类图书就采用了预购的方式，包括品牌营销专家李光斗的《拆墙：全网革命》、记述中国互联网界24位领军人物的《中国互联网商业英雄列传》以及该社科技人文品牌图书，讲述极客文化的Mook创刊号《离线·开始游戏》。从目前的营销效果看，该社预售的三本书在预售期均实现比较好的销售成绩。

关于新书预售的过程，以中国人民大学出版社预售的《你永远都无法叫醒一个装睡的人》为例，由于预售模式对图书的上市时间需要有严格的把控，通常预售期在两周左右，人大社编辑部门沟通图书内容，确定图书上市时间是准备工作的第一步。接下来需要与对接网站业务针对预售图书作详细的沟通，敲定预售形式，争取页面宣传资源，确定图书发货折扣及首发数量，填写预售申报模板，生成图书界面，丰富页面内容，确定各仓图书到货时间，以上流程全部走完后，最终开放预售按钮。并在预售期之前确保各仓准时到货。在网店流程进行的同时，与社内市场部的沟通也必不可少，在图书线上线下展开宣传的同时最好能争取到网店预售链接最大程度的曝光，让读者在看到宣传文章的心动同时获得购买的出口。

预售要想取得成功，要从宣传着手，做到预售内容丰富（有纪念价值、收藏意义、附加赠品等）。人大社发行公司网络业务组告诉记者，如果在预售期发售作者珍藏签名本或者采用相对较低的预售价格、发放附属赠品等不同的宣传形式，让读者在提前付款的前提下也同时获得相应的"增值服务"会使得效果更好一些。

《小时代》曾跻身年度畅销书主角，这与该书新书预售模式注重实体书店的预售辅助脱不开关系，据长江新世纪文化传媒公司介绍，公司借势电影热潮，在北京王府井图书大厦、北京图书大厦、北京中关村图书大厦、上海书城、杭州解放路购书中心、南京新街口新华书店、长沙叶洋书店、青岛市新华书店等全国各大书城和网络书店全面铺开预售《小时代》的限量珍藏版。该版本在全国发行99999套，每套均有流水套装编码。

张腾告诉记者，《拆墙：全网革命》为中国品牌营销专家、央视品牌顾问李光斗讲述的互联网时代全新的营销格局和策略。因李光斗在业界具有一定知名度，电子社在预售期准备了其签名本在京东、当当、卓越三家网店售卖，并随机赠送8版《拆墙》专属特色书签。三家网店采购人员确定预售期为网店到货前10天。经商讨，卓越网还特将该书放至其签名本专区，并作重磅推荐，进一步扩大宣传。在当当、京东网，该社设定前300名购书读者可获得签名本，以此刺激消费。同时，三大网店的预售页面开放后，作者与该社即通过丰富的宣传渠道，如官方微博、微信平台、书友会、读者群等推广该书预售信息，并附加预售链接，使读者便于在快速了解新书信息的同时产生购买。

当当网一名采购人员告诉记者，网上书店利用预售的"预"字，其实也给图书及其出版方做了大量的广告，预售多长时间，相当于多长时间的广告。这也是出版方肯给网上书店进行大幅让利的前提。有实体书店工作人员表示，对于准备预售的图书产品，地面店采取的态度更为谨慎。"地面店被宣传渠道、顾客流量、读者定位等多种因素制约，如果预售的图书不能让读者满意，将会产生不良的口碑效应，所以，对于预售图书的模式，实体店目前并没有普遍采用。"

34.2 四点把控新书预售效果

有了预售界面的网络链接，所做的活动宣传就可以直接转到购买页面，方便抢占一定的市场。但这并不意味着每本新书都适合做预售从而拉动图书销量。关键要看出版图书所面对的读者人群，一切都应该从消费者的消费特点和消费习惯以及消费形式上着手去设计安排。在预售图书的选择上，不少出版人均给出了自己的答案。近期中国人民大学出版社在网店上采取预售的图书品种大致有两种，一是重点考试用书，二是知名作者图书。其中，重点考试用书的客户群体相对固定，提前上市预售并且配合一定的页面推广就能得到不错的效果。而知名作者图书，由于作者已经有一定知名度拥有相对固定的读者群，或者近期获得过重要奖项有一定社会影响力。

清华大学出版社经管人文分社近期在当当网预售了一本名为《可可私房菜》的美食图书。该社负责网络预售工作的徐静表示，清华社通常选择"快热型"图书做预售，如作者知名度高，"慢热型"和常销书定位的图书不适合做预售。徐静告诉记者，宣传是新书预售的灵魂。清华社一般预售重点图书分三个阶段操作，第一阶段是图书预售阶段，做前期新书宣传预热、推广活动。第二阶段是图书发售阶段，做到作者、出版社、网店同步宣传推广。第三个阶段是图书销售中各大媒体、各种活动全面开展的宣传推广。

中国人民大学出版社发行公司网络业务组向记者总结,适合预售的书有三个特点:新、热、急。新是指某细分领域没有的书,一枝独秀,比如第一本讲O2O的书或者互联网金融的书等;热是指图书作者受关注程度高或者图书本身关注了当下的大热点,比如政商演名流的书;急一般指考试书,读者对新书出版十分关注,希望尽早拿到书,出版方也希望尽可能延长该类图书生命周期。目前人大社网店预售图书并无具体指标,旨在延长图书生命周期。品种选择上并不限制,只要信息正确都可提交网店做预售。但是预售效果是检验某类书是否合适最主要的指标,如果不好,某些类别的书就不会再提报预售了,比如常态的教材、一般不是很重点的大众书等。一句话,没有造成市场期待的书都没有预售的价值。

如今,新书预售这种模式也已经产生微妙变化。打算采取新书预售模式预售图书的出版方需要注意的是,首先,目前新书预售在时间的把控上更为严格。在网店纷纷努力提升客户满意度的情况下,由于图书预售是一种"先付费"的购买形式,如果在预售环节中出现问题,导致读者收货时间晚于页面承诺时间,通常会招致读者投诉。

其次,预售产品的选择应更加谨慎。现在采取预售模式的新书非常多,图书网站都专门设置了预售专区。在预售期间想要获得更好的页面宣传资源已经变得越来越困难。所以在新书上市之前需要仔细衡量这个产品是否适合做预售,如果贸然采取预售模式,却由于争取不到更好的页面宣传资源,也没有做好站外推广宣传配合,导致预售期产品销量平平,那么这样糟糕的预售成绩会降低图书网站业务对图书销量的信心,对该书的首发数量及接下来上市之后与网站进一步沟通页面资源推广设置了更大的障碍。

再次,预售方式需斟酌。预售没有专门的网址、以怎样的方式预售(签名本或者移动端低折扣或者预售限量等方式),往往这些预售手段没有很好地用在预售阶段。

最后，预售产品信息必须准确以免产生歧义。预售要求图书信息完全正确，不正确的信息、定价（预售价格）、到货时间过长等都会导致读者购物体验的下降甚至不满意，这都是导致销售效果不理想的原因。

【链接：中国出版传媒商报 2014.10.14，张岱《应用新媒体预售新书如何把控》】

第五编　年度传媒新媒观察

第 35 章　移动支付战升级,移动金融时代来临

马年春节,移动支付领域上演了一场激烈的混战。微信红包在新年着实热闹了一把,飞来飞去的红包数据还未统计完全,嘀嘀打车和快的打车之间的支付大战便闹得不可开交;"北京小米支付技术有限公司"的出现意味着小米也将加入移动支付的争夺;京东则凭借一纸"白条",迅速切入信用支付。而此前不久,平安银行也推出了其移动社交金融服务平台壹钱包。移动支付的争夺战瞬间升级。

在经历了 2013 移动支付应用大爆炸后,2014 年国内移动支付市场已经由一众独立支付公司的圈地大战逐渐演变成群雄之争。这实际是对移动互联网未来的争夺。随着国内手机购物、移动支付迎来爆发式增长,锁定支付,就在很大程度上锁定了用户。

移动支付,这是一块谁都不愿错过的"大蛋糕"。尽管"中国移动支付标准"尚待出台,相关政策也亟待进一步明确和完善,但银行、银联、运营商、第三方支付等企业已然"按捺不住",全面挺进移动支付市场。

35.1 "阿Q"大战升级

2014 年 1 月 24 日支付宝钱包"新年讨喜"功能上线,用户通过"发红包"按钮,就能向通讯录的亲朋好友发红包,也可用"讨彩头"按钮主动讨红包。紧随其后,微信也推出了"新年红包"的新服务号。用户关注后,可以发"拼手气群红包",还可以给好友发等额红包。

红包大战快速催熟了市场,此前相当一部分未把移动支付功能使用起来

的用户,在红包的诱惑下进行了绑定银行卡和提现的操作。两家在短期内获得用户量大增长。据支付宝统计,"新年讨喜"功能上线当天就发出了222万个红包,金额超1800万元,"讨红包"成功率高达49.2%。微信亦不甘示弱,除夕到大年初一16时,参与抢红包的用户超过500万,总计抢红包7500万次以上,平均每分钟有近万个红包被领取。仅除夕夜参与人数就达到482万。微信表现出的支付生态和成果都对支付宝的地位带来更大威胁和压力。

就在微信支付与支付宝钱包争得不分彼此时,一位新的玩家加入战局——新浪微博。严格意义上新浪微博不算新的竞争者,而应该算是支付宝的队友。新浪微博手机客户端4.2版本上线之后,"微博支付"被增加至个人主页。新浪微博客户端的安装量和活跃用户虽然不及微信,但也不容小觑,而且肯定超过支付宝钱包。通过此端,支付宝正在笼络更多用户和商家加入其移动支付版图。

艾瑞等调研机构的数据显示,2012年第三季度,支付宝在手机支付市场上占有高于75%的份额。与此同时,76.5%的用户通过手机等移动终端登录新浪微博,此次微博支付的推出联合了双方的强项。不仅如此,这个春节,互联网江湖的二位马大神还给全国人民送上了免费打车的惊喜。马化腾的嘀嘀打车与微信支付宣布投入2亿元请全国人民打车后,马云的快的打车和支付宝钱包马上跟进联合宣布投入5亿元请全国人民打车。这场烧钱大战至2月10日稍有降温,嘀嘀打车率先将乘客的返现金额和司机的奖励金额由10元下降为5元。二马同时希望通过打车软件绑定手机移动支付功能,长远看,打车市场在结合LBS和移动支付、地图服务等应用之后,将是一个非常重要的移动入口。

"过去支付宝一家独大,而红包大战微信带给支付宝更大的冲击,不排除有一天微信支付用户超过支付宝。"DCCI互联网研究院院长刘兴亮如此认为,他表示,新浪微博推出支付功能会对阿里巴巴扭转局面有一定作用,微博5亿多的活跃用户会给阿里巴巴一个强有力的帮助,未来将呈现阿里和腾讯两家平分天下、更多公司加入的格局。

对此，互联行 CEO、互联网银行平台创始人林立人则认为，新浪支付依然是 PC 端的产品，只是巩固支付宝在 PC 端的防线，但对于移动端的反击帮助不是太大。

35.2 多方混战拉开帷幕

"微博支付、微信支付等移动支付将使未来的支付更加便捷、灵活。"中国电子商务研究中心主任曹磊表示，移动支付还可以与餐饮业、商业、金融业等更多产业产生交集，支持线上、线下支付等多种应用场景，未来的发展潜力巨大。

移动支付关于金融理财、交纳水电费、借款还款、吃饭 AA 埋单、一起游戏等功能正在不断被开发。据艾瑞咨询统计，2013 年中国移动购物市场交易规模达到 1676.4 亿元，增速是 PC 端网购的 4 倍多。移动支付作为更加方便的支付模式，已开始逐步接管传统信用卡支付，甚至替代实体钱包。

小米科技已于 2013 年年底注册成立"北京小米支付技术有限公司"，正式向大家宣告：小米也将进军移动支付市场。此前，小米已经在业务内部打通虚拟币流通，并和银行合作，将信用卡信息绑定到手机上支付。未来小米的支付体系会围绕自己的生态圈展开，其中移动远程支付及移动近场支付两种模式都会涉及。但现阶段小米还欠缺一张监管部门颁发的第三方支付牌照。未来小米极有可能通过购买该牌照快速切入支付市场。

林立人认为，此领域"后来者"要想取得成绩，必须另辟蹊径，多从移动设备与人的关系角度进行考虑，深入到用户的各种日常支付应用场景中，比如日常的小额支付（取代零钱）、在大型的 Shoppingmall 直接使用移动设备支付（取代银行卡）等。但首要的是做好用户体验，然后逐步培育用户使用习惯。

刘兴亮则建议各家投资自己的支付公司时，其移动支付环节至少应具备标配条件。因为涉足支付，很多商业秘密都掌握在别人手里，就像京东放弃与支付宝合作，除了本身的线上竞争，还包括费用及流水操作等问题，所以支付环节非常关键。后进支付公司开发的平台，一般为自己使用或成为第三方开放平台，前者简单，而成为第三方支付中介，中间的路还有很长。

移动支付是一个庞大的产业链，涉及手机厂商、移动运营商、收单机构、商户、卡组织、金融机构，及第三方支付公司等多个环节。产业链中，银行是基石，再牛的移动支付，也不可能跳过银行。已然觉醒的银行对在线理财产品警惕甚至是抵制。比如微信用户购买理财通受到严格的限额控制，招商银行单笔单日限额3万元，工商银行单笔单日1万元、单月5万元，农业银行和建设银行限额较高，单日可达50万元，而民生银行、兴业银行单笔单日最高只有5000元。业内人士认为，有了余额宝的"教训"，银行限额可能是防止活期存款进一步流向互联网理财。

移动支付大潮之下，招商银行、工商银行等银行推出了各种移动支付产品。

2014年2月12日，中国移动与浦发银行、上海地铁联合宣布，将手机卡、银行卡、地铁卡三合一，推出全国首个融合移动支付、金融服务、地铁出行的"中移动浦发手机支付地铁应用"服务。这一应用预示着80亿美元的NFC（近距离无线通信）支付市场再度点燃战火。该项业务目前可以通过特定的浦发银行账户实现手机话费充值、上海地铁账户充值及部分商家电子现金支付。浦发银行移动金融部副总经理薛建华认为，移动金融是银行整体发展的战略性组成部分。手机银行的发展，可为银行其他业务通享，以此来提升整体业务经营能力和客户黏性。

中信银行行长朱小黄首次对外阐述中信银行发展新战略时，也特别提到了移动支付。他表示，未来中信银行在保持公司金融业务领域优势的同时，还将重点推进零售领域消费信贷、信用卡透支、移动支付等新兴产品。

刘兴亮分析说，互联网金融呈现金融公司和互联网公司共同博弈的大局势,双方各具优势。短期来看,传统金融公司并不显眼,但他们通常已具强大实力,未来很有可能壮大。市场上会有一两家传统金融公司突出,跻身市场前列。抛开政策、官方影响力等因素,刘兴亮更看好新的互联网公司,传统金融公司会在互联网思维、用户体验等方面相对薄弱,而且国有企业性质让金融公司并不像互联网公司那样灵活。但他随即又表示,相关部门的政策很可能会改变市场导向。

对此,林立人则相信立体战争已经打响,各公司业务的丰富和多元化将会对市场形成有益的补充。

【链接:中国出版传媒商报 2014.2.18,王晓妍《移动支付战升级 移动金融时代来临》】

第 36 章　门户自媒体的经营逻辑

搜狐有搜狐新闻媒体平台，网易有网易新闻媒体开放平台，百度有《百家》，腾讯有《大家》，门户网站以开放者的姿态吸引着传统媒体的驻站和自媒体的涌入，甚至用高稿酬的方式圈住了作家和作者资源。门户网站正在试图复制传统媒体的成功经验，砸下重金和丰厚资源抓内容源头，而作者似乎也尝到了甜头。这一切正表明，中国当下的内容产业格局在发生变化，用户和内容创作者心目中的天平似乎也开始发生倾斜。

红肚兜儿，居于广州的一位知名专栏作家，长于情感类文字，专栏见于《南都娱乐周刊》《北京青年报》《华西都市报》《型车时代》《新现代画报》等报刊。从2013年起，她的作品增加了一个发表平台——腾讯《大家》，而且最后这个平台给的稿酬让她多少有些"惊喜"。

2012年12月，腾讯推出自媒体产品《大家》，这是一个全新的媒体写作平台，用签约的形式聚拢了一批较有影响力的作家和作者。借助腾讯大平台的影响力和到达率，将散落在不同平面媒体上的专栏作者汇集到一堂，因此在外界看来，这是腾讯向传统媒体的一次"回归"。

2013年12月24日，百度自媒体平台"百度百家"上线，作为"百度新闻"旗下的原创栏目，百度百家瞄准的同样是内容资源，但重点放在了自媒体上。百度对"百家"的架构十分清晰：借助百度大数据和自然语音理解技术等用户个性化新闻推荐独创功能，用互联网模式建立完整的自媒体生态链，在内容和广告的良性交互转换下，实现作者、读者、传播者之间的无缝对接。

36.1 高稿酬 VS 广告分成

回想一下近几年门户网站的发展,有一条脉络引发了传统内容创作者的关注,那就是对内容资源的争夺,到"腾讯大家"和"百度百家"这里,这种拼杀直接上升到了"自己生产内容"的段位。

在接受《中国出版传媒商报》记者采访时,"腾讯大家"栏目主编贾葭表示,《大家》创立之初,就希望能颠覆人们对门户网站的惯常看法。"自 2001 年国内门户网站产生以来,外界一致的看法是门户网站只是内容的转载者。现在门户网站发展了十多年,目前已经到了一个'网站反哺平媒'的阶段。"贾葭认为,网媒发展到现在这个阶段,已经拥有自己的人才培养体系和生产内容的标准,也有了钱,已经有能力来自己生产内容了。

为了吸引优质资源,腾讯可谓大手笔了一把。公开资料显示,2012 年腾讯在《大家》栏目上投入至少 2000 万元,其中稿费支出 1000 万元。《大家》开出的稿酬标准是 1 元/字,个别的还会开到 2 元/字。2013 年,腾讯在《大家》栏目的预算中编列稿费 2000 万元。不过,贾葭告诉记者,去年实际没花那么多,因为有些作者达不到交稿数量。如果这些数字还不够形象的话,可以把这个标准跟传统媒体作一下比较。《大家》约稿时会参考作者在传统媒体发表文章的价格,然后给出的稿费标准相当于传统媒体价格的 1.5 倍到 2 倍,个别的人能达到三四倍。

《百家》不付稿费,而是会在稿子后面跟广告,收入一旦产生,全部归《百家》作者所有。百度最大的资源是流量,为《百家》文章导流量是其最大的优势。

红肚兜儿是一个典型的自由职业者,靠"码字"为生。她之所以成为《大家》这个互联网专栏的驻站作者之一,吸引她的主要有两点:腾讯平台的影响力和不错的稿费。"同样一篇文章发表在《大家》栏目会带来很高的阅读量,而其他网站或传统媒体影响力就没那么大了,"红肚兜儿告诉记者。她的文字犀利火辣,颇受一些女性读者的欢迎,几乎所有文章的阅读量都可以达到几十万次。

著名情感心理作家苏芩 2014 年 1 月份推出了一个自媒体——视频节目《苏芩女学馆》，同时入驻百度《百家》栏目，截至记者发稿，苏芩在《百家》累计发表文章近 50 篇。苏芩告诉记者，目前已经从《百家》得到了一些分成，当然不是很多。"百度的巨大流量入口，让作者的文章有一个很好的展示，对创作者来说这种效果很不错"，苏芩说。

36.2 构建内容影响力

《大家》在内容的选择上强调观点性内容，这与传统媒体的内容价值追求不谋而合。

"建立《大家》栏目的目标之一，就是提升腾讯在中国互联网中内容方面的影响力。因为在做新闻方面大家都差不多，而内容上的影响力来源于观点。比如财新、《南方周末》等媒体，在中国的改革进程中的影响力来源于它传播的价值观。那么我们在中国互联网中也是一样的，有立场、有价值观，用漂亮或是比较有美感的文字表现出来，那么它一定会收获相应的影响力。"贾葭说。

跟《大家》相比，《百家》是一个更加典型的自媒体开放平台，上线第一天就邀请了许多有影响力的自媒体入驻。从商业角度看，《百家》运用的是最原始的广告分成手法，之所以被看好，是因为它背靠百度。业内普遍的观点认为，百度有流量、平台和强悍的广告联盟，应该有能力将自媒体的流量进行商业变现。

《百家》目前的内容中互联网和文化类占了主要比例，尤其是互联网研究评论类文章，众所周知，这类的自媒体产品也更加活跃。

而《大家》文化色彩更浓一些，文章涉及时事、思想、学术、文艺、情感、生活等多个方面。以《大家》栏目的签约作者来看，聚集了众多人文社科领域的精英，如说书人单田芳、物理学家李淼、经济学家茅于轼、青年作家蒋方舟、中大历史系教授袁伟时、凤凰卫视记者闾丘露薇等。发展一年多来，《大家》在媒体圈、学术界以及思想界已经有了一定的知名度。

很明显,《大家》栏目想占领的是互联网用户中比较高端的那一部分。据《大家》关于用户分布的调查显示,该栏目的用户男性占一半以上,年龄在25~40岁之间。"某种程度上来讲,我们甄别出了一批优质的高端用户。因为《大家》的内容对读者教育水平、收入水平要求比较高,它是有阅读门槛的。这批用户也比较符合我们对读者的预期,即在经济发达地区对于中国新闻、中国话题感兴趣的成年读者。"贾葭说。很明显,这部分用户在以往的互联网世界中并不是主流,对用户偏年轻化的腾讯而言,无疑是一次有分量的弥补。

在采访中,一位来自山东威海的女网友告诉记者,她每天都会打开《大家》栏目的网页,看看有什么好文章上线。作为一个"重度"文学爱好者,《大家》栏目的文章质量高是吸引她的一个重要原因。她告诉记者,半年前的一天,自己的 QQ 里跳出来一篇文章,她打开了链接,那是第一次发现有《大家》这个栏目,第一次上线就喜欢上了。除了网站,《大家》在移动端也有很多呈现方式,如手机腾讯网、微信公众号、腾讯爱看客户端、腾讯新闻客户端等。

目前,《大家》已经拥有 200 多位高质量的作者,加上栏目本身已经制定出一套成熟的发稿流程和标准,某种程度上来说,《大家》为互联网的内容生产树立了一个标杆。

而百度《百家》毫无疑问通过"扶持"和"经营"自媒体,也已经创建了自己的内容生产模式,使大量需要在商业上找到出路的自媒体人有了一个新的选择。

《大家》和《百家》在采访中都不愿把对方看成竞争对手,但业界却一直将他们作比较。《大家》严格规定作者的文章必须是独家发布,而《百家》则无此要求,有人甚至想在《大家》拿稿酬,《百家》拿广告分成。

"《大家》、《百家》出发点不同,战略意义也不同。《大家》注重人文思想价值,《百家》偏向互联网。相同的是都在挖掘文字创作领域新的商业价值,以签约稿酬、流量广告分成方式为写作者提供回报,相比纸媒专栏稿酬更具优势。这种高回报激发作者创造好的作品,满足网友阅读体验,也提升了网站品牌边际效应。两家巨头开创性的做法实际为行业打造了一个很好的模本。"苏芩在接受记者采访时说。

"我们一定要保证内容生产者的利益。现在大部分的微信公号都在抄袭,真正原创的微信公号并不多。中国如果不出现一个尊重原创、尊重内容的大媒体环境的话,好的东西只会越来越少。"贾葭强调。

红肚兜儿向记者抱怨,纸媒的稿费标准十年来都未变过,500元/千字算是不错的了,有些报刊的标准很低。腾讯《大家》开出的高稿酬无疑激发了很多作者的合作欲望,而且,红肚兜儿提到,写了一年多,她的稿子从未被"毙"过,要知道,这是在主题完全由作者自己定的情况下。

那么,我们想要问的是,面对巨大的稿酬支出,《大家》能坚持多久呢?贾葭告诉记者,暂时不考虑收入问题,"任何一个媒体前三年考虑收入是不可能的。"

而百度《百家》的问题,正如一位业内人士所担忧的那样:它目前还基本上是从百度新闻首页导流给作者,但随着作者越来越多,狼多肉少,显然并非长久之计。而且,广告分成对有些内容作者来说,总有一种很遥远的感觉。

【链接:中国出版传媒商报 2014.3.7,马雪芬《门户自媒体的经营逻辑》】

第 37 章　未来手机游戏主战场

　　由国家版权局、中国互联网协会、中国移动通信联合会、首都版权产业联盟等单位指导,全球移动游戏联盟主办的第三届 GMGC 全球移动游戏大会暨首届中国数字娱乐版权峰会于 2014 年 3 月 27 日在京落幕。在一场题为"什么类型的游戏会是未来移动游戏领域的主战场"的对话中,友盟副总裁蒋桦、Gumi 中国 CEO 齐藤真介、上海野火网络 CEO 楚达、晨之科 CEO 朱明、Glu 亚洲区及第三方发行副总裁张根维等游戏界精英聚首一堂,展开了一场"华山论剑"。

37.1　卡牌和 ARPG,谁的机会大?

　　游戏业界把 2013 年誉为卡牌游戏年,到了 2014 年,卡牌游戏的高潮似乎已过,但最近几款不错的游戏都属于卡牌,有人认为这是卡牌 2.0 时代。也有很多人说,2014 年 ARPG(动作角色扮演类游戏)是主流,卡牌和 ARPG 到底哪个更有市场,则牵动了众多游戏开发者的神经。

　　张根维认为,2014 年会是 ARPG 年,"我们现在看到中国和韩国的开发商推出了大量的 ARPG,尤其是韩国,因此,ARPG 会是一个有竞争力的市场。但同时,我个人也认为,卡牌游戏是非常有市场的,它符合手机的玩法,尽管会发生一些变化,但市场空间依然存在。"

　　楚达表示,从 2013 年第四季度开始就关注这个问题,"大家都在说 2014 年是 ARPG 年,但我不太认同这种标签化的说法。去年整个游戏市场的激活,把不同层面和细分领域的需求全激发出来了,卡牌和 ARPG 有一些融合,很多明显是卡牌型的玩法融合了很多 ARPG 的元素,很多 ARPG 里也出现了卡牌,包括最近上线的手游《雷霆战机》,本身是单机游戏,但也融入了卡牌特色在里面,所以,我认为卡牌和 ARPG 都有机会,但随着用户需求的提升,2014 年 ARPG 的成功机会比去年更高。"

朱明表示,自己体验过几款 ARPG 游戏,这类游戏的操控感、PK 能力等方面考验的还是游戏开发的素质。"但是,当然我也认同上述楚达的观点,卡牌游戏和 ARPG 肯定有相互融合的发展趋势。未来,不同类型游戏之间玩法并不会有太大差异。"

37.2 休闲游戏大爆发

从特点上来说,卡牌游戏更符合用户的手机使用习惯,但卡牌游戏也在融合其他游戏的元素。在国外,休闲游戏是个庞大的市场,但在国内,目前的休闲游戏似乎还未形成主流。

楚达介绍说,野火网络公司在 2011、2012 年的业务以休闲游戏为主。"我们能够覆盖三四线城市,而且,休闲游戏的激活率能够达到 60%～70%。从大的方向来讲,休闲游戏覆盖人群更广,而且 2014 年随着智能终端的普及,包括微信这种具有重大影响力的社交平台在游戏上的发力,能够把潜在的游戏人群全部激活,很多原来不喜欢玩游戏的人开始玩游戏,比如《天天酷跑》、《天天飞车》,微信平台游戏人群的激活,对休闲游戏是第一大利好"。

2013 年年底,国内出现几款挂着特别强大 APP 的游戏产品,包括《爸爸去哪儿》、《熊出没》等,这些游戏结合重点 APP、热点事件的推广方式促成了它的业绩增长。2014 年,野火网络也会在跑酷、三消和塔防类适合大众人群的游戏题材上进行微创新,结合强大的 IP(知识产权)和热点事件,休闲游戏应该能够在多点组合包装下开发一些市场。

游戏界人士一致认为,2014 年,休闲类游戏的玩法也有很多创新的空间,包括女性玩家的大量涌现,2014 年会有大量的体育赛事、世界杯,可能会带来休闲游戏的爆发。

张根维提出,休闲游戏会在国内有很大发展,它非常适合运营商渠道,运营商也喜欢推这类游戏。同时,2014年也会迎来一次较大的换机潮,会迎来很多休闲玩家和用户,加上微信的推动,国内休闲游戏会有较大的市场。

朱明认为,中国游戏市场的海量人口红利,不同于欧美市场玩家类型的成长空间,这都给移动游戏开发带来了新的机遇。但手游和网游是两个不同的概念,手游在IP方面不如网游,有很多手游都需要SNS(社交媒体)的支持。

37.3 微信平台的重要性

《糖果粉碎传奇》的开发商King上市了,King的成功主要依赖于Facebook。在国内游戏业,很多游戏开发商尤其是轻度游戏开发商都希望可以通过微信平台推广游戏,充分利用微信的关系链。人们不禁要问,如果没有微信的话,手游还能玩得起来吗?

对此,齐藤真介认为,如果没有微信,就不会开发休闲游戏。"单机游戏的收费点很明显是社交性的,'我要比我的朋友好','我要达到朋友的成绩,我要打得比他好',这就是付费的关键点,目前的情况就是微信能够实现这一切"。齐藤真介说。

楚达认为,社交游戏的名字就决定了它是基于社交关系的一种游戏体验,玩家可以通过里面的关系增强黏性,并且实现长期的生命周期。"国内的社交平台比较清晰,微信、陌陌是重点,关键是看这些社交平台的开放程度。作为内容提供方,我们当然很希望能够把这类游戏发布到社交平台上,但还要看产业链的分工状态包括未来的开放分工计划如何。在这种社交化发展思路下,独立的社交游戏很难发展"。

楚达进一步表示,休闲游戏和社交游戏不太一样,休闲游戏基于自有渠道,是基于国内大量人口红利和换机潮,包括国内游戏人群的激增,这种人口红利还能继续一到两年,空间还很大。

对于这一话题,朱明则提出不同意见,他认为,原来的一些游戏开发商利用国外的社交平台开发游戏已经成型,但是切换到国内却会出现问题。"实际上,在国内,休闲游戏还是可以继续开发,脱离微信平台也可以做。休闲游戏市场面临的主要问题是,更考验开发商的产品能力和创新能力,看你有没有信心去做。我觉得国内团队越来越没有信心做好这一领域,因为你花的时间成本和网游是一样的,但结果却不如网游。手游和端游、页游不一样,现在感觉大家都是集团军大规模作战,但已经忽略了手游的快乐。就像之前《愤怒的小鸟》这种游戏就火了,当时他们也找到我们,我们没有做,我们完全忽略了这种游戏,不会在乎它。因为规则不一样了,连我妈那样的老年人现在都开始玩游戏了,你说她会玩卡牌吗?但她也是智能手机的玩家,也有娱乐的需求。所以,之前有很多休闲游戏的成功案例,也没有完全靠社交平台,口碑和游戏玩法本身也能吸引到大量的用户。"

37.4 把游戏移植到电视

随着智能电视的兴起,4K、OLED电视等新概念开始崭露锋芒,电视行业垂直化和互联网化趋势也愈加明显,过去传统电视一统天下的格局已经不复存在。对于彩电行业而言,游戏和电视的结合让企业看到了电视行业新未来,尤其是手游的崛起,电视厂商拥抱游戏产业可谓大势所趋。早在《愤怒的小鸟》这款游戏风靡全球的时候,三星就率先将这款游戏移植到电视中,引来业内的轩然大波。

楚达介绍说,2013年曾经将一款类似于《捕鱼达人》的游戏放到电视上去了,但不太成功。"大家都在讨论电视是不是手游的未来?我觉得电视和手游不太一样,首先,场景就不同,手机是随身携带的,电视因设备限制会固定在一个场所里。第二,端到端的能力不一样,显示效果不一样,面对的人群也不一样。如果你要把游戏移植到电视,可能要重新定义一下电视设备和电视场景下的人群是什么样的人群。"楚达说。

不过,楚达也不否认,现在的年轻人都不看电视了,都是通过PC、手机来实现他们的一些内容需求和娱乐需求。电视游戏的内容设计要结合电视场所,根据电视的一些属性来设定特定的玩法,比如电视棋牌游戏就是一个典型。

蒋桦认为,现在大家都在强调多屏战略,手机屏、电视屏,每种屏幕和每个平台的特点都不一样,所谓的跨屏设计某种程度上是个"伪命题",因为具体到任何一个屏幕,游戏设计者都需要单独根据它的场景来设计产品。

【链接:中国出版传媒商报 2014.4.4 晓雪《未来手机游戏主战场》】

第 38 章　经典动漫引来游戏改编潮

　　2014 年 5 月,国内游戏开发运营商畅游宣布独家代理全球首款动漫电影页游《秦时明月》,并同期发布动漫电影页游全品牌概念站及首部预告片。5 月 16 日起,《秦时明月》官方授权页游已进入封测。

　　《秦时明月》页游由玄机科技授权,骏梦游戏研发,采用 RPG 游戏的经典 UI 布局,以精良的画质和绚丽的特技效果全面重现动画世界。这款开发伊始就被很多人视作"成功指数最大"的动漫改编页游,试图再度引爆本土动漫 IP 热度,延续品牌的 IP 奇迹。

　　除页游外,由玄机科技正版授权、骏梦游戏研发、触控科技耗资 1200 万独家代理的《秦时明月》手机游戏在 2014 年 2 月已上线,上线前三天累计注册用户超 35 万,付费率 4.06%,总收入 150 万余元。

　　其实,玄机科技很早就有游戏化运营的想法。玄机科技曾推出两款自制"秦时明月"同名小型网页游戏,以及与骏梦、腾讯合作的一款 SNS 社交类游戏,做市场"排头兵",为秦时明月品牌与游戏的衔接做准备工作,一方面试探市场上游戏玩家和动漫粉丝对秦时明月游戏的需求度,另一方面将游戏玩家的注意力吸引来,让其知晓秦时明月也有游戏推出,并具多种形式。

　　国内另一堪称"里程碑之作"的动漫品牌——"魁拔"也将在 2014 年暑期上线《魁拔》系列手机游戏。2013 年 9 月,空中网获得北京青青树动漫科技有限公司《魁拔》系列动画电影的手游和 PC 端游戏改编权,以及全球市场的独家运营发行权。据青青树动漫科技有限公司副总裁杨勍靖透露,合作前期会推出 2 款手游,分别为卡牌对战类和 ARPG 类,后者是较为重型的

3D 回合制游戏。

38.1 "三栖"互动构筑产业链重要支点

《秦时明月》、《魁拔》两个品牌的新游戏上线有个共同点,即结合新的电视、电影作品的发布。游戏的开发无愧于打造完整产业链的锦上添花之举。

2014年5月9日,《秦时明月》系列动画片第五部《秦时明月之君临天下》于网络首播,电影《秦时明月之龙腾万里》已确认定档8月8日正式上映,并发布定档预告片,被称作华语影坛首部3D武侠CG电影,反响热烈。这标志着,《秦时明月》电影、游戏、动画多平台推广全面启动。

玄机科技信息技术有限公司总经理沈乐平告诉记者,动画片会继续推出,预计在未来5年,玄机科技将分别与唐人电影、华录百纳合作,推出4部真人影视作品,包含1部真人电影,3部真人电视剧。"伴随影片的持续推进,会推出6~7款游戏,后续游戏将囊括大型客户端网游、移动端手游、移动游戏、网页游戏,甚至包含电脑单机游戏。"沈乐平说,未来,游戏、真人电视剧、电影、电视动画,可能还会包含商业舞台剧,将形成相互联动。

《魁拔》第三部电影已定在2014年"十一"期间播出,合作双方希望《魁拔》系列手游能与影片一起配合推广,因而选择在档期前的暑期陆续上线。杨劭靖表示,眼下与合作方达成手游产品先行的安排,PC端周期较长、开发成本较大,目前还在策划中,未来一年之内会进入开发流程。

杨劭靖认为,动漫改编游戏对现有商业模式做了一个很好的补充,以前收入更多来自作品内容销售。游戏延伸出新的产品渠道,产品形态也更丰富,"用户不仅可以去看,更可以去玩,另一方面,游戏收费开辟了新的收入渠道"。杨劭靖表示。

《秦时明月》上线的几款游戏都已赢利。"手游每日收入在90万元左右,单月突破2700万元。"沈乐平透露。触控当初斥巨资独家代理这款游戏,其眼光与魄力得到市场的证实。

这样的成绩让国内游戏厂商惊讶。之前他们对国内动漫市场以及国内动漫品牌的 IP 估值较低,更愿转向日本、美国动漫平台,自此,国内更多网络小说、漫画、动画,品牌价值被全面重视,价格也得到全面提升。"4 年来,秦时明月品牌授权价格增长 100 倍左右。过去很难去谈合作,经过 4 年持续的品牌成长和影响力提升,以及经营维护上的努力,今年秦时明月 IP 授权价格已屡次打破行业最高纪录。"沈乐平感慨,一个强有力的品牌,为一款优秀的游戏实现良好开局,越来越重要。

38.2　经典本土品牌领衔,延续成功模式

骏梦 CEO 许斌解释选择《秦时明月》合作的原因很简单,"好看,好多人看"。"《魁拔》是近年来国产动漫中最出色的作品之一,其受众群也并非为低幼层,更符合游戏用户的特质。"空中网相关业务负责人也表示。

"一个动漫作品能否游戏化运营,首先题材与用户人群需匹配。第二,动漫品牌需经营到一定成功度,太新或用户基础薄弱不太适合游戏化。品牌需要有知名度,以及一定的用户转化。再者,品牌本身架构广度要足。内容、世界观、人物数量等方面需达一定规模,改编游戏才可有一个平滑的转折。"杨劲靖强调,在操作层面上,素材(既定文字、形象素材,人物设定、世界观等)准备充足,合作方才能更便捷地去做游戏准备。

目前,青青树正专注做《魁拔》系列游戏授权,其合作方空中网负责人表示,ACG 其实不分家,用户有很大重叠性。《魁拔》本身已具备游戏化因素,也借鉴了很多游戏设定的概念,使得游戏化相对容易。

而玄机科技成立近 9 年来,几乎 7 年时间都在专心制作、推广《秦时明月》,虽阶段性有一些其他制作项目,但真正持续性的业务一直以秦时明月为核心。

"全球范围内,只有极少数好莱坞顶级品牌如迪士尼等可以同期推出多部作品。很多公司发展多年,仅有 1、2 个代表性品牌成功。是否会成为大众品

牌,具一定偶然性。"沈乐平解释,"《灌篮高手》、《海贼王》等已逾 10 年的经典品牌现在依然在持续推送,一个品牌真正脱颖而出,像马拉松一样需要一个持续的过程。目前以秦时明月为主,也不断筹备后期品牌,新品牌推出时一定会有很多反馈,必须根据用户需求,不断做出相应调整,发展出更有生命力的模式。"

38.3 版权合作的未来

毫无疑问,《秦时明月》、《魁拔》IP 都有宏大的世界观,因此,在合作方的选择上,对其对原动漫作品的理解要求非常之高,唯此才能将人物形象、语言风格等在游戏中还原。合作中,玄机科技、青青树动漫均选择让自有制作团队和设计人员在游戏制作前期深度参与,为游戏公司提供美术指导和素材,从创意、美术风格、剧情设置、整体世界观设定上提供支持,全程监制。"保证故事情节、人物形象不会与原作出入太大,今后随着故事种类、游戏种类的增加,也会开拓其他方式。"杨劲靖说。沈乐平也表示,游戏世界观的设定和艺术风格至关重要,如此也可以缩短游戏开发周期、降低成本,同时确保高水准艺术风格的发挥。

合作方的研发能力、渠道、销售能力也是重要选择、评判标准。目前,动漫游戏更倾向于与其他产品形态联合互动推出,因此,联合运作也成为首选,合作双方彼此提供资源,将用户相互转化。游戏方本身有成熟推广模式和渠道,在动漫游戏推广上占主导。"分众传媒上有千万元手笔的《秦时明月》手游广告推广,对游戏生命力提升、新游戏上线、电影票房预热和爆发起到积极作用。"沈乐平对触控科技独特运营手段非常赞赏。《秦时明月》游戏方发力为整个平台创造利润达 40%。随着游戏品牌的不断提升,未来这一比例可能继续增加。

目前,市场上游戏版权更多由动漫公司维护。沈乐平表示,每有新片推出,都会被山寨游戏挪用。一般会向正规平台投诉,罚盗版游戏下线。面对层出不穷的盗版、侵权,沈乐平、杨劭靖均表示,合作伙伴在游戏行业实力和资源都很雄厚,维权手段也更有效,未来有其支持,版权维护一定会得到有效改善。

青青树希望未来复制《魁拔》游戏的成功模式,制作新的IP,拓展新的游戏化运营。

而动漫改编游戏的火爆也让游戏公司看到了巨大的市场,空中网负责人表示,游戏公司对于动漫、文学等优质IP的获取是大趋势。空中网将在研发、运营、并购和海外推广方面持续强化手游战略,除《魁拔》外,与方块动漫合作的《正义红师》的游戏改编也将推出。

【链接:中国出版传媒商报2014.5.27,王晓妍《经典动漫引游戏改编潮》】

第 39 章　移动互联网新入口

当前炙手可热的移动互联网,自其燎原之始便一直伴随入口之争。路由器割据战持续一年热度依然未减,移动电商、位置服务在今年几乎让巨头们"大打出手",2014 年 4 月底,阿里巴巴携合手机浏览器厂商 UC 推出移动搜索品牌"神马",随之,百度疑似打击神马搜索,移动搜索入口一时间又成抢夺重点。老牌网址导航服务商 hao123 和 360 导航最近也很忙,近日二者接连完成改版,hao123 加大在移动端 APP 的投入,试图在移动端再造一个"hao123",成为移动端入口平台。

2014 年 5 月 6 日,奇虎 360 宣布旗下智能硬件新品 360 安全路由预约活动正式开启。这意味着,奇虎 360 正式开抢互联网的上游入口——智能路由以及由此而来的智能家居市场。在客厅路由器市场又添新选手之时,另外一些市场潜力巨大的互联网入口正掀起新的浪潮,引发业内注目。

39.1　无线 WiFi 热点

商用 WiFi 正在成为移动互联网的一大流量入口。2014 年 5 月 20 日,支付宝钱包宣布与树熊网络达成战略合作协议,共同为线下商家提供商用 WiFi 产品和服务。安装了"支付宝钱包"的用户,一旦进入支付宝免费 WiFi 覆盖区域,便可通过点击推送消息,自动连接上网。

支付宝钱包高级产品专家洪磊表示,支付宝钱包与商家、WiFi 厂商合作推进的全民免费 WiFi 计划,将为用户发现服务、商家发现用户提供一条最短的新路径。此计划是支付宝钱包开放平台战略的一部分。

据悉,腾讯也已经把 WiFi 分享平台放到重要战略位置。腾讯以微信公众号作为切入点,通过 WiFi 分享平台,在公共场所通过微信一键登录上网。通过无线热点,传统零售业也能与消费者有后续关联和服务。比如在一家餐厅,用户通过 WiFi 接入,完成一次互动,商家会知道其手机号或微信、QQ、微博等。而后台的腾讯,则掌握了无数商家和消费者的连接细节,拥有巨大的开发空间,比如可以切入移动支付、应用和游戏分发等。

微信解决方案提供商微信海 CEO 程小永表示,对于商家来说,智能微信 WiFi 作用巨大。"北京一家使用微信海无线 WiFi 路由器的韩式烤肉餐饮店,做了微信公众账号和微信智能点餐系统之后,入店客流量增加了 2/3。接通无线 WiFi 智能路由器之后,入店扫描二维码并关注公众账号的客户占据了客户总量的 99%。这是一个非常可喜的数字。"程小永说,同时,客户微信点餐成功之后,智能点餐小票机直接打出票来,上面有联系人、联系方式、菜品明细、外卖等信息,非常方便快捷。

智能 WiFi 电商属性非常强。可在推送页面上放置广告,点击可直接下单购买支付。"这种广告 100% 到达,而且是精准用户人群,转化率非常高,对于未来的零售电商业来说,作用巨大。"程小永强调。他继而提出,商家在利用智能 WiFi 时要注重用户体验,铺天盖地的广告会让用户反感,推送页面一定要简单、精炼,而且精准针对潜在客户。

"关注后实现查看精美微网站,实现点餐、订房、商城购买等便捷服务功能,是智能 WiFi 发展的下一步。"程小永预测。

另外,随着位置服务的发展,商用 WiFi 可以为商家提供更为精准的行为数据分析。不久前,WiFi 共享精灵获得千万美元融资;小米科技也投资商用 WiFi 服务商迈外迪,多家互联网公司已计划在线下推出 WiFi 相关服务。

39.2 智能语音

随着移动互联网时代的全面爆发,智能语音作为信息交互的重要入口之一,成为各大手机制造商、运营商和互联网企业等巨头争相抢占的制高点。

2014年4月底,艺龙新发布的手机应用软件,新增智能语音机器人成为最大亮点,它能通过语音理解用户需求,智能化搜索酒店信息。智能语音已从简单应用软件走向更广阔的天地,而在眼镜、手表等可穿戴设备领域,智能语音控制更成"标配"。

"这一轮的智能语音热潮起于苹果公司发布智能语音工具,但其汉语服务推出相对滞后,给中国本土公司以成长机会。"中国社会科学院财经战略研究院副院长荆林波说。讯飞语点、虫洞语音助手等诸多智能语音产品都在这一时期纷纷面世。

2014年4月底,在成都智能语音技术创新研讨会上,中国语音产业联盟副理事长洪京一指出,在市场需求及技术和模式创新的驱动下,我国智能语音产业正快速发展。2013年,全球智能语音产业规模达到30亿美元以上,其中我国智能语音产业规模超过15亿元。

对此,易观国际分析师王珺预测:"随着智能终端的普及以及可穿戴设备、智能电视和车载设备等的发展,智能语音行业发展趋势见好。语音会是未来一种简单、常用的人机交互模式。特别是在场景化环境中,如驾车,不方便通过手或者眼球操作,语音是首选方式。"目前国内有多家公司从事智能语音识别产品的研发和生产,主要以科大讯飞、云知声为代表。国内互联网公司百度、腾讯、盛大和搜狗等也推出了语音相关产品。

39.3 车载互联网

目前,谷歌正努力将 Android 生态系统扩展至汽车领域,成立"开放汽车联盟"。2014年5月5日,福特汽车宣布扩大与百度、高德现有的 SYNCAppLink 合作关系,后两者将在开源的框架下与福特共同参与 SmartDeviceLink(SDL) 的研发和标准化工作。福特官方宣称,这一伙伴关系的结成,将让更多的应用程序进入到车载。如同谷歌搭建 Android 系统,既方便了软件商开发,也使得多数软件可免费使用。

当下移动互联网努力在实现 AlwaysOn 的全时体验，因此当前入口之争主要体现在移动场景。移动场景中一个重要场景目前还未被充分挖掘，即车载场景。随着汽车普及，通过车载服务设备提供应用成为趋势，如通用的 OnStar、丰田的 G-Book 等。

目前，许多新车型的仪表盘能方便地访问智能手机应用，向用户提供实时车流地图、寻找停车位、天气预报等服务。通用汽车已在旗下品牌汽车仪表盘中整合流媒体音乐应用 Pandora。2015年，通用汽车和奥迪将推出整合有 4G 高速互联网连接的车型，司机可以完全不使用智能手机。宝马也正在开发车载应用商店，商店将于今年登陆欧洲市场，明年登陆美国市场。

可以想象，此重要移动入口场景将成必争之地，互联网巨头、移动通信商、车载服务品牌、应用，都将觊觎车载互联网潜在市场。

未来的车载互联网，将整合车载硬件、软件、通信服务、应用开发等各个环节，整合形成真正意义上的车载互联网场景。市场研究公司 Gartner 分析师斯洛·科斯洛夫斯基说："2014年是个临界点。车载应用一直是热门话题，将真正爆发车载应用革命。"

【链接：中国出版传媒商报 2014.5.27，王晓妍《移动互联网新入口》】

第 40 章　传媒巨头的互联网行动

2014年6月10日,SMG东方卫视中心宣布与阿里巴巴数字娱乐事业群联合召开发布会,宣布双方开始战略合作,将在内容、天猫东方卫视旗舰店、技术及硬件开发、游戏开发等多个层面展开。此外,双方还将启动"娱乐宝"合作项目,开拓电视节目互联网融资渠道,并促进电视内容与用户互联互动。紧随其后,2014年6月16日,刚刚举办过20周年生日庆典的国内电影大佬级公司华谊兄弟,出手2.66亿元收购电影票务平台卖座网51%的股权,此举也意味着卖座网估值达到5.2亿元。自新媒体强势崛起,传统媒体、传统影视业公司深度拥抱互联网的举动越来越频繁,且越来越深入,通过强强联手和资本力量加速互联网化的进程更进一步。

40.1　数据共享　创新商业模式

据东方卫视中心部门总监李勇介绍,合作达成之后,东方卫视旗下王牌综艺节目,包括《中国梦之声》《中国达人秀》等,都将进入阿里巴巴与金融机构合作的"娱乐宝"增值服务平台,用户在"娱乐宝"上购买保险理财产品的资金将配置为部分信托计划,最终投向阿里娱乐旗下的文化产业。这意味着传统意义上的电视观众将有望成为电视节目投资人,并通过参与电视节目制作的相关环节,实现电视内容与用户的联合互动。

娱乐宝作为一款用互联网思维打造的产品,是阿里旗下一款类似于"股权众筹"的产品,用户最少花100元,就能投资电影,预期年化收益率7%。2014年3月推出的首期产品,有22万用户参与。

业内看来，其最大的创新是用参投的方式将观众与影片关注度牢牢绑定，拓宽电影营销模式。2014年6月10日上线后，娱乐宝第二期产品在不到100小时内宣布售罄，《绝命逃亡》、《露水红颜》、《边缘线》、《老男孩》、《魁拔Ⅲ》5部电影共获得9200万元投资，共15.79万用户参与了此次投资。而娱乐宝本身作为一款保险产品，阿里巴巴通过与保险公司的合作，亦能从中吸金，开发新的赢利模式。

此次东方卫视的进军究竟意欲何为呢？

李勇表示，首先，与阿里合作可以让东方卫视掌握一定的用户数据。双方数据共享，明确用户情况，此后后台就可以据此开发多种商业模式，这也是此次合作的重要意义之一。

比如，通过电商、手游等方式，占领新的渠道，将注意力直接转化为点击量。阿里巴巴旗下天猫平台将设立东方卫视旗舰店。东方卫视负责节目内容的生产和制作，并将具有商业开发价值的产品（或服务）植入其中，阿里巴巴数字娱乐事业群负责后端商品、商户、子品牌和产品的联合运用。从此，热播剧中明星同款服装，美食节目中的各种人气美食，旅游节目里的各种旅行线路，艺术人文频道的艺术品、瓷器、绘画等，都可以在天猫进行购买。而阿里也希望开发一种全新的购物场景——在电视上看到什么，就来天猫搜，用手机买。

李勇指出："特别是衣食住行类的节目后面的产业链是非常广的，例如《舌尖Ⅱ》就带动了相关食品的销售，而东方卫视中心旗下有多个频道每天二十四小时播出衣食住行相关内容，背后产业链发展空间很大。"双方还将就TV互动技术、用户收视体验优化进行相关的合作和开发。

阿里方面表示，为了配合东方卫视，阿里会同步开发视频导购技术，通过二维码识别，甚至是音频识别的方式，将电视观众连接到网站上，支持浏览、购买、评论、转发。

手游将是双方在广告之外，探索的又一新商业模式。阿里还将致力于为东方卫视暑期档重点栏目《花样爷爷》打造一款手游,并通过阿里系的流量分发平台进行推广,所得收益再与东方卫视分成。

再者,在商业模式的创新之外,东方卫视还希望有节目制作流程上的创新。李勇强说,以往的权威主义思路正在消解,粉丝走上历史舞台。今后,东方卫视将把节目的流程开放,甚至让粉丝来做节目的宣传片,并将节目决定权、参与权都交给粉丝,对用户在节目制作前、中、后期的全方位参与更为重视。

40.2 整合资源 打通互联网边界

线上平台海量的用户数使得线上变现有无限挖掘潜力。影视公司在互联网端的倾斜亦成新的看点。据悉,近年来华谊在互联网方面频频出手,视频娱乐方面,华谊曾经与国内全部视频网站建立内容版权销售的合作;游戏方面,在2013年,华谊为了进军手游市场,以6.72亿元、15倍溢价收购手游公司银汉科技50.88%的股权。

在2014年6月7日的华谊兄弟20周年庆典上,董事长王中军表示华谊会重新梳理运营模式,整合旗下九个子业务,未来业务布局上,以游戏、新媒体、粉丝经济为核心的互联网板块将与传统业务板块、实景娱乐板块并列为三大业务板块。

卖座网从通兑电子影票业务起步,目前主要在PC端、移动客户端以及手机Web端建立服务平台:包括在线订座、电子通兑票、影片预售等。华谊方面表示,收购卖座网将对公司在电影发行渠道、影院业务发展等方面产生积极的作用和影响,有利于提高公司的核心竞争力。项目投资完成后,公司通过整合资源、充实人才、加强管理等手段,能够有效提高公司的资产回报率和股东价值,进一步加强新媒体业务能力。卖座网CEO陈应魁则表示,华谊作为卖座网建立增值服务框架所必需的上游资源,能够帮助卖座网全方位了解产业链的深层次需求。在获得资源之后,会在衍生电商、粉丝社交和电影发行等方向展开探索。

对此，业内猜测收购卖座网则极有可能是为了进一步完善O2O布局，不仅在渠道上掌握主动权，也能通过卖座网更加了解院线动向。而华谊兄弟副总裁胡明公开发表的言论似乎更加证明了业内的猜测，她表示，收购卖座网是公司面向互联网进行转型的动作之一，未来华谊会和卖座网的用户、电影观众一起在该平台上紧密互动，包括但不局限于众筹内容、预售观影、粉丝社交等。

华谊此次收购被业内称为"打通了娱乐与互联网的边界"，然而，卖座网是否能承载其业务量还是个未知数，因此，有分析称，华谊下一步或在"新媒体"与"粉丝经济"业务板块有更多投资动作。华谊与腾讯合作的O2O娱乐社交产品即将推出，据业内判断应该是和游戏与"粉丝经济"两大元素有关。

反观互联网公司方面，继阿里收购文化中国后，有传闻称腾讯也在洽谈收购星美影业，百度近期虽无大的收购动作，但其早就在视频网站等领域有所布局。对互联网的依赖程度日深已然成为传媒行业的趋势，与互联网公司的合作某种程度上恶补传统行业的新型思维和资源的缺失，当下，传媒行业此番动作恰恰映射了一个趋势，深度融入互联网，才能为行业找到未来。

【链接：中国出版传媒商报 2014.7.11，王晓妍《传媒巨头的互联网行动》】

第 41 章　视频网站"大电影"之路

仅 2014 年上半年就有超过 30 家上市公司宣布涉足影视传媒行业,其中,互联网公司动作频频,高调成为重要参与者和投资者。随着视频网站不断加大自制内容的投入,互联网对包括电影制作在内的上游制作的渗透越来越深。

2014 年 8 月初,一则消息引起关注,百度旗下视频网站爱奇艺投资国内影视制作和发行公司华策影视,双方将共同成立合资公司,并由新公司运营影视版权和互联网运营模式。据悉,华策影视从 2014 年 7 月 10 日已停牌,公告称正在筹划非公开发行股票事项。自 2014 年 7 月爱奇艺宣布成立爱奇艺影业公司,并宣布未来一年内将与国内外电影公司联手出品多部电影以来,关于爱奇艺合作对象的猜测就一直没有停止,如今,爱奇艺的影视合作对象已慢慢掀开神秘面纱。

有业内分析称,爱奇艺自身并不具备投资收购华策影视的实力,华策市值目前高达 189 亿元,即便不考虑溢价因素,收购 10% 股权也要 19 亿元人民币,明显不是亏损中的爱奇艺目前所能承受。

显然,爱奇艺身后强大的母公司百度是投资的主导,有知情人士透露,百度入股后,爱奇艺和华策影视或将成立新的合资公司。

41.1　多家视频网站布局电影业务

2014 年年初,爱奇艺启动"网络大电影"计划。随后,我们看到爱奇艺韬光养晦,重金招揽人才,先后将马东、刘春、高晓松等人招揽旗下并成立三大工作室。爱奇艺影业公司成立后,又推出"爱 7.1 电影大计划"。之后,爱奇艺马不停蹄，首次与民营电影公司达成百部网络大电影的战略合作。8月6日，爱奇艺与华之杰影视在广州签约，结为战略合作伙伴。未来10年，华之杰影视将作为影视节目内容供应商，向爱奇艺独家提供100部网络大电影。

BAT中，百度在影视领域的布局最慢。腾讯早在2011年就投资了华谊兄弟，2014年6月，腾讯视频召开战略发布会，宣布2014将参与出品《天将雄师》等6部电影。阿里巴巴则投资了文化中国并将其更名为"阿里影业"，并将王家卫、周星驰等著名导演收归门下，拉出了华丽阵容。如果百度最终入股华策影视，也意味着BAT三巨头的全面竞争已经延伸到传统的文化创意产业领域。

事实上，爱奇艺影业的重点并非自己做电影。爱奇艺创始人、CEO龚宇将爱奇艺影业的定位明确在"制作电影，但更重要的是为其他电影公司服务，做好更多的增值工作"。龚宇表示，希望爱奇艺影业利用自身的互联网特质，发挥互联网的经营能力，通过众筹、大数据分析、电影票网售、电影衍生品的电商服务四方面，挖掘电影产业更大的盈利空间。

拥抱电影行业成了视频网站的风潮。除爱奇艺外，多家视频网站都在积极布局自己的影视战线。近日上映的《老男孩猛龙过江》，上映仅4天票房就轻松突破1亿元。而《老男孩猛龙过江》出品方之一的乐视集团此前也专门成立了影业公司，定位为"互联网时代的电影公司"，探索O2O电影市场系统，提供从线上到线下全方位的观影及增值服务。

各家视频网站明白，垄断优质内容才是最大竞争优势。唯有加快进军影视产业链上游的步伐，才有可能摆脱惨烈的版权争夺战，在内容生产链条上获得控制权。

优酷土豆集团也显示出转向数字电影公司的意向。优酷土豆集团高级副总裁朱辉龙表示，公司已经开始调研，评估成立电影公司的可能，一旦调研结果良好，项目会立即启动。

其实，从2013年开始，优酷土豆集团就已对电影行业进行了全面布局，不仅联合出品了《风暴》《等风来》等大电影，更通过互联网电影营销手段打通了囊括片前宣传、品牌栏目推荐、在线收费观看、免费观看、影评在内的电影产业链上下游。今年，优酷土豆计划推出10~20部联合出品电影，并进一步向内容输出领域进发，猛拼自制，除了网剧和自制综艺，还尝试对《老男孩》等互联网微电影开始大电影投拍。

龚宇更是豪气地说："2014年，爱奇艺自制内容的预算是3亿元，上不封顶。如果做得好，我们可以把内容的预算拿过来，如果再不够，可以再追加。"

业内人士认为，互联网投资影视到了合适的时间节点，则开始摆脱传统电视台对视频网站内容源头的封锁。与此同时，视频网站联手影视瞄准的是背后产业链价值无法估量的娱乐产业，未来则成为BAT巨头争夺的新战场。

41.2 互联网影视背后产业链

现在，视频网站已经Hold不住全产业链布局，巨头的资本意志愈发强烈。BAT三巨头在文化传媒产业的野心昭然若揭。

"视频网站均在致力于'影视制作＋视频平台＋硬件终端'的纵向全产业链模式。有业内人士指出，仅靠"采购版权＋广告售卖"很难实现规模盈利，而且容易在竞争中被挤垮，乐视虽然没有背靠巨头，但其全产业链（乐视网、乐视影业、乐视TV）布局被同行看在眼里，BAT巨头更不容忍自己影音娱乐业务发展"技不如人"。

如今，阿里已经用资本搭出了内容板块的架构：华数＋阿里影业＋优酷土豆＋虾米，从投资、制作、发行到渠道、终端到用户应有尽有。优酷土豆首席内容官朱向阳说："从阿里的频繁投资就能看出它对文化产业的期待，通过控股上游来去撬动整个产业链，是一个非常必要的途径。"

而爱奇艺影业的成立，将携手百度为电影提供独家优势宣传资源，打通线上线下互动及阵地硬广资源，并打通电影票在线购买、网络游戏、衍生品开发及线上销售、电影网络版权货币化等电影全O2O产业链。同时，爱奇艺影业还将与百度钱包、百度金融中心共同推出百度爱奇艺众筹计划,打通"互联网—金融—电影"的共赢生态圈,建立可持续的创作生产机制。

对于爱奇艺来说,2014年仍然是重投入的一年,龚宇现在仍然并不把盈利作为2014年首要。"2014年我们仍以更多投入,获得更多的市场份额为优先级。"近期的目标,在龚宇看来:"如果爱奇艺任何一个终端或者分类市场的份额都能接近或超过45%,我就可以满意。视频行业的指标太多,广告主都糊涂了。到时我希望爱奇艺能实现每个指标都是第一。"

有业内人士表示,网络视频与电影行业的深度融合与协作共赢,已是大势所趋。互联网与电影产业的融合趋势在当下也愈发凸显,前者强大的用户根基、特有的互联网基因,无论从资本、营销,还是产品多元化、商业模式革新等方面,都为后者带来了新的发展机遇和巨大想象空间。

美国影视产业规模巨大,在全球文化产业中举足轻重。其庞大的产业链一直由米高梅、派拉蒙和环球等几大影视公司作为重要支撑,构建起强大的影视帝国。国内影视业仍处于初级阶段,一直缺少成系统成规模的影业公司的强大支持,市场竞争力不强,产业链较为薄弱。如此环境下,有业内人士猜测,互联网影业公司最有可能获得成功。爱奇艺影业公司等的成立,或将开行业先河,为国内影业生态的构建、影视行业的发展带来重要推动。

【链接:中国出版传媒商报2014.8.12,王晓妍《视频网站"大电影"之路》】

第 42 章　期刊融合的正在进行时

"2014年,注定将以媒体融合元年为标志,写入中国传媒发展史。"时任新闻出版广电总局新闻报刊司司长艾立民如此判断。

作为中国期刊业2014年最受关注的年度大事——中国(武汉)期刊交易博览会也以媒体融合为旗帜,展示了期刊业在加速媒体转型战略布局上的现在时和未来态。今年刊博会主论坛以"中国期刊媒体创新发展"为主题,来自政府主管部门、知名期刊集团、期刊媒体转型单位的数十名代表齐聚一堂,共同分享中国期刊业在新旧媒体融合之旅中的机遇与挑战。

42.1　媒体融合之国家机遇

"期刊业必须抓住当前国家大力推进传统媒体与新型媒体发展的有利契机,加强规划设计,借助国家的优惠政策,加快推进媒体融合,加快实现期刊转型升级。期刊业只有融入新媒体产业化,才能在新一轮的数字化的浪潮中立于不败之地,不断提升传播力和影响力。"作为期刊行业的直接主管部门负责人,艾立民认为,现在是期刊业转型的好时机。

国务院信息化办公室(以下简称国信办),在网络安全、互联网发展等逐渐上升为国家战略的今天,受到的关注越来越多。在2014年的刊博会上,国信办网络信息传播局副局长汪祥荣介绍了加快推进新旧媒体融合的全局规划。他表示,国信办正在加强网络安全和信息化顶层设计及战略统筹,汇总有关部门开展国家网络安全信息化和发展规划研究。此外,国家要大力支持重点新闻网站建设,推动传统媒体和新媒体互利共赢,同时制定重点网站人才发展战略。

中国期刊协会会长石峰则提出,推进传统媒体和新型媒体融合是媒体演绎的一场深刻变革,必然有思想观念的障碍。"在媒体融合中要充分发挥市场机制在融合中的作用。坚持从实际出发,避免一刀切,坚持媒体自主选择,使各个媒体都能找到最适合自己的融合方式,不搞拉郎配,确保媒体融合的顺利推进。"石峰说,"推进传统媒体和新型媒体融合发展,要符合媒体发展规律,要创新有中国特色的媒体传播体制和管理体系,这样才能建成有强大实力的现代传媒体系"。

42.2 期刊融合之路径选择

相关数据显示,目前,中国大约30%的期刊已经开办了网站,或开始重用数字媒体的传播方式。

而且,中国期刊业加速数字化、多媒体化转型的尝试和经验正在引起全球同行的关注,用美国哥伦比亚大学新闻学教授的话来说,对于传统媒体转型,也许中国有更多的答案。

2014年9月18日,在刊博会期间,中国期刊协会联合浙报传媒旗下传媒梦工场发布《2014中国杂志媒体创新报告》,总结中国期刊业在转型升级发展方面的探索和实践。该报告由29个案例、3份发展趋势综述性报告组成,约10万字,图文并茂,描绘了当前中国期刊媒体的创新全景图。

已经被我们所熟知的《中国国家地理》、《新周刊》、《创业家》等,近年来抓住了社交媒体、电子刊、活动延展等行业大趋势,创新了产品形态,并寻找到了新的经济增长点。《城市画报》、《壹读》等杂志则充分发挥微信、网络视频等互联网热门平台的潜力与价值,实现了纸刊向多媒体产品的成功拓展。

过去,我们无法想象,一份没有纸刊依附的杂志能够生存下来。但在网络化生活的今天,这样的例子已不鲜见。《中国文摘》、《GEO视界》这种诞生于平板电脑、智能手机上的纯电子杂志已经在讲述这样的故事。

2011年年底,《中国文摘》首次诞生在苹果商店,采用中英双语,成为中国对外传播的一个全新窗口。2013年以后,《中国文摘》不仅拥有中文和英文版,又增加了日文、西文等。同时,在北京地区,《中国文摘》与歌华高清有线合作,共同打造电视杂志,丰富北京市民的文化生活。由此,《中国文摘》也走出了一份纯电子刊的单薄形态,拓展成了一个能撬动各方资源的平台。

在欧洲有广泛影响力的GEO杂志,进入中国后,最先选择的是平板电脑版和手机版,打破了传统杂志的运作周期,试图塑造一个全新的杂志生存模式。

42.3 期刊集团的融合战略

在数字化的转型之路上,中国本土期刊的代表《读者》《家庭》《知音》等受体制机制影响,之前的转型步子较小、速度较慢,已经成为业界的共识。但在新一轮传统媒体与新媒体融合发展中,他们已经在战略层面加速这种融合。

家庭期刊集团董事长文建明表示,2015年该集团将对旗舰刊物《家庭》进行全面的改版改彩色,将之变成带有一定时尚元素、现代感的家庭生活刊物。同时,家庭期刊集团将加速运营模式和盈利模式的转型,要充分利用新技术、新媒体来弥补自己在内容生产、发行和广告方面的不足。此外,文建明还透露,未来,家庭期刊集团要以核心产品为依托,由传媒领域向相关领域延伸,实现多元化经营,诸如打造绿色家庭产品系列、建立家庭式的养老院和养老机构等。

留任知音传媒集团编委的原知音集团党委书记、董事长胡勋璧,在2014年的刊博会上透露知音传媒集团的新战略规划。这个被称为"一托六"战略中囊括了多种媒体和多个行业。

所谓"一"就是知音传媒未来传播推广的平台,就是从知音的发展需要出发,引进现代IT和互联网技术,打造强大的现代媒体传播技术平台;"一托六"中的"六",就是依托新媒体平台,推进六个方面内容产业的发展,即两条产业链、两个平台、两个项目:两个产业链是指知音全媒体产业链和知音动漫产业链,两个平台包括长江经济发展综合服务平台和妇女儿童服务平台,两个项目分别是高端职业技术教育升级项目和精神生态文化旅游项目。

【链接:中国出版传媒商报2014.9.30,马雪芬《期刊融合的正在进行时》】

第43章　弹幕：UGC 藏巨大社交价值

2014年10月的第10届中国金鹰电视艺术节上，芒果TV使出大招，首次将弹幕互动功能搬上晚会直播——观众只要在晚会直播时通过芒果TV移动端和PC端"吐槽"，内容就以"弹幕"形式出现在湖南卫视直播屏幕上。此举一出，观众大呼"太新潮"、"简直醉了"。此前的8月，国产3D动画电影《秦时明月》在电影院首次推出弹幕，之后，《绣春刀》、《小时代3》等多部电影在公映时已有尝试。而国内知名弹幕网站哔哩哔哩（bilibili，B站）也于2014年10月完成了B轮融资，规模达数千万美元。

弹幕近日非常火。其实，弹幕这个概念早已出现，弹幕为主打的A站（AcFun）和B站（bilibili）早就在互联网上悄悄发展，也吸引了一大批固定用户。但随着《小时代》和《秦时明月》弹幕版电影上映，作为一种新的观影体验，弹幕网开始走出非主流的"二次元世界"，以迅雷不及掩耳之势闯入大众视野。一夜之间，主流视频网站如爱奇艺、土豆网、腾讯视频等也纷纷上线了弹幕功能。甚至，百度也开始探索弹幕的模式，但还在内测中。正如土豆产品高级总监李明杰所言，通过弹幕来随时随地满足用户吐槽需求已不限于屏幕上，弹幕场景多样化或有更多机会。

43.1 弹幕构建社交地图

弹幕最大的特点是可以实时出现，将用户的发言直接变成字幕，从右至左飞越视频画面，方便大家边看边吐槽和评论。而今，弹幕以最初的讨论动漫、游戏为主，发展到当下的电视剧、电影、综艺节目、各类原创视频都可以在弹幕网上看到，吐槽点从最初的内容评论转变为对人物长相穿着、剧情、配音、场景布置等各个方面的吐槽，而不同类型视频的弹幕风格也不尽相同。如今，弹幕已发展成为大众娱乐、分享、社交的一种方式。这一过程中，观众之间的互动实现了滚雪球式的增长，结合弹幕文字简短、时效性强、个人色彩浓厚等特点，与社交平台的参与模式非常相似。

"弹幕对视频网站来说，更多的是对现有社交形式的一种补充。"土豆网总裁杨伟东表示，弹幕是目前视频观看行为中较为快捷的一种社交方式，其流行一方面是源于"全民吐槽文化"的兴起，同时，弹幕的流行也会针对某类话题、某一类型的影视内容，自发形成目标受众进而构建社交地图。

据悉，热播影视剧如《古剑奇谭》在土豆网虽然只是点播，但弹幕数达到了平均每集5000条左右。有观众表示，很多时候观看一些热播影片完全是冲着弹幕去，对影片本身的关注和喜爱倒在其次，弹幕在增强用户黏性上的效果显而易见。

土豆动漫中心总监葛仰骞表示，近半年来大众市场开始对弹幕形式感兴趣，不断有电影或舞台剧导演来寻求合作，"说白了，除了营销外，他们看准的是弹幕背后的用户"。他进一步称，"弹幕是现在这个时代最符合视频用户社交需求的形式。以前在技术和市场不成熟的情况下，可能更多是通过杂志做动漫迷的社交平台，而现在弹幕完全可以满足用户这一需求。"

43.2 挖掘弹幕背后价值

华为诺亚方舟研究院高级研究院麻晓娟曾表示，弹幕和其他网络社交活动一样都会产生大量的数据，这些数据背后蕴藏了用户丰富的情感信息，而情感是驱动用户行为和心理活动的关键动力，掌握情感，就能掌握驱动消费的精华。

"弹幕电影的出现是多方博弈的结果，这个多方包括了最普通的广大观众，包括院线、投资商、创作者、演员、广告商、公关，还有其他的创作者和商家，用一个通俗的比喻来说就是大家都在下一盘棋,其中一个很重要的筹码就是情感计算。"麻晓娟说。

虽然弹幕本身并不能直接带来效益,但弹幕潜在极强的变现能力和商业价值,其中游戏是最为直接的盈利途径。事实上,这也是在某个极度细分领域让"用户变现"的主要方式之一。比如,二次元游戏《崩坏学园》通过弹幕网站B站进行推广,B站的核心用户几乎可以覆盖到其安卓核心用户的60%～70%。盛大美娱2013年推出《扩散性百万亚瑟王》也通过B站红人做推荐、通过弹幕进行推广预热。

弹幕视频网站已经成为很多视频内容生产者的主要播放平台,如已成为中国"虚拟偶像"的内容创作和传播基地。对视频网站来说,这些意味着流量和视频内容,这正是视频网站成本的主要来源。与此同时,爱奇艺已将弹幕看作提升综艺节目和自制剧效果的有力手段;而乐视则将弹幕搬上超级TV,试图通过弹幕增加电视端的用户黏性。业内有观点认为,弹幕视频其实代表着视频网站未来进化可能性。

【链接:中国出版传媒商报2014.10.31,王晓妍《弹幕:UGC藏巨大社交价值》】

第 44 章　期刊媒体迎接 4 大机遇

2014 年 11 月 11～12 日，由世界期刊联盟（FIPP）和中国期刊协会联合举办的"第四届亚太数字期刊大会"在北京召开。本届大会汇集了国内外近 400 位期刊界代表，"数字化" 3 个字贯穿为期两天的大会，并成为演讲嘉宾们提及率最高的词汇。"数字化" 3 个字也概括了当下期刊业转型的所有方向和可能性，视频化、移动化、大数据、社交媒体、程序化广告、原生广告，几乎所有的创新举措均可以用"数字化"来包容。

中国期刊协会会长石峰认为，数字化是个令人遐想的神秘空间。"我们还不知道数字化将走向何方，但我们知道未来总在人们想象之外，十年来数字化正以超乎人们想象的速度前行，新兴媒体形态也随之花样翻新。4 年前微博还没有被传统媒体广泛应用，微信在中国甚至还没有出现。今天微博、微信已经成为人们重要的社交媒介，获取信息的首要选择。在新兴媒体对传统媒体的冲击日渐激烈，传统媒体面临生存选择的重要关口。"

革新已经成为当下全球期刊媒体界的主流状态，甚至这种革新更多时候需要出版商重新开始。对此，世界期刊联盟主席克瑞斯·卢埃林表示："我们今天的所有思考要挑战传统思维，甚至这种挑战是比较令人担心的。"创新媒体国际咨询集团高级主管约翰·威尔普斯则认为，"我们要以数字为王、数字优先，而不是纸质、印刷优先，我们要跨媒体，而且这种概念是我们自己通过内驱力来获得的。"

英国"TimeOut"杂志国际运营部总经理戴维·伍德利表示，未来会是什么样，我们都希望把未来搁到一个水晶球里来看，可是我们不能总是通过水晶球来预见未来。现在,提到期刊,可能会包括不同的内容、平台、商业模式,如果我们想要获得成功,不只需要内容团队,还需要让商业模式能够持续向前推进。

44.1 视频成为主要模式

2012年,网络视频占到世界互联网流量的57%,到2017年会占到69%,这是非常庞大的数字。美国康泰纳仕集团专门雇用了一个视频专家,《时代》杂志也推出了一个视频纪录片频道,每天推出800个视频。《时代》杂志看到人们用智能手机看视频的时间翻了一倍,而移动视频广告的收入也在剧增。Scrips公司2014年新增了70个电视视频。

康泰纳仕中国公司新媒体部总经理潘茜认为,在所有新的内容消费转化中,尤其需要我们关注的是最近两三年迅速出现的在线视频,其用户在中国过去5年每年以33%的速度增长,这是其他媒体无法企及的。

现在许多广告主发现视频是一个非常重要的平台,在广告份额的分布上,互联网广告、新媒体广告增长的主要份额也被视频抢去。

44.2 平台更趋数字化

美国赫斯特杂志国际部总裁兼首席执行官邓肯·爱德华兹介绍说,在赫斯特,数字收入所占的比例已经从12%增长到30%。"在我们最大的市场美国,这个比例大概是20%,英国的增幅非常强劲。但数字市场更多地是由广告驱动的,接近25%的广告收入都来自数字平台。"邓肯说。

瑞士Edipresse媒体集团的数字化收入占比保持在12%左右。由于该公司是个全球型公司,在很多国家都有分公司。该集团亚洲区首席执行官高诚样表示,不同市场的差异非常大,"在中国香港,数字收入占比14%,在马来西亚、菲律宾等地区的增幅就比较有限,数字化时代并没有完全到来。"

时尚传媒集团董事长刘江指出,该集团在数字化产品上的布局已经有了几十种,收入的增幅比较大,但是占比还不够明显,数字加上市场活动等其他收入,目前所占的比例在 15.5% 左右。"但是看得出未来的趋势肯定是数字化增速加快,在明年我们希望这个比例能变成 25%。我个人认为,中国和国外是有一点落差的,在中国,数字在线的收入目前还比较少。"刘江说。

44.3 程序化广告受追捧

当下,广告主对广告效果的诉求日趋精准高效,期刊媒体也需作出相应的改变。无论是纸版广告还是数字广告,是程序化广告还是原生广告,各种创新的广告形式、广告策略正在不断刷新期刊媒体从业者。

原生广告(Nativead)创造出了一种更加亲密的环境,而且带来很大的利润增长。相关数据显示,到 2017 年,美国 40% 的广告会投入到这个领域;《福布斯》杂志 30% 的收入来自于原生广告;美国 BuzzFeed 公司在原生广告里投了 6000 万美元。期刊出版商们表示,如果不尽早进行这样的转变,整个期刊产业的价值链可能都会面临一些问题和风险。

程序化广告和原生广告的出现,也使之与内容之间的界限越来越不明显,有的人认为在这些平台上面放广告是有风险的,可能会混淆读者。对此,邓肯表示,程序化广告和在电视上做广告是很像的,如果你在美国看电视的话,你可以看到记者在播出电视的时候都会做一些商业广告,他们可能会说这是三星支持我们今天的活动等,他们在做播报的时候很自然地就会说一些商业广告的内容。

刘江认为,当广告变成用户对它有需求的时候,可能就不被拒绝。"我们在这方面做得比较谨慎,因为我们会把广告做得美轮美奂,或者正好是和它的内容进行非常有机的结合。可以理解为在原生广告上,其实它是不被拒绝的,是一种原生的状态,是在一个恰当的氛围里出现的。"

44.4 电子商务孕育新机遇

电子商务在中国发展非常迅速，在 2014 年"双 11"，网络零售再创新纪录。期刊媒体人尤其是时尚类期刊出版商正在努力介入这一全新领域，分食大蛋糕中的一小块。

在美国，《时代周刊》发布了一个计划，用户可以在浏览网页的同时立刻下单。康泰纳仕集团和其他购物网站进行合作，不仅可以提供购买服务，还可以同时提供比价、认证等功能。

潘茜认为，电子商务同时也给出版商带来了不同挑战。"虽然时尚媒体有很强的商业特点，和消费、电子商务离得很近，但实际上真正去做电子商务的时候需要完全不同的人和技能，真正能把媒体特性和消费结合好是另一回事情，同时电子商务的投入也非常大，门槛高。"

对于付费墙（paywall），过去几年当中，很多出版商都使用过 paywall，而且发现它确实管用。出版商还发现数字订阅并没有吃掉传统的纸质业务，换句话说，不是说你需要做数字化了就一定要削减掉做传统业务的员工。如果你有 paywall 的话，你就可以知道观众们会去看哪个页面，你就知道哪个页面是更有价值的。

44.5 数字转型也需要冷思考

当大多数出版商沉浸于数字化转型的阵痛时，也有出版商十分清晰地意识到纸刊依然存在的优势。美国《新闻周刊》国际版权合作顾问劳里·M. 班森认为，数字化会让你获得更多的消费者，而纸媒成为了针对精英的一种媒体模式。美国《新闻周刊》所做的就是提高纸版的价格（订阅费是 100 美元），打造成真正的高端杂志。"我们这样做的初衷是不想大规模印刷，我们只想做高端精英人群。我们的发行量不再是以数量来计算，通过对杂志价格进行调整，我们能够获得品质更高的、接受过良好教育的消费者"。

约翰·威尔普斯认为，为了创新必须做出改变，你必须要走出自己的圈圈，必须要做不同的事情。"我们如何推动创新，如何让它推动员工们前进，而不是让员工们感到恐惧，是我们需要考虑的问题。"作为期刊媒体管理者，需要做的是和员工一起探讨公司的未来以及他们对公司的看法，在这种沟通中，员工对于改变的恐惧自然而然会消失。"你需要改变的是员工的心态，让员工明白只有改变自己才能迎接创新"，约翰说。

英国Immediate媒体集团国际版权代理部经理提姆·胡德森提醒期刊媒体人，在数字化创新中，你不要去试图重新创新你的品牌，因为你可能需要花几十年甚至更长的时间来打造这个品牌，同时维护这个品牌的一致性和持续性。"我们听到过很多人说我们必须要创新我们的品牌，做一个完全不一样的感觉的品牌，我不建议这样做"，提姆说。"创新要基于已有的价值和内容，要提供额外的内容，这是非常关键的。"

【链接：中国出版传媒商报 2014.11.14，马雪芬《期刊媒体迎接4大机遇》】

第 45 章　微店：移动电商异军突起

2014 年的"双 11"以天猫单日交易额达 571.12 亿元的新高落下帷幕。其中移动端消费占比 42.6%，参与交易的国家和地区超过 240 个。这是阿里巴巴在美上市后交出的第一份答卷，再次刷新了单一电商平台单天交易的世界纪录。而在各大主流电商平台为"双 11"狂欢招式百出的时候，一个高度繁荣的微商生态正在移动电商领域活跃，而作为承载微商的平台——微店在移动平台掀起了新的玩法，引起大家关注。2014 年 11 月 12 日，拍拍网官方数据显示，2014 年"双 11"，拍拍网下单金额同比 2013 年增长 150%，其中上线仅一个月的拍拍微店成为此次"双 11"的最大亮点，下单金额比 10 月日均增长超过 300%，占比全站将近四成。

据拍拍网介绍，早在"双 11"前，拍拍就已经宣布本次"双 11"将抛弃平台集中促销的传统模式，把促销和定价的主动权交给商家。在"双 11"之前的近 1 个月，拍拍网通过为拍拍微店提供"拍便宜"（即依托微店发动好友间拼团购买）、支持商家自主采购无线流量、店铺关注和微信服务号关注等多种产品为微店迅速汇聚了大批粉丝。

口袋购物微店、喵喵微店等主流微电商玩家，也早就开始了"双 11"大促的商户招募，并制定了统一的促销策略。为了让商户们更有信心，几个服务商都尝试以自己的方式从外部引流，甚至建立一个集中的流量入口。据悉，品牌分销是口袋购物微店"双 11"的重头戏，其招募入驻的一批品牌分销商可自主选择要代理的品牌及具体的商品，然后将商品通过各种渠道进行推广。而喵喵微店将主要激励店主使用两个促销功能："碎碎念"和"秒杀"。其维系老用户是主要目的,拉新次之。值得注意的是,喵喵微店也正在筹备自身的中心化入口"喵喵购商城",该购物平台现阶段还寄生于喵喵微店之上,但未来有可能将独立成为一个B2C类的购物平台。

有业内人士分析,拍拍微店"双11"的爆发证明了"粉丝＋社交电商"的巨大潜力,为商家跳出依靠折损毛利和大量广告投入开展流血促销的旧有模式指明了一条新路向。

所谓"微店",本质上就是提供让微商玩家入驻的平台,主要利用HTML5技术生成店铺页面,更加轻便,商家可以直接装修店铺,上传商品信息,还可通过自主分发链接的方式与社交结合进行引流,完成交易。

45.1 微店有多火?

2013年,微店开始崛起。2014年1月,电商导购APP口袋购物推出"微店";随后的5月,腾讯微信公众平台推出"微信小店";2014年10月,京东拍拍微店也宣布完成升级测试,并与京东商城系统实现全面打通,开始大规模招商。与此同时,京东微店、淘宝微店也大举进入,如淘宝可以让卖家们的淘宝店架设到微信公众平台上,行业内诸如易米微店、金元宝微店、喵喵微店、微盟等各类微店更是纷纷涌现。

在各类微店中主要分为两类模式:一类为B2C模式,如京东微店,直接通过商家对接消费者;一类微店多面向个体,类似于C2C模式。其中C2C类模式的玩家居多。口袋购物创始人、CEO王珂透露,目前行业内形形色色的微店有60多家,市场上鱼龙混杂,洗牌正步步逼近。毋庸置疑,谁抓住了市场上绝大多数入驻微店的商家,谁就能牢牢抓住微商乃至移动电商的核心。

对口袋购物而言,因为发力较早,加上雄厚资金的支持,也使得其微店业务能与别家拉开差距。

2014年10月23日,微店在京召开了首届"微店大会"。500多位来自全国各地的微店店主参加。会上,微店官方首次公布C轮融资3.5亿美元的消息，其中腾讯豪掷 1.45 亿美元，占股比例达 10%。王珂称，截至 2014 年 9 月，微店已经覆盖 172 个国家，吸引了超过 1200 万家店铺入驻，月独立访客 8300 万，成交额已经达到 150 亿元。

据悉，在获得第三轮融资后，微店将投入 2 亿元资金为微商们引流。与此同时，微店向商家们开放口袋购物旗下一系列垂直购物 APP，包括口袋购物、今日半价、美丽购、代购现场、美铺等。

伴随着微店的爆火，2014 年 7 月，微店首家导购平台的爱优微出现，随后又建立了微店导航聚优店，对广大微店主免费开放，可自行免费提交，他们帮助推广，同步建立了货源网站，联系厂家，为很多新开微店的卖家提供一手货源。他们希望打造微店导购中的"折 800"。

45.2 微店是腾讯电商最后一根稻草？

有细心的分析人士发现，这几家微店平台，都与腾讯有着直接或者间接的血缘关系。

口袋购物有腾讯参投融资，拍拍网是腾讯的"亲生女儿"，在腾讯战略入股京东之后，已迅速"嫁入"京东；微信小店则是由微信公众平台官方推出的微店工具。

业内分析称，目前微店还处于需要各方共同去培育市场的阶段，因此腾讯没有太过于干预，而是鼓励各方势力做"内部开放式"竞争。而腾讯参投口袋购物意在为微店引流，扶持微信电商生态，通过内外流量的相互转换，带动微信购物的消费习惯，京东与腾讯在为拍拍微店做最后的豪赌。

移动电商专家、北大纵横管理咨询集团合伙人曲延明分析认为，腾讯参投实际是双方互相整合的过程，腾讯在微信入口已经整合了京东、机票、彩票、酒店、易迅网等各种入口。微店对于腾讯的意义即一旦微店有了足够的流量，对于腾讯的整个移动电商布局而言，将是一个非常大的补充，而继微购物、微生活、微团购之后，微店如果依然无法成功，对于腾讯而言只不过是一次小的失败。

在"微店改变网商"之势依然被看好的时代,微店可以说是在传统电商平台上做了一个小创新:把货源与渠道分开。有货源的供应商把产品信息发布到云端产品库,由无数年轻人开微店来为其推销。微店有整合好的全品类产品,衣食住行玩,样样齐全。

曲延明认为,现在,移动互联网应用和工具正处于一个群雄割据、烽烟四起的时代,说不定微商会成为移动互联网主流,而移动互联网必将成为电商发展趋势,如果与桌面互联网相互配合,将会为企业构建出更立体、全方位的电商矩阵。"能在移动互联网群雄割据的时代最后胜出的一定是最强者",曲延明强调。

不过,对于微店的未来,争议一直存在。易观分析师王小星认为,社交与电商的结合能否做好还有待商榷,目前微店的状态就像早期阶段的淘宝,产品同质化情况极其严重。但他依然看好微店较大的市场潜力。有业内人士表示,商家要想真正通过微店掘金,平台提供方想真正通过微店圈住商家,前提都是诸如平台规则、假货遏制、信用、监管体系等整个微商生态管理机制更加改善,这才是看不见的发展之根本。而这些尚需数年的等待。

【链接:中国出版传媒商报 2014.11.14,王晓妍《微店:移动电商异军突起》】

第 46 章　期刊业 5 大新风向

● 2014 年,中国期刊业在媒体融合的中央政策和移动互联网两股力量的推动下,继续在产品创新、商业模式拓展和行业整合方面前进。

● 2014 年,纸质期刊的广告、发行双数字依然不甚乐观,持续下滑已经成为不可避免的趋势。

● 2014 年,iPad 版、iPhone 版、安卓版依然是一些优质品牌期刊的主流数字形态,个别刊物已经获得一定规模的数字收入。

● 2014 年,移动社交化依然是期刊出版商追求的营销创新方向,微信公众号和微信服务号日趋向"标配化"发展。

● 2014 年,遭遇停刊命运的期刊在数字上继续扩大,相比此前的愕然,当下的人们面对这一挑战似乎更加冷静。

46.1　风向 1:跨界合作

"跨界合作"一词贯穿于 2014 年的中国期刊界,尤其是经济实力雄厚的期刊集团,早已将"跨界"作为常态。

2014 年 8 月,赫斯特中国公司联手百度集团在上海举办"当数字遇见风尚"发布会,双方就风尚数字平台及相关活动领域达成战略合作联盟,展开风尚数字产品的一系列深度合作。

2014 年 9 月,赫斯特中国公司与视频传媒风行网开放平台战略达成一系列深度化合作,风行网开放平台对于一个平面媒体具有非常重大的意义,它可以让媒体本身在这个平台上面有一个频道化的过程。赫斯特会在风行网有一个专属的平台，这个平台能够实现系统化、组织化、节目化的呈现，让原本可能一个月才看到，或者一周看到的内容在里面有一个更清晰的呈现。

2014年8月15日和8月18日，时尚传媒集团分别与天猫和京东达成战略合作协议，通过引入时尚领域的知名设计师、品牌等资源，天猫和京东两大电商平台能够为用户创造更时尚的网络购物体验。相继与两大电商平台展开合作，无疑也是时尚传媒集团向电商化拓展的有力号角。

2014年，时尚传媒集团继续创新商业模式，介入更多的非出版领域。8月29日，时尚传媒集团首个个性化网络电台平台"时尚声动大汇"在京发布。"时尚声动大汇"是时尚集团立体化发展的又一大成果，目的在于整合全中国的优质电台资源和各路达人、DJ，形成集群，以令人耳目一新的方式，向都市年轻人群传达最新鲜和有趣的时尚资讯、知识与观点，打造出一个全新的声音领域个性化平台。

2014年10月，高端精品月刊《商业价值》与网站钛媒体合并成立新媒体公司BT传媒，成为该年度唯一一个纸网整合的经典案例，也开创国内杂志与网站整合的先例。

46.2 风向2：多元拓展

互联网打破了既有产业之间的界线，传媒业与通信业、休闲旅游业、电子商务业之间的界线日渐模糊。在产业融合推动下形成的商业生态系统，传媒业只是其中的一个标配，而传媒企业要发展壮大，就必须充分利用这种机遇，通过多元化收购来进入融合后的产业蓝海，进而实现自身的产业转型。

《中华手工》作为商界传媒集团旗下众多传媒品牌中规模最小的杂志，却是中国第一份关注手工艺术与文化的纸媒。2014年，《中华手工》旗下电子商务品牌"漫淘网"和"百工制器"工艺品牌成为该刊多元化探索的重大成果。而商界传媒也确定了将以《中华手工》为传媒平台、以百工制器为实业平台构建一个丰富而立体的综合文化产业链的发展道路。

2014年10月13日,知音传媒集团控股的湖北木兰花家政服务股份有限公司,取得全国中小企业股份转让系统有限公司同意挂牌的函,成为国内首家正式登陆中国资本市场的家政服务企业。知音传媒集团以《知音》杂志为核心的期刊出版、广告经营、书刊发行、动漫开发、网络媒体、印刷制版、物业开发等多元产业构成的产业格局成为中国期刊业的典型代表。

2014年年初,由《IT时代周刊》杂志推出的科技博客网站"创客100"成功上线,该网站立足打造创业家的创业平台,将引入大量资本在全国成立10个创业项目孵化中心。依靠多年来对互联网企业和投资界的报道,《IT时代周刊》认为自身掌握的资源足以让其成为连接资本与创业项目的纽带,在帮助创业项目找到资本最终走向成功的过程中成就自己。目前,该平台已陆续推出"创业下午茶"、"自媒体人走进大企业"等常规活动,打造了一个创业者与投资人有效互动的线下平台。

《昕薇》和《米娜》借助传统媒体的强大影响力,从产业链的上游延伸至下游,通过策划和包装相关行业产品如面膜等,实现利润分成。

46.3 风向3：移动传播

2014年上半年,人民网研究院发布《中国媒体移动传播指数报告》,《中国新闻周刊》、《三联生活周刊》、《创业家》位列中国杂志移动传播百强榜前三甲。

时尚生活类、商业财经类和新闻综合类等大众消费类杂志在移动传播百强排行榜中仍然远远超过其他杂志类型,共计69%,比2013年稍高。这三类杂志各占20%左右的份额,时尚生活类占比略高,与整个杂志市场的总体走势基本相符。文摘文史类、旅游地理类和女性心理类杂志虽然也有一些上榜,但整体移动化水平稍低。

本土杂志与专业类杂志移动化意识弱。依托原期刊品牌建立起来的本土传媒集团,如知音、读者、家庭等传媒集团,与时尚、财讯等有跨国基因的传媒公司相比,其新媒体意识和移动化水平明显偏低。而时尚传媒集团旗下几家杂志均有不俗表现。大众消费类杂志的移动化走在前列，而IT类、医学类、体育类等专业期刊只有个别进入移动化百强。

在移动互联网大背景下，传统媒体和互联网企业都看到了机遇，但到目前，前者还未从移动化中得到回报。

46.4　风向4：数字为先

2014年，中国期刊业召开了两场重大行业盛会——2014中国（武汉）期刊交易博览会和第4届亚太数字期刊大会。期刊界人士一致认为，必须抓住当前国家大力推进传统媒体与新型媒体发展的有利契机，加强规划设计，借助国家的优惠政策，加快推进媒体融合，加快实现期刊转型升级。期刊业只有融入新媒体产业化，才能在新一轮数字化的浪潮中立于不败之地，不断提升传播力和影响力。

第4届亚太数字期刊大会以"今日趋势，明日现实"为主题，专门设置了数字化专题，引发期刊媒体人对数字媒体商业模式、电子商务、社交媒体与智能手机应用推广、媒体内容管理及大数据、程序化广告、原生广告等全新创新内容的深入思考，更提出了"数字为先"的创新策略。

2012年创刊的《壹读》杂志在内容生产和呈现上追求"轻幽默，有情趣"，这也就决定了它在数字产品上可以有广阔的发挥空间。2014年，借助数字平台，《壹读》的新媒体产品——时事动画视频、音频、微博、微信等取得了显著效果，呈现出"新媒体产品＞杂志"的态势。

2014年6月，贝塔斯曼旗下、欧洲发行量最大的人文地理杂志GEO宣布正式进入中国。不过，不同于其他世界大刊的传统做法，GEO在中国率先推出的是Pad版电子杂志，而非纸刊。这不失为当下数字媒体愈占主流的环境中，中国期刊出版界的一次全新尝试。

46.5 风向 5：停刊加速

2014 年 9 月 20 日,《心理月刊》执行主编胡慧女曼通过微信宣布,《心理月刊》推出 10 月刊后,将暂时与读者告别。9 月 24 日,国内另一知名日系刊物《今日风采 Oggi》也宣布 10 月刊后停刊。至于停刊的原因,正如大家所料,缘于数字媒体的冲击。

近年来,包括女性期刊在内的所有期刊都面临着时代的急剧变革。随着电子网络浪潮的冲击,期刊的形式也在时时刻刻地发生变化。中国女性对于时尚的变化有着非常强的感知能力,而对于每月出版一期的杂志而言,显然已跟不上现在的时代节奏了。这是实力相对雄厚的时尚刊物依然生存困难的重要原因。

新媒体社交媒体对 2014 年传统时尚杂志的冲击有多大？据业界传闻,赫斯特中国旗下《世界时装之苑》杂志 2014 年全年流失 500 多页广告,大概减少收入 5000 万元人民币。现代传播公布的 2014 年半年财报中显示营业额为 2.66 亿元,比上年同期跌 2.1%。而时尚传媒集团非完整内部 16 份杂志的广告收入状况,消息显示时尚传媒集团在 2014 年总体广告收入比 2013 年度下滑了 6%。

2014 年,《程序员》《数字通讯》《钱经》《科技新时代》《动感驾驭》《电脑乐园游戏攻略》《都市主妇》等刊物都选择了休刊或者停刊。

值得一提的是,一向坚挺的报业也难挨纸媒寒冬的侵袭,《新闻晚报》《天天新报》《房地产时报》《中国包装报》《杂文报》等报纸 2014 年走向了终结。

对于这些报刊的停刊,业内人士并没有表现出太多的惊讶,甚至有人提出,这只是停刊序幕的开始,接下来中国还将倒下一批报刊。2014 年,中国期刊人都在思考互联网挑战下平面媒体的命运,应对危机、寻找出路的不仅仅是期刊业本身,也包括那些本可以将期刊作为终身事业的编辑。

【链接：中国出版传媒商报 2014.12.30,马雪芬《期刊业 5 大新风向》】

第六编　年度数据分析

第 47 章　最新产业数据昭示新闻出版发展态势

国家新闻出版广电总局所属权威机构中国新闻出版研究院 2014 年 7 月发布《2013 年新闻出版产业分析报告》，依据该报告，《中国出版传媒商报》按往年惯例，进行了全视角的对比分析，昭示了中国新闻出版业的最新发展态势。

47.1　产业整体

2013 年，全国新闻出版业总体实现平稳增长，产业规模继续扩大。全国出版、印刷和发行服务实现营业收入 18246.4 亿元，同比增长 9.7%；利润总额 1440.19 亿元，同比增长 9.32%。两个 9% 的增长显示了新闻出版产业继续保持了较强的可持续发展能力，在整个国民经济中继续保持了上扬势头。产业凸显三大态势：一是图书出版、销售继续保持增长势头；二是数字出版产业份额继续扩增；三是报刊业下滑显现。

47.1.1　经济总量规模

2013 年，全国出版、印刷和发行服务实现营业收入 18246.4 亿元，同比增长 9.68%；利润总额 1440.19 亿元，同比增长 9.32%。印刷复制业比重最大。主要经济指标（见表 47.1）。

表47.1 主要经济指标

经济指标	金额（亿元）	同比（%）
营业收入	18246.40	9.68
资产总额	17207.70	9.40
所有者权益（净资产）	9023.17	10.52
利润总额	1440.19	9.32

说明：表内经济指标均未包括版权贸易与代理、行业服务与其他新闻出版业务，资产总额、所有者权益（净资产）均未包括数字出版。

47.1.2 各产业类别总体经济规模排名

对图书出版、期刊出版、报纸出版、音像制品出版、电子出版物出版、数字出版、印刷复制、出版物发行和出版物进出口9个新闻出版产业类别的总体经济规模进行综合评价。印刷复制、出版物发行和数字出版分居前三位，排序与上年相同，三者合计占全行业营业收入的89.6%和利润总额的83.1%。

与2012年相比，图书出版与报纸出版互换位置，图书出版排名上升，报纸出版排名下降（见表47.2）。

表47.2 各产业类别经济规模综合评价

综合排名	产业类别	综合评价得分	较上年排名变化
1	印刷复制	2.5430	0
2	出版物发行	0.1829	0
3	数字出版	-0.1490	0
4	图书出版	-0.2991	1
5	报纸出版	-0.3070	-1
6	期刊出版	-0.4950	0
7	出版物进出口	-0.5840	0
8	音像制品出版	-0.5931	0
9	电子出版物出版	-0.5966	0

说明：综合评价得分系选取营业收入、增加值、总产出和利润总额四个指标，采用主成分分析方法，通过SPSS直接计算所得，仅用来显示各产业类别的相对位置，负数并不代表负面评价。

47.1.3 单位构成

2013年,全国共有新闻出版单位34.6万家。其中,法人单位16.1万家,个体经营户17.7万家(见表47.3)。

表47.3 新闻出版单位数量与构成

类型	数量(家)	同比(%)	比重(%)
法人单位	160578	−0.22	46.38
其中:企业法人单位	157682	0.04	—
非法人单位	8581	−6.32	2.48
个体经营户	177028	−0.16	51.14
合　计	346187	−0.35	100

说明:未包括数字出版单位、版权贸易与代理单位和行业服务与从事其他新闻出版业务的单位。

47.1.4 从业人数

2013年,全国新闻出版业从业人数为479.24万人,其中男性255.8万人,占53.4%,女性223.5万人,占46.6%,人员分布(见表47.4)。

表47.4 各产业类别从业人数

产业类别	人数(万人)	同比(%)	比重(%)
图书出版	6.48	−3.49	1.35
期刊出版	10.91	−2.26	2.28
报纸出版	26.31	−0.01	5.49
音像制品出版	0.42	−9.33	0.09
电子出版物出版	0.23	2.41	0.05
印刷复制	362.08	0.68	75.55
出版物发行	72.52	−0.16	15.13
出版物进出口	0.31	−0.06	0.06
合　计	479.24	0.38	100

说明:未包括数字出版、版权贸易与代理、行业服务与其他新闻出版服务。

47.2 产品结构

2013年全国共出版图书、期刊、报纸、音像制品和电子出版物605.8亿册（份、盒、张）；共出版图书、期刊和报纸3005.1亿印张；出版图书、期刊、报纸和音像制品的定价（出版）总金额为2004.2亿元。

47.2.1 各类出版物比重

报纸比重最大，占近8成，比上年下降0.54个百分点；图书比重比上年提高（见表47.5）。

表47.5 各类出版物在出版物总体中所占比重

出版物类型	总印数（出版数量）(%)	总印张(%)	定价（出版）总金额(%)
图书	13.72	23.71	64.33
期刊	5.40	6.48	12.64
报纸	79.63	69.81	21.97
录音制品	0.39	—	0.51
录像制品	0.28	—	0.55
电子出版物	0.58	—	—
合计	100.00	100.00	100.00

说明：音像制品和电子出版物采用出版数量和出版总金额，出版总金额数值的计算公式为出版数量×（发行金额/发行数量）。

47.2.2 各类出版物增速及比重变化

各类出版物中出版数量增长最快的是电子出版物，为33.69%，出版数量比重变化最大的是图书，提高0.55个百分点（见表47.6）。

表47.6 各类出版物的增长速度与结构变动情况

类型	总印数		总印张		定价总金额	
	增速(%)	变动（百分点）	增速(%)	变动（百分点）	增速(%)	变动（百分点）
图书	4.87	0.55	6.83	2.01	8.95	1.78
期刊	-2.26	-0.16	-0.67	0.10	0.26	-0.72
报纸	0.03	-0.54	-5.12	-2.11	0.37	-0.99

续表

类型	总印数		总印张		定价总金额	
	增速(%)	变动(百分点)	增速(%)	变动(百分点)	增速(%)	变动(百分点)
录音制品	4.82	0.01	—	—	−5.63	−0.06
录像制品	0.60	0.00	—	—	2.71	−0.01
电子出版物	33.69	0.14	—	—	—	—

说明:增速系指表内各项指标2013年较2012年的增长速度;变动系指表内各项指标的结构变动,以百分点表示,由2013年各项指标在总量中所占百分比与2012年该项指标在总量中所占百分比相减而得。

47.3 图书出版

2013年,全国共出版图书44.44万种,同比增长7.35%(其中,新版图书25.6万种,同比增长5.8%);总印数83.1亿册(张),同比增长4.87%;重版、重印图书18.8万种,增长9.6%。总印数、总印张、定价总金额均告增长(见表47.7)。图书出版实现营业收入770.78亿元,同比增长6.53%;利润总额118.58亿元,同比增长2.9%。受占图书出版最大比重的文化科学教育体育类图书品种增速显著回落影响,图书品种增速较上年回落4.7个百分点(其中新版图书回落10.8个百分点),重印、重版图书品种增长9.6%,增速较上年提高3.4个百分点。显示图书出版愈加重视打造精品,进一步优化产品结构,降低运营成本,且整顿教辅类图书出版秩序,已见实效。

表47.7 图书出版总量规模

总量指标	数量	同比(%)
品种(万种)	44.44	7.35
总印数(亿册)	83.10	4.87
总印张(亿印张)	712.58	6.83
定价总金额(亿元)	1289.28	8.95
营业收入(亿元)	770.78	6.53
利润总额(亿元)	118.58	2.91

47.4 期刊出版

2013年全国共出版期刊9877种,同比增长0.1%;全国共出版期刊32.72亿册,同比下降2.26%;其中,文学艺术类期刊同比下降5.9%;自然科学技术类期刊同比下降4.6%。期刊出版实现营业收入221.99亿元,同比增长0.51%。总印数、总印张下降;定价总金额、营收、利润总额增长(见表47.8)。

表47.8 期刊出版总量规模

总量指标	数量	同比(%)
品种(万种)	9877	0.10
总印数(亿册)	32.72	−2.26
总印张(亿印张)	194.70	−0.67
定价总金额(亿元)	253.35	0.26
营业收入(亿元)	221.99	0.51
利润总额(亿元)	28.59	13.08

47.5 报纸出版

2013年,全国共出版报纸1915种,同比下降0.16%;总印张2097.84亿印张,同比下降5.12%;总印数、定价总金额微增;全国共出版报纸482.41亿份,与2012年基本持平;报纸出版实现营业收入776.65亿元,同比降低8.88%;利润总额87.67亿元,同比降低11.66%(见表47.9)。反映出数字化阅读进一步普及、信息传播与获取方式深刻改变对报纸出版的冲击进一步显现。

同时,不同类型报纸出现分化:全国性报纸总印数增长5.3%,总印张增长5.6%,省级与地市级报纸总印数与总印张减少,一些有全国影响的地方报纸总印数出现不同程度滑坡。与此相对应的是报业集团主营业务收入与利润总额分别降低14.6%与6.9%,43家报业集团中有15家营业利润出现亏损。

表 47.9 报纸出版总量规模

总量指标	数量	同比(%)
品种(种)	1915	−0.16
总印数(亿份)	482.41	0.03
总印张(亿印张)	2097.84	−5.12
定价总金额(亿元)	440.36	1.37
营业收入(亿元)	776.65	−8.88
利润总额(亿元)	87.67	−11.66

47.6 音像制品出版

2013 年,全国共出版音像制品 16972 种,同比下降;出版数量 4.06 亿盒(张),同比增长;营业收入 24.72 亿元,同比增长。发行数量、发行总金额、营业收入、利润总额同比均下降(见表 47.10)。

表 47.10 音像制品出版总量规模

总量指标	数量	同比(%)
品种(种)	16972	−8.19
出版数量(亿盒(张))	4.06	3.05
发行数量(亿盒(张))	3.43	−1.72
发行总金额(亿元)	17.10	−7.92
营业收入(亿元)	24.72	−12.79
利润总额(亿元)	3.35	−2.76

47.7 电子出版物出版

2013 年,全国共出版电子出版物 11708 种,同比下降;全国共出版电子出版物 3.52 亿张,同比增长 33.69%;电子出版物出版实现营业收入 10.23 亿元,同比增长 10.8%;利润总额 2.77 亿元,同比增长 21.74%(见表 47.11)。

27种电子出版物当年累计出版数量超过100万盒(张),绝大多数为IT产品配套程序或中小学教学用软件和课件。反映出电子出版物出版顺应数字化发展大趋势,通过为相关产业提供应用出版服务,实现融合发展,积极拓展自身的生存与发展空间。

表47.11 电子出版物出版总量规模

总量指标	数量	同比(%)
品种(种)	11708	−0.96
出版数量(亿张)	3.52	33.69
营业收入(亿元)	10.23	10.80
利润总额(亿元)	2.77	21.74

47.8 数字出版

2013年,数字出版实现营业收入2540.35亿元,同比增长31.25%,占全行业营业收入的13.9%,比上年提高了2.3个百分点;利润总额199.42亿元,增长逾3成(见表47.12)。其中在线音乐与网络动漫营业收入增长1.5倍,发展势头迅猛。反映出新型数字化内容服务在新闻出版业数字化转型中发力激增。与此形成对照的是,电子书、互联网期刊与数字报纸营业收入增长速度仅为7.0%,远远低于数字出版整体增速,这既说明传统出版物的数字化转型尚需进一步加强,同时也表明当下数字出版中真正与传统出版、传统阅读抗衡、正面交锋的部类尚嫌薄弱。

表47.12 数字出版总量规模

总量指标	金额(亿元)	同比(%)
营业收入	2540.35	31.25
利润总额	199.42	31.24

47.9 印刷复制

2013年,全国印刷复制(包括出版物印刷、包装装潢印刷、其他印刷品印刷、专项印刷、打字复印、复制和印刷物资供销)实现营业收入11094.92亿元,利润总额775.78亿元,分别增长逾7%;占全行业营业收入的60.8%,较上年下降1.5个百分点。虽然印刷复制地位有所削弱,但目前仍是新闻出版业的支柱产业。(见表47.13)。

表47.13 印刷复制总量规模

总量指标	金额(亿元)	同比(%)
营业收入	11094.92	7.09
利润总额	775.78	7.48

47.10 出版物发行

2013年,出版物发行业实现营业收入2710.74亿元,同比增长12.08%;利润总额221.11亿元,同比增长12.79%。新华书店系统和出版社自办发行单位实现全国居民和社会团体图书零售总额659.2亿元,同比增长6.8%;零售数量63.5亿册,同比增长3.1%;实现出版物总销售额2346.15亿元,同比增长8.62%(见表47.14)。反映出版和阅读数字化的看涨,对书业销售并未形成此长彼消的态势,在国家对实体书店的政策扶持下,书业销售的市场发展空间尚存。

表47.14 出版物发行总量规模

总量指标	数量	同比(%)
出版物发行网点(处)	172447	−0.11
出版物总销售额(亿元)	2346.15	8.62
营业收入(亿元)	2710.74	12.08
利润总额(亿元)	221.11	12.79

47.11 出版物外贸

2013年,全国累计出口图书、报纸、期刊、音像制品、电子出版物和数字出版物2387.43万册(份、盒、张),同比增长14.3%;出口金额10462.43万美元,同比增长10.4%;进口数量下降24.3%,金额增长2.7%(见表47.15)。

表47.15 全国出版物对外贸易情况

类型	指标(单位)	累计出口	累计进口	总额	差额
图书、期刊、报纸	数量(万册、份)	2375.31	2361.54	4736.84	13.77
	金额(万美元)	8115.46	28048.63	36164.09	-19933.16
音像制品、电子出版物、数字出版物	数量(万盒、张)	12.12	28.51	40.63	-16.38
	金额(万美元)	2346.96	20022.34	22369.30	-17675.38
合计	数量(万册、份、盒、张)	2387.43	2390.04	4777.47	-2.61
	金额(万美元)	10462.43	48070.97	58533.39	-37608.54

说明:差额为累计出口减去累计进口之差。正号表示出口大于进口,存在贸易顺差;负号表示出口小于进口,存在贸易逆差。

47.12 版权贸易

2013年,全国共输出版权10401种(其中输出出版物版权8444种),同比增长11.1%(输出出版物版权增长7.8%);共引进版权18167种(其中引进出版物版权17613种),同比增长3.3%(引进出版物版权增长2.4%);版权输出与引进品种比例由2012年的1∶1.9提高到1∶1.7。反映出新闻出版"走出去"持续较快发展的态势。图书版权输出下降,音像制品、电子出版物版权输出增长,电子出版物版贸实现顺差(见表47.16)。

表 47.16　出版物对外版权贸易构成

类型	引进（种）	输出（种）	总量（种）	差额（种）
图书	16625	7305	23930	－9320
录音制品	378	300	678	－78
录像制品	538	193	731	－345
电子出版物	72	646	718	574
合计	17613	8444	26057	－9169

说明：差额为输出减去引进之差。正号表示输出大于引进，存在顺差；负号表示输出小于引进，存在逆差。

47.13　区域实力排行

对全国 31 个省（自治区、直辖市）与新疆生产建设兵团新闻出版业的总体经济规模进行综合评价、排名（见表 47.17）。

表 47.17　各地区总体经济规模综合评价（前 10 位）

综合排名	地区	综合评价得分	与上年排名变化
1	广东	2.5977	0
2	北京	2.2869	0
3	江苏	1.7960	1
4	浙江	1.7826	－1
5	山东	1.2656	1
6	上海	1.1839	－1
7	河北	0.4096	0
8	安徽	0.2994	1
9	福建	0.2491	1
10	四川	0.2333	－2

说明：1.综合评价得分系选取营业收入、增加值、总产出、资产总额、所有者权益（净资产）、利润总额、纳税总额 7 项经济规模指标，采用主成分分析方法，通过 SPSS 直接计算所得，仅用来显示各地区的相对位置。2.未包括数字出版、版权贸易与代理、行业服务与其他新闻出版业务。3.北京地区包括中央在京新闻出版单位（下同）。位居全国前 10 位的地区合计分别占全行业营业收入的 73.3%、资产总额的 71.1%、所有者权益（净资产）的 71.0% 和利润总额的 65.1%。

47.14 出版传媒集团排名

列入统计的出版传媒集团有118家,其中出版集团32家、报刊集团47家、发行集团27家、印刷集团12家。

全国图书出版、报刊出版和发行集团主营业务收入增长13.3%,在全国书报刊出版与出版物发行主营业务收入中所占比重提高3.7个百分点;资产总额增长14.1%,比重提高3.4个百分点;利润总额增长16.2%,比重提高4.9个百分点。江苏凤凰出版传媒集团有限公司、湖南出版投资控股集团有限公司、安徽出版集团有限责任公司、山东出版集团有限公司、江西省出版集团公司与安徽新华发行(集团)控股有限公司主营业务收入、资产总额均超过100亿元,"双百亿"集团由4家增至6家。发行集团主要经营指标增长速度明显高于集团整体水平,图书出版集团继续保持良好增长态势。与2012年相比,中原出版传媒投资控股集团有限公司跻身前10,广东省出版集团有限公司跌出前10(见表47.18)。

47.14.1 出版集团

使用2013年期初资产总额、期末资产总额与利润总额,计算各出版集团平均资产总利润率(下同)。前10位降序依次为:广西出版传媒集团有限公司、中国出版集团公司、读者出版集团有限公司、中国科技出版传媒集团有限公司、贵州出版集团公司、青岛出版集团有限公司、河北出版传媒集团有限责任公司、湖南出版投资控股集团有限公司、山西出版传媒集团有限责任公司、中国教育出版传媒集团有限公司。

表47.18 出版集团总体经济规模综合排名(前10位)

综合排名	集团	综合评价得分	2012年排名	排名变化
1	江苏凤凰出版传媒集团有限公司	3.3378	1	0
2	湖南出版投资控股集团有限公司	1.8721	2	0
3	山东出版集团有限公司	1.3163	4	1
4	中国教育出版传媒集团有限公司	1.2606	3	−1
5	江西省出版集团公司	1.0178	7	2

续表

综合排名	集团	综合评价得分	2012年排名	排名变化
6	安徽出版集团有限责任公司	0.9224	5	-1
7	中国出版集团公司	0.8520	9	2
8	浙江出版联合集团有限公司	0.8127	6	-2
9	河北出版传媒集团有限责任公司	0.6074	8	-1
10	中原出版传媒投资控股集团有限公司	0.4114	11	1

说明：1.2013年新批准成立4家出版集团，因其尚不能提供有效财务数据，故参与综合评价的仍为2012年的118家。2.综合评价得分系选取主营业务收入、资产总额、所有者权益和利润总额四项指标，采用主成分分析方法，通过SPSS直接计算所得，仅用来显示各单位的相对位置（下同）。

47.14.2 报刊集团

总体经济规模排名，与2012年相比，湖北日报传媒集团和四川日报报业集团跻身前10，北京日报报业集团和杭州日报报业集团有限公司跌出前10（见表47.19）。

经济效益排名，前10位降序依次为：长沙晚报报业集团、山东大众报业（集团）有限公司、广西日报传媒集团有限公司、河南日报报业集团有限公司、四川党建期刊集团、湖北知音传媒集团有限公司、贵州日报报业集团、江苏新华日报报业集团有限公司、四川日报报业集团、甘肃日报报业集团。

表47.19 报刊集团总体经济规模综合排名（前10位）

综合排名	集团	综合评价得分	2012年排名	排名变化
1	成都日报报业集团	3.0503	1	0
2	浙江日报报业集团	2.5663	7	5
3	山东大众报业（集团）有限公司	2.2798	6	3
4	广州日报报业集团	2.1129	2	-2
5	解放日报报业集团	2.0882	3	-2
6	文汇新民联合报业集团	1.0858	5	-1
7	河南日报报业集团有限公司	0.9250	9	2
8	南方报业传媒集团	0.8681	8	0
9	湖北日报传媒集团	0.7499	12	3
10	四川日报报业集团	0.4963	15	5

47.14.3 发行集团

总体经济规模排名,与2012年相比,山东新华书店集团有限公司跻身前10,云南新华书店集团有限公司跌出前10(见表47.20)。

经济效益排名,前10位降序依次为:湖南新华书店有限责任公司、江西新华发行集团有限公司、河南省新华书店发行集团有限公司、广西新华书店集团股份有限公司、云南新华书店集团有限公司、安徽新华发行(集团)控股有限公司、湖北省新华书店(集团)有限公司、山东新华书店集团有限公司、四川新华发行集团有限公司、河北省新华书店有限责任公司。

表47.20 发行集团总体经济规模综合排名(前10位)

综合排名	集团	综合评价得分	2012年排名	排名变化
1	安徽新华发行(集团)控股有限公司	2.9477	2	1
2	四川新华发行集团有限公司	2.3331	1	-1
3	湖南新华书店有限责任公司	1.1955	3	0
4	浙江省新华书店集团有限公司	0.8861	4	0
5	江西新华发行集团有限公司	0.8830	6	1
6	上海新华发行集团有限公司	0.6907	5	-1
7	山东新华书店集团有限公司	0.5217	15	8
8	河北省新华书店有限责任公司	0.4694	8	0
9	河南省新华书店发行集团有限公司	0.4000	7	-2
10	重庆新华书店集团公司	-0.0120	9	-1

47.14.4 印刷集团

总体经济规模排名,与2012年相比,广西正泰印刷包装集团跻身前10,北京隆达印刷包装集团有限公司跌出前10(见表47.21)。

经济效益排名,前10位降序依次为:湖南天闻新华印务有限公司、黑龙江新华印刷集团有限公司、辽宁新闻印刷集团有限公司、河南新华印刷集团有限公司、浙江印刷集团有限公司、广西正泰印刷包装集团、北京印刷集团有限责任公司、中国印刷集团公司、上海印刷新技术(集团)有限公司、北京隆达印刷包装集团有限公司。

表47.21 印刷集团总体经济规模综合排名（前10位）

综合排名	集团	综合评价得分	2012年排名	排名变化
1	中国印刷集团公司	1.6766	1	0
2	湖南天闻新华印务有限公司	1.6033	2	0
3	江西新华印刷集团有限公司	0.8544	5	2
4	辽宁新闻印刷集团有限公司	0.4466	3	−1
5	上海印刷（集团）有限公司	0.2265	4	−1
6	上海印刷新技术（集团）有限公司	−0.0989	6	0
7	浙江印刷集团有限公司	−0.1522	7	0
8	河南新华印刷集团有限公司	−0.5688	8	0
9	北京印刷集团有限责任公司	−0.6619	9	0
10	广西正泰印刷包装集团	−0.8740	11	1

47.15 上市公司市值等排名

在国家大力发展文化产业的政策利好背景下，出版传媒上市公司充分顺应行业发展趋势，多方开拓传统业务市场，积极拓展手机游戏等新兴业务领域，取得不俗经营业绩。26家在上海和深圳上市的出版发行和印刷公司共实现营业收入804.5亿元，同比增长13.2%；实现利润总额82.9亿元，同比增长11.0%。以2013年12月31日收盘价计算，32家在境内外上市的出版发行和印刷公司股市流通市值合计1740.9亿元人民币，同比增长92.8%，接近翻番。在2013年全国股市总体低迷大背景下，26家在上海和深圳上市的出版发行和印刷公司，有22家（包括全部书报刊出版公司）股价上涨，其中4家股价翻番，最高涨幅超过1.5倍；股市总市值合计2232.1亿元，同比增长48.6%。反映出上市出版发行印刷公司投资价值已逐渐被投资者认可，开始受追捧。

47.15.1　上市出版发行和印刷公司流通市值排名

以 2013 年 12 月 31 日收盘价计算，在境内外上市的 32 家出版发行和印刷公司股市流通市值合计 1740.9 亿元人民币，同比增长 92.8%（见表 47.22）。

表 47.22　上市出版发行和印刷公司流通市值排名（前 10 位）

排名	上市公司	股票简称	业务类型	上市地点	流通市值（亿元人民币）
1	北京康得新复合材料股份有限公司	康得新	印刷	深证 A 股	228.43
2	中南出版传媒集团股份有限公司	中南传媒	出版发行	上证 A 股	197.38
3	华闻传媒投资集团股份有限公司	华闻传媒	报业	深证 A 股	161.49
4	安徽新华传媒股份有限公司	皖新传媒	发行	上证 A 股	113.48
5	中文天地出版传媒股份有限公司	中文传媒	出版发行	上证 A 股	101.42
6	上海新华传媒股份有限公司	新华传媒	发行	上证 A 股	93.00
7	深圳劲嘉彩印集团股份有限公司	劲嘉股份	印刷	深证 A 股	88.72
8	时代出版传媒股份有限公司	时代出版	出版	上证 A 股	82.50
9	成都博瑞传播股份有限公司	博瑞传播	报业	上证 A 股	70.31
10	江苏凤凰出版传媒股份有限公司	凤凰传媒	出版发行	上证 A 股	63.00

说明：在中国香港和美国上市的出版发行和印刷公司以人民币计价的流通市值系根据人民币对港元或美元当日平均汇率折算（下同）。

47.15.2　上市书报刊出版公司流通市值排名

15 家上市书报刊出版公司股市流通市值合计 854.39 亿元人民币，同比增长 114.9%（见表 47.23）。

表 47.23　上市书报刊出版公司流通市值排名

排名	上市公司	股票简称	上市地点	流通市值（亿元人民币）
1	中南出版传媒集团股份有限公司	中南传媒	上证 A 股	197.38
2	华闻传媒投资集团股份有限公司	华闻传媒	深证 A 股	161.49
3	中文天地出版传媒股份有限公司	中文传媒	上证 A 股	101.42
4	时代出版传媒股份有限公司	时代出版	上证 A 股	82.50
5	成都博瑞传播股份有限公司	博瑞传播	上证 A 股	70.31

续表

排名	上市公司	股票简称	上市地点	流通市值（亿元人民币）
6	江苏凤凰出版传媒股份有限公司	凤凰传媒	上证A股	63.00
7	浙报传媒集团股份有限公司	浙报传媒	上证A股	46.18
8	北方联合出版传媒(集团)股份有限公司	出版传媒	上证A股	36.42
9	长江出版传媒股份有限公司	长江传媒	上证A股	26.51
10	广东九州阳光传媒股份有限公司	粤传媒	深证A股	23.09
11	北京赛迪传媒投资股份有限公司	ST传媒	深证A股	18.47
12	中原大地传媒股份有限公司	大地传媒	深证A股	10.63
13	北青传媒股份有限公司	北青传媒	香港联交所	7.50
14	现代传播控股有限公司	现代传播	香港联交所	6.13
15	财讯传媒集团有限公司	财讯传媒	香港联交所	3.36
—	合计	—		854.39

□ **47.15.3 上市发行公司流通市值排名**

6家上市发行公司股市流通市值合计327.35亿元人民币，同比增长94.1%（见表47.24）。

表47.24 上市发行公司流通市值排名

排名	上市公司	股票简称	上市地点	流通市值（亿元人民币）
1	安徽新华传媒股份有限公司	皖新传媒	上证A股	113.48
2	上海新华传媒股份有限公司	新华传媒	上证A股	93.00
3	四川新华文轩出版传媒股份有限公司	新华文轩	香港联交所	38.11
4	广东广弘控股股份有限公司	广弘控股	深证A股	37.61
5	中国当当网公司	当当	美国纳斯达克	32.02
6	湖南天舟科教文化股份有限公司	天舟文化	深圳创业板	13.14
—	合计			327.35

□ **47.15.4 上市印刷公司流通市值排名**

11家上市印刷公司股市流通市值合计559.14亿元人民币，同比增长65.9%（见表47.25）。

表47.25 上市印刷公司流通市值排名

排名	上市公司	股票简称	上市地点	流通市值（亿元人民币）
1	北京康得新复合材料股份有限公司	康得新	深证A股	228.43
2	深圳劲嘉彩印集团股份有限公司	劲嘉股份	深证A股	88.72
3	上海紫江企业集团股份有限公司	紫江企业	上证A股	46.69
4	东港安全印刷股份有限公司	东港股份	深证A股	44.51
5	珠海中富实业股份有限公司	珠海中富	深证A股	35.74
6	黄山永新股份有限公司	永新股份	深证A股	27.95
7	上海界龙实业集团股份有限公司	界龙实业	上证A股	26.97
8	福建鸿博印刷股份有限公司	鸿博股份	深证A股	26.34
9	陕西金叶科教集团股份有限公司	陕西金叶	深证A股	18.39
10	北人印刷机械股份有限公司	北人印刷	香港联交所	10.48
11	北京盛通印刷股份有限公司	盛通股份	深证A股	4.91
—	合计	—	—	559.14

47.15.5 在沪、深上市的出版发行和印刷公司总市值排名

以2013年12月31日收盘价计算，在上海和深圳上市的26家出版发行和印刷公司股市总市值合计2232.1亿元，同比增长48.6%（见表47.26）。

表47.26 在沪、深上市的出版发行和印刷公司总市值排名（前10位）

排名	上市公司	股票简称	业务类型	上市地点	总市值（亿元人民币）
1	江苏凤凰出版传媒股份有限公司	凤凰传媒	出版发行	上证A股	243.29
2	北京康得新复合材料股份有限公司	康得新	印刷	深证A股	229.32
3	中南出版传媒集团股份有限公司	中南传媒	出版发行	上证A股	197.38
4	浙报传媒集团股份有限公司	浙报传媒	报业	上证A股	180.44
5	华闻传媒投资集团股份有限公司	华闻传媒	报业	深证A股	161.58
6	中文天地出版传媒股份有限公司	中文传媒	出版发行	上证A股	117.78
7	成都博瑞传播股份有限公司	博瑞传播	报业	上证A股	116.03
8	安徽新华传媒股份有限公司	皖新传媒	发行	上证A股	113.48
9	上海新华传媒股份有限公司	新华传媒	发行	上证A股	93.00
10	长江出版传媒股份有限公司	长江传媒	出版发行	上证A股	91.87

47.15.6 在沪、深上市的书报刊出版公司总市值排名

12家上市书报刊出版公司股市总市值合计1370.24亿元人民币,同比增长54.7%(见表47.27)。

表47.27 在沪、深上市的书报刊出版公司总市值排名

排名	上市公司	股票简称	上市地点	总市值(亿元人民币)
1	江苏凤凰出版传媒股份有限公司	凤凰传媒	上证A股	243.29
2	中南出版传媒集团股份有限公司	中南传媒	上证A股	197.38
3	浙报传媒集团股份有限公司	浙报传媒	上证A股	180.44
4	华闻传媒投资集团股份有限公司	华闻传媒	深证A股	161.58
5	中文天地出版传媒股份有限公司	中文传媒	上证A股	117.78
6	成都博瑞传播股份有限公司	博瑞传播	上证A股	116.03
7	长江出版传媒股份有限公司	长江传媒	上证A股	91.87
8	时代出版传媒股份有限公司	时代出版	上证A股	82.50
9	广东九州阳光传媒股份有限公司	粤传媒	深证A股	73.28
10	中原大地传媒股份有限公司	大地传媒	深证A股	51.10
11	北方联合出版传媒(集团)股份有限公司	出版传媒	上证A股	36.42
12	北京赛迪传媒投资股份有限公司	ST传媒	深证A股	18.57
—	合计			1370.24

47.15.7 在沪、深上市的发行公司总市值排名

4家上市发行公司股市总市值合计283.61亿元人民币,同比增长41.9%(见表47.28)。

表47.28 在沪、深上市的发行公司总市值排名

排名	上市公司	股票简称	上市地点	总市值(亿元人民币)
1	安徽新华传媒股份有限公司	皖新传媒	上证A股	113.48
2	上海新华传媒股份有限公司	新华传媒	上证A股	93.00
3	广东广弘控股股份有限公司	广弘控股	深证A股	38.71
4	湖南天舟科教文化股份有限公司	天舟文化	深圳创业板	38.42
—	合计			283.61

47.15.8 在沪、深上市的印刷公司总市值排名

10家上市印刷公司股市总市值合计 578.24 亿元人民币,同比增长 39.0%(见表 47.29)。

表 47.29 在沪、深上市的印刷公司总市值排名

排名	上市公司	股票简称	上市地点	总市值（亿元人民币）
1	北京康得新复合材料股份有限公司	康得新	深证A股	229.32
2	深圳劲嘉彩印集团股份有限公司	劲嘉股份	深证A股	88.72
3	上海紫江企业集团股份有限公司	紫江企业	上证A股	46.69
4	东港安全印刷股份有限公司	东港股份	深证A股	44.92
5	福建鸿博印刷股份有限公司	鸿博股份	深证A股	43.77
6	珠海中富实业股份有限公司	珠海中富	深证A股	35.74
7	黄山永新股份有限公司	永新股份	深证A股	28.24
8	上海界龙实业集团股份有限公司	界龙实业	上证A股	26.97
9	陕西金叶科教集团股份有限公司	陕西金叶	深证A股	18.43
10	北京盛通印刷股份有限公司	盛通股份	深证A股	15.44
—	合计	—	—	578.24

47.15.9 在沪、深上市的出版发行和印刷公司营业收入排名

2013年,在上海和深圳上市的 26 家出版发行和印刷公司营业收入合计 804.5 亿元,同比增长 13.2%(见表 47.30)。

表 47.30 在沪、深上市的出版发行和印刷公司营业收入排名(前 10 位)

排名	上市公司	股票简称	业务类型	上市地点	营业收入（亿元人民币）
1	中文天地出版传媒股份有限公司	中文传媒	出版发行	上证A股	113.87
2	上海紫江企业集团股份有限公司	紫江企业	印刷	上证A股	86.26
3	中南出版传媒集团股份有限公司	中南传媒	出版发行	上证A股	80.33
4	江苏凤凰出版传媒股份有限公司	凤凰传媒	出版发行	上证A股	73.16
5	安徽新华传媒股份有限公司	皖新传媒	发行	上证A股	45.96
6	时代出版传媒股份有限公司	时代出版	出版	上证A股	43.24
7	长江出版传媒股份有限公司	长江传媒	出版发行	上证A股	42.08

续表

排名	上市公司	股票简称	业务类型	上市地点	营业收入（亿元人民币）
8	华闻传媒投资集团股份有限公司	华闻传媒	报业	深证A股	37.50
9	北京康得新复合材料股份有限公司	康得新	印刷	深证A股	31.93
10	中原大地传媒股份有限公司	大地传媒	出版发行	深证A股	28.85

□ 47.15.10 在沪、深上市的出版发行和印刷公司利润总额排名

2013年，在上海和深圳上市的26家出版发行和印刷公司利润总额合计82.9亿元，同比增长11.0%（见表47.31）。

表47.31 在沪、深上市的出版发行和印刷公司利润总额排名（前10位）

排名	上市公司	股票简称	业务类型	上市地点	利润总额（亿元人民币）
1	中南出版传媒集团股份有限公司	中南传媒	出版发行	上证A股	11.42
2	华闻传媒投资集团股份有限公司	华闻传媒	报业	深证A股	10.34
3	江苏凤凰出版传媒股份有限公司	凤凰传媒	出版发行	上证A股	9.50
4	北京康得新复合材料股份有限公司	康得新	印刷	深证A股	7.39
5	中文天地出版传媒股份有限公司	中文传媒	出版发行	上证A股	7.22
6	安徽新华传媒股份有限公司	皖新传媒	发行	上证A股	6.16
7	深圳劲嘉彩印集团股份有限公司	劲嘉股份	印刷	深证A股	5.80
8	浙报传媒集团股份有限公司	浙报传媒	报业	上证A股	5.29
9	成都博瑞传播股份有限公司	博瑞传播	报业	上证A股	5.01
10	长江出版传媒股份有限公司	长江传媒	出版发行	上证A股	3.83

□ 47.15.11 在沪、深上市的出版发行和印刷公司经济效益排名

使用2013年期初资产总额、期末资产总额与利润总额，计算在上海和深圳上市的26家出版发行和印刷公司平均资产总利润率，前10位降序依次为：华闻传媒投资集团股份有限公司、深圳劲嘉彩印集团股份有限公司、成都博瑞传播股份有限公司、北京赛迪传媒投资股份有限公司、浙报传媒集团股份有限公司、东港安全印刷股份有限公司、黄山永新股份有限公司、北京康得新复合

材料股份有限公司、安徽新华传媒股份有限公司、中原大地传媒股份有限公司。

47.16 图书出版单位实力排名

选取图书出版单位的主营业务收入、资产总额、所有者权益和利润总额4项经济规模指标,采用主成分分析法,对全国图书出版单位的综合实力进行评价、排名。

47.16.1 全部图书出版单位排名

与2012年相比,商务印书馆和知识产权出版社跻身前10,江苏教育出版社和中国轻工业出版社跌出前10(见表47.32)。

表47.32 图书出版单位总体经济规模综合评价(前10位)

综合排名	图书出版单位	综合评价得分	2012年排名	排名变化
1	人民教育出版社	13.5193	1	0
2	高等教育出版社	9.9793	2	0
3	重庆出版社	6.8718	3	0
4	外语教学与研究出版社	5.4003	4	0
5	商务印书馆	5.2049	24	19
6	人民卫生出版社	4.1656	6	0
7	科学出版社	3.6515	5	−2
8	知识产权出版社	2.8044	19	11
9	机械工业出版社	2.6714	7	−2
10	北京师范大学出版社	2.5741	10	0

47.16.2 中央各部门各单位图书出版单位排名

与2012年相比,商务印书馆和教育科学出版社跻身前10,中国地图出版社和人民邮电出版社跌出前10(见表47.33)。

表47.33 中央各部门各单位图书出版单位总体经济规模综合排名(前10位)

综合排名	图书出版单位	综合评价得分	2012年排名	排名变化
1	人民教育出版社	13.5193	1	0
2	高等教育出版社	9.9793	2	0
3	商务印书馆	5.2049	12	9
4	人民卫生出版社	4.1656	4	0
5	科学出版社	3.6515	3	-2
6	知识产权出版社	2.8044	10	4
7	机械工业出版社	2.6714	5	-2
8	中国劳动社会保障出版社	1.9663	7	-1
9	教育科学出版社	1.7858	11	2
10	中国轻工业出版社	1.7641	6	-4

□ 47.16.3 大学图书出版单位排名

与2012年相比,前10位出版单位保持不变但名次发生变化(见表47.34)。

表47.34 大学图书出版单位总体经济规模综合排名(前10位)

综合排名	图书出版单位	综合评价得分	2012年排名	排名变化
1	外语教学与研究出版社	5.4003	1	0
2	北京师范大学出版社	2.5741	2	0
3	清华大学出版社	2.0000	3	0
4	上海外语教育出版社	1.6815	4	0
5	北京大学出版社	1.1773	6	1
6	中国人民大学出版社	1.0816	5	-1
7	中央广播电视大学出版社	0.8103	7	0
8	复旦大学出版社	0.8001	10	2
9	华东师范大学出版社	0.6595	8	-1
10	广西师范大学出版社	0.6046	9	-1

□ 47.16.4 地方图书出版单位排名

与2012年相比,安徽教育出版社跻身前10,甘肃教育出版社跌出前10

(见表47.35)。

表47.35 地方图书出版单位总体经济规模综合排名(前10位)

综合排名	图书出版单位	综合评价得分	2012年排名	排名变化
1	重庆出版社	6.8718	1	0
2	浙江教育出版社	2.2291	3	1
3	江苏教育出版社	2.1470	2	−1
4	四川教育出版社	2.0827	5	1
5	青岛出版社	2.0661	4	−1
6	上海书画出版社	1.5517	8	2
7	山西教育出版社	1.4851	9	2
8	北京出版社	1.4518	7	−1
9	内蒙古教育出版社	1.3892	6	−3
10	安徽教育出版社	1.0954	11	1

47.16.5 专业图书出版单位排名

社科类图书出版单位排名。与2012年相比,中国社会科学出版社和党建读物出版社跻身前40,中信出版社和经济科学出版社跌出前10(见表47.36)。

表47.36 社科类图书出版单位总体经济规模综合排名(前10位)

综合排名	图书出版单位	综合评价得分	2012年排名	排名变化
1	重庆出版社	6.8718	1	0
2	商务印书馆	5.2049	6	4
3	知识产权出版社	2.8044	4	1
4	青岛出版社	2.0661	2	−2
5	中国劳动社会保障出版社	1.9663	3	−2
6	北京出版社	1.4518	5	−1
7	人民出版社	1.0257	8	1
8	中国财政经济出版社	0.8798	7	−1
9	中国社会科学出版社	0.7102	17	8
10	党建读物出版社	0.5769	12	2

文艺类图书出版单位排名。与 2012 年相比,山东文艺出版社跻身前 10,漓江出版社跌出前 10(见表 47.37)。

表 47.37 文艺类图书出版单位总体经济规模综合排名(前 10 位)

综合排名	图书出版单位	综合评价得分	2012 年排名	排名变化
1	译林出版社	0.7522	1	0
2	人民音乐出版社	0.4144	3	1
3	上海译文出版社	0.2797	4	1
4	人民文学出版社	0.1069	5	1
5	作家出版社	0.0997	6	1
6	湖南文艺出版社	0.0597	7	1
7	长江文艺出版社	0.0327	9	2
8	上海音乐出版社	−0.0996	8	0
9	上海文艺出版社	−0.1290	2	−7
10	山东文艺出版社	−0.1958	17	7

美术类图书出版单位排名。与 2012 年相比,天津人民美术出版社和陕西人民美术出版社跻身前 10,海峡书局出版社和江苏美术出版社跌出前 10(见表 47.38)。

表 47.38 美术类图书出版单位总体经济规模综合排名(前 10 位)

综合排名	图书出版单位	综合评价得分	2012 年排名	排名变化
1	上海书画出版社	1.5517	1	0
2	湖南美术出版社	0.1058	2	0
3	江西美术出版社	0.0036	3	0
4	人民美术出版社	−0.0583	6	2
5	安徽美术出版社	−0.0737	4	−1
6	吉林美术出版社	−0.1463	7	1
7	天津人民美术出版社	−0.1627	16	9
8	湖北美术出版社	−0.1653	5	−3
9	浙江人民美术出版社	−0.1828	9	0
10	陕西人民美术出版社	−0.1854	13	3

科技类图书出版单位排名。前10位出版单位保持不变但名次发生变化（见表47.39）。

表47.39 科技类图书出版社总体经济规模综合排名（前10位）

综合排名	图书出版单位	综合评价得分	2012年排名	排名变化
1	人民卫生出版社	4.1656	2	1
2	科学出版社	3.6515	1	－1
3	机械工业出版社	2.6714	3	0
4	中国轻工业出版社	1.7641	4	0
5	人民邮电出版社	1.6198	6	1
6	中国地图出版社	1.5873	5	－1
7	中国建筑工业出版社	1.3605	7	0
8	电子工业出版社	1.1450	8	0
9	人民交通出版社	1.1115	9	0
10	化学工业出版社	0.9346	10	0

教育类图书出版单位排名。与2012年相比，湖南教育出版社跻身前10，甘肃教育出版社跌出前10（见表47.40）。

表47.40 教育类图书出版社总体经济规模综合排名（前10位）

综合排名	图书出版单位	综合评价得分	2012年排名	排名变化
1	人民教育出版社	13.5193	1	0
2	高等教育出版社	9.9793	2	0
3	浙江教育出版社	2.2291	4	1
4	江苏教育出版社	2.1470	3	－1
5	四川教育出版社	2.0827	5	0
6	教育科学出版社	1.7858	7	1
7	山西教育出版社	1.4851	8	1
8	内蒙古教育出版社	1.3892	6	－2
9	安徽教育出版社	1.0954	10	1
10	湖南教育出版社	0.8997	14	4

少儿类图书出版单位排名。与2012年相比,海燕出版社和湖南少年儿童出版社跻身前10,四川少年儿童出版社和希望出版社跌出前10(见表47.41)。

表47.41 少儿类图书出版单位总体经济规模综合排名(前10位)

综合排名	图书出版单位	综合评价得分	2012年排名	排名变化
1	中国少年儿童出版社	0.6621	1	0
2	二十一世纪出版社	0.5702	2	0
3	明天出版社	0.4949	5	2
4	浙江少年儿童出版社	0.3928	8	4
5	安徽少年儿童出版社	0.3880	4	−1
6	接力出版社	0.3771	6	0
7	长江少年儿童出版社	0.3530	7	0
8	海燕出版社	0.1857	11	3
9	江苏少年儿童出版社	0.1128	10	1
10	湖南少年儿童出版社	0.0815	13	3

古籍类图书出版单位排名。与2012年相比,中州古籍出版社跻身前10,中国书店出版社跌出前10(见表47.42)。

表47.42 古籍类图书出版单位总体经济规模综合排名(前10位)

综合排名	图书出版单位	综合评价得分	2012年排名	排名变化
1	中华书局	0.3411	1	0
2	黄山书社	0.0954	2	0
3	国家图书馆出版社	−0.0059	5	2
4	文物出版社	−0.0376	3	−1
5	岳麓书社	−0.0853	4	−1
6	上海古籍出版社	−0.1345	6	0
7	齐鲁书社	−0.1904	7	0
8	三秦出版社	−0.2993	8	0
9	凤凰出版社	−0.3266	9	0
10	中州古籍出版社	−0.3395	12	2

47.17 产业基地(园区)

数字出版基地(园区)营业收入排行

2013年,18家国家新闻出版产业基地(园区)实现营业收入1026.4亿元,资产总额982.4亿元,利润总额142.2亿元。其中,10家国家数字出版基地(园区)实现营业收入902.43亿元,同比增长44.5%,占数字出版全部营业收入的35.5%,比重较上年提高3.2个百分点;实现利润总额137.7亿元,同比增长61.8%;拥有资产总额759.0亿元。营业收入排行(见表47.43)。

表47.43 国家数字出版基地(园区)营业收入排行

综合排名	基地(园区)	营业收入(亿元)	占总体比重(%)
1	上海张江国家数字出版基地	250.00	27.70
2	江苏国家数字出版产业基地	176.41	19.55
3	广东国家数字出版基地	140.40	15.56
4	安徽国家数字出版产业基地	81.73	9.06
5	杭州国家数字出版产业基地	75.24	8.34
6	湖南中南国家数字出版基地	55.97	6.20
7	西安国家数字出版基地	47.78	5.29
8	重庆北部新区国家数字出版基地	38.81	4.30
9	天津国家数字出版基地	35.21	3.90
10	湖北华中国家数字出版基地	0.88	0.10
——	合计	902.43	100.00
——	平均	90.24	——

【链接:中国出版传媒商报2014.7.11,文东《产业分析报告显示:2013年新闻出版业营收利润双增 三大态势凸显》、《最新数读产业发展态势》】

第48章　中国书业格局凸显实力演变

48.1 全国书业销售坎坷中前行

中国书业销售的市场格局是中国书业实力版图的重要组合。省域是中国版图的第一要素,因而省域书业销售也是中国书业实力版图的第一要素和最基础、最直接的呈现。

根据国家权威部门的最新统计,2013年全国书业(新华书店系统、出版社自办发行单位,下同)销售(纯销售,下同)735.64亿元,同比增长3.24%,这一年度增幅是2008年以来6年间增幅最低的一次(见表48.1)。

表48.1　2008~2013年全国书业销售统计

年份	销售额(亿元)	同比(%)
2008	539.65	5.3
2009	580.99	7.7
2010	599.88	3.25
2011	653.59	8.95
2012	712.58	9.03
2013	735.64	3.24

在2012年中国书业销售首度跨上700亿元新阶,且创下14年间增幅之最的次年,书业销售态势即出现逆转:销售数量同比下降0.35%,销售金额增幅为6年间最低;而且倘若细究平均销售单价增长因素(年度平均销售单价10.81元,同比增长3.64%),当年书业销售额不但没有增长,反而呈下降趋势——销售额增幅比销售单价增幅低0.4个百分点,扣除价格因素,销售额实为负增长。作为反映面向读者之终极销售的书业销售这一实绩,应验了网络

阅读、移动阅读对纸质阅读和传统书业的冲击。在这样一种严峻的大背景下，可以说传统书业在艰难中坚守，在坎坷中前行，虽然有时免不了步履蹒跚，但仍以其不可替代的特色而挺立。

48.2 中央书业销售两位数下滑

中央书业和地方书业作为中国书业的两大板块，多年来此消彼长，涨跌不一。

2013年中央书业的构成较上年有所变化，即中央级出版社由220家增加为221家，虽然只是增长一家，但却是2010年以后3年间的首次增长。中国图书进出口（集团）总公司、中国国际图书贸易集团公司、新华书店总店和中国教育图书进出口公司等外贸、发行单位是中央书业的另一分支。2013年，虽然中央书业的单位构成增加，但其销售却同比下降：42.23亿元的销售，比上年下降了17.07%。这一两位数的下降，是在上年销售增长43.28%的基础上出现的，两年间销售的如此升降，起伏不可谓不大。同样以2008年以来的6年为时间段，可见中央书业的销售趋势起伏不定（见表48.2）。6年间，中央书业的销售四年下降，两年上升，使得中央书业销售占全国书业销售的比重，除一年回升外，其余5年均告下降。

表48.2　2008～2013年中央书业销售统计

年份	销售额（亿元）	同比（%）	占全国比重（%）
2008	60	−10.56	11.12
2009	61.44	2.4	10.58
2010	42.27	−31.2	7.05
2011	35.54	−15.92	5.44
2012	50.92	43.28	7.15
2013	42.23	−17.07	5.74

比之地方书业，中央书业除某些系统发行的专业书外，没有自己一方稳定的领地，其面临的市场挑战比之地方书业更甚；以城市为主打市场的销售布

局,使其遭遇的"新阅读"冲击也比地方书业更甚。从大的走势来看,无论中央书业销售再出现什么大的反弹,其占全国书业大盘份额不足10%的格局恐是不会改变的了。

48.3 省域书业销售7成增长

2013年全国地方书业销售693.41亿元,同比增长4.8%。与中央书业形成鲜明对照的是近几年地方书业销售均告增长,仍以2008年至今的6年为时间段(见表48.3),可见6年间地方书业销售呈持续递增状。可以说,中国书业销售多年的连续递增,主要缘自地方书业的支撑,而且这种支撑还在逐渐强化。从2000年代的8成比重,提高至2010年代的9成比重。

表48.3 2008~2013年地方书业销售统计

年份	销售额(亿元)	同比(%)	占全国比重(%)
2008	479.66	7.66	88.88
2009	519.55	8.32	89.42
2010	557.60	7.32	92.95
2011	618.04	10.84	94.56
2012	661.66	7.06	92.85
2013	693.41	4.8	94.26

地方书业销售由31个省(自治区、直辖市,下同)的书业销售组合集成。2013年中国省域书业的整体状况优于上年(见表48.4):销售增长的有江苏、湖南、浙江、山东、四川、安徽、河南、江西、山西、河北、陕西、云南、新疆、上海、福建、贵州、黑龙江、吉林、天津、海南、青海、西藏、宁夏等23个省,增长省份数量比上年增加4个,其中实现两位数增长的有四川、黑龙江、贵州、山西、河南、上海、西藏、山东、江西、新疆等10个省。特别值得重书的是销售列前10位的省域,9省销售均告增长,引领了地方书业销售的大趋势,而上年销售列前10位的省域,销售增长的为7省。

表48.4　2013年全国省域书业销售排行

序位	省份	销售额（亿元）	同比（%）	占全国份额（%）	排序同比变化
1	江苏	58.19	2.77	7.91	0
2	湖南	57.96	5.25	7.88	0
3	浙江	52.26	1.14	7.1	0
4	山东	49.36	13.08	6.71	0
5	四川	43.10	22.76	5.86	1
6	安徽	39.75	2.98	5.4	－1
7	河南	38.39	17.04	5.22	0
8	江西	32.78	11.5	4.46	1
9	广东	29.61	－8.04	3.9	－1
10	山西	28.52	17.13	3.88	1
11	河北	24.27	6.21	3.3	1
12	陕西	23.23	6.32	3.16	2
13	云南	19.73	1.7	2.68	2
14	广西	19.50	－22.34	2.65	－4
15	湖北	18.71	－17.4	3.08	－2
16	新疆	18.64	11.08	2.53	2
17	上海	18.50	13.99	2.51	2
18	重庆	18.10	－3.47	2.46	－2
19	福建	17.92	1.76	2.47	－2
20	贵州	15.74	19.15	2.44	1
21	北京	13.57	－3.07	1.84	－1
22	甘肃	12.47	－2.73	1.7	0
23	黑龙江	10.64	22.16	1.45	2
24	辽宁	10.54	－2.5	1.43	－1
25	内蒙古	8.43	－3.21	1.15	－1
26	吉林	5.76	7.66	0.78	0
27	天津	4.28	1.18	0.58	0
28	海南	1.36	6.25	0.18	0
29	青海	1.02	2	0.14	0
30	西藏	0.84	13.51	0.11	0
31	宁夏	0.25	4.17	0.03	0
	中央	42.23	－17.07	5.74	排序同比

与上年相比，2013年省域书业销售占全国书业销售份额扩大或缩小的省份几近相等：份额扩大的为湖南、山东、四川、河南、江西、山西、河北、陕西、新疆、上海、贵州、黑龙江、吉林、西藏等14省；份额缩小的为江苏、浙江、安徽、广东、云南、广西、湖北、重庆、北京、甘肃、辽宁、内蒙古、天津等13省；份额不变的为福建、海南、青海、宁夏4省，而福建是唯一持续三年份额不变的省。

从2013年全国省域书业销售的排行看，与上年比较，排序不变，呈原位状的有12个省，值得注意的是排序居首尾的前4强和后6弱与上年完全一致，显示了在中国书业的大盘中相当一批省域的居位渐呈稳固，省域销售格局的变化较前趋缓。2013年省域销售排位较上年前移的有四川、江西等10省，排位较上年后移的有安徽、广东等9省。

2013年全国省域书业中，销售增长、份额扩大、排位前移三项均占，呈全面提升的为四川、江西、山西、河北、陕西、新疆、上海、贵州、黑龙江等9省域。这9省域，省、自治区、直辖市三者均含，华东3省，华北、西北各2省，西南、东北各1省，唯独中南地区空缺。特别值得瞩目的是河北和新疆，该两省的"三升"是继上年后的再次，实属不易。而当年销售减少、份额缩小、排位后移，呈三重下降的为广东、广西、湖北、重庆、北京、辽宁、内蒙古等7省域，其中3省出自中南区。重庆、北京两大直辖市的"三降"，是继上年"三降"后的再次，这种状况令人担忧。

48.4　省域销售4强各居原位

2013年，全国省域书业销售中，位列前4强的为江苏、湖南、浙江、山东4省，4强成员及排序与上年完全一样，显示了省域销售引领者地位的稳固。

江苏的中国书业销售"龙头"老大地位，自本世纪初以来已持续12年。十余年来，虽然居其后位者多有变化，其与后位者差距多有变化，但其中国书业销售"霸主"角色，仍无可撼动。2013年是江苏书业销售主体——江苏新华书店成立60周年，也是全国首家省级发行集团江苏新华发行集团恢复建制之年,它们主宰的江苏书业2013年与上年比较喜忧参半:喜的是销售大势实现质的扭转,从上年同比下降1.48%,转变为同比增长2.77%,作为全国省域书业销售之冠,引领了销售增长的势头。忧的是由于其销售增幅不高,导致两个结果:一是其增幅低于后来者中18个省当年的销售增幅,因而其在全国书业中的销售份额比上年下降了0.04个百分点;二是其与紧随其后的省域书业销售亚军湖南省的销售差从上年的1.55亿元,缩减至0.23亿元。纵观本世纪2001年以来的全国书业销售,自2001年江苏省从广东省手中夺得省域销售桂冠以来(见表48.5),已连续12年雄踞省域销售之首席位。12年间,以第二位身份与其抗衡的省涉及广东、山东、浙江、湖南四省,其中山东与其抗衡6年,广东与其抗衡3年,湖南与其抗衡2年,浙江与其抗衡1年。其间,江苏曾先后9年领先抗衡者逾6亿元,其中更有3年领先抗衡者逾10亿元,与抗衡者销售差最高达14.19亿元,2013年前其领先抗衡者最低逾亿元。而2013年其与抗衡者的差距降至12年最低——0.23亿元的销售差使业界不得不问:江苏省域书业销售的"霸主"地位还能维持多久?全国省域书业销售之首易主是否将到来?这也进一步说明省域书业销售竞争态势之严峻。未来江苏若要继续蝉联省域书业销售之冠,必须在销售增幅上有较大提升。

表48.5 2001～2013年全国省域书业销售"冠亚"之争

年份	冠军	销售额(亿元)	亚军	销售额(亿元)	二者差额(亿元)
2001	广东	32.56	江苏	32.26	0.3
2002	江苏	35.31	广东	32.54	2.77
2003	江苏	39.43	广东	33.28	6.15
2004	江苏	39.47	山东	30.56	8.91
2005	江苏	38.47	山东	32.02	6.45
2006	江苏	40.59	山东	31.26	9.33
2007	江苏	42.51	广东	30.82	11.69
2008	江苏	47.11	山东	36.05	11.06
2009	江苏	48.23	浙江	39.34	8.89

续表

年份	冠军	销售额（亿元）	亚军	销售额（亿元）	二者差额（亿元）
2010	江苏	51.57	山东	44.33	7.24
2011	江苏	57.47	山东	43.28	14.19
2012	江苏	56.62	湖南	55.07	1.55
2013	江苏	58.19	湖南	57.96	0.23

湖南继2012年摘得全国省域书业销售亚军名次后，2013年后再次重演，将第二把交椅揽得名下。如果说2012年其以逾3成的销售增长晋升两强，或具有一定的偶然性，那么2013年它的蝉联就具有一定的必然性：不但把自己的销售推高了5.25%，而且把和后位者的差距从3.4亿元拉大至5.7亿元。更重要的是它把自己和冠军之间的差距缩小至不足0.3亿元，而且这一缩小并非"借助"对方的销售下降，而是凭借自己高于对方的销售增幅而获得的。与之相伴的是，湖南还成为2013年省域销售前4强中唯一所占全国份额较上年扩大的省份——7.88%的份额，比上年扩大0.15个百分点。"能吃辣椒会出书"的湖南书业，以中南出版传媒集团为支柱，近几年来不断迅跑赶超，从曾多年徘徊于全国第6、7位，一路飙升至第4位、第3位乃至第2位，2013年更是以与前位者差距的缩小和与后位者差距的加大而稳固确立了自己位次。特别是其销售几乎追平江苏之境况，颇具咄咄逼人之势，来年它是否会赶超江苏，取而代之，改写中国书业"霸主"归属，业界倍加关注。湖南书业销售和江苏书业销售的竞争，说到底是中南出版传媒和凤凰出版传媒两大上市公司的竞争：一个是十余年稳坐头把交椅的全国首家双百亿集团，一个是奋起直追，来势汹汹，几近后来居上的强势劲旅，二者未来的角逐或惨烈，或壮丽，都将把中国书业推向新高。

2013年省域书业销售季军仍为浙江摘得，但与前比较其销售增幅和占全国份额均逊于上年，书业市场的不确定性由此可见一斑。浙江书业连续两年的"摘铜"，显示出其在与邻位者山东书业的几番竞争中已从互有胜负，演进为略占上风。连续两年的领先，使偶然性降低，必然性上升，倘若这一态势持续3年，"翻盘"的概率恐怕就再难以出现，除非发生颠覆性动荡。因而2014年，浙江能否再续辉煌，是其能否在中国省域书业稳居前三，确立自己"三强"地位的关键。主导浙江书业销售的浙江新华书店集团以稳健、扎实的作风在业界有口皆碑，其自成体系的线上线下联动，大门店、小连锁并举，融业务、技术、管理输出为一体的跨区域拓营，效益持续凸显，仅今年"双11"，其博库网就又创日销5000万元新高。应该说，浙江书业要使自己全国三强之一的地位有所保障，必须提高自己的销售增幅，拉大与后位者的差距。

2013年的中国省域书业三强，恰好销售均在50亿元以上，与上年如出一辙。三强销售总计达168.41亿元，比上年增长3.09%。但三强销售占全国书业销售的份额22.89%，却比上年微弱下降了0.04个百分点，这是由于三强销售增幅低于全国书业销售增幅所致。

列2013年全国省域书业销售第四的山东省，2004年以来的10年间曾先后6次摘得省域书业销售亚军，曾是唯一可与江苏抗衡的省。但近两年来其境况却不容乐观：先是2012年其销售被湖南、浙江赶超，多年来排名首次跌出前三，而且其与前位者的差距不仅是名次差距，还有级阶差距；前位者上居50亿元级阶，而山东下居40亿元级阶。后是2013年虽然其销售增长，占全国书业的份额加大，但并未改变其排位，而且还仍居40亿元级阶。销售、份额双增长，并未带来排位、级阶的双晋升，而且连二者之一也未获得，确可称之遗憾。不过山东书业销售的两位数增幅，显示了其追赶前位者发力之"重"，由此它也把和前位者的差距由上年的8.02亿元，缩减至2.9亿元，追赶的速度不可谓不快。照此速度，未来山东书业排位上升，不是没有可能。

48.5 第一方阵囊括销售10强

2013年，全国省域书业销售排名第5、6位的分别为四川、安徽两省，二者的排位与上年相比恰好做了交换。二者排名的易位，应该说主要缘自于四川销售的大幅增长。四川22.76%的销售增幅,不仅大超安徽2.98%的销售增幅,而且还创下了当年全国省域书业销售中的最高增幅。由此,四川不仅使自己从上年的排名第6,上升为排名第5,而且还使自己的销售从30亿元级阶跨上40亿元级阶,同时还使自己占全国书业的销售份额从4.93%扩大至5.86%,提升0.95个百分点,成为当年全国省域书业销售前7强唯一"四升"(销售增长、排位前移、级阶提升、份额扩大)的省。四川书业销售2013年的作为,还使中国省域书业销售第二级阶——40亿元档的成员从上年的独家、增加为两家,一省书业年度销售占尽四项提升,实乃不易,这无疑得益于四川书业主体新华文轩出版传媒股份有限公司的发展战略和扩张实践。文轩一方面大力扩张网点,在省内、省外广建实体书店;一方面发展电子商务,扩大网上交易;线上线下双轨运作,OTO模式凸显。作为在香港上市的出版传媒公司,新华文轩系我国首家由发行整合出版的上市公司,尤以销售见长的特点更为突出。安徽书业在中国书业中占有独特的地位,即一省拥有两家出版传媒上市公司:安徽新华传媒股份有限公司和时代出版传媒股份有限公司二者分立,各有侧重,共襄安徽书业。安徽新华的发行渠道持续扩展,不断细分,不断深化,从发行进校园,演进至发行进班级,销售持续增长。安徽书业39.74亿元的销售,使其距40亿元销售阶级仅一步之遥。不出意外的话,2014年安徽书业销售跨入40亿元级阶,应是水到渠成之事。四川书业销售和安徽书业销售的排名易位,并非此消彼长的结果,而是大增长与小增长的差异所致。安徽书业在上年增长近2成的基础上,再增2.98%,本已不俗,但与四川书业逾两成的销售增长相比,不得不处于劣势而退居下家。这再一次显现了当下中国书业省域销售竞争之炽热,旗鼓相当的书业主体间的竞争,已不再是此消彼长、不进则退,而是不大增、不高进则退。

2013年,河南书业销售和江西书业销售分居全国省域书业销售第7、8位,二者且同为销售30亿元级阶的成员。中国第一人口大省河南的书业销售比之上年大为改观,从上年的销售下降,转为本年销售增长达两位数——17.04%,

占全国书业销售的份额也从上年的4.6%,增至本年的5.22%,扩大0.62个百分点。这种"双增"确也不易,但遗憾的是并没有带来其排名的晋升,其名列第7的销售排位,较上年维持不变。地处中原的河南书业,人口众多是其天然的优势。该省书业销售主体河南新华书店虽然在全国最晚组建发行集团,但其随中原出版传媒集团上市后,销售不断扩增。特别是近年与浙江新华实施战略合作后,全省120多家新华书店实行连锁运营,效益显增。2013年河南书业销售排位不变,也折射了其的稳步发展。比之河南书业,与其销售排名相邻的江西书业销售多有可圈点之处:销售增长达两位数——11.5%,销售排名从上年第9晋升至第8,销售占全国份额4.46%,比上年扩大0.33个百分点,销售额级阶从上年的20亿元,晋升至30亿元,成为与四川并驾齐驱的又一个一年实现"四升"的省。江西虽处欠发达地区,但在其发行主体江西新华发行集团的打造下,连创佳绩。江西新华发行集团素以务实、进取而在业内享有佳誉,2013年其以开办大型文化综合体再次引来行业关注,并带来销售新增。当年其在全国发行集团中的综合排名居第5位。其随中文天地出版传媒股份有限公司上市后,该公司2013年在26家在沪、深上市的出版发行印刷公司中营业收入排名第一。江西书业销售在欠发达地区的异军突起彰显了江西新华集团的不凡业绩。

2013年省域书业销售排名第9、10位的广东、山西两省,排名相邻,但境况却喜忧不一。本世纪初曾居中国省域书业销售"龙头",后又三度位居排名第二的广东省,2008年以来已与省域书业销售前3强无缘。2013年其销售同比下降8.04%,由此带来销售排名较上年后退一位,销售占全国份额较上年下降0.62个百分点,销售额级阶由30亿元降至20亿元,其由此成为省域书业销售前10强中唯一一年"四降"的省,这不能不令业界担忧。曾经的全国书业销售"龙头",下滑至第9位不算,还在一年间几告下跌,这种状况恐和地处沿海的广东经济大潮对文化的冲击不无关系。广东书业所遭遇的多方冲击和面临的艰难,恐为内地所不及。山西书业销售排名虽居广东之后,但却以同比

17.13%的增幅,使其成为销售10强中继四川、江西之后的"三升"省份:销售上升,排名晋升一位,占全国书业销售份额比上年扩大0.46%个百分点。以山西新华为主体的山西书业销售近几年上升势头明显,仅2010年以来就从销售排名第14位,升至第10位,快速进入10强行列。

2013年的全国省域书业销售10强,销售均居25亿元之上,恰好构成当年省域书业销售的第一方阵。这一方阵成员数量与上年相等,其中9名成员与上年相同,只是部分成员排名较上年有所变化:四川与安徽排位交换,江西与广东排位交换,另5名成员江苏、湖南、浙江、山东、河南排位不变。新进入的北方成员山西省,替代了原来的南方成员广西壮族自治区。新成员山西的进入不仅使第一方阵增加了"新鲜血液",还使其成员结构发生变化,即原来"三北"地区省份与第一方阵无缘的局面得以打破,使第一方阵成员的分布从华东(江苏、浙江、山东、安徽、江西)、中南(湖南、河南、广东)、西南(四川),首次扩展至华北(山西)。这种变化是有积极意义的,这显示出中国省域书业的崛起不局限于部分区域,而呈逐渐扩展状。

中国省域书业销售10强,虽然同处第一方阵,但却分居四个级阶:50亿元级阶3省,40亿元级阶2省,30亿元级阶3省,30亿元以下级阶2省。与上年相比,首尾50亿元和30亿元以下两个级阶的成员数量不变,中间40亿元级阶成员增加1省,30亿元级阶成员减少1省。10强中,有3省均晋阶有望:山东、安徽、广东三省销售分别距上一级阶50亿元、40亿元、30亿元,差额仅数千万元。今年山东只要销售同比增长1.3%,就可实现晋阶;安徽只要销售同比增长1.4%,就可实现晋阶;广东只要销售同比增长0.7%,就可实现晋阶。应该说,只要不出意外,3省销售今年实现晋阶均是大有可能的。眼下已时值年底,山东、安徽、广东3省新年度的销售晋阶或已实现。

2013年中国书业销售10强构成的第一方阵,销售总额达429.92亿元,比上年第一方阵销售增长7.42%,占当年全国书业销售的58.44%,比上年第一方阵销售所占全国书业销售的份额扩大2.27个百分点,显示了产业集中度的提升。第一方阵以不足全国三分之一的省,创下了占全国书业近6成的销售,既彰显了其中国书业主导力量的作用,又诠释了书业作为文化产业在中国这个区位差别和经济、文化发达差别明显的国度呈非均衡发展的特征。

48.6 第二方阵孕育中坚实力

年销售10亿~25亿元的省份,为中国书业销售的第二方阵,2013年这一阵营成员共14家。2013年,列全国省域书业销售第11、12位的河北、陕西两省,销售均超20亿元,与上年比较二者均实现了销售增长、占全国书业销售份额加大和排位前移的"三升",是当年境况称优,且相似的两个省份。二者销售均同比增长逾6%,二者销售占全国书业销售的份额均同比扩大0.09个百分点,只是河北较上年排名前移1位,陕西较上年排名前移2位。河北、陕西作为第二方阵中销售逾20亿元的领衔者,为第二方阵树立了两个"三升"的样板。二者一个为华北地区的省域销售第二,一个为西北地区的省域销售"龙头",均系中国书业销售的实力派,第二方阵中的佼佼者。

位居南疆的云南、广西两省域,分列2013年省域书业销售第13、14位,二者年销售均超19亿元,只是云南当年销售同比增长1.7%,而广西当年销售同比下降22.34%。云南虽然当年销售排名较上年前移两位,但其销售占全国书业销售的份额却较上年下降了0.04个百分点。广西书业销售这两年经历了大起大落,2012年其以15.08%的销售增幅,排名一举前移4位,且以全国省域书业销售第10位的名次,创下了少数民族自治区首次进入全国书业销售10强和首次进入全国书业销售第一方阵两项纪录。只是好景不长,仅时过一年它就因年销售下降22.34%,而排名后退4位,这一销售下降是当年全国省域书业销售中最大幅度的下滑,这种大幅度的下滑还导致其销售占全国书业销售的份额下跌0.87个百分点。同时还导致其销售从上年的20亿元级阶,下降至10亿元级阶,成为当年少有的销售额、排位、占全国书业销售份额、销售额级阶四重下降的省份。省域销售转年间发生如此大的起落,在中国书业史上也是少有的。2013年本是广西书业销售主体——广西新华书店集团股份有限公司成立后新的起步年,在这个新的开局年,广西书业销售的下降回落,如果不是统计上的误差,确是出乎意料的。

湖北、新疆、上海、重庆4省域2013年销售均处于18亿元档级,排名分列全国省域书业销售第15、16、17、18位。湖北书业销售境况与广西相仿,较上年销售下降17.4%,排名后退2位,占全国书业销售份额下降0.1个百分点,销售额级阶从20亿元降至10亿元,这一四重下降发生在与广西排位相邻的湖北,使得二者犹如"患难与共"、"同病相怜"。与湖北形成鲜明对照的是新疆书业与上年比较销售增长11.08%,排名前移两位,销售占全国书业销售份额扩大0.18个百分点,实现"三升"。近几年来,新疆书业销售多呈递增状,在地处边远的少数民族地区,在社会不稳定因素时常显现的大环境中,新疆书业销售能取得如此佳绩,实乃幸事。上海、重庆作为销售排位相邻的两大直辖市,同样形成鲜明反差:比之上年,上海书业销售增长13.99%,排名前移2位,占全国书业销售份额扩大0.23个百分点,实现"三升"。而重庆书业较上年销售下降3.47%,排名后退2位,占全国书业销售份额下降0.17个百分点,遭遇"三降"。而且这一"三降"是继上年三降后的再次;连续两年"三降",使重庆书业的排序累计后退5位。东都上海,西都重庆,同为中央直辖市,书业销售状况却大相径庭,再一次验证了书业市场受不确定因素左右,而致不同走向。

分处东、西、北的福建、贵州、北京3省市,年销售排行分别列第19、20和21位。福建书业的销售状况具有难得一见的戏剧性,三要素中一升一降一不变,即销售同比增长1.76%,排名较上年后退两位,占全国书业销售份额与上年保持不变,其2.47%的销售份额已是连续3年保持不变,这在全国31个省区市中是唯一的,几近奇观。贵州书业销售颇为乐观:销售同比增长近2成,达19.15%,排名前移1位,占全国书业销售份额扩大0.59个百分点,实现"三升"。北京作为政治、文化中心的国都,其书业销售状况仍可称忧:销售同比下降3.07%,排名较上年退后1位,销售占全国书业销售份额同比下降

0.12个百分点。这一"三降"是继上年"三降"后的再次"三降",北京书业的排序两年累计后退3位,显示了北京书业销售遭受数字阅读冲击的严峻态势。

作为第二方阵殿后的三名成员,甘肃、黑龙江、辽宁三省2013年书业销售排名分列第22、23、24位。甘肃虽然销售同比下降2.73%,占全国书业销售份额同比下降0.1个百分点,但排名与上年保持一致,未有变化。同处东北的黑龙江、辽宁两省排名相邻,但书业销售状况相逆:黑龙江书业销售增长22.16%,其逾两成的增幅成为继四川后第二个销售高幅增长的省。由此还带来其排名较上年前移2位和占全国书业销售份额扩大0.25个百分点,销售额级阶从10亿元以下升至10亿元,实现"四升"。辽宁书业销售同比下降2.5%,由此导致其排名较上年后退一位,占全国书业销售份额同比下降0.09个百分点——招致"三降"。

2013年全国书业销售第二方阵14家成员,比上年增加1家,第二方阵销售总计达241.56亿元,比上年增长4.43%,占全国书业销售的份额为32.84%,比上年增长0.38个百分点。

第二方阵是中国书业中成员最多的军团,其占中国书业销售逾3成的份额,显示了其系中国书业颇具潜力的中坚力量。而其成员又蕴藏着晋升第一方阵的力量,因而相对处于动态。中国书业的发展相当部分寄托在这一军团之上。

48.7 第三方阵不可或缺

年度书业销售不足10亿元的省份,系中国书业的第三方阵,2013年这一方阵成员共7省,比上年减少1省。其中销售5亿元以上的两家:内蒙古和吉林;销售1亿~5亿元的3家:天津、海南、青海;销售不足亿元的2家:西藏、宁夏。7省区市中除内蒙古因销售同比下降3.21%,而较上年排名退后一位,其余6省尽管销售均告增长,但排位与上年保持不变,表明这一群体的相对稳定。值得关注的是内蒙古尽管销售下降,排位后移,所占全国销售份额下降,但在这一群体中仍处领先地位。吉林在上年销售逾 6 成的高幅增长基础上,销售递增。天津扭转了上年销售下降的局面,成为四大直辖市中第二个销售增长者。海南、青海、宁夏分别扭转了上年的大幅销售下降,销售均告增长,而且与福建一样分别成为占全国书业销售份额与上年相同的省。而西藏自治区自上年销售实现两位数增长后,再次以两位数的销售增长,把自己占全国书业销售的份额扩大了 0.01 个百分点。第三方阵销售总计 21.99 亿元,比上年下降 27.18%,占全国书业销售份额为 2.98%,较上年下降 1.25 个百分点。虽然第三方阵可谓中国书业的弱势群体,但中国书业的不均衡发展,决定了它们的必要,边远地区的供书相当一部分要依靠它们。

【链接:中国出版传媒商报 2014.12.9,文东《中国书业格局凸显实力演变》】

第49章 2014年全国图书零售市场分析

49.1 整体降幅收窄 文学一枝独秀

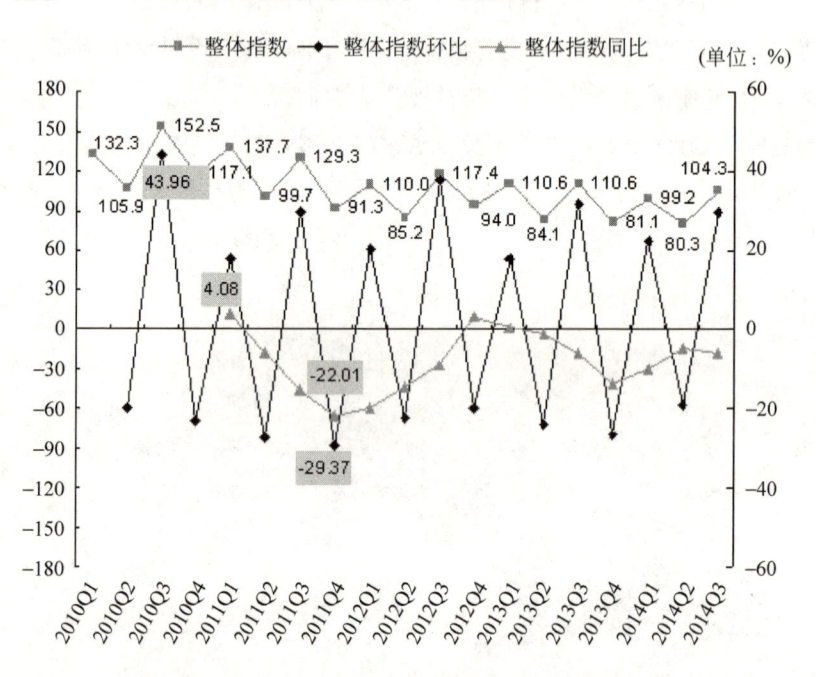

图49.1 自2010年至今各季度整体市场指数表现

整体指数继续下滑。自2010年一季度起,整体市场指数四年多震荡下降,2014年指数较2010年指数下滑明显,期间各季度指数的最高值为2010年第三季度的152.5,最低值为2014年第二季度的80.3。图49.1显示,指数在一个完整自然年中的各季度涨降非常规律,总是呈现"降—涨—降"的态势,指数值在第一和第三季度较高,而在第二和第四季度回落。在指数的环比涨跌幅方面,2013 年第三季度环比涨幅最大,为 43.96%,环比降幅最大的是 2011 年第四季度,环比下降了 29.37%。

从指数的同比涨降来看,整体市场指数在 2011 年下半年到 2012 年上半年的 4 个季度中经历了近四年来最为明显的滑坡,2011 年第三季度、第四季度,2012 年第一季度、第二季度的同比跌幅分别为 15.23%、22.01%、20.14% 和 14.51%。相比之下,2014 年第一到三季度指数仍然同比下降,不过各季度的降幅 10.37%、4.52% 和 5.75% 并非最糟,最近 2 个季度的降幅较 2013 年年底和 2014 年年初有所收窄。整体来看,图书市场零售呈现出下行态势,在近 15 个季度中,指数同比上升的仅有 3 个季度,分别是 2011 年第一季度、2012 年第四季度和 2013 年第一季度。

49.2 文学类零售强势

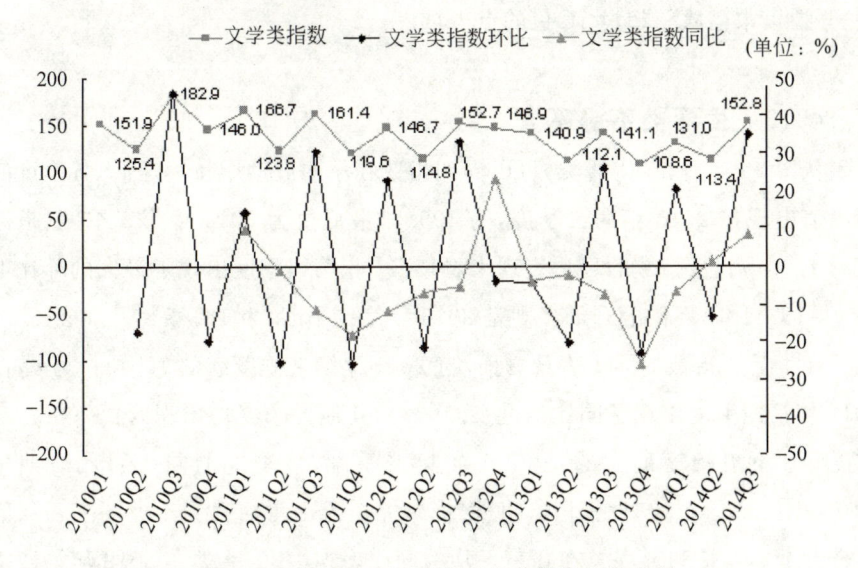

图 49.2 自 2010 年至今各季度文学类指数表现

在各细分市场中,来看看文学类和生活类市场的指数表现,其中前者在2014年的市场零售方面表现出色,而后者作为各类中新书动销率之冠的图书,同样较有代表性。

相较整体市场,文学类市场零售表现十分优秀,2014年各季度的市场表现较以往并未有显著下滑,而2014年第三季度的零售指数则创下自2011年第四季度以来的最高值。从同比表现来看,2014年第二、三季度以来,文学类指数表现强势,同比接连上升,照此趋势,2015年年初将迎来一个销售高峰。2014年第三季度,在长江文艺出版社、湖南文艺出版社、人民文学出版社、南海出版公司等带动下,《百年孤独》、《围城》、《追风筝的人》等常销书,《万万没想到》、《从你的全世界路过》、《纸牌屋》等2014年新书都有相当优秀的市场表现。《万万没想到》一书出自人气作家有时右逝和新锐导演叫兽易小星,该书在零售上取得成功除了"屌丝逆袭"的主题贴近年轻人的生活状态,也在很大程度上得益于新媒体的助推作用,叫兽易小星导演的优酷自制剧《万万没想到》开播以来已收获超过10亿的点击量。

49.3 生活类不温不火

从图49.3看,在生活类,可以看到指数在小幅波动中持续走低,各季度的最高值出现在2010年第二季度,为199.9,最低值为2014年第二季度(指数值为110.1)。从指数的环比表现来看,2011年第四季度出现了最大的环比下降,为15.41%,环比上升最多则是2010年第二季度,为18.05%。

在生活类指数的同比表现方面,自2011年第一季度起的15个季度中,仅2012年第四季度出现了同比上升(3.46%),其他各季度均出现同比下滑。各季度同比下滑幅度最大的是2011年第二季度,该季度的同比对比时期是2010年第二季度,彼时"张悟本事件"尚未完全浮出水面且生活类图书在保健类带动下销售最为火爆。在降声一片的同比表现中,生活类在2012年第四季度的同比上升独树一帜。在该季度中,《舌尖上的中国》在一定程度上延续了

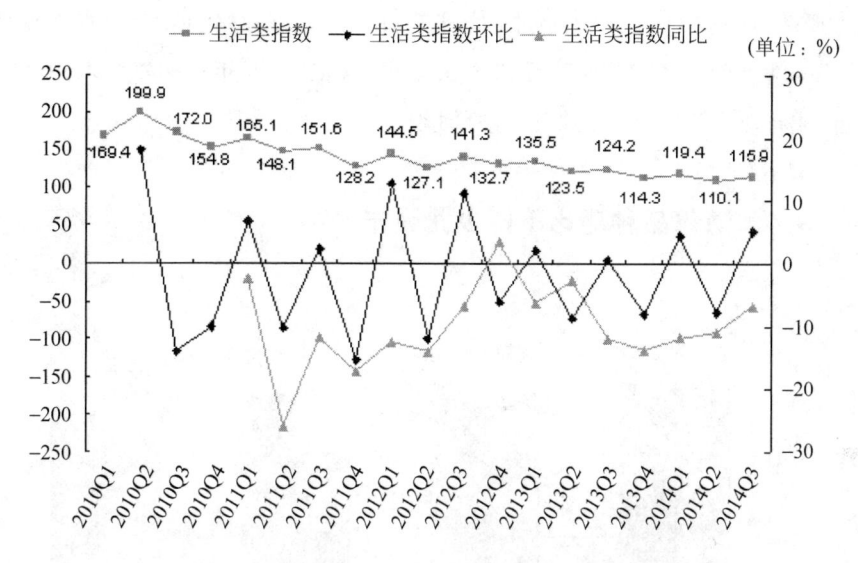

图 49.3 自 2010 年至今各季度生活类指数表现

当年下半年开始的强势,《于康:吃好每天 3 顿饭》则更是热销了大半年,作为北京协和医院临床营养科主任医师的于康,明确打消了读者对于"伪专家"、"伪中医"的身份顾虑,以其擅长的营养学领域内容整合而成的作品取得了骄人的业绩。而其后于 2012 年 12 月上市的《只有医生知道:@协和张羽发给天下女人的私信》再度借助了"协和"的金字招牌,协和妇产科医生张羽的这本保健类图书读者人群针对性较强,在 2013 年第一季度登顶生活类榜单。

再来看近一年生活类图书的市场表现。自 2013 年第四季度以来,生活类图书仍然保持了连续 4 个季度同比下降的态势,该类近 3 个季度的同比降幅逐步收窄,至 2014 年第三季度,同比降幅为 6.63%,摆脱了之前连续 4 个季度的同比降幅高于 10% 的局面。具体从图书来看,该季度的热门图书《疯了桂宝(12)(吉祥卷)》、《老马识"毒"/名医话养生》无论在销量还是话题性上均与上一波零售小高峰时有不小的差距,以此而论,生活类在 2015 年难以出现明显的上升势头,仍将维持当前不温不火的局面。进一步来看,中国中医科学院教授杨力的2014年12月新书《抗霾养肺书》作为题材较热、专业水平较高的一部,就当前市场表现来看还未显山露水,若在2015年年初发力取得良好销售,或将对生活类图书的零售有所助益。

49.4 动销品种环比下降少儿逆市

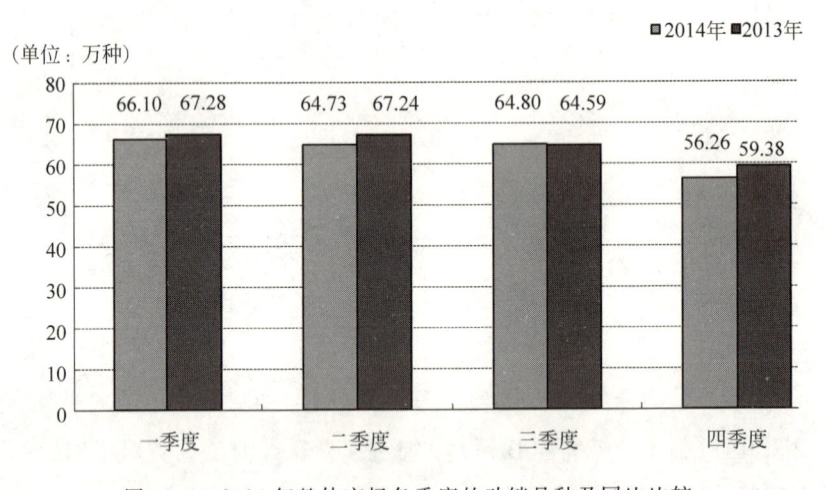

图49.4 2014年整体市场各季度的动销品种及同比比较

49.4.1 动销品种总数下降

在2014年1~11月的整体市场上,动销品种总数为91.9万种,较2013年同期的94.2万种下降了2.3万种,同比降幅为2.41%。从2014年整体市场各季度的动销品种数来看,第一季度动销品种数相对较多,超过了65万种,达到66.1万种;第二季度和第三季度动销品种数相对第一季度为少,分别为64.73万种和64.8万种;第四季度的动销品种数达到最低值,为56.26万种。2014年各季度中,仅有第三季度的动销品种数较2013年同期有所增加,增加了0.2万种,第一季度、第二季度和第四季度的动销品种数则较上年同期减少,分别减少了1.2万种、2.5万种和3.1万种;在各季度的同比升降幅方面,第三季度同比上升了0.33%,第一季度、第二季度和第四季度分别下降了

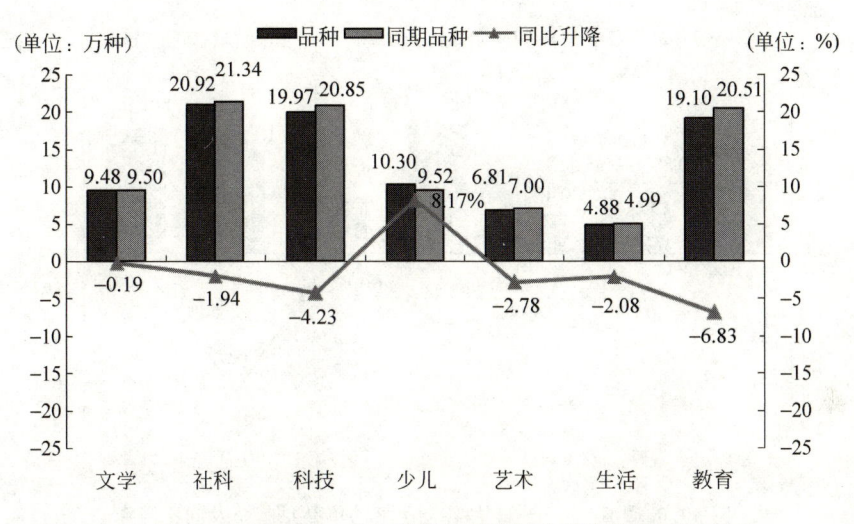

1.75%、3.74%和5.24%(见图49.4)。

图49.5　2014年1～11月各细分市场动销品种数同比

49.4.2　社科类动销最多

在各细分市场上,动销品种数超过20万种仅有1类,为社科类,该类动销品种数为20.92万种;科技类与教育类分别列第二位及第三位,动销品种数分别为19.97万种及19.1万种;少儿类的动销品种数刚刚突破10万种,为10.3万种;其他3类图书的动销品种数均不超过10万种,其中文学类、艺术类和生活类的动销品种数分别为9.48万种、6.81万种和4.88万种。从各类图书在动销品种数方面的增减来看,少儿类较2013年同期增加了0.8万种,是动销品种数唯一增加的类别;少儿类以外的6类则全线下降,教育类下降最多,2014年较2013年同期下降超过1.4万种;其余5类依次是科技类、社科类、艺术类、生活类以及文学类。从各类动销品种的同比升降幅来看,少儿类上升了8.17%,是唯一上升的类别;教育类降幅最大,下降了6.83%(见图49.5)。

49.5 单品贡献率三升四降

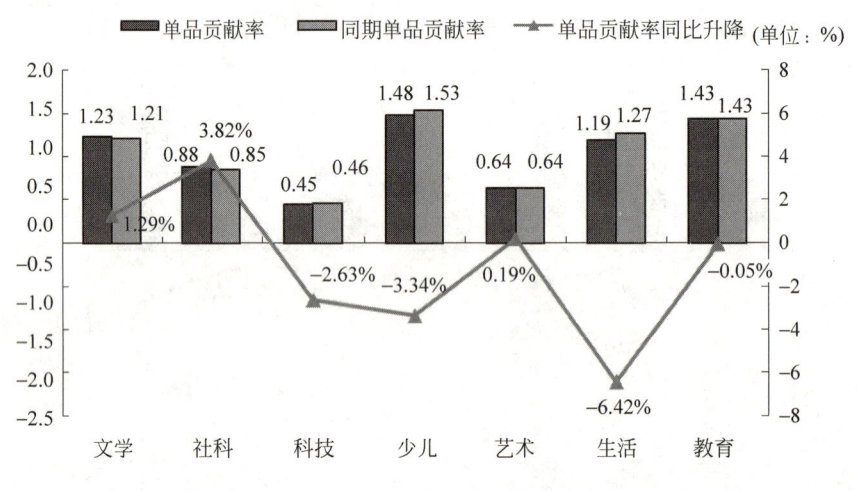

图 49.6　2014年1～11月各类图书的单品贡献率及同比升降

少儿类单品贡献率最高。在2014年度各类图书单品贡献率方面,少儿类最高,其单品贡献率为1.48,其次是教育类,为1.43;另两类单品贡献率高于1的类别是文学类和生活类,单品贡献率分别为1.23和1.19;单品贡献率相对较低的是社科类、艺术类和科技类,分别为0.88、0.64和0.45。再看2013年同期表现情况,除生活类与文学类互换了排位之外,其余五类排列顺序不变,且单品贡献率超过1的仍是少儿、教育、文学、生活这几类,各类图书单品种的创造码洋能力很难出现明显变化。

社科、文学、艺术同比上升,少儿单品榜垄断榜单。从各类图书单品贡献率的同比升降来看,社科类、文学类和艺术类是单品贡献率上升的三个类别,同比升幅分别为3.82%、1.29%和0.19%,社科类上升最多;教育类、科技类、少儿类和生活类下降,分别下降了0.05%、2.63%、3.34%和6.42%,生活类下降相对较多,该类的单品贡献率值由1.27降至1.19,下降了0.08,同样是各类中波动相对较明显的。

从各类图书的单品码洋来看,少儿类中单品码洋最高的图书是少年儿童出版社的《十万个为什么(精装套装)》(定价980元),其次是《沙海谜国/查理九世21》(定价15元),教育类、生活类和文学类中单品码洋最高的图书分别是《现代汉语词典(第6版)》(定价95元)、《280天同步胎教》(定价65元)和《百年孤独》(定价39.5元)。此外,社科类、科技类和艺术类单品码洋最高的分别为《习近平总书记系列重要讲话读本》(定价13元)、《特高压交直流电网》(定价156元)和《爸爸去哪儿(官方授权图文版)》(定价39.8元)(单品零售排行前20见附表49.1)(见图49.6)。

49.6 市场集中度集体上升

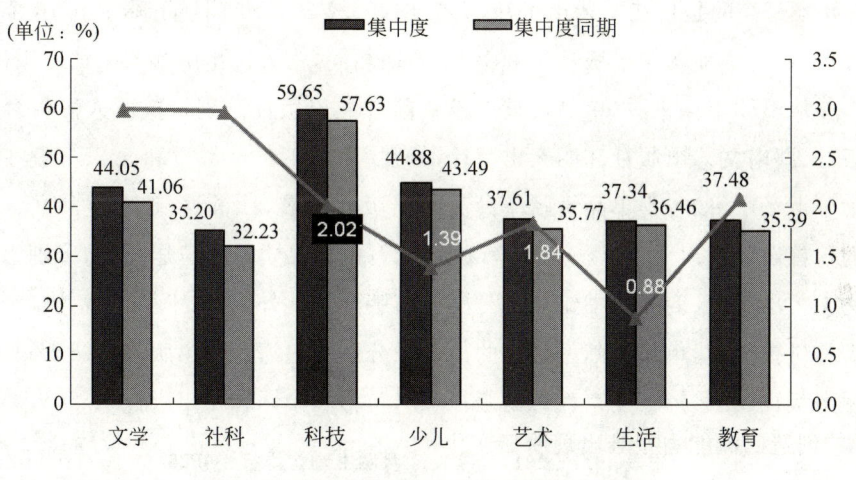

图 49.7 各细分市场 CR10[①] 及其同比变化

在2014年1~11月的整体市场上,CR10较2013年同期上升了0.35个百分点,为18.40%。码洋份额最高的是商务印书馆,达到2.79%,居二、三位

---

① CR:经济学术语,市场集中度,用来表示该类市场竞争的激烈或垄断程度,一般用CR4、CR10表示。本文中CR10数值上来讲是前10出版社的合计码洋份额。

的分别是人民邮电出版社和机械工业出版社,分别为2.44%、1.93%(码洋份额排名前10见附表49.2)。在各细分市场中,CR10高于50%的有1类,为科技类(59.65%),该类码洋份额的三甲出版社为人民卫生出版社、机械工业出版社和建筑工业出版社,码洋份额分别为9.37%、8.52%和7.16%。CR10低于50%但高于40%的类别有少儿类和文学类,分别为44.88%、44.05%,其中少儿类码洋份额前两名为浙江少儿出版社和湖北少儿出版社,分别为10.01%、5.24%,文学类前两名为长江文艺出版社和湖南文艺出版社,分别为7.81%、6.76%。此外,艺术类、教育类、生活类和社科类的CR10在30%~40%,分别为37.61%、37.48%、37.34%和35.20%。各类市场集中度全线上升,上升最多的是文学类,CR10较2013年同期上升了2.99个百分点,该类码洋份额最高的是长江文艺出版社,为7.81%,较2013年同期下降了0.16个百分点,社科类前两名出版社与2013年同期相同,为人民出版社与中信出版社。

从整体市场来看,单品贡献率排行前三的出版社分别是陕西人民教育出版社、湖南文艺出版社和明天出版社,分别为6.15%、5.50%和5.25%。在各细分市场中,以各类单品贡献率最高的出版社比较,社科类、教育类和文学类的榜首出版社以12.36%、9.76%和7.72%的单品贡献率位居前三,分别为湖南文艺出版社、商务印书馆和十月文艺出版社。此外,在艺术类、生活类、少儿类和科技类中,单品贡献率最高的出版社分别为上海交大出版社(7.13%)、九州出版社(5.69%)、北京教育出版社(4.48%)和中国青年出版社(2.50%)。

附表49.1 2014年1~11月图书零售排行TOP20

排名	书号	图书书名	定价(元)	版别	监测销量	覆盖率(%)
1	978-754952932-2	《看见》	39.80	广西师大	156503	51.7
2	978-753427251-6	《外星怪客/查理九世17》	15.00	浙江少儿	88053	54.2
3	978-753427252-3	《地狱温泉的诅咒/查理九世18》	15.00	浙江少儿	87773	54.5
4	978-753327227-2	《寻找黑骑士/笑猫日记》	15.00	明天	87645	53.1
5	978-753427516-6	《黑雾侏罗纪/查理九世20》	15.00	浙江少儿	85325	52.1
6	978-754045682-5	《正能量》	29.80	湖南文艺	83153	49.1
7	978-754425058-0	《窗边的小豆豆》	25.00	南海	76423	63.9

续表

排名	书号	图书书名	定价（元）	版别	监测销量	覆盖率(%)
8	978-753427515-9	《厄运水晶头骨/查理九世19》	15.00	浙江少儿	73750	53.9
9	978-710804153-1	《邓小平时代》	88.00	三联书店	72094	53.4
10	978-753327433-7	《会唱歌的猫/笑猫日记》	15.00	明天	68728	52.1
11	978-751480929-9	《舞林大会/植物大战僵尸极品爆笑漫画》	13.80	中少总社	63962	35.0
12	978-753426926-4	《鬼公主的嫁衣/查理九世13》	15.00	浙江少儿	61996	55.4
13	978-751480467-6	《武器秘密故事1(低幼)/植物大战僵尸》	12.00	中少总社	60395	46.7
14	978-753425630-1	《狼王梦/动物小说大王沈石溪·品藏书系》	18.00	浙江少儿	57710	60.3
15	978-753426213-5	《黑贝街的亡灵/查理九世1》	15.00	浙江少儿	56474	59.1
16	978-753995874-3	《幸福要回答》	35.00	江苏文艺	53581	45.8
17	978-753426925-7	《幽灵列车/查理九世14》	15.00	浙江少儿	53539	55.7
18	978-754046059-4	《谢谢你离开我》	30.00	湖南文艺	52886	44.5
19	978-753545155-2	《小时代3.0——刺金时代》	32.80	长江文艺	51888	59.9
20	978-753426923-3	《不死国的生命树/查理九世16》	15.00	浙江少儿	51065	54.7

附表49.2 2014年1~11月出版社码洋份额排行TOP10

排名	出版社	码洋份额(%)	动销品种	品种份额(%)
1	商务印书馆	2.70	5032	0.54
2	人民邮电	2.34	14646	1.58
3	机械工业	1.98	22531	2.43
4	人民	1.73	7998	0.86
5	浙江少儿	1.73	3480	0.38
6	化学工业	1.70	17695	1.91
7	外研社	1.56	8320	0.90
8	陕西人教	1.54	2312	0.25
9	电子工业	1.49	14477	1.56
10	长江文艺	1.36	3572	0.38

与2013年一样，2014年图书市场仍然处于下行通道中，不过细分市场仍不乏亮点。文学类图书近两个季度同比出现了两连升，以《从你的全世界路过》、《乖，摸摸头》为代表的情感短篇小说集展现出了强大的市场潜力，而以玄

色、笛安为代表的 80 后女作家们也巾帼不让须眉，《哑舍》、《南方有令秧》等也有良好的市场表现。

【链接：中国出版传媒商报 2014.12.30，商报·东方数据专题组《2014 年全国图书零售市场分析》】

൦# 第 50 章　2014 世界馆藏影响力分析报告

基于世界图书馆收藏中国图书的书目数据，对中国图书的世界影响力进行研究，这一项目我们已经进行了三年。这项研究的理论依据是：一个国家、地区的图书馆系统拥有某本书的数量，代表了这本书在这个国家、地区具有相当的馆藏影响力，这种影响力包含了思想价值、学术水平及作者知名度、出版机构品牌等各种因素的认定。因此，中国图书在世界各国图书馆的收藏数据，是中国出版国际影响力的核心指标之一。

自 2012 年开始，连续两年在 BIBF 期间发布中国图书的世界影响力年度报告，得到了出版界的积极反馈和学界的认可。与 2012、2013 年不同的是，2014 年发布的报告，是单就中国大陆近 600 家出版社 2013 年全年出版的品种和收藏图书馆数量进行的研究。

我们期望达到两个目的：一是发现中国图书的年度策划和出版品种与学术价值和世界认可之间的关联，探索图书出版与知识生产、思想创新的规律；二是发现中文图书在世界上最具竞争力的板块，为中国出版社拓展国际市场提供帮助。我们期望这种研究能进一步贴近业界需求，对出版社解渴、管用，而不是就学术研究而研究。我们还将为出版社提供更具专业性和针对性的定制服务。

50.1　2014 年研究报告的数据说明

1. 本次报告数据来源：与 2012、2013 年的报告一样，基础数据为 OCLC (Online Computer Library Center) 的 WORLDCAT 全世界图书馆联机书目

数据,并以日本的CiNii数据库的数据,弥补OCLC数据偏重欧洲、北美地区的不足。CiNii包含了日本1200所大学图书馆的馆藏联合目录,其数据完全可以说明中文图书在日本的影响力情况。

2. OCLC的WORLDCAT目录库目前覆盖全世界2万多家图书馆,书目数据约3亿条,近些年还增加了国家图书馆、上海图书馆、杭州图书馆的中文图书目录。由于国家图书馆具有版本库的意义,因此本报告的数据扣除了国内三家图书馆的中文书目数据。

3. 本次检索中文图书的出版时间是2013年1月至12月,中国近600家出版社出版的所有中文图书,包括再版图书(不包括我国港澳台地区出版社)。

4. 与以往报告一样,出版社名称省略了近十年来新组建的出版集团名称,只有出版集团所属出版社名称。如当数据出现"重庆出版集团、重庆人民出版社"时,只记录为"重庆人民出版社",省略了"重庆出版集团"。

5. 与2012、2013年的研究一样,本次报告数据仅是中文图书的馆藏数据,中国出版社出版的英文、法文等外文图书,中国出版社出版的中、外文期刊均不在此次分析之列。

6. 与2012、2013年研究报告不同的是,本次排名去掉了全球30家以上图书馆收藏的数据条件限制,即2013年全年出版的图书品种中,只要有一种图书进入海外馆藏的出版社即进入排名。这样做是为了更全面地探索中国出版业在世界影响力状况的发展实际。

50.2 中国出版社海外馆藏世界影响力年度排名

根据全球图书馆联机书目数据等数据条件,我们在2014年6月20日至7月12日,通过连续2周的数据抓取、检索和整理,发现2013年中国大陆共有516家出版社出版的37640种中文图书进入世界图书馆收藏系统,并得出如下排名(见表50.1)。

表 50.1 中国出版社 2013 年世界影响力排名

排名	出版社	全球图书馆收藏品种数量
1	中国社会科学出版社	1078
2	社会科学文献出版社	940
3	科学出版社	904
4	清华大学出版社	798
5	人民出版社	700
6	北京大学出版社	687
7	人民邮电出版社	523
8	中华书局	519
9	法律出版社	503
10	电子工业出版社	483
11	广西师范大学出版社	462
12	化学工业出版社	441
13	商务印书馆	419
14	机械工业出版社	408
15	上海古籍出版社	405
16	江苏文艺出版社	382
16	学苑出版社	382
17	中国人民大学出版社	378
18	上海人民出版社	353
19	文物出版社	336
20	经济科学出版社	323
21	知识产权出版社	309
22	东方出版社	293
23	浙江大学出版社	292
24	民族出版社	283
25	生活·读书·新知三联书店	266
26	中信出版社	265
27	中国华侨出版社	255
28	光明日报出版社	251
29	作家出版社	243
30	中国政法大学出版社	242
31	中国法制出版社	234

续表

排名	出版社	全球图书馆收藏品种数量
32	新星出版社	233
33	二十一世纪出版社	230
34	中国经济出版社	229
35	国家图书馆出版社	228
36	长江文艺出版社	219
37	新世界出版社	210
38	青岛出版社	208
40	复旦大学出版社	207
41	重庆出版社	203
42	北京师范大学出版社	199
43	人民文学出版社	196
44	湖南文艺出版社	190
45	译林出版社	188
46	高等教育出版社	186
46	武汉大学出版社	186
47	九州出版社	185
48	中国书籍出版社	177
49	中国纺织出版社	176
50	经济管理出版社	175
50	黄山书社	175
51	人民军医出版社	171
51	中国文史出版社	171
52	上海交通大学出版社	167
53	安徽人民出版社	166
54	中国建筑工业出版社	165
54	中国青年出版社	165
54	中国中医药出版社	165
55	南京大学出版社	163
56	上海三联书店	148
57	长江少年儿童出版社	146
58	华中科技大学出版社	137
59	厦门大学出版社	136

续表

排名	出版社	全球图书馆收藏品种数量
60	贵州人民出版社	135
	凤凰出版社	135
	中国水利水电出版社	135
61	中国铁道出版社	131
	线装书局	131
62	江苏人民出版社	128
63	漓江出版社	125
64	新华出版社	123
65	湖南人民出版社	122
	宗教文化出版社	122
66	广东人民出版社	120
67	人民卫生出版社	118
68	南海出版公司	117
	江苏美术出版社	117
69	上海科学技术出版社	115
	上海文艺出版社	115
70	华东师范大学出版社	114
71	云南人民出版社	112
72	金城出版社	110
	上海辞书出版社	110
	文化艺术出版社	110
73	东南大学出版社	108
74	中国电力出版社	106
75	中国医药科技出版社	105
	辽宁科学技术出版社	105
	接力出版社	105
	暨南大学出版社	105
76	山东人民出版社	102
	海洋出版社	102
	山西人民出版社	102
77	中央民族大学出版社	101
78	华夏出版社	100

续表

排名	出版社	全球图书馆收藏品种数量
79	天津人民出版社	99
	上海社会科学院出版社	99
80	齐鲁书社	97
81	北京科学技术出版社	96
	中央文献出版社	96
82	湖南美术出版社	94
	浙江人民出版社	94
	西南交通大学出版社	94
83	江苏科学技术出版社	93
	国防工业出版社	93
84	中国农业出版社	91
85	花城出版社	90
86	杭州出版社	88
	当代中国出版社	88
	中国美术学院出版社	88
87	湖北美术出版社	87
	岳麓书社	87
88	北京理工大学出版社	86
	浙江少年儿童出版社	86
89	人民日报出版社	85
	安徽少年儿童出版社	85
	大象出版社	85
	明天出版社	85
90	湖南少年儿童出版社	84
	北京燕山出版社	84
	人民美术出版社	84
91	安徽文艺出版社	83
92	中国林业出版社	81
	黑龙江科学技术出版社	81
	中国金融出版社	81
	方志出版社	81
93	中国轻工业出版社	77

续表

排名	出版社	全球图书馆收藏品种数量
94	湖南科学技术出版社	76
	中国旅游出版社	76
95	中国社会出版社	74
	团结出版社	74
96	北方妇女儿童出版社	73
	上海书店出版社	73
	中国大百科全书出版社	73
97	外语教学与研究出版社	72
	中国财政经济出版社	72
	浙江文艺出版社	72
	四川大学出版社	72
	湖北人民出版社	72
98	金盾出版社	71
	中国妇女出版社	71
99	天津人民美术出版社	70
	山西科学技术出版社	70
100	中国友谊出版公司	69
	南京出版社	69
101	重庆大学出版社	68
	中国工人出版社	68
	苏州大学出版社	68
	世界知识出版社	68
102	安徽美术出版社	67
	北京出版社	67
103	同心出版社	66
	文汇出版社	66
	华中师范大学出版社	66
104	上海人民美术出版社	65
	长春出版社	65
	中国戏剧出版社	65

续表

排名	出版社	全球图书馆收藏品种数量
105	北京工业大学出版社	64
	广西人民出版社	64
	中国电影出版社	64
106	海豚出版社	63
	上海科学普及出版社	63
	陕西人民出版社	63
107	北方文艺出版社	62
	中国发展出版社	62
	江西人民出版社	62
108	河南科学技术出版社	61
	西泠印社	61
109	上海科学技术文献出版社	60
	同济大学出版社	60
	中山大学出版社	60
	山东大学出版社	60
110	经济日报出版社	59
111	中国画报出版社	58
	百花洲文艺出版社	58
	吉林科学技术出版社	58
	时事出版社	58
	新疆青少年出版社	58
112	上海译文出版社	57
113	上海书画出版社	56
114	福建科学技术出版社	55
	东方出版中心	55
115	大连理工大学出版社	54
	中共党史出版社	54
	世界图书出版公司	54
116	南开大学出版社	53
	晨光出版社	53
117	上海大学出版社	52
	中国地图出版社	52

续表

排名	出版社	全球图书馆收藏品种数量
118	安徽大学出版社	49
119	中央编译出版社	48
	中国统计出版社	48
	北京十月文艺出版社	48
120	台海出版社	46
	上海文化出版社	46
	北京少年儿童出版社	46
	巴蜀书社	46
	宁夏人民出版社	46
121	河南文艺出版社	45
	安徽科学技术出版社	45
	四川美术出版社	45
	新疆美术摄影出版社	45
	南京师范大学出版社	45
122	浙江摄影出版社	44
	人民体育出版社	44
	中国科学技术出版社	44
	群言出版社	44
	东北财经大学出版社	44
	中州古籍出版社	44
123	中国少年儿童出版社	43
	新蕾出版社	43
	中国广播电视出版社	43
	江苏少年儿童出版社	43
	河北教育出版社	43
124	中华工商联合出版社	42
	中国人口出版社	42
	气象出版社	42
	河北科学技术出版社	42
	百花文艺出版社	42
	中国传媒大学出版社	42
	山东画报出版社	42
	河北少年儿童出版社	42
	天津古籍出版社	42

续表

排名	出版社	全球图书馆收藏品种数量
125	上海财经大学出版社	41
	浙江古籍出版社	41
126	中国商业出版社	40
	群众出版社	40
	中国藏学出版社	40
127	石油工业出版社	39
	浙江教育出版社	39
	辽宁美术出版社	39
	中国国际广播出版社	39
	中共中央党校出版社	39
	辽宁人民出版社	39
	云南大学出版社	39
128	三秦出版社	38
	古吴轩出版社	38
	西南财经大学出版社	38
	甘肃文化出版社	38
	福建人民出版社	38
129	外文出版社	37
	广东科技出版社	37
	西安交通大学出版社	37
	人民法院出版社	37
	中国城市出版社	37
	北京邮电大学出版社	37
	少年儿童出版社	37
	山东教育出版社	37
130	企业管理出版社	36
	吉林大学出版社	36
	春风文艺出版社	36
	中国环境科学出版社	36
	华龄出版社	36

续表

排名	出版社	全球图书馆收藏品种数量
131	天津大学出版社	35
	天津杨柳青画社	35
	浙江人民美术出版社	35
	吉林人民出版社	35
	中国人民公安大学出版社	35
	广州出版社	35
	华南理工大学出版社	35
	新疆人民出版社	35
132	冶金工业出版社	34
	天津科学技术出版社	34
	印刷工业出版社	34
	天津教育出版社	34
	黑龙江教育出版社	34
	广西美术出版社	34
	甘肃人民出版社	34
133	北京航空航天大学出版社	33
	红旗出版社	33
	海天出版社	33
	江西美术出版社	33
	旅游教育出版社	33
	龙门书局	33
	学林出版社	33
134	河南大学出版社	32
	河北人民出版社	32
135	中央广播电视大学出版社	31
	四川人民出版社	31
	广东教育出版社	31
	五洲传播出版社	31
	湖南师范大学出版社	31

续表

排名	出版社	全球图书馆收藏品种数量
136	知识出版社	30
	大连出版社	30
	福建教育出版社	30
	西南大学出版社	30
	解放军出版社	30
	浙江科学技术出版社	30
	吉林美术出版社	30
	中国科学技术大学出版社	30
	兰州大学出版社	30
	敦煌文艺出版社	30
137	广东经济出版社	29
	北京体育大学出版社	29
	时代文艺出版社	29
	上海远东出版社	29
	广陵书社	29
138	中国言实出版社	28
	中国检察出版社	28
	华文出版社	28
	广西科学技术出版社	28
	河北大学出版社	28
	石油大学出版社	28
139	国家行政学院出版社	27
	花山文艺出版社	27
	湖南大学出版社	27
	中国民族摄影艺术出版社	27
	北岳文艺出版社	27
	延边人民出版社	27
	煤炭工业出版社	27
140	广东旅游出版社	26
	教育科学出版社	26
	国际文化出版公司	26
	山东美术出版社	26
	四川科学技术出版社	26
	昆仑出版社	26

续表

排名	出版社	全球图书馆收藏品种数量
141	哈尔滨出版社	25
	中国时代经济出版社	25
	海峡文艺出版社	25
	甘肃人民美术出版社	25
	中国文联出版社	25
	贵州民族出版社	25
	中国书店出版社	25
142	中医古籍出版社	24
	中南大学出版社	24
	岭南美术出版社	24
	湖南教育出版社	24
143	四川少年儿童出版社	23
	江西科学技术出版社	23
	吉林文史出版社	23
	黄河水利出版社	23
	解放军文艺出版社	23
144	中国石化出版社	22
	北京大学医学出版社	22
	海潮出版社	22
	北京语言大学出版社	22
	山西教育出版社	22
	海南出版社	22
	中国摄影出版社	22
	济南出版社	22
	大众文艺出版社	22
	辽海出版社	22
145	科学技术文献出版社	21
	吉林摄影出版社	21
	宁波出版社	21
	中国和平出版社	21
	广东高等教育出版社	21

续表

排名	出版社	全球图书馆收藏品种数量
146	地震出版社	20
	山东文艺出版社	20
	首都师范大学出版社	20
	中国方正出版社	20
	长征出版社	20
	内蒙古大学出版社	20
147	安徽教育出版社	19
	科学普及出版社	19
	首都经济贸易大学出版社	19
	云南教育出版社	19
	鹭江出版社	19
	中国地质大学出版社	19
148	立信会计出版社	18
	新时代出版社	18
	东华大学出版社	18
	哈尔滨工业大学出版社	18
149	上海教育出版社	17
	未来出版社	17
	四川文艺出版社	17
	江西高校出版社	17
	对外经济贸易大学出版社	17
	内蒙古文化出版社	17
	西藏人民出版社	17
	西安出版社	17
	黑龙江人民出版社	17
	福建美术出版社	17
150	中国宇航出版社	16
	北京工艺美术出版社	16
	上海外语教育出版社	16
	陕西师范大学出版社	16
	河南美术出版社	16
	学习出版社	16
	西安电子科技大学出版社	16
	河南人民出版社	16

续表

排名	出版社	全球图书馆收藏品种数量
151	西苑出版社	15
	海燕出版社	15
	南方日报出版社	15
	语文出版社	15
	长城出版社	15
	广西民族出版社	15
152	辽宁少年儿童出版社	14
	华东理工大学出版社	14
	湖北科学技术出版社	14
	中国建材工业出版社	14
	中国致公出版社	14
	民主与建设出版社	14
	山东科学技术出版社	14
	当代世界出版社	14
	人民教育出版社	14
	希望出版社	14
	辽宁民族出版社	14
153	成都时代出版社	13
	福建少年儿童出版社	13
	西北工业大学出版社	13
	崇文书局	13
	中国三峡出版社	13
	测绘出版社	13
	国防大学出版社	13
	连环画出版社	13
	甘肃教育出版社	13
	紫禁城出版社	13
154	中国标准出版社	12
	上海音乐出版社	12
	中国农业大学出版社	12
	中国海洋大学出版社	12
	人民音乐出版社	12
	江西教育出版社	12
	延边大学出版社	12
	青海人民出版社	12

续表

排名	出版社	全球图书馆收藏品种数量
155	太白文艺出版社	11
	中原农民出版社	11
	新世纪出版社	11
	湖北教育出版社	11
	荣宝斋出版社	11
	白山出版社	11
	羊城晚报出版社	11
	东北大学出版社	11
156	人民交通出版社	10
	军事医学科学出版社	10
	朝华出版社	10
	北京美术摄影出版社	10
157	郑州大学出版社	9
	电子科技大学出版社	9
	内蒙古人民出版社	9
	兵器工业出版社	9
	天津社会科学院出版社	9
	辽宁教育出版社	9
	远方出版社	9
	京华出版社	9
158	天地出版社	8
	陕西科学技术出版社	8
	中国计划出版社	8
	星球地图出版社	8
	哈尔滨工程大学出版社	8
	沈阳出版社	8
	山西经济出版社	8
	西藏藏文古籍出版社	8
	四川民族出版社	8
	上海中医药大学出版社	8

续表

排名	出版社	全球图书馆收藏品种数量
159	北京教育出版社	7
	江苏教育出版社	7
	中国人事出版社	7
	上海世界图书出版公司	7
	上海科技教育出版社	7
	中国矿业大学出版社	7
	华艺出版社	7
	黄河出版社	7
	甘肃民族出版社	7
	地质出版社	7
160	中国盲文出版社	6
	中国协和医科大学出版社	6
	华语教学出版社	6
	黑龙江美术出版社	6
	农村读物出版社	6
	文津出版社	6
	云南美术出版社	6
	党建读物出版社	6
	军事科学出版社	6
161	第二军医大学出版社	5
	大连海事大学出版社	5
	中国对外翻译出版公司	5
	内蒙古少年儿童出版社	5
	东北林业大学出版社	5
	汕头大学出版社	5
	西北大学出版社	5
	德宏民族出版社	5
	东北师范大学出版社	5
	云南民族出版社	5

续表

排名	出版社	全球图书馆收藏品种数量
162	中国税务出版社	4
	河北美术出版社	4
	四川教育出版社	4
	四川辞书出版社	4
	山东省地图出版社	4
	黑龙江朝鲜民族出版社	4
	吉林出版集团有限公司	4
	辽宁大学出版社	4
	陕西人民美术出版社	4
	海风出版社	4
	贵州科学技术出版社	4
163	中国物资出版社	3
	南方出版社	3
	云南科学技术出版社	3
	贵州教育出版社	3
	山东友谊出版社	3
	甘肃科学技术出版社	3
164	航空工业出版社	2
	西北农林科技大学出版社	2
	陕西人民教育出版社	2
	成都地图出版社	2
	中国工商出版社	2
	书海出版社	2
	青海民族出版社	2
	新疆大学出版社	2
	中国民航出版社	2
	人民武警出版社	2

续表

排名	出版社	全球图书馆收藏品种数量
165	蓝天出版社	1
	长虹出版公司	1
	福建省地图出版社	1
	汉语大词典出版社	1
	军事谊文出版社	1
	陕西旅游出版社	1
	中华地图学社	1
	中国档案出版社	1
	新疆人民卫生出版社	1
	宁夏人民教育出版社	1
	哈尔滨地图出版社	1
	甘肃少年儿童出版社	1
	朝花少年儿童出版社	1

表50.1的统计数据，给了我们一个与前两年截然不同的面貌。

2012、2013年的统计数据，时间维度是从1949年开始分别截止至2012年上半年、2013年上半年的数据，检索条件限定在只有进入全球30家以上图书馆收藏的出版社才能进入排名，因此一些具有历史、古籍、文艺等人文社科资源优势的大社、强社一直占据着前十名榜单。比如2012年的前10名，分别是中华书局、上海古籍出版社、文物出版社、人民文学出版社、上海人民出版社、中国社会科学出版社、人民出版社、北京大学出版社、南京大学出版社和作家出版社；2013年的前10名分别是中华书局、上海古籍出版社、人民文学出版社、上海人民出版社、文物出版社、中国社会科学出版社、人民出版社、北京大学出版社、上海文艺出版社和作家出版社。

而将时间缩短为1年，并取消全球30家以上图书馆收藏的数据条件时，中国出版业的发展状况就更清楚地体现出来。从出版领域上看，更为丰富、多样；从出版社类别上看，一些专业社的上榜比例较大，更为动态地呈现出中国图书出版的创新发展进程。如本次排名第一的是中国社会科学出版社，收藏品种为1078种；第二名为社会科学文献出版社，收藏品种为940种；第三名为科学出版社，海外收藏品种为904种等。前两年没有进入前十名的社科文献出版社、科学出版社、清华大学出版社、法律出版社、电子工业出版社、人民邮电出版社6家出版社均进入了排行榜TOP10。整个数据展现了2013年度中国大陆出版社的年度品种生产与文化创新质量之间的一个动态发展状况。

通过表50.1的数据，我们可以做如下分析：第一，总体上看，中国出版业的世界影响愈来愈大，文化创新质量水平已经具有了一定基础。

2013年中国大陆516家出版社出版的37640种中文图书进入世界图书馆收藏系统，这约占2013年全国新书40万种（含再版）9%的比例。这表明中国大陆出版社的总量中，约有十分之一符合知识创新与文化传承的要求，并进入了世界图书馆系统。由于出版总量中有大量中小学教材品种，而这部分品种是不在世界图书馆收藏之列的，这也表明，中国出版业的文化创新质量水平已经具有了一定基础，中国出版的世界影响愈来愈大。

这里有一个大的海外背景，那就是近几年海外图书馆收藏中文图书的总体趋势收紧。尤其是一些大学图书馆系统，受馆藏空间影响，加大电子书采购比例，对中文纸质图书采购总体上保持原有规模没有增加。以位于美国洛杉矶的加州大学系列东亚图书馆为例，加州大学洛杉矶分校、伯克利分校、欧文分校、河滨分校、圣塔巴巴拉分校、圣地亚哥分校6家图书馆，具有超过百万种的中文藏书均没有副本，一本书只要读者有需求，各个分馆之间进行互借和调剂。一些再版书，如果不是修订版或者重新增删版，都不再新采购。

中国图书海外馆藏的新增加部分差不多都来自于公共图书馆，尤其是北美各地中国城的图书馆增加最快。以芝加哥中国城图书馆为例，根据陈思（Si Cheng）馆长的介绍，全馆共有近2万种中文图书，其中大陆出版社与港、澳、台出版社的比例各占50%，在全芝加哥80多个分馆中，按工作强度最大、最忙来说，20多年间他们均排在第一位，中文图书流转率每月超过2万种，以至于芝加哥其他社区的居民，只要是想阅读中文书，就到中国城图书馆来借阅。

设在中国城(ChinaTang)的图书馆在全美公共图书馆系统中发挥着传播中国文化的"窗口作用"。目前芝加哥中国城图书馆的空间已经不能满足需要,最近正在准备迁址,而新馆的收藏空间更大、设施更新。带动这种增长的动力,来自于中国移民的快速增长,因为服务与满足社区居民的需求是公共图书馆的第一职责。尽管如此,陈思馆长告诉我们,受公共经费的限制,他们对于图书副本的选择,由过去的 2 到 3 种副本采购,改为不再选购副本。

虽然公共图书馆的需求与大学图书馆的需求有着很大不同,但对于图书质量的选择是一致的,那就是精挑细选。由此可见,今年上榜的 516 家大陆出版社的 37640 种图书,在内容、质量等方面都是经过了一番检验的。

尽管如此,以品种带动发展的"广种薄收"出版模式还是体现得较为明显。比如今年的出版社 TOP10,原本通过 OCLC 的书目检索,得出的 2013 年度品种总量都在 1200 种以上,有些出版社甚至是 2000 多种(含再版),基本上是"日出四书"甚至速度更快。这是因为包含了国家图书馆、上海图书馆、杭州图书馆的书目数据,而国家图书馆具有版本库性质,必须扣除这些数据,才能使中国书业的世界影响分析更为真实。本报告花费了大量时间,通过一些计算扣除了国内三家图书馆的数据,才得出表 1 的榜单。

第二,对世界图书馆 2013 年所藏中文图书进行细分发现,文化资源与品牌优势对于知识生产推动明显,部委社、大学社、文艺社、少儿社等出版社文化创新能力、知识生产水平突出(见表 50.2)。

表 50.2 2013 年世界图书馆系统所藏中文图书的出版社类别

	大学出版社	部委出版社	地方社	少儿社	文艺社
比例(%)	18	51	23	3	5
数量(种)	6786	19186	8796	1130	2006
家数(家)	92	179	200	23	22

表 50.2 是把 2013 年上榜的 516 家出版社按照类别进行细分。单就品种数量来看,传统具有行业、领域出版资源的部委社的品种最多,179 家出版社

的19186种被图书馆系统收藏,比例超过51%;其次是地方社,包含地方人民社、科技社、教育社、古籍类出版社,合计200家的8796种摆上了图书馆的书架,比例为23%;再次是92家大学社的6786种,比例达到了18%。这三类出版社几乎囊括了中国最著名的大社、强社,既有作为文化传承与知识创新的主要阵地大学出版社,也有历史悠久、长期在某个领域耕耘的部委社、专业社。长期积累的出版资源与品牌优势积累,集聚了大量文化质量高的优质图书,使部委社、大学社领跑中国书业的知识生产。这个结论还可以在不同类别出版社的平均上榜品种对比中得到验证,详见(图50.1)。

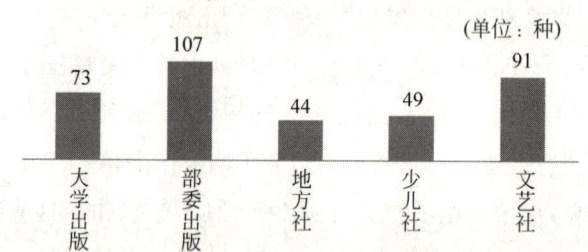

不同类别出版社平均进入图书馆系统的品种
(单位:种)

大学出版社	部委出版社	地方社	少儿社	文艺社
73	107	44	49	91

图50.1 不同类别出版社平均品种对比

由图50.1的对比可以发现,部委出版社进入世界图书馆系统的平均品种最高,达到107种;其次是文艺社,为91种;再次是大学社,有73种;少儿社则有49种。这表明部委社、大学社、文艺社、少儿社的文化创新能力、知识生产水平要远远高于其他类出版社。

但是部委社、大学社与文艺社、少儿社的文化创新又有所不同。新世纪十年来,随着国家各类出版工程、计划、项目的实施,各类出版资助的金额逐年增大,一些具有品牌优势的部委社、大学社成为国家出版资助的主要受益者,大量出版资金进入了这些出版社,使一些高质量的学术图书得到了出版。这是长期积累的品牌优势获得了出版资源,品牌与出版资源之间形成了良性循环。

文艺社、少儿社则主要依靠市场开拓带动文化创新。如文艺类、少儿类图书在影视互动、动漫游戏互动、手机阅读、网络阅读、引进版与原创等多个方面风生水起,文化创新与知识生产水平是在市场拼搏中形成的。我们认为,从长远看,后者比前者更具有发展后劲。

50.3 2013年海外馆藏最具世界影响力的中文图书

在最有影响力的中文图书分析中,我们设定了以进入全球30家以上(含30家)图书馆的中文图书为最低标准。即凡是一本中文图书,图书馆收藏数量超过了30家(含30家)以上的,即进入排名,不足30家的图书则不在此列。按照这个标准,得出本年度最有世界影响力的中文图书排名(见表50.3)。

表50.3 2013年度最有世界影响力的中文图书排行榜

排序	书名	作者	类型	出版社	全球收藏图书馆数量
1	第七天	余华	文学	新星出版社	99
2	带灯	贾平凹	文学	人民文学出版社	90
3	宝贝	六六	文学	长江文艺出版社	61
4	黄雀记	苏童	文学	作家出版社	60
5	长安盗	海岩	文学	江苏文艺出版社	59
6	日夜书	韩少功	文学	上海文艺出版社	58
7	看见	柴静	文学	广西师范大学出版社	56
8	繁花	金宇澄	文学	上海文艺出版社	53
9	我所理解的生活	韩寒	文学	浙江文艺出版社	52
10	只有医生知道	张羽	文化、科学、教育、体育	江苏人民出版社	49
10	邓小平时代	冯克利、傅高义(美 Vogel, Ezra F.)	政治、法律	生活·读书·新知三联书店	49

续表

排序	书名	作者	类型	出版社	全球收藏图书馆数量
11	长相思	桐华	文学	湖南文艺出版社	47
	蚀心者	辛夷坞	文学	江苏文艺出版社	47
12	众声喧哗	王安忆	文学	上海文艺出版社	46
13	明清之际西学文本：50种重要文献汇编	黄兴涛等	综合性图书	中华书局	45
	眠空	安妮宝贝	文学	北京十月文艺出版社	45
14	立	池莉	文学	长江文艺出版社	43
	北去来辞	林白	文学	北京出版社	43
15	一号命令	叶兆言	文学	江苏文艺出版社	42
	幸福要回答	杨澜、朱冰	文化、科学、教育、体育	江苏文艺出版社	42
16	炸裂志	阎连科	文学	上海文艺出版社	40
17	野性的红高粱：莫言传	叶开	文学	二十一世纪出版社	39
18	十年一觉电影梦：李安传	张靓蓓	文学	中信出版社	38
	不省心	冯小刚	文学	长江文艺出版社	38
	爱情的开关	匪我思存	文学	新世界出版社	38
19	朱镕基上海讲话实录	朱镕基	政治、法律	人民出版社	37
	忐忑的中国人	梁晓声	文学	光明日报出版社	37
	沙海：荒沙诡影	南派三叔	文学	新世界出版社	37
20	河神：鬼水怪谈	天下霸唱	文学	安徽人民出版社	36
	出梁庄记	梁鸿	文学	花城出版社	36
21	谢谢你离开我	张小娴	文学	湖南文艺出版社	34
	懦者	梁晓声	文学	湖南文艺出版社	34
	婚久必昏	晓月	文学	湖南文艺出版社	34
22	中国人的焦虑从哪里来	茅于轼	经济	群言出版社	33
	长相思2	桐华	文学	湖南文艺出版社	33
	从你的全世界路过	张嘉佳	文学	湖南文艺出版社	33
	波特哈根海岸	王安忆	文学	新星出版社	33

续表

排序	书名	作者	类型	出版社	全球收藏图书馆数量
23	所有人问所有人	韩寒	文学	湖南人民出版社	32
	迷冬:青春的狂欢与炼狱	胡发云	文学	人民文学出版社	32
	北京遇上西雅图	薛晓路	文学	华艺出版社	32
24	西藏秘密:1959年以前西藏到底发生了什么?	刘德濒	历史、地理	西藏人民出版社	31
	文学回忆录	木心	文学	广西师范大学出版社	31
25	中国古籍总目.索引		综合性图书	中华书局、上海古籍出版社	30
	一个:很高兴见到你	韩寒	文学	浙江文艺出版社	30
	我们家	颜歌	文学	浙江文艺出版社	30
	晚安玫瑰	迟子建	文学	人民文学出版社	30
	铜雀春深	赵玫	文学	作家出版社	30
	莫失莫忘	秋微	文学	中信出版社	30
	返城年代	梁晓声	文学	东方出版中心	30

50.4 中国当代文学在海外馆藏最具优势

中国当代文学已经成为最具有优势的板块,彻底改变了中国历史、典籍等占据主要地位的历史。

我们将表 50.3 的图书按照内容分类制成图 50.2,可以发现,2013 年出版的文学类图书上榜品种为 42 种,具有压倒性的优势,显然是世界市场中最具竞争力的内容。单就书名来看,排在第 1 至第 9 名的全部是中国当代文学的内容,既有在世界文坛享有大名的纯文学作家,如余华的《第七天》、贾平凹的《带灯》、苏童的《黄雀记》、韩少功的《日夜书》,也有国内畅销书作家六六的《宝贝》、海岩的《长安盗》,还有双栖作家柴静的《看见》、金宇澄的《繁花》,以及 80 后作家韩寒的《我所理解的生活》等。

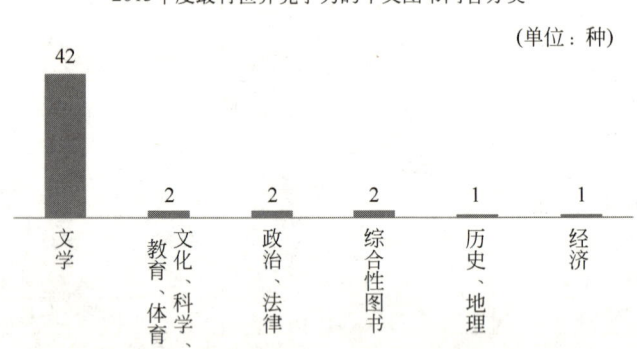

2013年度最有世界竞争力的中文图书内容分类

(单位：种)

文学	教育、文化、科学、体育	政治、法律	综合性图书	历史、地理	经济
42	2	2	2	1	1

图50.2　2013年海外馆藏最具世界影响力的类型分类

OCLC的成员馆数量，按照2012年OCLC公布的数据为22955家。其中公共图书馆5152家、大学以及专业学院图书馆4793家、中小学校图书馆7692家、各级各类政府图书馆1683家、职业学院或社区学院图书馆1102家、企业商业图书馆1241家、国家图书馆108家、基金会或协会机构图书馆624家、其他图书馆204家。这三类图书馆的需求基本决定了中文图书在世界各个国家读者面前呈现的基本面貌。这些图书馆采购中文图书的偏好各有侧重，有的侧重教育与普及类图书，有的侧重学术研究类图书，但它们对中国文学等流行图书的选择有一定的共通性，那就是普遍受作家、作品知名度的影响。如北美图书馆对于莫言作品的各种版本（包含我国台湾的繁体字本），无论是大学图书馆还是公共图书馆，各个馆均有收藏，有的公共馆甚至设有莫言专柜。

因此，本年度大量国内流行的文学图书上榜，与这些作品在国内获得了广泛的知名度有关，也影响了世界图书馆系统的选择，使国内外判断标准逐渐合流。

长期以来，欧美文坛以自己的标准对中国当代文学进行选择和评价的情形，在图书馆系统正在逐步改变，即国内文坛开始影响和改变世界图书市场对于中国当代文学的评判标准,显然这是一个重要变化。它意味着中国当代文学的世界话语权在逐步增强。这也再次验证了这一研究在 2013 年得出的结论:"在未来中国图书参与竞争世界的队伍中,文艺社是最具有世界竞争优势的一个出版方阵。"

中国政治、法律类图书,中国文化、科学、教育、体育类图书,以及综合性图书各有 2 种上榜,这些书中既有《朱镕基上海讲话实录》《邓小平时代》这类厚重的政治、学术内容,也有女性心灵修养经验的《幸福要回答》,还有中华书局的《明清之际西学文本:50 种重要文献汇编》、中华书局与上海古籍出版社的《中国古籍总目·索引》这类曾经长期成为欧美图书馆重点收购的中国历史典籍。中国历史典籍、中国健康养生和学术著作,这些都曾经是世界图书市场对于中国出版重点关注的板块,也是世界图书馆系统长期收购、收藏的内容方面,只不过在 2013 年的中文图书中,收购比例不再像以往那样大。

只有 1 种上榜的类别是中国经济类、历史地理类,这两种图书分别是茅于轼的《中国人的焦虑从哪里来》和刘德濒的《西藏秘密:1959 年以前西藏到底发生了什么?》。严格来讲,茅于轼的这本书不算是经济类图书,但因为茅于轼经济学家的身份,他还从经济学角度阐释中国当代社会,因此算了进去。刘德濒的书虽然属于真正的历史、地理类内容,但也因为西藏在欧美世界的敏感度而获得世界图书馆系统的高度关注。

这从另外一个方面证明,过去长期以中国历史、地理类图书为主的中文图书的需求在世界市场发生改变,中国文学类图书,特别是中国当代文学类内容取得了绝对的优势地位。

50.5 地方文艺社凭青春文学异军突起

在中国当代文学领域,地方文艺社异军突起,而且国内流行的青春文学作家作品与纯文学的专业作家队伍一道,开始角逐世界市场。

图 50.3 是表 50.3 中所涉图书所属的出版社的品种数对比。排在第一名

2013年度世界影响最大图书的出版社品种　　（单位：种）

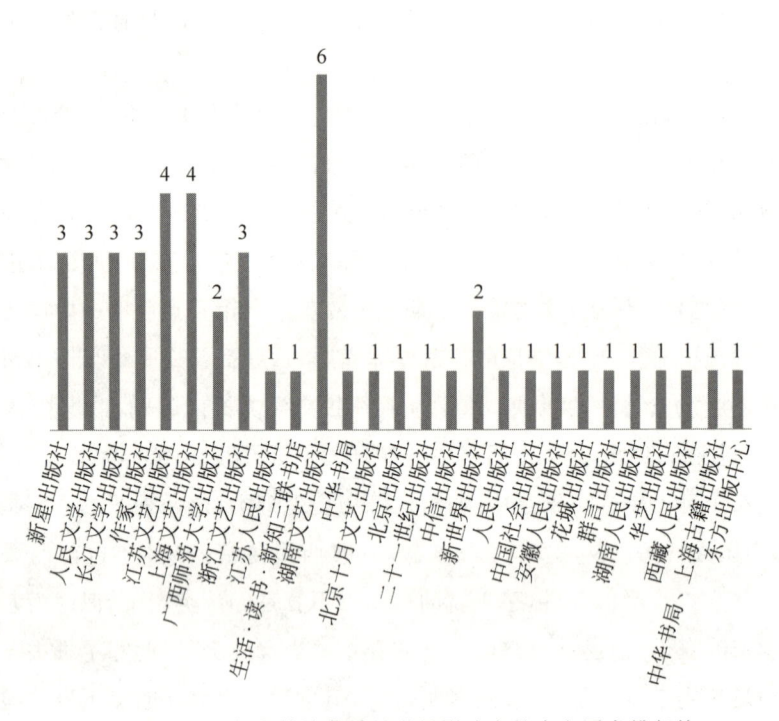

图50.3　2013年海外馆藏最具世界影响力的中文图书排行榜中所涉图书所属的出版社品种数

的是湖南文艺出版社,6种书上榜;并列第二名的是上海文艺出版社和江苏文艺出版社,分别有4种图书上榜;排在第三名的有5家出版社,各有3种图书上榜,分别是人民文学出版社、作家出版社、长江文艺出版社、新星出版社、浙江文艺出版社;排在第四名的有2家出版社,各有2种上榜,分别是广西师范大学出版社和新世界出版社,排在第五名的有11家出版社,各以1种上榜。

从榜单中可以明确发现,在中国当代文学这个最具有世界竞争力的板块中,地方文艺出版社开始异军突起,并以读者群庞大的青春文学作品与人民文学出版社、作家出版社等传统大社进行竞争,同时也开始角逐世界图书市场。特别是湖南文艺出版社在 2013 年拔得头筹,从其上榜的 6 种图书来看,特点明显。这 6 种图书分别是《长相思》(桐华著,并列第 11 名)、《谢谢你离开我》(张小娴著,并列第 21 名)、《儒者》(梁晓声著,并列第 21 名)、《婚久必昏》(晓月著,并列第 21 名)、《长相思.02,诉衷情》(桐华著,并列第 22 名)、《从你的全世界路过:让所有人心动的故事》(张嘉佳著,并列第 22 名),除了梁晓声是已成名的纯文学作家外,其余的 5 部作品都是 80 后作家的青春文学作品。中国社会在快速发展过程中,形成了极具特色的中国当代文学,既有传统的纯文学,也有类型文学、网络文学、青春文学等文学新形态。特别是在类型文学方面,科幻小说、历史演绎、惊悚悬疑类、奇幻推理等文学作品层出不穷,有些图书销售动辄以百万册计算。在专业创作的文学作者之外,还有一个庞大的业余创作者群体,在互联网这样具有无限可能的空间里,他们直面读者,尽情发挥着自己的文学天才。

对于一个想要了解中国及中国人思维方式的外国读者来说,中国文学将成为进入这个世界的一把钥匙。此次大量青春文学作品进入世界图书馆系统,即是世界各国读者借助文学了解丰富多样的当代中国的开始。

50.6 对外汉语教育、健康养生类图书需重视

与中国当代文学形成鲜明对比的是,中国出版社在对外汉语教育、健康养生类图书具有天然优势的领域形成空缺,这提醒中国出版社要放眼全球进行优势出版领域的拓展与开发,早日形成品牌,绝不能拱手放弃出版阵地。

世界图书市场近些年对于中医健康养生类图书需求很大,一些欧美出版机构近些年开始加大中医养生书的出版,这些图书在欧美公共图书馆系统增长最快。如 2013 年出版的一本《中医药治疗史(Chinese medicine and healing:an illustrated history)》,收藏图书馆达到 424 家,由 T. J. Hinrichs 和 Linda L. Barnes

撰写,前者是康奈尔大学的历史系教授,后者是波士顿大学医学院研究生医疗科学部主任,该书由哈佛大学出版社旗下的贝尔纳普出版社出版(Belknap Press of Harvard University Press),收藏图书馆大部分是面向欧美普通读者群的公共图书馆。

在中国台湾地区,2013年有109种中医图书进入世界图书馆系统,既有知名度较高的五南图书出版公司的《台湾中医发展史》、联经出版公司的《女中医给忙碌上班族的第一本养生书》,还有名不见经传的商州养生馆的《厨房里的中医》等书。

而中医出版资源较为丰富的中国大陆却没有展现出像中国当代文学那样的创造力。以出版大省江苏为例,2013年仅有20种中医图书进入世界图书馆系统。而在30家以上图书馆的收藏榜单上,仅有张羽的《只有医生知道!》和杨澜、朱冰的《幸福要回答》两本书上榜,严格来讲,这两本书都不属于中医养生方面的图书。因此,在中医健康养生理念已经日渐被世界民众广泛接受的时代,中国出版商尤其要抓住欧美一些商业医疗保险公司推动中医健康养生理念的大好时机,千万不可放弃这一宝贵的出版资源。

此外,在汉语学习以及教育领域也是如此。与全世界各地如火如荼的汉语热潮相比,2013年在30家以上图书馆的榜单上,中国大陆近600家出版社却出现空缺,这实在有些遗憾。

2013年世界图书市场较有影响的一本汉语学习图书是《中文阅读及书写:汉字书写系统的综合指南(Reading and writing Chinese:a comprehensive guide to the Chinese writing system)》,由William McNaughton和Jiageng Fan撰写,由美国佛蒙特州的拉特兰出版社(Rutland, Vt.:Tuttle)出版,此次是第三版,全世界收藏图书馆达到83家。William McNaughton是著名汉学家,曾翻译过《诗经》,任教于香港城市大学,著有多部汉语学习著作。这提醒中国大陆的汉语教材出版,必须要放眼世界,在全球范围内寻找汉学家作为不同地区与国别的汉语学习教材、汉语学习读物的作者,才能获得当地的市场。

本项研究还将持续下去,力图在三个方面做出努力:第一是为中国近600家出版社提供世界图书市场的基本信息与动态;第二是借助严格、挑剔的世界图书馆采集系统,研究中国年度出版图书的世界影响力,关注中国书业的知识生产能力、文化质量问题;第三是通过这个问题的持续关注,呼唤图书出版这个古老行业的精神回归。在出版科技日新月异、图书载体翻天覆地变化的时代里,图书出版精神是不变的,敬畏文化价值,激扬文化创造,是知识生产与文化传承的核心。假如一本书没有多少文化质量,不管包装多么豪华,都会被读者弃之如敝屣。这是图书出版最基本的真理。

【链接:中国出版传媒商报 2014.8.26,何明星《"海外馆藏:中国图书世界影响力"报告(2014版)》】

第 51 章　2014 年中文图书馆配市场分析

据最新数据显示,2014 年实体书店图书零售市场一改前两年负增长的态势,实现了 3.26% 的增长,那么 2014 年度中文图书馆配市场概况又如何呢? 以下数据来源于商报·卷藏 850 所采样图书馆入藏的 2005 年及其以后出版的中文纸质图书数据。

51.1　市场成长:码洋同比增长 1.82% 公共馆采购明显下降

据商报·卷藏数据监测系统统计,2014 年馆配码洋合计 13.4 亿元,较 2013 年同期增长 1.82%;全年参与馆配的品种达到 88.04 万种,同比增长 3.21%。2013 年单馆平均复本为 2.7 册/种,2014 年下降至 2.6 册/种。当年馆配图书价格的提升拉动了整体馆配市场的增长,2014 年单册图书平均价格为 44.78 元/册,同比提升了 5.35%(见表 51.1)。

表 51.1　整体馆配市场各指标增长率分布

馆配指标	增长率(%)
码洋增长率	+1.82
册数增长率	-3.35
品种增长率	+3.21
单册图书价格	+5.35

整体高校馆馆配码洋同比增长近 7%,其中以 211 工程、独立院校为代表的高校馆增长幅度最大,成为拉动馆配市场增长的主要动力;2014 年是"十二五"规划期间公共馆馆配首次出现负增长的一年,馆配码洋同比下降

11.18%,在省级馆以及地级市馆普遍呈现低迷趋势的同时,县级市公共馆在 2014 年得到发展,馆配码洋同比增长近 3%。从市场购买能力上来看,2014 年高校馆采购图书平均价格为 48.52 元/册,相较于 2013 年同比上升 6.54%;公共馆为 36.42 元/册,与 2013 年大致相当(见图 51.1)。

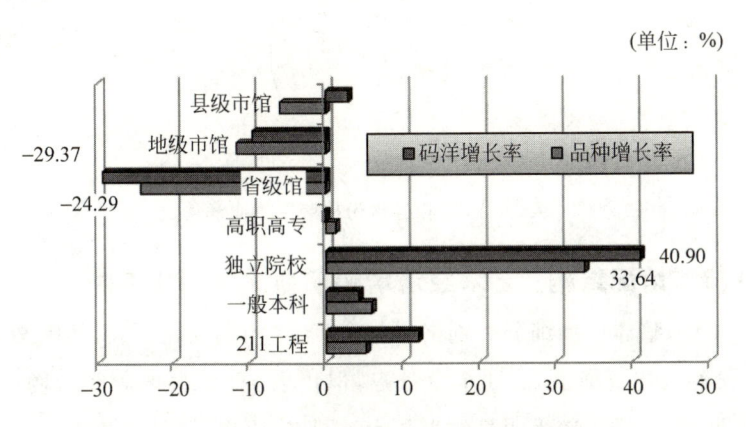

图 51.1　2014 年各层次图书馆馆配量同比变化

51.2　新书地位:新书份额占比近 4 成品种贡献率有所下降

2014 年参与馆配的新书品种共计 13.4 万种,占到全年馆配总品种的 15.19%。从近 3 年(2012~2014 年)新书对馆配市场的贡献率来看,2014 年馆配中当年版新书的码洋贡献率 39.15%,首次不及上一年版图书的 40.53%。比较近两年新书单品种馆配册数,2014 年新书馆配册数为 86.5 册/种,不及 2013 年馆配新书的 91.1 册/种,侧面反映出单馆采购册数逐渐下降(见表 51.2、图 51.2)。

表 51.2　近 3 年当年版新书和上一年版图书码洋份额分布

入藏年份	当年版新书码洋份额(%)	上一年版图书码洋份额(%)
2014 年	39.15	40.53
2013 年	41.39	38.53
2012 年	44.79	36.79

(单位：%)

2011年之前出版,7.32
2011年,3.51
2012年,9.49
2013年,40.53
2014年,39.15

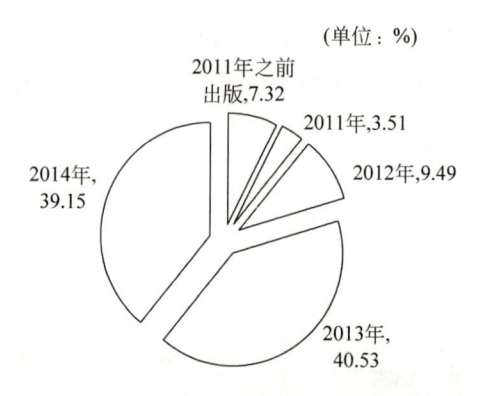

图 51.2　2014 年各年份出版图书码洋构成

51.3　馆配结构：艺术经济增幅明显文学同比下降

2014 年，整体市场细分类别格局与 2013 年同期变化不大，其中文学类图书码洋份额同比下降了 0.16 个百分点，但仍以 16.01% 的码洋份额居首位。TOP10 类别中，增幅较为明显的为艺术类图书，码洋份额同比增加 0.45 个百分点；经济类居次席，码洋份额同比增长 0.27 个百分点，为整体市场贡献了 11.80% 的码洋份额。TOP10 类别中，建筑科学类单册价格最高，为 60.68 元，其次是历史、地理类，单册价格为 58.32 元。同比来看，TOP10 类别单册价格均有所上升，增幅最高的是艺术类，同比增长 7.53%，价格增幅相对较低的是语言、文字类，建筑科学类，增幅不到 3%（见表 51.3）。

表 51.3　馆配 TOP10 的类别及同比变化

2014年码洋排名	类　　别	2014年码洋份额(%)	码洋份额同比变化(百分点)	价格同比增长幅度(%)
1	文学（I 类）	16.01	−0.16	4.75
2	经济（F 类）	11.80	＋0.27	4.86
3	历史、地理（K 类）	9.52	−0.02	4.44
4	政治、法律（D 类）	6.62	−0.16	3.91
5	自动化技术、计算机技术（TP 类）	6.47	−0.11	5.82
6	艺术（J 类）	5.98	＋0.45	7.53

续表

2014年码洋排名	类别	2014年码洋份额(%)	码洋份额同比变化(百分点)	价格同比增长幅度(%)
7	文化、科学、教育、体育(G类)	5.29	+0.09	4.97
8	哲学、宗教(B类)	5.01	−0.01	6.33
9	语言、文字(H类)	4.65	−0.12	2.90
10	建筑科学(TU类)	4.05	−0.11	1.37
—	TOP10类别合计	75.40	+0.12	—

51.4 复本变化：低复本采购已成趋势，1.5至2.0册馆数大增

2014年单馆采购复本集中在2.5～3.0册/种之间，此区间内馆配图书馆数比例为32.22%，相比上年图书馆数下降6.25个百分点。1.5～2.0册区间内的图书馆数比例占到了近两成，较去年同期对比上升了6.26个百分点，采购1.0～1.5册/种的图书馆数比例大致相当，均为6.5%左右，可见近两年图书馆馆藏图书的低复本(1.0～2.0册/种)已经成为一种趋势，见（图51.3）。

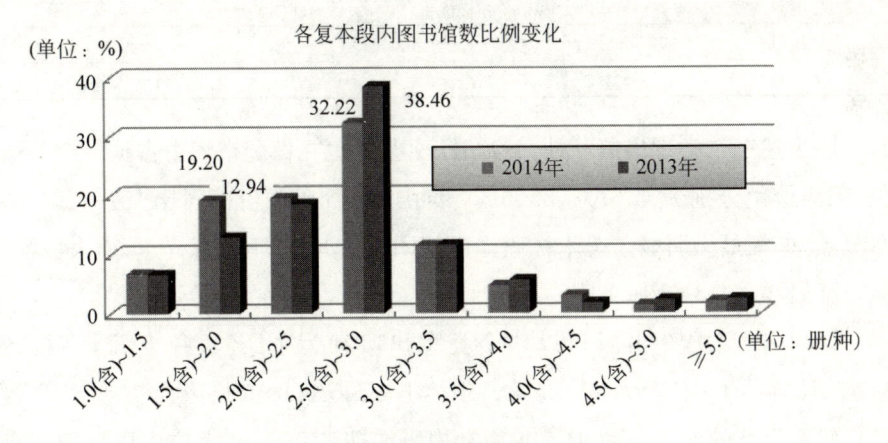

图51.3 各复本段内图书馆数比例变化

51.5 竞争格局：科技社拔得头筹文艺社增幅明显

历年馆配市场主要由社科社、科技社、大学社三个类型出版社瓜分，2014年三者码洋份额合计占到整体馆配市场的近7成，与2013年相比基本持平。其中科技社馆配码洋份额最高，达到26.91%，社科社和大学社2014年码洋份额均在21%左右，码洋份额较之上年分别上升了0.10、0.15个百分点（见表51.4）。

表51.4 各类型出版社馆配码洋份额分布

出版社	2014年码洋份额(%)	2013年码洋份额(%)	码洋份额同比变化
社科社	21.57	21.47	+0.10
科技社	26.91	27.14	-0.23
大学社	21.05	20.90	+0.15
经法社	6.67	6.61	+0.06
人民社	4.34	4.69	-0.35
古籍社	3.28	3.34	-0.06
教育社	2.44	2.56	-0.12
文艺社	5.80	5.44	+0.36
美术社	2.07	1.76	+0.31
少儿社	1.76	1.72	+0.04
城市社	1.71	2.03	-0.32

除上述三个类型出版社外，经法社、文艺社也在馆配市场中占据一定的地位，码洋份额分别为6.67%、5.80%，其中文艺社码洋份额同比上升0.36个百分点，增幅最为明显。美术社码洋份额同比上升0.31个百分点，而人民社、城市社码洋份额均有所下降。

2014年TOP50出版社以四个类型出版社为主：经法社6家，科技社11家、社科社15家、大学社10家。整体上来讲，TOP50出版社变动不大，但是仍然不乏新的面孔。TOP50出版社中码洋排名上升10个位次以上的共有8家出版社，以北京联合出版公司和上海三联书店为首的社科社码洋排名分别上升了34、32个位次，主要是其馆配册数和单册价格分别有所提升，两社馆配册数同比上升了 46.05%、44.38%,单册价格分别上升了 12.37%、13.95%;大学社中,武汉大学出版社同比上升 16 个位次,跻身整体馆配市场 TOP50 之列(见表 51.5)。

表 51.5 整体馆配市场 TOP50 出版社排名上升最快 TOP20

码洋排名	出版社名称	码洋排名变化	码洋份额同比变化
34	北京联合出版公司	↑34	+0.21
43	上海三联书店	↑32	+0.19
40	东方出版社	↑19	+0.10
23	中央编译出版社	↑17	+0.20
38	武汉大学出版社	↑16	+0.07
22	广西师范大学出版社	↑13	+0.16
21	中华书局	↑12	+0.16
41	经济管理出版社	↑10	+0.05
49	南京大学出版社	↑7	+0.04
24	中国电力出版社	↑5	+0.10
31	人民卫生出版社	↑5	+0.01
17	江苏文艺出版社	↑3	+0.06
50	九州出版社	↑3	+0.01
12	中信出版社	↑2	+0.06
26	中国水利水电出版社	↑2	+0.03
36	译林出版社	↑2	−0.04
7	国家图书馆出版社	↑1	+0.72
20	中国铁道出版社	↑1	+0.08
15	商务印书馆	↑1	+0.02
44	世界图书出版公司	↑1	+0.01

注:上表中是按码洋排名同比上升位次为排名依据,排名上升位次一致的出版社以其上升的码洋份额由高到低排名。

TOP10 人民社中各社市场份额相对较稳定,变化幅度多在 0.05 个百分点以下;TOP10 文艺社码洋份额同比上升最大的是北京时代文化书局有限公司,码洋份额同比上升 0.2 个百分点,该社 2014 年度馆配榜首的书目是由自由作家余世存所著的《家世》,馆配覆盖率达 26%;TOP10 少儿社中码洋份额上升幅度最大的是长江少年儿童出版社,同比上升 0.05 个百分点,该社在 2014 年年度馆配榜首的书目是加拿大著名作家戈登·科曼的著作《麦克唐纳学校·我们是坏小孩》,馆配覆盖率为 8.59%(见表 51.6、表 51.7、表 51.8)。

表 51.6　整体馆配市场 TOP10 人民社

码洋排名	出版社名称	码洋份额同比变化
13	人民出版社	－0.07
30	上海人民出版社	－0.01
67	江苏人民出版社	－0.13
96	湖南人民出版社	－0.01
99	安徽人民出版社	－0.10
102	天津人民出版社	＋0.01
131	浙江人民出版社	＋0.01
137	广东人民出版社	－0.04
139	贵州人民出版社	－0.01
146	山东人民出版社	＋0.01

表 51.7　整体馆配市场 TOP10 文艺社

码洋排名	出版社名称	码洋份额同比变化
17	江苏文艺出版社	＋0.06
36	译林出版社	－0.04
51	长江文艺出版社	－0.03
53	上海译文出版社	＋0.04
54	作家出版社	－0.02
70	中国文史出版社	＋0.09
72	湖南文艺出版社	－0.04
78	上海文艺出版社	＋0.04
103	北京时代华文书局有限公司	＋0.20
106	百花洲文艺出版社	＋0.07

表51.8 整体馆配市场TOP10少儿社

码洋排名	出版社名称	码洋份额同比变化
101	二十一世纪出版社	－0.01
114	长江少年儿童出版社	＋0.05
158	接力出版社	—
167	浙江少年儿童出版社	－0.01
173	湖南少年儿童出版社	－0.01
174	北方妇女儿童出版社	－0.04
179	海豚出版社	—
207	安徽少年儿童出版社	＋0.03
225	中国少年儿童出版社	＋0.02
301	江苏少年儿童出版社	＋0.02

51.6 学科门类核心社分布：工农类集中度最高，文学类最为分散

高校馆作为馆配市场的核心力量，其馆藏文献资源建设应该紧紧围绕学校的学科建设规划情况来进行。从馆配市场中13个学科门类码洋排名TOP20出版社码洋集中度来看，最为集中的是工学门类和农学门类，码洋份额合计分别为76.48％、75.46％。从13个学科门类码洋排名第一的出版社可知，有三家出版社分别在2个学科门类中馆配码洋排在第一，分别是：机械工业出版社（工学、管理学），人民邮电出版社（艺术学、教育学），科学出版社（理学、农学）（见表51.9）。

表51.9 13学科门类码洋排名首位的出版社

学科门类	出版社名称	码洋份额(％)	TOP20出版社码洋份额合计(％)
文学	江苏文艺出版社	3.00	28.69
工学	机械工业出版社	11.84	76.48
法学	法律出版社	8.68	54.43

续表

学科门类	出版社名称	码洋份额（%）	TOP20出版社码洋份额合计（%）
历史学	国家图书馆出版社	8.31	39.23
艺术学	人民邮电出版社	6.78	43.04
管理学	机械工业出版社	6.73	54.61
经济学	社会科学文献出版社	5.94	57.58
理学	科学出版社	17.08	56.85
教育学	人民邮电出版社	2.34	32.65
医学	人民卫生出版社	14.03	62.79
哲学	北京大学出版社	3.93	45.66
军事学	中国市场出版社	7.91	59.29
农学	科学出版社	13.39	75.46

注：根据国务院学位委员会、教育部的规定，《学位授予和人才培养学科目录》中将学科门类划分为13大类，分别为：理学、工学、农学、医学、哲学、文学、历史学、教育学、管理学、法学、经济学、军事学和艺术学。

51.7 畅销书目：《从你的全世界路过》荣登榜首 文学、人物传记类持续火热

2014年馆配畅销TOP200书目共涉及52家出版社，中信出版社34种图书进入畅销榜TOP200榜单，其次是广西师范大学出版社、湖南文艺出版社、人民文学出版社各有11种入围。其中湖南文艺出版社的《从你的全世界路过》排名本年度榜首，馆配覆盖率为44.35%，该书在当当网2014年度畅销书中排名第二；北京大学出版社的《中国生存启示录》馆配排行位居第二，馆配覆盖率为43.76%；排名第三的是人民文学出版社的《妈阁是座城》，馆配覆盖率为41.88%（见图51.4、表51.10、表51.11、表51.12、表51.13）。

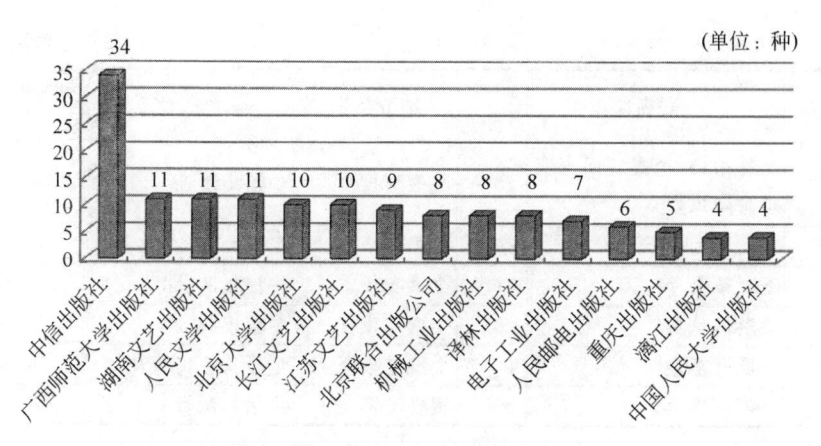

图 51.4　TOP200 书目中主要出版社分布

表 51.10　2014 年馆配文学类图书覆盖率排行 TOP10

排名	题名	定价（元）	细分类别	出版社	馆配覆盖率（%）
1	从你的全世界路过	36	社会、言情小说	湖南文艺出版社	44.35
2	妈阁是座城	36	社会、言情小说	人民文学出版社	41.88
3	纸牌屋	39.8	影视小说	百花洲文艺出版社	40.12
4	地狱	39	悬疑小说	人民文学出版社	39.06
5	愿风裁尘	36.8	散文、随笔	长江文艺出版社	37.53
6	守住中国人的底线	39.8	散文、随笔	北京联合出版公司	37.41
7	我这辈子有过你	32	社会、言情小说	湖南文艺出版社	37.18
8	你是我不及的梦	29.5	散文、随笔	北京十月文艺出版社	36.59
9	益往直前	38	散文、随笔	长江文艺出版社	36.59
10	瞻对：终于融化的铁疙瘩	38	当代小说	四川文艺出版社	35.76

表 51.11　2014 年馆配中经济类图书覆盖率排行 TOP10

排名	题名	定价（元）	细分类别	出版社	馆配覆盖率（%）
1	中国经济双重转型之路	48	中国经济	中国人民大学出版社	41.06
2	货币战争	46	金融与投资	长江文艺出版社	36.71
3	郎咸平说：改革如何再出发	38	中国经济	东方出版社	36.00
4	反脆弱	68	经济学理论	中信出版社	32.12

续表

排名	题名	定价（元）	细分类别	出版社	馆配覆盖率（%）
5	比特币：一个虚幻而真实的金融世界	39	金融与投资	中信出版社	31.65
6	拐点下的困惑	42.8	中国经济	中国人民大学出版社	30.59
7	支付革命	49	金融与投资	中信出版社	29.88
8	动荡的世界	65	金融与投资	中信出版社	29.65
9	互联网金融	65	金融与投资	电子工业出版社	28.00
10	一网打尽	49	贸易经济	中信出版社	27.65

表51.12 2014年馆配中历史、地理类图书覆盖率排行TOP10

排名	题名	定价（元）	细分类别	出版社	馆配覆盖率（%）
1	说不尽的外交	58	政治人物传记	中信出版社	37.18
2	在难搞的日子笑出声来	39.8	影视人物传记	北京联合出版公司	34.12
3	躁动的帝国	52	世界史	重庆出版社	33.88
4	鱼羊野史	39.8	通俗说史	湖南文艺出版社	33.41
5	庭院深深钓鱼台	46	政治人物传记	当代中国出版社	32.00
6	道路与梦想	49	企业人物传记	中信出版社	31.29
7	为奴十二载	26	历史人物传记	北京大学出版社	30.82
8	美国十讲	46	美国地理	广西师范大学出版社	29.29
9	乔纳森传	49	财经人物传记	中信出版社	29.06
10	梁思成与他的时代	58	科学家传记	广西师范大学出版社	28.24

从作者来看，2013年10月诺贝尔文学奖获得者艾丽丝·门罗的作品余热未退，2014年TOP200畅销书中占到7种，且2014年的新作《亲爱的生活》在馆配市场中排名第133，馆配覆盖率达25.88%。而2014年10月诺贝尔文学奖获得者帕特里克·莫迪亚诺，2014年度其作品尚未出现在TOP200畅销书中，仍无法在2014年全年的馆配中凸显其影响力。

表 51.13 TOP200 书目中最受欢迎作者分布

作者	TOP200 书目中品种数（种）	入围作品
艾丽丝·门罗〔加〕	7	《亲爱的生活》《幸福过了头》《公开的秘密》等
毕淑敏	4	《恰到好处的幸福》、《愿你与这世界温暖相拥》等
林清玄〔台〕	4	《天边有一颗星星》、《心海的消息》等
陈丹青	3	《无知的游历》、《谈话的泥沼》等
郭敬明	3	《愿风裁尘》、《守岁白驹》等
王蒙	3	《这边风景》、《与庄共舞》等
严歌苓〔美〕	3	《毕业歌》、《妈阁是座城》等
张小娴〔港〕	3	《那些为你无眠的夜晚》、《我这辈子有过你》等

注：最受欢迎作者指在整体馆配 TOP200 书目中出现作品数由高到低排序，且结合该作者的其他图书在馆配市场的馆配覆盖率，本次列出了作品数为 3 种及 3 种以上的作者。

【链接：中国出版传媒商报 2015.1.27，商报·卷藏数据组《市场总体增速放缓 高校馆成主力军》】

附编　国际出版观象

第 52 章　国际出版人预测 2015 全球出版趋势

在 2015 新年到来之际,《中国出版传媒商报》再度邀请全球领先的学术、教育和大众出版商以及法兰克福等国际书展主办方负责人,畅谈面对出版业的各种变局和新挑战,自身有哪些核心竞争力,将如何应对新的发展趋势和市场挑战。受访的学术出版商表示,仍将致力于出版高品质的内容及利用技术充分发挥内容价值,与学术圈共同找到更优质、高效、便捷的工具和解决方案。出版商将更加重视针对用户的服务,在倾听用户声音后不断改善平台、产品和体验。教育出版商注重了解客户和学习者的需求和习惯,适应他们的需求,并引导用户,提供切实有用的内容、平台和互动解决方案。而围绕学生的学习方式和流程开发新产品和解决方案,丰富和完善师生关系,也成为教育出版商的关注重点之一。大众出版商仍将关注把优秀的图书送达更多的读者,不断提升读者的阅读体验。在学术出版已经完成了数字化转型、教育出版大力开发教材与数字平台相结合的新型模式之后,大众领域也在积极拓展电子书市场,并将数字业务融入到出版业务中。在英美以外的其他市场,数字化收入将会出现快速增长。书展业也通过重新组织参展商来适应新的并购、技术和商业模式的增多,通过更丰富的、有针对性、专业化的论坛活动以及吸引消费者的作家活动,提升书展人气,扩大书展平台的作用。这些高端人士的精彩观点值得中国出版人借鉴关注。

52.1　贯彻 5 大方针　推动出版创新

■池永硕(爱思唯尔集团董事长)

作为全球领先的科学、技术和医学信息技术产品和服务提供商,爱思唯尔在过去的130多年中持续致力于出版高质量的内容。伴随着数字化带来的巨大变革,作为一家出版商,我们所扮演的角色也不断拓展。提供高质量的内容对我们来说向来至关重要,但是只有高质量的内容还远远不够。现今,我们必须充分利用技术,让内容发挥出更大的价值,开发更优质、快捷、高效的工具和解决方案。出版商新的角色,就是要在最合适的时间,以最有效的方式,提供最需要的内容。

在数字化变革的大背景下,爱思唯尔成功建立了相应的数字化基础设施,用于推动知识的搜索与发现、分析,在线出版体系和数字内容长期保存等。2015年,我们还将持续推动出版领域的创新,重点关注以下方面:

1. 内容提升:通过 Article of the Future 项目,我们为静态的研究论文增添了新的功能,旨在为读者提供动态、互动的阅读体验。这些功能包括附有标记并可搜索的音视频文件、互动式照片和图形,嵌入地图,可供下载的表格以及分享功能等。

2. 内容再利用:用户可以在原有内容的基础上,从不同的角度更加深刻地分析问题。文本和数据挖掘正是我们内容再利用的例子。我们提供应用程序编程接口(APIs),研究人员以此可以在海量的内容中探寻规律并通过分析数据间的关联性得出有意义的结论。

3. 内容解决方案:S-content,又称内容解决方案,是定制化内容,旨在帮助研究人员在最短的时间内找到他们需要的东西,我们提供的不仅是"信息",而且是"答案"。我们利用大数据创造了数字化解决方案,使科研人员能够从海量的数据中轻松地找出基于实证的深刻观点和见解,而这在以往是无法实现的。

4. 内容共享:合作被公认为是提高科研产出的重要途径。爱思唯尔推出了基于云技术的研究管理和社交网络平台——Mendeley。通过该平台,中国科研人员可以与在日内瓦的同人合作,或者与远在巴西的合作伙伴分享论文。

5. 内容获取:自2005年,爱思唯尔开始为作者提供开放获取的出版模式。现在,科研人员可以在1600多种爱思唯尔出版的同行评审期刊中选择开放获取的出版模式,也可以在100多种完全开放获取的爱思唯尔期刊上发表。我们预计这个数字还将持续增长。

中国业务的发展是爱思唯尔上述计划不可或缺的组成部分。自20世纪80年代初期进入中国至今,中国一直是爱思唯尔业务发展的战略重点。我们见证了中国科研飞速发展的10年,并希望我们能够为此持续贡献力量。

爱思唯尔致力于推动中国和世界研究领域的双向交流,实现优质内容共享。为此,我们与中国本地的出版企业、研究机构和高等院校建立起紧密合作,将爱思唯尔在全球科技和医疗出版领域积累的经验带到中国。例如,我们与中国科技出版传媒集团合作,合资成立了科爱森蓝文化传播有限公司。通过该合作,我们为中国期刊提供行业领先的出版服务,帮助它们提高国际知名度,使更多国际研究人员了解中国的科研成果。同时,我们也与中国科学技术信息研究所建立了合作关系,评估中国期刊的国际和国内影响力,提高其国际地位。

通过建立与中国科研及出版机构的合作,充分利用数字化时代赋予我们的机遇,我们期待爱思唯尔在2015年取得更加瞩目的成绩。

52.2 服务学术与高教用户

■ 保罗·伊文斯(Paul Evans,美国世哲出版集团亚太区总裁)

与学术圈共同找到解决方案

近50年来我们一直致力于以高质量出版服务于科研和教学。关注出版、学术和学习环境的不断变化带来的挑战,与学术圈密切合作,理解他们的需求,与他们一同应对挑战并找到解决方案,是我们的核心竞争力之一。

世哲(SAGE)一直在开发图书与期刊内容的资源包,为全球300多家领先的人文社科和科学、技术与医学领域的学会、协会出版800多种期刊。我们对出版在数字版、视频版和增强版电子书方面的趋势性发展所带来的机会感到兴奋。我们看到学术界正变得更移动化，人们希望轻击按键就能获取信息，不管当时使用的是哪种移动设备，消息是以何种格式传播，都可以无障碍阅读。

由于科研和学习方式都发生了变化，如数字资源和适应性学习的崛起，我们需要确保为科研人员和学生提供他们需要的资料，并以最能满足他们需求的格式提供给他们内容。其中最重要的是以优质内容为中心。确保内容质量一方面是要重视作者及他们要表述的内容，同时确保这些内容符合市场和读者需求，这也就符合了世哲公司的出版总策略。我们的方针一直是以内容为引导，来确保最前沿的研究内容得到广泛传播。

生产与用户相关的产品

世哲公司创建内容的一个指导方针是与学者、研究机构和教育机构的合作伙伴一起，按照他们的研究需求和对内容获取的需求共同开发内容。与作者、编辑和机构建立的长期联系使我们可以理解他们的需求，并做出回应。2015年是世哲公司创立50周年，我们将推出一个完全由世哲独立开发的视频合集，内容包括为教师、研究人员和研究生提供的案例分析、教程等视频内容。其中有理论实操、专家访谈等实践讲解的内容，也有对主要概念不同理解的归纳总结，都是直接与作者和学者讨论后开发的。

社会科学的学术成果几年来快速增长，尤其在研究方法领域的图书销售增长很快。2015年我们将继续与中国图书领域的公司一起合作，继续调整业务以适应变化，来更好地服务于学术界。

我们许多的营销工作都是数字化的，大部分生产很长时间以来也都是数字化的，我们在公司内做了一些重要投资，以确保更好地支持数字化发展。

开放获取模式

我们积极参与到开放获取的讨论中，是开放获取学术出版商协会(OASPA)的初创成员。作为独立的学术出版商，我们要对这些发展有长远眼光，在与学术界咨询沟通的基础上探索多元化的模式。开放出版的进程自

2012年英国发布《芬奇报告》(Finch report)后明显加快了。世哲公司将与合作伙伴和学术界一起,更好地理解这些市场变化带来的影响,并对市场需求作出反应。

我们将了解学会、协会的需求并与资助机构开展开放式的对话,确保及时了解这些变化并做出反应,用数据分析辅助做出决策。

我们在不断开发客户关系管理系统,来确保尽可能提高有效性。这可以让我们的销售人员集中力量向用户推介使用最多的产品,同时记录下交往的全部细节。我们也对出版质量进行分析,如被引用数据等,来指导期刊管理,从而不断巩固内容的高品质。

提高出版内容"曝光率"

这是我们拓展业务的一个重要部分,确保所有对内容有需求的人都能够找到最适合他们研究和学习的格式和风格的内容。除了电邮推送和借助与学术界的联系进行直接拓展,我们使用目标社交营销工具来帮助建立对我们产品的认知度。

谷歌在其他国家仍是一个直达消费者的、被广泛使用的、有价值的工具,在中国我们使用微博和微信开拓业务。

数字化收入

我们期待数字出版持续快速增长,但是就像对于大肆宣传的慕课(MOOCS)的态度一样,我们更希望数字出版能冷却一段时间,从而使出版业得以有时间调整并扩大已出版产品的市场份额。因为数字出版很可能会削弱我们传统纸质出版业务的稳定增长。

数字化为支持学习的进一步发展提供了巨大的机遇,我们要确保自己在这一机遇面前处于重要的位置,不断满足学术界用户的需求。

中国战略

建立亚太区总部的这几年,世哲的业务取得了明显的发展,尤其是在中国,我们与重庆大学出版社、格致出版社、华东师范大学出版社、中国人民大学出版社等都建立了更深入的出版合作关系，翻译出版世哲的出版物；我们也与北师大出版社合作出版了一系列中文图书。而且，在2013年，我们还在北京注册成立了外国公司独立法人公司。我们的定位是积极成为团体和机构的合作伙伴，支持这些机构在重要而有影响的科研领域的发展，反过来又有助于我们融入学术社会，促进未来的业务发展。例如，我们与北京大学教授们的合作，支持改进社会科学研究方法的学术活动，从而使研究方法更客观、以证据为基础，也能对社会政策起到很好的指导作用。另一个例子是与中国传媒大学合作，通过世哲学术资源中心来培养学生和教师现代媒体和传媒研究的技能。

我们希望成为中国这些重要机构的合作伙伴，我们判断成功与否的标准不只包括业绩，也包括通过传递我们的出版内容以及其他拓展业务来为中国现代化进程提供支持和帮助的能力。

52.3 了解消费者需求创造有价值产品

■ 蒂姆·巴顿（Tim Barton，牛津大学出版社全球学术出版部执行总裁）

出版趋势移动和数字创新开拓了出版的疆域，这是20年前我们根本不敢想象的。出版业正在尝试一些新的商业模式，提供更多的出版方式。技术提供商和内容提供商的界限将更加模糊、难以分辨，在线出版提供的机会已经大大减少了进入市场的阻碍，同时也提高了大家对出版商能提供以及应该提供什么价值的预期。

核心竞争力

牛津大学社最重要的使命是传播知识，因此我们能够通过以下4种方式显示出我们的独特性，一是只出版最高质量的产品，二是确保我们产品的售价合理，对用户来说物有所值，三是继续对我们的在线平台投资，四是在新产品、服务和出版模式上的创新。

我们对质量的承诺是有数据支持的，例如汤森路透发布的《2013年期刊引用报告》统计,牛津大学社超过50%的期刊的影响因子都处于相关学科领域排名前25%的位置。

开放获取 2014年对牛津大学社来说开展开放获取出版已经有10年,我们持续扩大开放出版的规模,2014年我们预计出版了4000多篇OA文章,我们期待出版业继续支持混合型的商业模式。我们在全球很多学科都有出版业务。在那些对科研有更大资金投入的领域,我们期待看到向金色OA更加显著的转型,而在其他学科和地域,仍倾向于订阅出版的模式。

在OA业务方面,我们将继续创新并推出新刊,2016年我们的OA刊将增加至28种金色OA刊和250多种混合OA刊。

数字化收入

全球经济近来无疑形势很严峻,2015年我们期待维持这个增长速度,尤其是在我们的核心的、成熟的市场仍取得这样的收入成果。从长远看,我们在新兴的发展中国家和市场,将看到对牛津的品牌以及面向教育和研究市场的各类产品都非常信任并有极大需求。

中国正在世界科研领域发挥越来越重要的作用,尽管投入科研的资金占GDP的比例仍低于许多发展中国家,但是中国在材料科学、物理学、化学领域都占有重要地位,中国的其他学科也正在快速赶上。由于中国政府致力于推动创新和工业发展,我们可以想象中国的科学研究在未来几十年将继续繁荣发展。

另一个更加明显的趋势是中国的出版商正积极地推动出版走向世界,大多数出版商都在通过与国际出版商合作来实现这个计划。政府在推动中国原创作品的国际影响力方面起到了推动作用。

2015年的业务拓展

我们一直在中国寻找新的机遇和合作伙伴,也非常高兴从感兴趣的研究人员和机构那里获得这样的信息。我们期望的合作伙伴有这样一些特点:一是对该学科有激情,二是对出版学术成果相关的艰苦工作有热情,三是有一个很好的框架，可以实现高效的同行评议和生产加工，但最重要的是对于生产顶级质量产品有坚定的追求。很幸运的是，我们在中国找到了许多有同样信念的出版伙伴，如中国科学院、清华大学以及中科院各个研究所。

人才数字培训

过去10年牛津大学社的每一项业务功能都面临巨大变化。从编辑环节的工作流程到发行仓储，数字化改变了我们的工作方式，我们现有的员工在适应这些变化时都做得非常好。我们实施了全面的数字培训框架，以支持每位员工的发展。但是更重要的是，允许我们的员工在他们的业务领域去尝试和创新，这给他们提供了宝贵的实践体验。

数据分析的应用

深刻理解用户和消费者对我们实现愿景是很重要的。我们通过系统化地捕获他们的反馈、购买习惯和使用数据来获得这些信息。所有关于销售、营销和产品开发的重要决定都根据这个数据分析来作出。我们辨别和对消费者及用户的需求作出反馈的能力越强，完成传播知识的使命就越有效。

创造价值、与消费者交流

与消费者交流是创造价值的关键。这是一个良性循环，我们通过生产可信的和及时的内容，并以满足他们需求的格式传递给用户，就会与他们建立富有成果的联系，我们也只有积极倾听用户的想法才能做到这一点。我们在倾听用户需求并做出回馈方面有以下一些方法：一是核心用户成员。我们在许多目标市场建立了人脉网络，如图书馆员和学者们，我们与他们面对面地接触，了解他们遇到的挑战以及对各种产品的想法；二是网络社区。我们正在建立以学科来划分的社交网络的基地，借此与专家取得联系，并把他们引入我们提供的资源中；三是链接。我们提供了一系列根据辞典、学术和高教市场的不同需求而量身定做的产品，我们正在检查我们的使用数据，来更好地实现相关话题的链接和用户体验。我们已经实施了横跨所有数字产品的新的使用与分析系统。

提高产品的发现概率及与用户的相关度

对我们来说关键词就是数据,与我们用户相关的数据以及他们的使用习惯等可以提供给技术数据,并加载到我们的产品中来提高被发现的概率,例如:社交和内容营销、搜索引擎优化/搜索引擎管理的最佳实践、丰富的语义数据(如链接、元数据、分类学)、XML、有利于发现的合作伙伴以及作者合作。

52.4 向数字解决方案转型了解学生需求

■ 亚历山大·布罗赫(Alexander Broich,圣智学习集团执行副总裁、国际部总裁)

出版趋势

随着我们持续向全数字解决方案和纸质加数字混合模式的数字化方向转型,出版业正在经历重大转变。圣智学习集团已经进行了重要的文化转型,使我们能够引领数字教学创新的前沿。我们以多种形式为用户提供数字解决方案,并相信我们的用户将选择最适合他们的方式。为满足数字业务变化的需求并支持我们的数字增长策略,我们已经加快了与技术平台和产品开发相关的技术投资。这些投资和更高水平的合作包括新产品的开发和维护以及基础设施的规模扩大,来为我们的产品和用户数量的增长提供支持。我们将继续评估技术及数字产品的合作和投资机会,来提高市场份额。

我们意识到需要改变对用户需求做主观判断的方式,希望在 2015 年将这一理念贯彻到我们的所有行动中。我们将关注点转移到学生身上,希望使师生间的关系更丰富和完善。学生是解决方案的终端用户,学生的成功比以往更加重要。我们将继续考查是否能协助我们通过产品和服务为学生带来更好的信息体验,并为公司带来价值这些指标,评估合作伙伴和投资机会。

人才培训

我们知道每个人有不同的学习方式,因此我们要不断地收集反馈并与学生交流。了解学生的学习方式可以使我们创建个性化的教育体验,这将使他们最终取得成功。

为服务教师用户和学生终端用户,我们和销售团队一起转换思路,从传统的销售代理模式转变为真正的学习咨询顾问。通过这种方式,销售人员不只是为了销售产品,而是了解用户的挑战,从而使我们能够生产出满足这些需求的解决方案。数字化使这些新的个性化解决方案成为可能,我们也在通过加快销售和营销团队的工作速度和相互合作来努力加快向数字化解决方案的转型。

开放获取

数字化转型使出版业出现了许多新的商业模式。圣智正在探索不同的模式,并等待新的机遇。如慕课是高教领域未来趋势的热点话题,我们在持续关注这一领域。我们认为未来慕课无论是作为潜在的替代品,还是出版商解决方案的潜在补充,都有一席之地。因为慕课仍然在演变,它与出版商、内容提供商的关系仍在发展中。我们正在与领先的慕课提供商接洽,他们对能够让师生更好地参与到我们的内容中来的新模式很感兴趣。

我们也在建立自己的数字平台,使师生能够为所学课程加入相关资料,包括公开的教育资源。我们有几个项目正在进行中。我们不认为开放资源是很大的威胁,因为绝大多数师生还是希望有值得信赖的、经过整合的内容,来作为良好学习体验的基础。我们正与合作伙伴寻找,将有用的开放资源整合到我们的值得信赖的内容中的方法。关键是找到让学生参与到我们的内容的方式,无论是传统的课程内容还是开放内容,并让这些信息更好地支持师生的教学目标。

我们正在与几家大学就订阅或全文获取的商业模式开展合作,这些项目早期的反馈结果让人振奋。学生在上课第一天带齐了所有需要的资料,为授课节省了时间,也降低了学生的负担成本。

与消费者建立联系

我们与用户保持持续的沟通,无论是通过电邮、电话还是面谈。我们通过对核心用户深度访谈、校园随机采访、安插学生、设计工作室和对学生追踪调查等广度调查方式,更多地了解他们的生活和学习方式。

我们知道,要与用户交流,就需要找到无论他们在哪里都能提供服务的方式。因此我们通过各种社交网络和博客,更加积极地与客户互动。

数字化与中国战略

由于整个公司上下对数字化的持续投资以及更多关注,我们期待2015年数字化收入会继续稳定增加。

我们有许多机会在中国主要合作伙伴的支持下一起成长壮大,我们将致力于满足中国学习者、研究人员和读者的需求,也将中国高质量的内容推向国际市场。

52.5 聆听用户声音不断改善平台和用户体验

■ 崔晓莹(施普林格大中华区销售副总裁)叶路(施普林格中国董事总经理兼自然科学与工程编辑总监)

施普林格始终把对于用户的服务放在战略首位。我们不断投资推出新的平台设计、产品和体验,都是在聆听了市场和用户的声音之后做出的决策。

用户对于施普林格的图书、期刊以及数据库产品非常认可,认为其反映了国际上最新的科学发展水平,收录了各种国际奖项作者的获奖专著,并在SpringerLink平台上整合呈现给用户访问,是提高科研人员研究效率和研究水平不可或缺的资源和工具。用户也非常赞赏施普林格对于SpringerLink平台持之以恒的更新和改版。对平台的投资也是为了顺应技术的发展潮流以及改进用户的使用体验。

施普林格已经形成了遍布全球的、由全球总裁统一负责的销售网络,制定统一的销售战略和原则,保证用户之间的公平和公正;同时,也会考虑到一些发展中国家的特殊国情,给予合适的本地化安排。例如施普林格大中华区销售与市场团队就在本地为两岸三地的图书馆和用户提供符合施普林格国际标准的本地化服务。

在2015年施普林格会进一步加强对于客户的服务工作。在既有客户的维护以及新客户的开发上做更加深入的工作。在既有客户方面，施普林格会加大与图书馆的深度合作，帮助其做好用户推广和服务的工作，例如举办针对目标用户的使用培训，以及对于有出版需求的科研人员的指导和投稿培训工作。在新产品推广方面，我们会进一步定位最终目标用户，并收集其意见和建议，为图书馆的馆藏发展提供参考与选择。

在出版方面，2015年施普林格将继续为中国的科研人员提供优质的出版服务，例如举办各种写作与投稿培训活动，为作者（在作品出版后）提供更多的市场反馈信息（下载量、社交媒体关注度）等。通过应用新的技术手段和严格执行质量控制标准（如高水平的同行评议），确保所出版内容的权威性和高质量，继续推动开放获取出版。

施普林格将继续与中国一流的科研机构合作，如中国科学院、国家自然科学基金委以及中国顶尖的研究型大学等。同时将关注华东、华南省市一级的科研院所，这些院所有很多颇具特色的研究项目值得出版。基于施普林格的选题评估体系，我们非常愿意与任何在选题方面达到我们出版要求的出版社开展具体的项目合作。2014年落地的"高铁技术丛书"，到2015年将有数种著作出版。目前我们正在与丛书主编和北京交通大学出版社商议召开编委会、确定选题评审规则、邀请高水平作者等事宜。我们已在全世界范围内发布了这套丛书的新闻，到2015年第一批书出版后，将组织新书发布会，并利用施普林格的电子营销渠道进行全球推广。

52.6 大力开发基于移动和云技术的解决方案

■ 柯琳·桑德斯（Corinne Saunders，威科集团新兴与发展市场首席执行官）

核心竞争力

我们具有一些重要的核心竞争力，这将使我们有能力在充满变化的出版市场上生存下来并不断壮大。首先，我们有非常优秀的内容并与我们的作者用户保持重要的联系。一直以来,我们通过纸质图书出版来传播内容,现在我们越来越多地通过数据库、工作流程或学习/培训解决方案向用户传送内容。像以往一样,我们将通过传播高品质的科研内容、节省消费者时间和金钱创造价值。在今天的出版环境下,对市场的反应速度非常关键,我们希望找到与我们有业务互补性(如技术传输)或能够帮助我们把新产品更快推向市场的合作伙伴,如我们与Laerdal Medical公司在vSim计算机化模拟患者方面的合作就是一个范例。

我们的现有员工因其对客户以及客户需求的了解而至关重要。目前,我们正在积极投资正式和非正式的培训,确保我们的员工可以根据不断变化的业务做出调整。在营销领域,这包括在先进数字媒体、数据采集、测量方法方面的跨功能培训,以及聘请学科问题专家帮助我们提出将产品推向市场的创新策略。

开放获取

威科2011年收购了开放获取出版商Medknow,我们对此感到非常兴奋。在中国,我认为最大的市场机会是一些正在蓬勃开展的优秀科研项目,但是科研人员很难在其他国家获得出版。开放获取为全球数百万人使用、阅读这些内容提供了机会,同时提升了内容的重要性。

我对开放获取的一个担心是,有时人们将实际上是商业模式的开放获取等同于某种质量模式。我们全部的Medknow期刊和开放获取期刊,都是双盲同行评议期刊(即经过两次盲审,评审者和作者不知晓彼此身份),这和我们的订阅期刊是一样的。其中不乏一些成功范例,现在20多种期刊都具备影响因子。

提高被发现概率

我们的策略是关注于提高盈利和有机增长,尤其是关注4大高增长业务板块。在财税板块,增长来自"税务软件",法律与法规业务的增长由"企业法律服务"带来,保健板块的增长则来自"临床解决方案",财政及金融服务板块的重点是"财务与审计风险 & 合规"。

在这些业务中,我们的重点是以下两方面:

一是提供解决方案和洞察分析。我们将继续加大在新产品和新技术研发上的投入,尤其是向基于移动和云技术的应用的投资加大,与客户紧密合作,共同推出量身定制的解决方案。二是通过在技术等领域降低成本来提高效率。我们将继续寻找更多的方式,在采购、技术、组织过程和发行渠道等方面提高效率。像过去一样,将更多资金用于投资和增加盈利上。

数字化增长

我们将继续看到传统纸质出版的收入下滑和数字收入的增长。数字化现在占了我们收入的80%以上,而纸质业务的占比将随着用户需求的减少而减少。但是仍会有用户对纸质出版有需求,所以它不会消失。

中国策略

中国政府正以飞快的速度努力提升法制化,使之与国际接轨,中国的法规环境也因此越发复杂。这对合规需求加大的同时显示出在中国使用的解决方案和专业人士的知识水平都落后于国际标准。威科集聚全球经验帮助专业人士在愈发复杂的法规环境中保持合规,与时俱进,帮助中国用户提升知识水平,进行合规操作。我们也更广泛地服务于逐渐成长起来的中国专业人士,如律师、医生和会计等。我们开发出数字化和软件决策支持工具,从而更好地适配中国新兴的"数字原住民"专业人士群体。

52.7 客户了解与引导并重打造共赢生态系统

■ 杨伯宁(培生集团大中华区公共事务副总裁)

培生集团一直非常重视并且也在大力加强对数字出版和内容的投入。我们预计2015年数字化带来的收入将持续上升。其实,在2013年培生集团数字出版的销售收入已经超过了传统印刷业务的收入,这得益于培生已拥有的大量丰富的内容,加上21世纪能力、以学习效能为导向的方法、重视学习结果而不仅是投入等方面。培生集团已经把数字化作为公司的战略之一,并把这一理念贯穿到公司的每一位员工、每一项工作。

我们需要充分了解客户和学习者的需求和习惯,适应他们的要求,同时也要引导用户,为用户提供切实能起到帮助作用的内容和平台、解决方案等。同时,也要在我们的商业环境和生态系统里下功夫,培养和培育能和培生共赢的生态系统,如共同创新等。在大数据应用方面,我认为,在充分了解与认识数字出版、数字阅读带来的机会与挑战的前提下,出版界需要适应新的挑战并把握新的机会。这些新技术,使我们更好地、准确地、直接地、快速地了解读者的需求和阅读方式,以便更好地满足他们的要求。除此之外,非常重要的一点是培生拥有丰富的内容、优秀的作者等资源以及与数字技术的结合,这样有机的结合才能更好地服务读者。大数据、开放阅读、付费等都是不同的平台,这些平台上一定要有吸引人的内容。

要增加图书被发现的概率以及与消费者的相关度,首先是要利用客户关系管理(CRM)工具;另外就是要与客户加强沟通交流,直接倾听他们的反馈。

随着中国教育的进一步国际化,中国市场对于世界一流的教材等书籍的需求将越来越大;加上培生在中国的长期经验和持续的市场开拓,我们相信,凭借最新技术的支持以及培生完整的产品系统(不仅是出版)等方面优势,我们对中国市场和培生自己的未来都充满信心。

52.8 以讲故事为中心与数字出版深度融合

■ 周海伦(Jo Lusby,企鹅兰登书屋北亚董事总经理)

企鹅兰登书屋 CEO 马库斯·多勒在圣诞节致员工的致谢信函中的话正好可以说明企鹅兰登书屋的未来计划和优势所在。他指出:"2014 年是做准备的一年,2015 年将开始一步步付诸实施。我们一年半前制定的目标,包括将优秀的图书带给更多读者以及提升读者的阅读体验都将一一实现,因为你对所做的事有不可动摇的热情以及你对作者和图书始终如一的关注。"

企鹅兰登书屋的首要任务是以我们了解和擅长的讲故事为中心，做好内容生产商。这不仅局限在纸质出版内，随着图书的在线和数字市场有了越来越成熟的模式，我们将继续把业务拓展到那些我们认为有最好市场机会的领域。数字化过程和数字出版已经融入到我们的日常工作活动中，这不是独立于我们业务之外的独立的部分，而是处于我们每个部门的核心位置。

在英美这些数字化发展成熟的市场，我们已经看到数字化收入的增速在放缓。在中国，数字化业务还刚刚开始（如通过亚马逊中国网站和阿帕比销售原版英文电子书），我们期待看到电子书销售有更快的增长。

中国对企鹅兰登书屋来说仍是重要的战略市场，我们将通过进口图书的销售以及本地化合作，继续扩大数字和纸质出版的业务。有一批爱读书、读很多书的读者，周海伦他们还会读很多书，也有数量越来越多的高品质的独立书店和专门书店。童书市场将继续增长，我们期待在向青少读者销售英文书和中文的经典优秀作品方面取得更大成功。我们将重点关注那些对阅读英文没有信心或没有养成习惯的读者，发展能够吸引他们的阅读体验。

52.9 FBF：数字业务吸引新群体带来新价值

■ 岳根·博思（Juergen Boos，法兰克福书展主席）

出版业正变得越来越国际化，出版社的老总们开始突破地域界线思考问题。这意味着新书或新的服务都在更多地面向全球推广。国际市场越来越多的并购和新技术、新商业模式的增多，促使出版商对国际业务有了新的兴趣。书展通过改变观念和重新组织参展商来适应这些变化。在2015年的法兰克福书展上，对所有参观者来说重要的业务伙伴和商业活动都只需徒步5分钟即可到达。

亚洲市场正成为全球最有活力的出版市场之一，许多参展商对与亚洲建立更深入的业务联系都很感兴趣，亚洲、印度和阿拉伯市场在2015年法兰克福书展上都将位于书展中心地带的第 4 大厅,紧邻德语和英语区国家的展厅。

订阅模式是一种新的有效的商业模式,不只亚马逊在尝试使用,还有德国的 PaperC 和 Skoobe 等公司也在使用。它较低的统一价格和订阅模式不会破坏图书的价值。

在数字化环境下使内容对读者具有价值有三个原因:一是内容本身,内容的品质已经得到证实,值得信赖。二是把内容放到一个语境中,使内容可以被访问,无法访问到的内容就是无用的,因此将内容放入适合的语境是出版商当下面临的一个突出任务,它包括发行和被发现,这意味着满足特定目标用户的需求。三是内容与技术的整合可以产生附加价值。如社交阅读,因为它回应了读者与其他读者交流观点的需求,技术就满足了这种可能性。当内容、语境和技术这 3 点都满足后,它们就对读者构成了难以抵御的诱惑。

我们注意到现在对相关性和发现性有更大的兴趣,还注意到法兰克福书展正是这样一个出版业者可以被发现的地方。大大小小的出版公司希望加入专业对话,也希望接触到政治领域以及更多的读者。书展为参展商建立了各种满足需求的新形式,如书展上的商务俱乐部使参展商建立高层次的人脉关系,书展上还有 CEO 对话以及 B2C 层面的许多创新营销想法。

数字化收入未来如何增长要看各个国家的不同发展水平。英语国家的数字服务和产品在 2015 年将不会成倍增长,但在亚洲国家却不是这样。我相信在不远的将来,数字化将吸引新的目标群体并创建新的价值,这正是数字业务将与纸质业务长期存在、满足不同需求的原因。

中国市场一直以来都是我们关注的重点之一,创意产业通过集团化来表明社会诉求的新趋势在其他国家也可以看到。理由很简单,创意产业被看作拉动增长的引擎,同时也是推动其他产业变革和创新的催化剂。我们举办的"故事驱动亚洲"大会就说明了这些问题,我相信仍会有可以深入到这些问题的市场需求。

从实际层面,我们正计划在中国推出更倾向于 B2B 的服务,包括举办专业培训以及编辑研修团,因为我们注意到中国市场对这些服务有新的需求。我们还计划在2015年BIBF期间,与《中国出版传媒商报》继续举办学术出版论坛。

52.10 伦敦书展：汇聚全球教育与学术出版精英

■ 杰奎琳·托马斯(Jacks Thomas,伦敦书展总监)

在学术出版领域,技术的作用变得更加重要,学术及专业出版商处于数字革命的最前沿。越来越多这样的出版商选择到伦敦书展,2014年近1/4的参观者对能够与更多的学术及专业出版人士会面感兴趣。2013年我们在书展的学术区推出了新剧院,为学术圈举办了论坛,分享和讨论与学术领域相关的话题。这个活动非常受欢迎,2015年我们将与国际最大的学术与专业出版商协会ALPSP和英国出版商协会共同合作,再次举办这个活动。ALPSP协会的成员包括39个国家的300多家出版机构。

2015年,伦敦书展搬到了新的展馆。我们对回到装修好的奥林匹亚展览中心感到非常兴奋,新展馆各展厅之间的通行更便捷,政府投资了3000万英镑用于扩建。它是伦敦西部非常棒的现代化展览中心,我们将拥有整个场馆的独家使用权。

出版商现在非常清楚把内容送达读者手中和下载到各种阅读设备的多种机会,书展上的各类参展商、各类论坛就可以展示给我们这些信息。2015年,我们将为全球教育和学术出版商提供更多的活动和机遇,包括与国际出版商协会和英国出版商协会共同主办的、国际上知名的"What Works"教育论坛。

我们一直在根据出版/版权领域、技术提供商以及越来越多的消费者等用户的需求为书展增加新的特色并做出调整。出版商和作者都与读者有更直接的接触,自助出版也在持续发展。我们推出了Author HQ项目,来回应市场变化,这在伦敦书展上大受欢迎。

我们对第二届伦敦图书与荧屏主题周非常振奋,消费者将感受到创意产业以图书为中心的一次狂欢,于2015年4月13~19日举行。我们将通过网站呈现在伦敦发生的数百场文学和电影活动,在这一周将有著名作家和编剧与读者直接交流。

自2012年作为伦敦书展的主宾国之后,中国在版权贸易方面已经越来越多地参与到伦敦书展中来。尽管语言仍是中国出版业对外贸易增长的主要挑战之一,伦敦书展一直与中国出版集团等中国出版商进行广泛的合作,通过提供一个向国际出版商展示图书的平台,帮助他们克服挑战。2014年11月在上海国际童书展上,伦敦书展与上海童书展共同举办了跨媒体论坛。我们邀请了沃克公司(Walker Books)和企鹅兰登书屋的国际出版专家与中国出版商对话。我们发现中国童书出版商非常有远见,在他们涉足的所有媒介领域都处于前沿水平。2015年我们希望进一步拓展与BIBF的合作,共同举办其他的教育活动。

我们向中国所有的出版商每月发送中文的电子通信,我们还建立了官方微信"伦敦书展",提供来自伦敦的最新资讯。

52.11 美国书展:简化流程优化参展商的体验

■ 斯蒂芬·罗萨托(Steven Rosato,美国书展执行总监)

学术与教育出版在管理版权以及为满足用户需求,调整内容使用的新形式和设备方面遇到了更多的挑战。作为书展主办方,我们非常关注使人们相互联系的核心竞争力。这意味着为人们创造见面的机会,将能够促成贸易合作。以数字业务为主的参展商和论坛活动只是美国书展关注的一个重点领域。

美国书展非常重视在书展后对参展商和参观者进行调研。这为我们未来在书展上组织活动提供重要参考。一旦我们从调研结果中找到3~5个目标,我们就会与专业协会、大股东和美国书展执行委员会分享这些想法,这使我们可以调整战略,来为所有参展商提供最有价值和最有效的方式。

美国书展积极与业外机构共同举办会议,以提高专业性。如我们计划举办搜索引擎营销与谷歌分析的最佳实践的培训班,许多参观者都在寻找版权和翻译机会的分析,我们将关注这一新的趋势。美国书展正在扩大与消费者的接触面,因此正与媒体和机构合作,他们可以提供独特的人才和项目。

我们为大家提供世界水平的关于行业变革的教育和研讨,美国书展的数字区扩容已吸引更多国内外的参展商到书展来。

面对面地做生意在人们以数字方式交流增多后也得到加强。我们正在简化人们能够参与进来的流程。如果我们能够让人们更容易地找到想找的贸易伙伴,就会让他们有更好的体验。

兼具B2C及B2B功能的混合型书展在全球有着越来越重要的作用。寻找翻译版权的经纪人和出版商的数量也越来越多,希望与数字服务提供商建立联系以及高水平的数字会议仍将是一个发展趋势。

随着新的标准、版权和技术不断发展,来支持面向全球范围内提供内容,学术出版领域的开放获取将继续在全球范围内扩大,大众出版领域,许多公司继续探索通过订阅模式抵达读者。近来有声书进入订阅服务,将鼓励更多读者加入进来。

大数据将影响每个行业,尤其是它将对带动产品开发以及消费者使用产生影响。它可以决定以何种形式、何种设备提供给消费者。由于有这种市场需求,美国书展正计划举办数据分析的会议。

提高产品被发现的概率,是出版商很关心的,这也是颠覆出版生态系统的重要原因。元数据的整合,可以很快发生改变的数字营销方式以及灵活性是抵达读者的关键因素。

电子书收入的增长已经在放缓,但数字化收入占比将继续增加。中国代表着世界最大的一个市场机会,对出版来说有潜在的巨大的市场空间,图书和教育将继续扩大到向所有人群提供,未来几年这仍将是一个增长的市场。美国书展的商业计划,是发挥中国与西方出版市场的桥梁作用,建立一个互惠共赢的平台,中美出版商在推进业务方面都将有长久的机会。

【链接:中国图书商报2015.1.2,渠竞帆《国际出版人预测2015全球出版趋势》】

第 53 章　2014 全球出版业 50 强排行榜出炉

　　2014 年 6 月 27 日,美国《出版商周刊》、英国《书商》、法国《图书周刊》、德国《图书报道》和巴西《出版新闻》等媒体共同发布了"2014 全球出版业 50 强排行榜"(榜单以 2013 年度数据作为排名依据)。从这份榜单中可以看出,并购、数字整合和全球化成为书企的发展重点。最引人注目的是,榜单前 6 位的出版商与上年一致;中国有两家出版集团进入榜单,名次均有不小提升。

　　该榜单是 2007 年在法国《图书周刊》的倡导下,由奥地利咨询顾问鲁迪格·威辛巴特(Rüdiger Wischenbart)制作的。他收集出版业务年收入 2 亿美元以上的全球书企数据,每年制成一份榜单,并撰写分析报告,在其个人官网上发布(http://www.wischenbart.com)(注:上榜出版企业的收入以欧元进行初始统计,并按照 2013 年 12 月 30 日的汇率进行折算)。

　　培生、励德爱思唯尔、汤森路透、威科分别以 93.3 亿、72.88 亿、55.76 亿和 49.2 亿美元占据榜单前四。培生以其可观的盈利率保持榜首位置。企鹅兰登书屋和阿歇特图书出版集团分别以 36.64 亿美元和 28.51 亿美元的年收入位居第五、第六。企鹅兰登书屋合体给书业带来不小的冲击波,但仍未撼动榜单前列的排序变化。企鹅兰登书屋因新增了企鹅 2013 年下半年的收入进账,另外与排名第 24 位的 PRISA 集团达成收购西班牙第二大出版商 Santillana 大众业务的协议,交易将在 2014 年完成,这将使明年企鹅兰登书屋与第 4 名威科集团的收入差距缩小,与第 6 名的阿歇特图书出版集团的差距将进一步拉大。目前企鹅兰登书屋已成为有 3 亿西班牙语人口的美洲地区的第二大出版商。

中国出版集团和中国教育出版传媒集团较 2013 年分别前进 8 位和 9 位，分列第 14 位和第 21 位，年收入分别为 14.99 亿美元和 11.52 亿美元。威辛巴特提到，中国的凤凰出版传媒集团和中南出版传媒集团股份有限公司，其收入可能包含印刷、媒体及其他业务的收入，因而未将这两家列入榜单。

阿歇特图书出版集团 6 月收购美国 Perseus 出版公司，将使阿歇特增强在大众出版领域的实力，哈珀·柯林斯今年春季收购禾林出版社，届时其年收入将达 20 亿美元，其名次将从第 16 位前进 6 位而跨入前 10。此外，法国伽利玛出版社的母公司 Madrigall 集团，在 2012 年收购了弗拉马利翁 (Flammarion) 出版社，使该集团排名上升 16 名至第 31 位。俄罗斯的 EKSMO 集团收购 AST 集团，成为俄罗斯最大的出版集团，控制该国 20% 的市场份额，排名升至第 45。而弗拉马利翁的前东家——意大利的 RCS 出版集团，名次上升了 3 位至第 44 位。

霍兹布林克集团前进了 3 名，这家麦克米伦的母公司稳步发展，收入微增 0.1%，而麦格希、学乐则因重组和失去"饥饿游戏"超级畅销书而名次下滑。麦格希去年春季以 24 亿美元将教育业务出售给私募公司 Apollo Global Management。

曾宣告破产的公司也有几家上榜：圣智学习出版公司闯入前 10，2013 年 7 月该公司宣布破产，2014 年 4 月甩掉 40 亿美元债务，获许得到美国《破产法》第 11 章规定的破产保护，之后进行资产重组。(该章法令规定：已宣布破产的公司，在制定出付债方案后，由法院保护，可继续运作。)读者文摘集团曾于 2009 年宣布破产，申请法院破产保护。投资人以债券换股票的形式，收购了 Ripplewood 的全部股份。去年 2 月读者文摘再度宣布破产。然而，读者文摘公司依然登上榜单的第 33 位。

威辛巴特分析指出，在全球化的今天，公司设在哪个国家已不再重要，企业越来越多的收入都来自海外市场。英语出版商居榜单主流，50 家出版商中有 16 家都来自英语国家：11 家来自美国(注：励德爱思唯尔在英、美均设有公司，在统计上英、美各计一家)，5 家来自英国，1 家来自加拿大。英语出版商收入占了前50家出版商总收入的48.9%,比2012年有6%的下滑,这是因为一大块收入都转至德国的企鹅兰登书屋旗下。德国有8家出版商上榜,是第二大出版商所属国。这8家中有7家的收入逐年增长,而教育出版商康乃馨集团跌幅达21.2%,这缘于近两年的重组使该出版商剥离了小块业务,收缩教材生产的规模及员工数量,到2014年年底该集团将裁员1000人,比例达20%。

2014年的榜单上,前10家出版商收入占榜单总收入的54%,比2013年下滑1%;56家出版商的总收入达536.41亿欧元,而2013年54家出版商的总收入达543.03亿欧元。对比2010年和2014年的榜单上前10家出版商的收入,学术出版商的收入占比从45%缩小到42%,大众出版商的收入占比从30%缩小到23%,而教育出版商的收入占比从30%增加到35%,教育出版和大众出版的差距在继续拉大。这表明教育业务仍是书业最有竞争性的领域。所有出版商都有覆盖全球的出版业务,更关注价值链的整合,但不包括面向消费者的零售业务。而在非英语国家,如西班牙的环球出版集团、俄罗斯的EKSMO-AST、瑞典的邦尼集团和意大利的Messagerie,企业的商业模式则不同。

一个明显的现象是,日本市场从2012年开始一直面临困境,日本4大出版商的业绩都明显下滑,最大的出版商集英社下滑了21.9%,学研社也有较大幅度下滑。

在2013年的榜单中巴西有三家出版企业上榜:Abril Educação、Saraiva和Editora FTD。过去两年巴西货币贬值和通胀压力对出版商造成重创,2013年Saravia集团的收入增至5.072亿雷亚尔(合2.67亿美元),然而受货币贬值影响,收入下滑10.6%。这3家出版商的收入两年内共下滑了35%。

榜单分析报告指出,出版商受并购、数字整合和全球化驱动,仍在转型当中。庞大的本土市场,为巴西、俄罗斯、印度和中国这些新兴市场国家的企业发展提供了巨大空间,在2013年的榜单中可以看到第21至50名有不少来自这些国家的身影，但2014年的榜单中来自新兴国家的企业数量有所减少，这与这些国家受欧元汇率升值影响，进口受损有关系。

威辛巴特认为，这些出版企业在几十年间为满足本土读者的阅读和学习需求，对外业务较少，然而今后这种状况将以多种方式发生极大改变。目前新兴市场国家的出版企业快速成长，部分原因是教育领域受政府支持教学改革和数字化项目的带动。

继入围"2013全球出版业50强排行榜"后，2014年中国出版集团公司再次荣登该榜，并且位次大幅提升——由第22位上升至第14位。对此，中国出版集团公司总裁谭跃表示，"这个排名只是一种现象，它反映的是中国出版在全球的上升趋势，揭示的是中国在世界上影响力的扩大，也折射出改革给中国出版业带来的勃勃生机。和世界的差距，始终是我们的关注焦点，此时尤甚。在企业化、市场化基础上的数字化、国际化，始终是我们在意在心、有志有为的领域。这个排名是个动力，也是个压力。中国出版集团会更加努力，为文化强国，为中华文化的国际影响力而努力！"

中国出版集团近两年在出版主业上所做的战略布局和战术动作，正在显现出成效。据《中国出版传媒商报》记者观察，中版集团2013年营业收入突破90亿元大关，同比增长30.87%，是2014年排位较2013年大幅提升的关键，而高速增长的根本驱动力，在于内容创新战略。该集团自2013年召开内容创新大会以来，围绕"内容创新十策"动作频仍：推出"中版好书榜"，创办全国经销商大会，培训骨干编辑和优秀营销人员，以商业化手段运营读者大会，加大对荣获国家级奖项的图书和畅销书的表彰力度……2014年，又以做响主题出版、做强优势板块、做大少儿出版、做开教育板块、做实出版管理为重点，进一步增强内容生产的竞争力。

记者还了解到，为增强国际传播的竞争力，扩大在国际出版业中的影响力，中版集团2014年正在加强版权资源积聚与开发、扎实推进《中国近现代文化经典文库》(英文版)等重大"走出去"项目、整合翻译资源、探索建立数字化国际营销渠道、完善"走出去"工作机制等方面的工作,意在逐渐做开海外市场格局,实现近期"做响"的目标。

中国教育出版传媒集团已多次入围,且位次连续提升。中国教育出版传媒集团党组书记、总经理李朋义在接受记者采访时表示,观察榜单,一方面要看到三个"利好":一是中央文化体制改革决策的正确,激发了文化企业的活力,特别是中国出版集团、中国教育出版集团的入围,表明国家集中资源、资产和出版实力,打造出版国家级主力舰队参与世界文化竞争的产业战略布局,已经显出实效。二是入围的中国出版企业排名相对靠前,表明其在文化体制改革中发展了自己,综合实力持续提升,规模不断扩大,效益连年提升。三是中国出版企业近两年的排名每年都有提升,也从一个侧面反映出金融危机给国际市场带来的影响还在延续,而这恰恰是中国出版企业抓紧发展的契机。另一方面要看到三个"问题":一是产业规模上,中国的出版企业与榜单中位居前三甲的国际出版大鳄相比,规模还相去甚远,想要真正在国际竞争中发挥影响力、赢得话语权,任重道远。二是整体效益上,中国出版业的效益主要还是依靠教材教辅,产业布局仍不够合理;同时数字化的水平太低,部分国际出版巨头数字化收入占比已达80%,而中国出版业的数字化占比远低于此。三是产品质量上,目前中国出版物的品种总量多,但有世界影响力的品种少,亟待改观。

作为"全球出版业50强排行榜"的制作者,奥地利咨询顾问鲁迪格·威辛巴特在接受中国出版传媒商报记者专访时表示:"榜单中的收入包括出版和发行(批发)的收入,不包括图书零售、其他媒体业务、印刷、报纸等的收入,如培生的收入中不包括《金融时报》的收入。"他指出,"我们也希望与其他的出版集团直接讨论这些重要细节,为2015年的排行榜作准备。我将参加2014年8月的北京国际图书博览会,希望能够与这些集团展开对话。这是直接对话的最佳时机,可以为2015年的工作获得尽可能优质的数据。"如果能区分出这些集团的主业收入,预计2015年将有更多的中国出版企业进入榜单。

威辛巴特认为,在全球书业发生变化的时代,这样一份榜单很有参考价值,而且有许多公司都在使用这个榜单。8年来持续做排行榜,每年都需要作出改进,他非常了解其中的复杂性,"因此最好的方法是与这些公司直接对话,非常平等地对话。对于所有直接向我们提供详细信息的公司,我都深表感谢。我对中国领先的出版集团很有信心,像其他国家的书企一样,中国的书企也将收获果实。"

【链接:中国出版传媒商报2014.7.4,渠竞帆《2014全球出版业50强排行榜出炉》;2014.7.4,渠竞帆《2014全球出版业50强排行榜出炉》】

第 54 章　2014 世界书业六大看点与六大趋势

54.1　2014 世界书业六大看点

54.1.1　电子书税率变局有益书业

欧洲法院 2014 年 9 月出台的新决议要求,从 2015 年 1 月 1 日起,欧洲各国调整包括电子书在内的电子服务的税收政策,将按照购书者所在国家的税率标准征收增值税,而不是以往的依据提供服务的商家注册地的税率标准征税。

对此,以法国为代表的一些欧洲国家认为电子书应享有和纸本书同样的税收优惠,因而法国在过去几年曾两次下调电子书税率,从 19.6% 降为 7% 后又下调到 5.5%,与纸本书税率相同。意大利和马耳他等国也效仿法国,从 2015 年 1 月 1 日起,意大利对电子书的增值税将从 22% 下调至 4%,马耳他也将税率从 18% 下调至 5%,均与纸本书税率相同。

欧盟认为法国政府此举干扰了欧盟国家的公平竞争,因而有可能向法国出版商征收数百万欧元的罚款,法国出版商协会因此警告其会员,有可能在 2015 年上半年提出将电子书增值税从 5.5% 上调至 20%,来避免被罚。

另一方代表是德国和英国,他们对纸本书给予税收优惠,但对电子书实行与其他商品同样的高税率,如德国对纸本书征税 7%、电子书的税率则为 19%,英国对纸本书免税、对电子书则征收 20% 的高税率。

对书业而言,税率之变无疑带来了严峻的挑战。一是对技术的挑战,出版商、需要相应调整 IT 服务业务(包括电商平台和书目数据);二是对申报税收的挑战,面对欧洲各国不同的税率标准,出版商、电商和零售商要在英国与其他欧洲国家税务部门一起设立的增值税一站式微型网店(Mini One Stop Shop),按照消费者所在地区,每季度申报增值税,这无疑增加了巨大的工作量。

英国对营业税低于8.1万英镑的小公司有免税优惠,而大多数欧洲国家却没有这样的优惠政策,这意味着在欧洲销售数字产品的英国小公司将需要准确记录每一笔销售数据,按照消费者所在国家税率调整税后售价。《金融时报》预估税率变化将给英国税务局带来3亿英镑收入。

对于电商和其他零售商而言,上调电子书零售价已成必然,亚马逊自助出版平台上的数千种电子书价格均将上调。而出版商将尽最大努力减少调整增值税带来的影响,同时保护作者版税收入。未来一年,面对电子书税率变局,各国政府及商家如何应对,值得关注。

□ 54.1.2 并购进入高频繁期

2014年随着经济环境的改善和电子书市场增速趋缓,英美出版业进入了金融危机以来并购最频繁的一段时期,众多优秀的中小型独立出版社在这一轮并购中悄然退场。

在英国,阿歇特出版集团2月收购了老牌出版社Constable&Robinson,该社拥有优质的犯罪小说和类型非小说资源,阿歇特将其并入利特尔·布朗出版社,希望借此开拓非小说业务;3月,阿歇特收购了Quercus出版社,并入旗下的Hodder&Stoughton出版社,Quercus曾出版畅销书"千禧年三部曲",还有斯蒂芬·金、约翰·格雷厄姆等签约作家;9月阿歇特又将旗下的阿歇特童书、猎户星童书和利特尔·布朗青少出版这3家童书出版公司合而为一,从2015年起开始运营。12月,布鲁姆斯伯里宣布收购Osprey出版社,将其并入成人出版部。Osprey有超过一半的收入来自美国等国际市场,并购将增强布鲁姆斯伯里在自然历史和军事历史出版领域的实力,拓展国际市场。瑞典的邦尼集团2014年10月收购了IglooBooks公司,奠定了它在英国出版界的地位,从2011年设立童书品牌HotKeyBooks至今,通过一系列并购,邦尼集团设在英国的邦尼出版公司已在英国有多个出版品牌,2014年邦尼出版公司又在美国创建LittleBeeBooks童书品牌,以英美两国为前沿阵地,该集团开发全球市场的战略已初露端倪。

德国的贝塔斯曼集团3月收购了巴西的大众出版社Objetiva,与2011年收购45%股份的CompanhiadasLetras出版社一起,贝塔斯曼将占有巴西6%的大众出版份额,并成为巴西第3大出版社。西班牙语是世界第3大语种,向全球推广西班牙语作家作品是其重要战略之一。

2014年美国书业并购多达数十起,其中包括以扩大图书/电子书资源为目的的一类并购,如阿歇特图书出版集团6月收购美国珀修斯图书公司(Perseus Books Group)的出版资产,哈珀·柯林斯收购圣经软件公司OliveTree,加强宗教出版数字化的实力。另一类并购以拓展发行渠道为目的,如F+W公司收购NewTrackMedia,将其整合到F+WMedia的立体发行渠道,Tinicum收购F+W大额股份;电子零售商ZolaBooks收购图书发现平台Bookish;麦克米伦收购烹饪网站Cookstr;Ingram收购CourseSmart,整合双方的数字教材资源。2014年5月,美国新闻集团收购禾林出版社引起了较大关注,哈珀·柯林斯得以推进在全球新兴市场的数字化策略,其作者有机会以30种语言出版作品。

□ 54.1.3 多家公司经历重组与转型

进行数字化转型、业务重组以及开拓国际市场已成为出版商面临的最主要任务。

培生集团为向数字服务转型和新兴市场拓展,2013年1月启动业务重组计划,投入5000万英镑,到2014年年底两年时间,在低增长地区裁员4000名(占其全球员工总数的10%),在教材采购业务将新增900个岗位。此外培生还投入5000万英镑用于数字化、服务和新兴市场结构性增长的有机投资。从2015年开始,培生将回到重组的正常化水平。

合并后的企鹅兰登书屋近一年多来在进行着业务架构的调整和整合:成

立企鹅兰登书屋英国公司后，童书成为率先整合的业务，2014年先是于1月对童书业务进行整合，让两家占英国1/4童书市场的公司合二为一。9月成立企鹅出版公司，整合成人出版资源。12月调整了欧洲、中东和美国销售业务结构，美国纽约将作为其销售业务大本营。在企鹅兰登书屋CEO马库斯·多勒看来，"2014年在系统、IT架构和发行环境方面做了充分准备，2015年将是实施的一年，将充分认识到新公司的潜力"。

接任哈珀·柯林斯CEO 6年的布里恩·莫雷，也在带领这家出版社从传统出版向纸质加数字的混合出版进行转型。在数字化带来无限可能的时代他勇于创新，并不断对之前的行动做出调整修正，如减少了增强版电子书业务；大力创建网上书店，实现面向消费者的直销，并不断拓宽零售渠道；在大多数出版商仍在观望时，率先加入电子书订阅；继续支持独立书店开展店内活动，与其共同成长。

54.1.4 出版商自建消费者洞察平台

亚马逊消解了传统零售渠道，出版商不得不建立自己的直销渠道从而获得消费者数据。未来，出版商的挑战是让消费者通过适当的途径发现你的产品，赢得他们的关注。因此与消费者建立有意义的联系将是出版商的首要任务。为此，出版商2014年加大投入，调整了面向消费者的业务布局，以了解终端用户需求。

如企鹅兰登书屋英国公司2014年3月重建了以消费者为中心的消费者及数字开发部，在整个公司层面推广消费者细分业务，借此了解年龄、性别、阅读喜好不同的消费者，对已有的消费者平台Bookmarks进一步扩充。在推特网的书友会页面邀请粉丝加入每月的"#readpenguin"图书讨论，使读者可以与作家及图书编辑讨论，增强他们的阅读体验。同时还可以根据获得的读者数据继续追踪，预测分析读者对哪些类型和题材感兴趣，从而影响到出版商的书稿选择、广告投放甚至与发行渠道的谈判。

环球公司对其主要的品牌作者进行深入的消费者洞察分析，以确保抵达尽可能广泛的人群，然后把收集的数据反馈给作者，讨论分析这些数据，帮助作者在消费者眼中重塑品牌形象。

专家建议，出版商建立消费者平台应以提取信息和建立忠诚度为主，售书只是次要目的。从消费者在线上和零售渠道生成的信息，获得重要的数据，这对了解消费者以及维系商业环境的未来都将起到关键作用。

随着出版社对消费者洞察业务的推进，2015年出版商将更重视对作者的关注，鼓励作者使用社交媒体与粉丝互动并宣传品牌。

54.1.5 童书市场充满活力爆出黑马

英美的童书市场在2014年均出现两位数增长，英国艾阁萌（Egmont）出版社根据视频游戏"我的世界"（Minecraft）开发的游戏使用指南，成为2014年最大的一匹黑马，不仅为出版社赚入510万英镑，占该社收入的52%，还成为拉动英国图书市场上扬的决定力量。此外，《星运里的错》（The Faultinour Stars）、"小屁孩日记"系列之9《漫长的征途》（The Long Haul）和Youtube视频女星佐拉的《线上女孩》（Girl Online）都成为备受关注的图书。不少大牌作家也加入到儿童及青少读物的创作中，让出版商有勇气尝试推出新的作者。

许多跨越不同媒介、不同细分类型和不同平台的品牌正在兴起，如倡导儿童生活方式的美食图书以及依靠多媒体产品拉动的童书。尼尔森统计显示，从2011年第四季度到2014年第三季度，美国童书榜单上前20本YA小说中，每一本都有多媒体产品的支撑，根据YA小说改编的电影带动了该小说整个系列的销售，图书的销售在电影上映后都成倍增加。

然而，在童书市场繁荣的背后，也有值得深思的话题。尼尔森统计显示，80%的青少图书都是成人购买的，儿童阅读是否真的如销售数字反映的那么乐观？

54.1.6 实体书店获资金支持逆袭

如果要评选实体书店的最佳支持者，那么美国惊悚作家詹姆斯·帕特森应是第一人选。2014年，他走进学校、大学校园和图书馆捐书，还发动了

"#SaveOurBooks"的活动，此外他还向国会致函呼吁增加对公立图书馆的拨款，并出资100万美元扶持独立书店，许多美国的独立书店都得到了1.5万美元的扶持发展资金。

英国出版商也组织了一系列活动，如"图书就是我的手袋"（Books Are My Bag）、独立书店周和世界图书日等活动，力挺实体书店。通过这一系列活动，英国书商协会统计，2014年书店总体销售增长了19.5%，客流量增加了17.5%。

瓦特斯通堪称2014图书零售业的英雄，詹姆斯·当特担任该连锁书店执行总监以来，推行了买第二本书半价活动，替代了原来的"买二赠一"活动，此外他还停止向出版商收取促销费用，使各书店恢复了活力，可以自由选书，也使书店的退货率从25%下降到7%。2014年瓦特斯通在连续多年亏损后首次实现盈利，布莱克威尔连锁书店也是连续12年来首次实现盈利。

实体书店的逆袭，足以说明在人们的阅读方式受数字化影响的当下，保持品种和专业经营的书店才有未来。

54.2 2014海外出版六大趋势

54.2.1 电子书订阅开辟收入新渠道

美国的电子书订阅市场为出版商带来了新希望。英国布鲁姆斯伯里出版社美国公司2014年12月与Oyster公司签订了电子书订阅协议，1000多种图书将加入Oyster的电子书库，供订户阅读。麦克米伦美国公司近日也表示，将与一些公司合作，开通电子书订阅服务，将其过往图书和在实体书店没有很好展示的图书纳入该项目。

在2014年年中，5大出版商中就有哈珀·柯林斯和西蒙-舒斯特与Oyster与Scribd达成电子书订阅协议。英国的电子书订阅市场近来也呈现出多国服务商抢滩登陆的局面。

作为一种新兴的商业模式，电子书订阅2013年兴起于美国，两家最大的服务商——Oyster和Scribd按照每月收费（不到10美元）的方式，向订户提供不限量的电子书内容,可通过各种设备阅读。创立不到一年两家公司均已实现盈利。如果用户阅读一本书超过10%的内容,服务商向出版商支付与一本书批发价相等的费用。因此对出版商来说,新增了一个让消费者发现图书的平台,共享到订户的阅读和购买数据,开拓数字发行渠道,给出版商和作者带来新的收入来源。

移动设备及电子书市场的快速增长为电子书订阅发展创造了天然的环境,根据用户需求进行个性化推介的订阅服务,可以为出版商提供传统分销渠道之外的补充。

电子书订阅服务商在与亚马逊以及相互之间的激烈竞争中,也在不断改善功能和特性,如Oyster公司先后发布了安卓应用,增加了名人书单荐书和在线文学期刊Oyster Review;Scribd公司增加了新书推介和3万种有声书,推出了新的平台浏览功能,集合专人推荐和云计算推介功能于一体,对图书进行更细的分类,以改进个性推荐和管理;Epic!应用专注于儿童用户,注重实现阅读的游戏化。

□ 54.2.2 创建自有IP的多媒介产品

在数字化冲击和自助出版兴起的当下,出版商为摆脱被边缘化的危险,大力策划组织自有版权的书系,并配合游戏、电子书、影视等多媒介产品,闯出了一条新路。

兰登书屋美国童书公司2014年9月与6位畅销作家达成协议,邀请他们为兰登书屋童书公司的MG(小学中高年级)系列"航行者"(Voyagers)撰稿写书,从2015年7月起将陆续推出系列作品。出版社从作者及多媒体先锋人物帕特里克·卡曼那里购买了该系列的创意,找到Animal Repair Shop作为技术合作伙伴,又组建了一支有不同写作才华的作者队伍,为系列作品带来科幻、侦探、动作、惊险等不同元素。小说讲述了执行星际任务的孩子们乘坐飞船到各个神秘星球寻找六种基本元素拯救星球的故事。

技术公司将为该系列推出配套游戏,以实现图书和数字体验的无缝链接,吸引游戏玩家去阅读纸本图书。游戏玩家将化身为飞船的船员,通过移动设备成为故事的一个叙述者,借助于隐藏在整本书里的密码和线索来打通游戏关口、破解谜题。

学乐社近几年也在积极创建自有 IP 书系、打造图书配游戏的多媒介产品,如"39 条线索"(The 39 Clues)、"无限环"(Infinity Ring)和"精灵动物"(Spirit Animals)等,把孩子从游戏拉回到纸本书的阅读上。

☐ **54.2.3 众筹与众包出版拓展经营及内容生产模式**

"宇宙大爆炸"(Big Bang Press)出版社是一家在英美均开展业务的独立出版社,从粉丝小说社区中挖掘新作者的原创作品,再从 Kickstarter 众筹网站筹集出版资金,然后出书,并在官网上建立作者页面,实现作者的出书梦。近 3 年网站获得飞速发展,每年该网站推出的出版项目和漫画项目共 7000 多个,筹款额高达 3000 多万美元。2014 年网站对项目进一步做了细分,如在出版领域新增了 YA 和学术等类,在漫画领域新增了选集、图画小说和网络漫画,来帮助用户找到感兴趣的项目。除了提供出版资金,Kickstarter 网站还为出版社的营销宣传活动筹款,开发面向项目发起人的新工具,寻找那些出版社以前不会做的图书,与想自己创立出版社的人交谈。

不同于以集资为目的的众筹模式,众包也成为出版商向新领域作出的探索。如企鹅英国公司为配合 9 月 25 日喜剧演员斯蒂芬·弗雷的回忆录《继续耍我》(More Fool Me)上市,在全球范围内招募图表、网络、应用和三维设计人员,生产出新型多媒体内容,实现营销和内容的整合。亚马逊也在 2014 年 9 月底推出了"KindleScout"众包出版平台,从 2014 年 10 月 14 日开始接受爱情、神秘、惊悚、科幻等类型小说的英语投稿,根据读者评分高低,选择获得高分的书稿在 Kindle Press 出版。

☐ **54.2.4 自助出版汇聚粉丝热情**

E. L. 詹姆斯从"暮光之城"的铁杆粉丝,到"五十度灰"的畅销作家,为众多粉丝文学社区的写手们闯出了一条成功道路。2014 年讨论最热的要数视频博主佐拉·萨格由"枪手"作者执笔的一部作品《线上女孩》(Girl Online)了。

《线上女孩》讲述了一个青少版的诺丁山爱情故事,15岁女孩佩妮以匿名博客日记的形式,向读者坦露她与一位美国流行明星邂逅,由此展开的关于友情、爱情和数字环境下的成长故事。这本书成为英国2014年卖得最快的书,上市第一周即卖出7.8万册。萨格在YouTube网站有数百万青少年粉丝,因此尽管这部作品实际上出自一位童书作者之手,甚至还帮助萨格设计故事情节并执笔,但庞大的粉丝群足以让她有巨大的市场号召力,顺利成为企鹅的签约作者,书店挤满了等待签售的年轻女孩们。

如果说萨格凭其为数众多的视频粉丝而成功签约出书的话,那么自助作者安娜·托德则是借助Wattpad网站发表了关于单向乐队的粉丝小说"After"系列而获得出版。该系列在Wattpad网站8亿的点击阅读量,2014年11月由西蒙-舒斯特正式出版,作者拿到了50万美元的预付版税。

无疑,像Wattpad这样的社交平台已经成为作者与读者直接对话、出版社发现新作者的最佳平台。而从自助出版平台发掘新人,尤其是有巨大粉丝群的新作者,已经成为出版社推出有市场保障的新人新作的重要选择。

□ **54.2.5 交互性及个性化教学开创教育新模式**

教育领域将很难再看到单本的教材,替代的将是个性化的或与基于平台的产品捆绑的内容,互动在线内容将与纸质教材一起陪伴学生的学习过程。未来出版商最大的机会是为用户提供解决方案和服务,如就业指导、改善学生的成绩和毕业率及职业培训。

在威立全球教育板块内容管理副总裁赛莎·波利斯第看来,交互性就像磁石一样吸引师生用户,它改善了学生的学习体验,让学生进行适应性学习,并点击链接获得更丰富的内容。"我们投入很大精力生产增强版电子书、充实多媒体内容,开发适应性内容,要使内容更适应消费者需求。未来威立将继续加大开发适应性内容的投资力度,如邀请学生参与到课程评估、内容及问题设置甚至参与到一些参考书推荐等环节。"

麦格希也十分注重开发新型的教育产品,如在2013年面向高教市场推出的"McGraw-Hill Practice"体验式学习游戏的基础上,2014年推出了"西班牙语实境学习"游戏(Practice Spanish:Study Abroad),通过多种实境的、沉浸式的虚拟学习体验,帮助学生掌握西班牙语词汇、语法,强化阅读和对话水平。麦格希还为中小学教师推出了Create publishing工具,帮助他们从开源内容、教师自己创作的内容或麦格希的资源库中选取教学内容,满足教师的需求。

美国新闻集团旗下的教育机构Amplify公司也非常关注交互性和个性化教学,为中学生开发的英语语言学数字课程(ELA)2014年秋走入课堂。该软件融合电子书、游戏、猜谜、动画和戏剧阅读等内容于一身,收集学生在阅读、写作、词汇使用等方面的数据供教师评估使用,更重要的是,当学生学习完作家作品后,可以即时在线交流想法,还可通过参与角色扮演、近距离阅读、收集证据、讨论和写作等浸入式教学加深对文本的理解,而教师也可以通过软件看到每个学生用屏幕在浏览什么内容,组织小组讨论,根据学生的学习数据,来开展相应的个性化教学。

□ 54.2.6 开放出版获得巨大发展

如果仅从各出版商目前开放出版的期刊和文章数量看,这种模式绝对不能引起过多的注意,但是从各国政府或科研与基金机构支持开放获取的倾斜政策或强制性要求、基金流向以及OA论文的增速看,开放获取又是一个绝对不能忽视的话题。开放出版不同于以往的订阅模式,是由作者或其科研机构或资助机构提供出版费用在期刊上发表论文,其内容完全向公众免费开放,以促进学术成果的公开和广泛传播。

在开放出版之风日盛的背景下,出版商大力推进订阅期刊向混合期刊或金色期刊的转型。同时由于混合刊中选择OA模式发表的文章数量不断增加,出版商也在相应调整订阅价格,并及时公布以保证价格透明度。

2014年各家出版商在开放获取领域均有不同程度的进展:有更多的期刊向OA转型,为科研人员提供的服务也在不断升级,如施普林格对其在线平台上的每篇文章均加入了社媒指标信息，供所有用户查询使用，也成为科研人员发表文章影响力的重要衡量手段；威立为科研人员提供测量指标结果以及扩大论文影响力的个性化建议，以此增加文章层面评价指标和社媒影响力指标。威立还对作者投稿程序和同行评议进行了改进，使同行评议更开放透明，使出版更灵活，出版流程和作者体验更流畅。

开放出版模式只经历了十几年的发展过程，因此面临不少的问题，如对发表论文收取的出版费的定价机制尚缺乏透明度，仍需加快创新步伐来为科研人员提供增值服务并使出版流程更顺畅，仍需要把握存储文本与数据挖掘适度使用之间的平衡等。这都需要相关机构、作者和出版商在不断沟通和协同合作中逐个破解。

【链接：中国出版传媒商报 2014.12.30，渠竞帆《2014 世界书业六大看点》；2014.12.30，渠竞帆《2014 海外出版六大趋势》】

后　　记

作为品牌出版项目，"中国出版传媒商报·中国书业书系"已经得到了普遍认可，按理已经无须做框架上、编辑内容上的多少说明了。但年年岁岁花相似，岁岁年年各不同。依然还是有需要叨扰几句的必要。一是2013—2014的年度报告，我们曾考虑将世界出版部分单列出来，不再放到"中国书业报告"内，但不少读者反馈，认为世界出版的动向对中国出版业有很强的借鉴和背景意义，而中外出版的合作交流比以往更加深入、更加广泛，加之，将世界出版单独出版成册固然是好事一桩，但与本报告也并不冲突，可以互为补充。因此，本年度报告仍将世界出版的大势动向作为"附编"编入本书中。二是，不管纸质版图书内容如何精编，毕竟篇幅有限，对于《中国出版传媒商报》每年上千万的精彩报道内容来说，也只是九牛一毛，只是代表性的精华呈现，因此，应广大读者和馆采界的要求，将来，我们拟考虑依托纸质版，逐步开发系列细分领域的分主题的数字产品报告，以满足读者更深入、更多元的需求。

2015年是商报前身《图书发行》报创刊的60年、《中国图书商报》创办的20年，商报将以60·20年为契机，开启与业界和读者深度交流、对接、服务的"品牌共赢年"系列活动，秉承六惟真谛：惟专、惟优、惟新、惟实、惟品、惟读，始终将读者利益放在首位，以客户至上为宗旨，继续高扬专业咨询服务品质，高举品牌传播营销旗帜，高标资源集聚平台，固本筑基，再强渠道，大兴阅读、传媒与创意产业融合之风，在商言商，在商化商，下沉服务、贴身服务。而延伸"中国书业年度报告"的品质、价值、产业链条，自然也是其中应有之义。

感谢的话无论如何都不会过多、过时。6年来，藉了"中国书业年度报告"，我们与商务印书馆的领导和责编，相知、相惜、相融，结下了深厚情谊，也深切感受到一家"百年老店"做事、做人、做精品的规范与风范。没有他们一丝不苟的精神，对职业的挚爱，对专业的执著，"书业报告"不会有如此的品相和生命力。

谨以为记。

编者

2015 年 4 月